LE
SCEPTICISME

ÆNÉSIDÈME — PASCAL — KANT

ÉTUDES
POUR SERVIR A L'HISTOIRE CRITIQUE
DU SCEPTICISME ANCIEN ET MODERNE

PAR ÉMILE SAISSET
MEMBRE DE L'INSTITUT
PROFESSEUR D'HISTOIRE DE LA PHILOSOPHIE A LA FACULTÉ
DES LETTRES DE PARIS

PARIS
LIBRAIRIE ACADÉMIQUE
DIDIER ET Cⁱᵉ, LIBRAIRES-ÉDITEURS
35, QUAI DES AUGUSTINS, 35

1865
Réserve de tous droits.

LE
SCEPTICISME

ÆNÉSIDÈME — PASCAL — KANT

OUVRAGES DU MÊME AUTEUR :

DE VARIA SANCTI ANSELMI IN PROSLOGIO ARGUMENTI FORTUNA. 1 vol. in-8. Joubert, 1840.
INTRODUCTION AUX OEUVRES DE SPINOZA. 1 vol. in-8. Charpentier, 1843.
OEUVRES DE SPINOZA, traduites en français pour la première fois. 2 vol. in-12. Charpentier, 1844.
EULER, LETTRES A UNE PRINCESSE D'ALLEMAGNE, 1 vol. in-12. Charpentier, 1844.
— Le même ouvrage, nouvelle édition, avec une Introduction et des notes. 2 vol. in-12. Charpentier, 1859.
ESSAIS SUR LA PHILOSOPHIE ET LA RELIGION AU XIXe SIÈCLE. 1 vol. in-12. Charpentier, 1845.
MANUEL DE PHILOSOPHIE, publié en collaboration avec MM. A. JACQUES et J. SIMON. 1 vol. in-8. Hachette, 1846 — 4e édit., 1862.
INTRODUCTION A LA CITÉ DE DIEU DE SAINT AUGUSTIN, 1 vol. in-8. Charpentier, 1855.
LA CITÉ DE DIEU DE SAINT AUGUSTIN, traduct. nouv., 4 vol. in-12 Charpentier, 1855.
ESSAI DE PHILOSOPHIE RELIGIEUSE, 1 vol. in-8, 1859. — 3e édit., augmentée d'Eclaircissements, 2 vol. in-12. Charpentier, 1862.
MÉLANGES D'HISTOIRE, DE MORALE ET DE CRITIQUE. 1 vol. in-12. Charpentier, 1859.
INTRODUCTION CRITIQUE AUX OEUVRES DE SPINOZA, 1 vol. in-8. Charpentier, 1860.
OEUVRES DE SPINOZA, nouv. édit., revue et augmentée, 3 vol. in-12. Charpentier, 1861.
PRÉCURSEURS ET DISCIPLES DE DESCARTES, 1 vol. in-8. — 2e édit. 1 vol. in-12. Didier, 1862.
L'AME ET LA VIE, 1 vol. in-12. Germer-Baillière, 1864 (publication posthume).
FRAGMENTS ET DISCOURS, 1 vol. in-12. Germer-Baillière, 1865 (publication posthume).

AVERTISSEMENT AU LECTEUR

Dans les dernières années de sa vie, M. Émile Saisset méditait d'écrire une histoire critique du scepticisme. Tout entier à ce grand travail, il en occupait son esprit, il aimait à s'en entretenir avec ses amis, et il en avait fait le sujet de ses leçons à la Faculté des lettres. Sa pensée n'était pas seulement d'exposer les origines, le curieux développement, le progrès de la philosophie sceptique, et de mettre en lumière sur des points essentiels l'étroite parenté de l'ancienne et de la nouvelle école pyrrhonienne. Cette partie historique de son livre, quelque nouveauté qu'il songeât à y introduire, n'était pas dans son esprit l'idée capitale. Il s'était proposé un but plus élevé : c'était de considérer le scepticisme comme la pire des maladies morales de tous les temps et du nôtre, comme la cause active de bien des plaies intellectuelles ; c'était surtout de donner aux esprits, comme conclusion efficace de cet examen critique, une impulsion vigoureuse à la recherche spéculative du vrai et du bien. Il voyait là le remède du mal. Je me souviens que dans une de ces conversations où il livrait volontiers sa pensée et qu'un de ses confidents les plus aimés a finement caractérisées [1], il me disait : « Lorsqu'en 1834, Jouffroy traitait du scepticisme actuel, il expliquait par le scepticisme religieux l'abaissement des caractères, le retour au matérialisme, le goût des révolutions, la caducité des popularités; et il avait raison. Mais il y a dans ce tableau et dans cette analogie un trait qui me paraît peu exact. Jouffroy prétend que la conviction où nous sommes de l'absurdité des vieilles croyances et des vieilles formes politiques et sociales nous conduit au mépris du passé, à l'ignorance de l'histoire. Cela n'est pas exact. Notre siècle n'est pas un siècle d'ignorance et d'incuriosité historiques. Au contraire, nous aimons l'histoire, nous y excellons. Mais ce qui nous manque, c'est le goût de la vérité éternelle et absolue ; c'est la force de juger, c'est le critérium; c'est le choix viril à faire entre le vrai et le faux : de là l'absence de caractère, parce que,

---

[1] Voyez, dans les *Discours prononcés aux funérailles de M. Émile Saisset*, le discours de M. Janet. — Brochure in-8, impr. Bourdier. Paris, 1863.

comprenant toutes les différentes manières de penser, nous sommes indulgents pour les différentes manières de se conduire, et pour les directions, et pour les capitulations. D'ailleurs, la situation est autre aujourd'hui qu'en 1834. Jouffroy voulait décourager la jeunesse de l'agitation et des révolutions : il conseillait à ses auditeurs le calme et la réflexion pacifique. La jeunesse de 1861 a besoin d'être excitée plutôt que calmée. Je traiterai à mon tour du scepticisme, j'en ferai l'histoire, j'en ferai la critique, à mon point de vue. Mon but sera de constater qu'il y a dans l'ensemble de la situation morale de l'Europe un grand fait menaçant à la fois pour la religion et pour la philosophie, c'est le progrès du scepticisme s'alliant au progrès du matérialisme. Que les gouvernements fassent ce qu'ils jugeront convenable; que les sectes chrétiennes se défendent. Pour moi, je lutterai contre le scepticisme et l'empirisme, et j'essayerai de rendre aux esprits le goût et la foi dans la recherche spéculative. »

Il me livrait ces réflexions pendant les vacances scolaires de 1861. Lorsque, trois mois après, la réouverture des cours le ramena, le corps déjà malade mais l'âme toujours forte, à la Faculté des lettres; il s'expliqua publiquement de son dessein devant ses auditeurs dès les premiers mots :

« Je viens, Messieurs, commencer avec vous l'histoire critique du scepticisme. Cette entreprise est considérable. Elle nous demandera plusieurs années, trois au moins : un an pour le scepticisme de l'antiquité, un an pour le scepticisme de la renaissance, un an ou deux pour le scepticisme moderne. Pourquoi ai-je choisi un tel sujet? Est-ce parce qu'il se plie aisément au règlement qui me prescrit de parcourir triennalement les époques successives de l'histoire de la philosophie? C'est une raison. Ou bien est-ce parce que le sujet a de l'étendue, de la variété, de la grandeur ; parce qu'il est intéressant d'avoir affaire à des hommes tels que Gorgias, Pyrrhon, Arcésilas, Carnéade, Cicéron, Lucien, Ænésidème, Montaigne, Charron, Pascal, Bayle, Hume, Kant? C'est encore une raison. Mais la raison décisive, la raison *de derrière la tête*, la voici : c'est que les idées sceptiques ont pris de nos jours et tendent à prendre de plus en plus une grande influence. J'ai souvent dit que les deux hommes qui ont le plus agi sur notre temps, c'est Spinoza et Kant. Spinoza nous a inondés de panthéisme, Kant de scepticisme. J'ai assez combattu les idées panthéistes; d'ailleurs elles sont aujourd'hui en retraite. Ce sont les idées sceptiques qui prennent la tête du mouvement : il faut donc combattre les idées sceptiques. Il faut rendre le courage aux esprits. Il faut montrer qu'il y a une science philosophique capable de conclure, capable d'établir les vérités nécessaires à l'homme. »

On connaît à présent le fond de sa pensée. J'entre plus particulièrement dans le plan et la suite de ses leçons de la Sorbonne, qui marquaient d'avance l'ordre et la division de son ouvrage projeté, chaque année de son cours devant fournir la matière d'un volume.

Pendant la première année, il se proposait d'exposer et de caractériser successivement l'école sophistique dans ses deux principaux représentants, Gorgias et Protagoras; l'école mégarique dans Euclide surtout; l'école pyrrhonienne primitive dans Pyrrhon et Timon le sillographe; la nouvelle Académie dans Arcésilas et Carnéade; la seconde école pyrrhonienne dans Ænésidème, Agrippa et Sextus Empicurus : matière d'un premier volume. Il se tint parole; et, malgré l'ébranlement de sa santé, il suivit jusqu'au bout ces phases de la philosophie sceptique, dans les leçons non interrompues de l'année scolaire 1861-1862, dont j'ai entre les mains les plans et les manuscrits.

La seconde année devait être consacrée à l'examen critique du scepticisme au seizième siècle dans Montaigne, Charron, Sanchez; et au dix-septième siècle dans Pascal, Huet, Lamothe le Vayer, Bayle : c'était la matière d'un second volume. Mais contraint plus d'une fois, par le déclin sensible de ses forces d'interrompre ses leçons, pressé d'ailleurs d'arriver à Pascal, dont la grande figure domine toute cette renaissance du scepticisme, M. Saisset ne put pas suivre ici la marche qu'il s'était tracée. Il s'appesantit à son gré sur le scepticisme du livre des *Pensées*, dans les leçons du premier semestre de l'année 1862-1863, et il ne put aller au delà.

La troisième année l'aurait conduit à étudier le scepticisme du dix-huitième siècle dans David Hume et Kant, avec son contre-coup et son développement ultérieur dans le dix-neuvième siècle jusqu'à nos jours : il aurait touché là à ce qu'il appelait les plaies intellectuelles de notre temps : c'était la matière d'un troisième volume au moins.

S'il avait réalisé ce plan très-vaste, c'est une histoire complète du scepticisme depuis ses lointaines origines jusqu'à ses derniers retentissements au milieu de nous, ce sont trois volumes que je devrais aujourd'hui présenter aux amis de la philosophie, pour que leur attente ne fût pas trompée. C'est avec ces proportions que l'œuvre leur a été primitivement annoncée de l'agrément de l'auteur. Une autre raison de plus d'autorité encore m'aurait fait une loi de leur offrir, si je l'avais pu, une telle publication : c'est que j'aurais pleinement accompli les intentions de mon frère, en faisant connaître après sa mort l'œuvre conque et entreprise avec amour qu'il s'était bercé de l'espoir d'achever de son vivant. Cette satisfaction ne m'a pas été permise. Je crois bien faire d'expliquer ici pourquoi je ne publie qu'un volume, et comment j'y ai distribué les parties dignes de paraître de l'œuvre considérable que l'auteur s'était proposée. Quant à la part qui manque, personne ne regrettera plus que moi qu'elle soit grande : il faut s'en prendre à la maladie et à la mort, ces deux ennemis inexorables de toute œuvre humaine, qui ne lui ont pas laissé le temps de donner davantage. Loin d'avoir écrit toute l'histoire du scepticisme, il n'a pas même eu le temps de l'exposer jusqu'au dix-huitième siècle dans son cours de la Faculté des lettres, qui s'est arrêté après Pascal : ni son cours, ni son livre, n'ont eu leur fin naturelle. Mais il en a achevé certaines parties. Je les publie, ne pouvant me résoudre, on le comprendra, je l'espère, à les vouer, malgré des traces d'imperfection, au silence et à l'oubli. Peut-être quelque voix s'élèvera pour dire : *Pendent opera interrupta*. Je l'avoue ; mais à ses premières assises un regard impartial ne méconnaîtra pas la beauté du monument, ni dans ses parties achevées l'art consommé de l'exécution ; c'est ce qui m'a décidé.

Voici la composition du volume.

Après un *Avant-propos* sur le caractère et sur les causes du développement de l'esprit et de la philosophie sceptiques, reproduction exacte de la leçon d'ouverture du cours de 1861, on trouvera une première étude intitulée : *Le scepticisme d'Ænésidème*. Sous un titre modeste, c'est l'histoire critique du scepticisme dans l'antiquité. Mais tandis qu'à la Sorbonne M. Saisset l'avait en quelque sorte morcelée sous la forme de monographies successives, cette histoire est ici concentrée autour de la personne d'Ænésidème qui lui donne son unité : unité vraie, si l'on songe qu'Ænésidème représente, en les résumant, les sceptiques venus avant lui, avec le mérite supérieur d'avoir fondu leurs doctrines diverses dans un système rigoureux et lié, si l'on songe aussi qu'il n'a laissé après lui que des disciples dont pas un ne l'égale ; de sorte qu'il apparaît à l'historien philosophe comme la personnification du scepticisme antique. Je ne crois pas avancer une nouveauté en déclarant que c'est là, à mon sens, l'art véritablement savant et lumineux d'écrire l'histoire d'une école qui a beaucoup duré, comme le scepticisme grec pendant des siècles. Quand un écrivain rencontre dans le passé un personnage de la nature d'Ænésidème et de sa hauteur, au-dessous duquel se subordonnent sans effort, comme autant de membres d'un corps, tous ses prédécesseurs dans l'école dont il est la tête, c'est une bonne fortune pour les lecteurs comme pour lui. C'est l'ordre, la lumière, le mouvement, mis à la place des embarras d'une revue interminable. Craindra-t-on que personne y ait perdu? Les sophistes, les mégariques, les académiciens probabilistes, les pyrrhoniens, toutes les écoles de scepticisme, tous leurs représentants éminents sont là caractérisés en traits précis et souvent nouveaux. Ænésidème y tient la plus grande place, comme il l'a tenue par son génie organisateur dans les destinées de l'école. Ce n'est pas tout : la question du scepticisme en lui-même y est posée, analysée avec étendue, et ramenée non sans profondeur à trois points précis sur lesquels l'auteur a établi une discussion régulière. Il en sort une démonstration de l'impossibilité pour un sceptique de bonne foi de garder l'équilibre systématique de l'école entre l'affirmation et la négation, tant sur l'évidence de nos principes naturels, que sur la légitimité de notre foi dans la raison.

Au reste, c'est ici un travail qui, j'ai trop tardé à le dire, n'est plus absolument à juger et auquel il m'est permis de présager, sur une première épreuve, un favorable accueil. Il n'est pas autre chose, en effet, que la reproduction d'une thèse soutenue par M. Émile Saisset devant la Faculté des lettres de Paris avec une solidité d'érudition et d'argumentation dont ses maîtres et ses témoins n'ont pas perdu le souvenir. On y admirera encore la savante restitution de la personnalité ensevelie d'Ænésidème, chef-d'œuvre de résurrection historique, hérissé de difficultés dont les connaisseurs seront juges. Depuis longtemps épuisée, car elle passa rapidement de chez le libraire dans les bibliothèques particulières, cette thèse est probablement inconnue du plus grand nombre. Je la soumets avec confiance à un second jugement du public. Après vingt ans, je crois qu'elle n'a pas vieilli ; car, telle qu'elle a été écrite, elle exprime encore fidèlement l'esprit et la doctrine des leçons faites, il y a trois ans, à la Sorbonne. J'ai pensé que pour l'intelligence du sujet comme pour la réputation de l'auteur, le mieux était de réimprimer purement et simplement cette étude sur le scepticisme dans l'antiquité, plutôt que de donner la suite moins bien ordonnée des leçons M. Saisset, très-sommairement ébauchées sur le papier, et, en somme, d'une moindre valeur.

Je n'avais malheureusement pas à ma disposition des ressources de la même étendue pour ce qui regarde l'histoire du scepticisme moderne ; et je tiens à prévenir le lecteur contre toute surprise fâcheuse. Il ne rencontrera d'abord, dans une seconde étude qui a pour titre *Le scepticisme de Pascal*, qu'une préface très-courte, où sont seulement indiquées les causes générales et particulières de la renaissance du scepticisme, et où l'auteur a caractérisé en traits rapides les écrivains du seizième siècle, frères puînés des pyrrhoniens de la Grèce, Montaigne et Charron. C'est là, je ne peux que le regretter amèrement, une lacune que nulle œuvre manuscrite ou déjà parue ne m'a permis de remplir. Pressé d'arriver au scepticisme original du dix-septième siècle, M. Émile Saisset passa outre, dans ses leçons de la Faculté, à ces disciples attardés de Pyrrhon plutôt écrivains que philosophes, se réservant d'en traiter par écrit. Il n'en a pas eu le temps.

Mais, au dix-septième siècle, un sceptique original et des plus redoutables a arrêté longtemps son attention. Je touche ici aux dernières leçons de mon frère à la Faculté des lettres, et je ne peux parler qu'avec tristesse de cette lutte attachante contre le doute de Pascal, suivie avec une singulière faveur par des auditeurs de toutes les opinions, soutenue avec quelle force et quelle sincérité, avec quelle verve et quelle grâce, ils s'en souviennent : improvisations de feu, où il mettait toute son âme, où il laissait échapper les forces et la vie disputées héroïquement à la maladie obstinée. Elles ont été, ces fortes leçons, le suprême effort après lequel il a fallu se rendre, son adieu au public, à ses amis, à ses adversaires, qui l'écoutaient avec respect, *novissima verba*. Je les donne telles qu'il me les a laissées, écrites de sa main, mais refroidies et dépouillées de l'abondance et des bonheurs de l'improvisation. Je les ai divisées en six chapitres nettement indiqués par la diversité des considérations sur Pascal, me bornant à les conformer ainsi au plan de la première étude. Sauf la suppression de certaines redites obligées au début de chaque leçon pour raviver les souvenirs des auditeurs, je n'en ai rien omis; et je n'y ai rien ajouté non plus. Après les maîtres de la critique sur ce grand sujet, après M. Cousin et M. Sainte-Beuve, après les apologistes et les adversaires de Pascal, M. Faugère., M. Vinet, M. l'abbé Flottes, M. Frank, M. Havet, en se plaçant au point de vue de son choix, M. Émile Saisset a soumis à une analyse neuve par plus d'un point la pensée complexe et controversée de l'auteur des *Pensées.* Il en a fait sortir à la fin, sur la valeur et la portée de la philosophie, sur son efficacité pratique, des conclusions que je n'ai pas besoin de signaler beaucoup à l'attention des lecteurs : elles sont faites pour frapper.

Restaient après Pascal les autres sceptiques du dix-septième siècle, Huet, Lamothe le Vayer, Bayle, dont la figure n'est qu'esquissée, et ceux du dix-huitième, Hume et Kant. Mais la vie a manqué tout à coup à mon frère. Son œuvre restait inévitablement inachevée. Que pouvais-je faire, sinon de chercher à combler le vide avec ceux de ses écrits qui pouvaient s'y prêter sans effort? Je n'avais que ce moyen de réaliser son désir ardent d'attacher son nom par un livre exprès à la réfutation du scepticisme, comme il est attaché déjà à la vulgarisation en France et à la réfutation du panthéisme de Spinoza et de ses récents disciples. Je n'ai trouvé aucun écrit de lui sur la fin du dix-septième siècle, ni sur le premier en date des sceptiques du dix-huitième ; mais j'ai été moins malheureux pour celui dont le nom et la doctrine marquent la phase la plus nouvelle dans le développement du scepticisme, Emmanuel Kant. En empruntant à la *Revue des Deux-Mondes* et au *Dictionnaire des Sciences philosophiques* deux écrits excellents qui se complètent l'un par l'autre, j'ai pu conduire jusqu'à la naissance et à l'influence du criticisme l'histoire des idées sceptiques. J'en ai composé une troisième étude intitulée : *Le Scepticisme de Kant*. L'œuvre principale de Kant, la *Critique de la raison pure*, d'où relève tout le scepticisme contemporain, y est jugée d'un regard ferme et pénétrant, et son vice capital mis à jour avec une force de dialectique qui me semble laisser peu à désirer. La nouveauté de l'inédit manque à ces pages, mais elles gardent la solidité.

J'en dirai autant des trois morceaux qui terminent le volume sous le titre de *Vues théoriques et dogmatiques*, et qui ont été, avec l'agrément du regrettable M. Hachette à la mémoire de qui j'en suis reconnaissant, détachés du même *Dictionnaire des Sciences philosophiques*. Nul doute que M. Émile Saisset n'eût donné comme couronnement à son histoire du scepticisme une suite de conclusions en faveur des droits de la raison et de la philosophie dogmatique. J'ai suppléé sur ce point au défaut de manuscrits par ces morceaux dont les deux premiers surtout renferment, de l'avis des juges les plus compétents, quelques-unes des pages les plus originales et les plus neuves entre les écrits de M. Saisset. Rarement, je crois, l'analyse psychologique a été appliquée avec plus de pénétration et de rigueur à l'étude de nos facultés intellectuelles. On n'y trouvera pas la solution dogmatique de toutes les questions vitales tenues en balance par la philosophie sceptique, mais on aura satisfaction sur trois problèmes fondamentaux, la légitimité des informations de nos sens, l'existence et la connaissance de la matière, la liberté humaine et divine.

En somme, ce volume, quoique bien éloigné de la perfection du dessein de l'auteur, offre trois personnifications du scepticisme aux époques importantes de son développement, trois réfutations successives des idées sceptiques sous une forme originale. En elles-mêmes, je ne vois pas que rien manque à ces grandes figures d'Ænésidème, de Pascal et de Kant. Mais le défaut du livre, sauf en ce qui regarde Ænésidème, c'est que ces génies supérieurs où se reflète toute une face de l'esprit de leur siècle, se présentent trop isolés, j'en conviens, de leur milieu, de leurs précurseurs et de leurs descendants immédiats. C'était un défaut inévitable, dès que je m'étais fait une loi de ne pas coopérer à ce livre autrement que comme éditeur, de n'y rien admettre qui ne fût purement de M. Émile Saisset. Là est son prix. Je n'ai fait exception qu'en faveur du présent *Avertissement*, pour l'étendue duquel je demande grâce. Je l'aurais retranché volontiers, s'il ne m'avait semblé placé ici à-propos pour l'édification de ceux qui liront ces études, comme pour la justification de l'auteur et de l'éditeur.

Amédée SAISSET,
PROFESSEUR AGRÉGÉ DE PHILOSOPHIE.

Décembre 1864.

AVANT-PROPOS

Le scepticisme, entendu dans son sens le plus rigoureux, est l'opposé du dogmatisme. Il consiste, non pas dans une simple disposition de l'esprit à douter, non pas dans un doute partiel, mais dans un doute systématique et universel, aussi précis que la science, aussi vaste que l'esprit humain. Son origine et son développement tiennent à des causes générales inhérentes à la nature de l'esprit humain, et aussi à des causes particulières, à l'état moral de telle société, à telle situation de la philosophie en un moment donné, par exemple l'état de la société et de la philosophie françaises à la fin du dix-huitième siècle.

La psychologie et l'histoire ont signalé dès longtemps les causes générales du scepticisme et marqué la loi de son développement. Je n'ai besoin que de les rappeler. L'homme abuse de tout, même des meilleures choses. L'homme abuse de la foi : il devient fanatique. L'homme abuse de la science : il veut tout savoir, tout expliquer. L'homme abuse du doute : il devient sceptique. Tant qu'il y aura des hommes, il y aura des abus, il y aura des sceptiques.

Mais comment cet abus du doute qui est le scepticisme devient-il, non plus une simple disposition de l'esprit humain, mais un système, une école de philosophie? L'histoire nous l'apprend. L'esprit sceptique n'apparaît jamais qu'après un grand développement de l'esprit dogmatique. Là où la spéculation n'a pas abordé le problème de la nature et de l'origine des choses, il n'y a point de scepticisme. Dans l'Inde, point de sceptiques; pourquoi? C'est que la raison n'a pas encore essayé ses forces d'une manière grande et complète. Au moyen âge, point de sceptiques, parce que la foi religieuse domine, parce que les problèmes philosophiques ne sont pas abordés de front. Le scepticisme a commencé en Grèce, parce qu'en Grèce s'est produit le premier grand développement de la raison humaine. Les premiers philosophes de la Grèce abordent le problème philosophique avec une ardeur et une naïveté admirables. Lisez leurs écrits, les débris du moins qui nous en restent; ils parlent de la nature des choses, mais chacun envisage l'univers à un point de vue particulier. Thalès, Héraclite n'en voient que la surface mobile et réduisent tout à un éternel devenir. Pythagore et Parménide ne s'attachent qu'au principe immuable, aux nombres, à l'unité, à l'être. De là deux grandes écoles. Un jour elles se rencontrent à Athènes, se heurtent, se brisent. Le scepticisme apparaît sous la forme de la sophistique.

Poursuivez. Socrate apporte une méthode nouvelle. La spéculation reprend son essor. Platon fonde son école, attire à lui toutes les intelligences et a pour auditeurs Speusippe et Xénocrate, Aristote, Démosthène, Euripide, sans parler des orateurs hommes d'État et généraux d'armée. Mais voici Aristote qui élève école contre école. Il combat son maître sur tout l'ensemble des problèmes philosophiques, et établit à son tour sa doctrine. Nouvel antagonisme entre l'Académie et le Lycée; nouvelle lutte. Le scepticisme se montre sous la forme du pyrrhonisme.

Mais la sève de la philosophie grecque n'est pas épuisée. Deux grandes écoles se partagent les esprits pendant trois siècles, l'école épicurienne et l'école stoïcienne. Elles luttent; elles se portent des coups mortels. Qui profite de ce combat? Le scepticisme, d'abord sous le nom d'école académique, de nouvelle Académie, d'école de la probabilité, puis, bannière déployée, sous le nom de nouveau pyrrhonisme; et ici, vous voyez le plus grand développement de l'esprit sceptique de la Grèce. Les livres de Sextus Empiricus sont l'arsenal complet du scepticisme grec, personnifié dans Ænésidème.

Aux jours de la renaissance, même spectacle. Le scepticisme se montre d'abord sous la forme antique, comme les écoles dogmatiques. Mais ce n'est là qu'un prélude. Bacon et Descartes fondent la philosophie moderne. Une lutte s'engage : d'une part Hobbes,

Gassendi; de l'autre Descartes, Malebranche, Spinoza. Pendant que les esprits se jettent avec ardeur dans ces voies contraires, un solitaire est là qui observe la lutte des partis. Il raille amèrement Descartes, qui a, dit-il, voulu se passer de Dieu et ne lui accorde qu'une chiquenaude pour donner le branle au monde. Il attaque les idées innées : *Les principes qu'on appelle innés ne sont peut-être que nos principes accoutumés.* Il semble être pour le droit de la force avec Hobbes; et d'un autre côté cette philosophie sensualiste ne peut le satisfaire. Il conclut que *se moquer de la philosophie, c'est vraiment philosopher.* Pendant ce temps, un philosophe d'une humeur moins sérieuse et mélancolique, se plaît à se faire l'avocat de toutes les causes. Il est cartésien contre les matérialistes, gassendiste avec les cartésiens; il est manichéen au besoin.

Vient un nouveau développement de la philosophie dogmatique, provoqué par Locke et ses disciples d'une part, de l'autre par Leibnitz, Wolf et les siens. Le scepticisme réapparaît à son tour, et cette fois avec toute sa puissance. D'abord il attaque la raison sur un point capital : son représentant, c'est David Hume. Grand historien, grand écrivain, grand économiste et moraliste, Hume est surtout en métaphysique un sceptique de la plus grande force. C'est lui qui a concentré toute la question métaphysique sur l'idée de cause et qui a montré que cette idée supprimée, la métaphysique croule. Un seul homme a surpassé Hume, c'est Kant.

Kant déclare une guerre générale au dogmatisme.

Jamais on n'avait fait le procès à la métaphysique avec cet appareil formidable; jamais on n'avait dirigé contre le dogmatisme de si puissantes machines. Kant décompose la raison humaine en ses éléments essentiels, et examinant tour à tour la sensibilité, l'entendement et la raison, il entreprend de prouver que nos principes a priori n'ont qu'une valeur subjective et un usage expérimental. Comme contre-épreuve de cette savante et profonde analyse, la plus pénétrante qui ait été faite depuis Aristote, il développe un système de dialectique d'où il résulte que ni Dieu, ni l'âme, ni les causes premières des phénomènes de l'univers ne sont accessibles à la raison humaine. La *Critique de la raison pure* pèse encore sur la philosophie et sur notre état moral. Elle a fait à la métaphysique des blessures profondes encore mal guéries. C'est Kant qui a jeté l'Allemagne, par réaction, dans cette sorte de délire d'où à peine elle est éveillée. C'est Kant qui a répandu dans toute l'Europe l'esprit de doute; Kant qui a fait tourner l'école écossaise au scepticisme, et qui menace aujourd'hui d'y jeter l'école française.

Ceci m'amène à signaler les causes particulières qui, indépendamment du développement de l'esprit sceptique, favorisent de nos jours la renaissance du scepticisme.

La fin du dix-huitième siècle et, pour fixer les idées, les quinze ou vingt années qui ont précédé la Révolution française, ont vu un spectacle unique : c'est le plus grand essor d'enthousiasme qui ait jamais éclaté parmi les hommes. On a cru que la philosophie était faite. Le sage Locke et le grand chancelier Bacon ayant posé les principes, Condillac ayant réduit le système à sa plus parfaite simplicité, il ne restait plus qu'à en développer et à en appliquer les conséquences. Tous les abus de la société allaient disparaître. Ils naissaient de l'ignorance où l'on était des droits de l'homme : il suffisait de proclamer ces droits. La justice, l'égalité allaient régner parmi les hommes. Le problème social, le problème politique, le problème économique étaient résolus. Après avoir détruit l'injustice, on allait détruire la misère. Par la liberté du commerce et de l'industrie, par la suppression des priviléges, par le progrès des sciences, des lumières, des applications industrielles, la richesse allait grandir et se répandre sur toutes les classes de la société. Qui sait? On allait avoir raison de la mort. On prolongerait la vie humaine indéfiniment, et on finirait par détruire les maladies et la mort elle-même.

On sait à quoi ces belles illusions aboutirent. Certes, de grands progrès ont été réalisés; mais qui oserait dire que le programme de 89, ce programme de Voltaire vieillissant, de Turgot, de Malesherbes, de Condorcet ait été rempli? Qui oserait dire que le problème philosophique, le problème politique, le problème économique aient été définitivement résolus? De là un immense mécompte. Là est l'origine de deux grands faits : Le premier, c'est la renaissance religieuse; le second est le développement de l'esprit d'indifférence en matière de philosophie et de religion. Il y a dans la renaissance religieuse beaucoup d'éléments divers : il y a de l'étalage, il y a de l'hypocrisie, il y a des intérêts temporels. Mais il faut se garder de croire que tout soit de surface, et reconnaître ce qu'il y a dessous de grave et de profond : c'est que l'homme a besoin d'adorer et d'espérer quelque chose au delà de ce monde. Je laisse de côté l'état général des âmes, pour ne m'occuper que de l'état des intelligences.

Il y a de nos jours trois grands foyers philosophiques en Europe ; j'espère qu'avant la fin du siècle il y en aura un quatrième en Italie, et un cinquième peut-être en Espagne. Les noms de Rosmini, de Gioberti, de Galuppi ; les noms de Balmès, de Donozo Cortes ne sont pas à dédaigner. Mais présentement il n'y a que trois pays, l'Angleterre, l'Allemagne, la France, qui comptent en philosophie. Or, en Angleterre, l'école écossaise après avoir produit Dugald-Stewart, digne successeur d'Hutcheson, d'Adam Smith et de Thomas Reid, a dérivé au scepticisme avec Hamilton ; et aujourd'hui, c'est l'école positiviste de John Stuart Mill qui fleurit au delà de la Manche. En Allemagne, à la suite du mouvement imprimé par Kant, il y a eu un grand essor de spéculation ; Hegel a régné pendant vingt années. Qu'est-il advenu ? l'école hégélienne s'est divisée : les uns se sont perdus dans le mysticisme ; les modérés n'ont pu se maintenir ; les hégéliens de la gauche sont arrivés au matérialisme et au scepticisme.

En France, nous assistons à un spectacle analogue. Une noble et généreuse école de spiritualisme a été fondée. Elle a suscité des hommes tels que Maine de Biran, Royer-Collard, Jouffroy, pour nommer d'abord les morts. Cette école est encore debout, et si je voulais nommer des vivants, que d'illustres noms, que de beaux caractères, Victor Cousin, Adolphe Garnier, Philippe Damiron, Barthélemy Saint-Hilaire, Jules Simon, Charles de Rémusat, pour personnifier avec éclat l'éloquence, l'érudition, la finesse, la sincérité qui honorent encore l'école! Et il ne faut que jeter les yeux et prêter l'oreille au dedans et autour de la Sorbonne pour trouver des hommes tels qu'Adolphe Franck, Édouard Laboulaye, Charles Levêque, Paul Janet, Albert Lemoine, Nourrisson, Caro, et combien d'autres encore! Mais quelle que soit la valeur, quel que soit l'éclat de la philosophie spiritualiste en France, il est constant que les idées sceptiques et les idées matérialistes ont pris un grand développement.

Les idées sceptiques sont sorties à la fois de trois écoles qui, bien que diverses et même radicalement opposées, ont ce point commun de faire la guerre à la philosophie spiritualiste. Ce sont : l'école théologique, qui a son scepticisme à elle, l'école des sceptiques érudits et l'école matérialiste. Si vous me demandez laquelle est la plus forte aujourd'hui de nos écoles philosophiques, je répondrai : ce n'est pas la mienne. Laquelle donc? C'est l'école positiviste. Je dis qu'elle est la plus forte, et je m'explique. Elle est d'abord celle qui est le plus d'accord avec les deux grands faits du temps, le développement des sciences physiques et naturelles et le développement des intérêts matériels. Et puis, elle s'accorde admirablement avec l'esprit sceptique. Demandez-lui si elle est matérialiste ou spiritualiste. Elle vous répondra : ni l'un ni l'autre. Je sais qu'il y a des faits sensibles; je sais que ces faits ont des rapports de concomitance qu'on appelle des lois : je ne sais rien de plus. Y a-t-il des forces? Y a-t-il des fins? Je l'ignore. L'homme est-il esprit ou matière? Je n'en sais rien. Je sais que l'homme éprouve des sensations, qu'il a des organes. Existe-t-il un principe vital, une âme? Je l'ignore. Enfin, y a-t-il un Dieu? C'est ce que j'ignore le plus. Je ne suis pas athée; l'athéisme s'oppose au théisme, et je ne suis ni pour ni contre Dieu. Je ne m'en occupe pas. On dira que cela est bien superbe et bien grossier. Mais il y a une manière d'échapper à cette grossièreté et à cette superbe. Les uns disent : Il n'y a de scientifique que ce qui se démontre ou se touche. Le reste est une affaire de foi, de cœur, de sentiment. Je ferai donc deux parts de mon être moral, la part de la science, où je ne laisserai entrer que des faits, des lois, des calculs; pour la part de la foi, je m'en fierai à mon catéchisme. C'est très-bien, direz-vous. Oui, c'est très-bien, si l'homme pouvait se couper en deux; s'il ne tendait pas à appliquer à la science les principes du catéchisme et au catéchisme les principes de la science. C'est de l'équilibre, mais de l'équilibre instable.

D'autres disent : après tout, on ne peut rien affirmer sur les choses invisibles; mais il est curieux d'étudier ce qu'en pensent les hommes et de chercher la loi de ce devenir. Et puis, il y a quelque chose. On ne peut le déterminer; mais on peut cependant l'adorer sous le nom de divin, d'idéal, et même sous le nom d'âme et de Dieu, bons vieux mots qu'il serait bien difficile de remplacer.

Enfin les théologiens, tout en restant les adversaires déclarés du matérialisme, ne s'accordent pas moins avec lui pour nier ou tenir à l'écart la philosophie dogmatique. Il y a les violents qui disent : La philosophie est une chimère, la philosophie est un bavardage. Il y a les doux, les mielleux, les moelleux, qui disent : La philosophie n'est pas impuissante ; mais qu'elle est insuffisante ! qu'elle est stérile ! qu'elle est faible ! comme sa place est petite ! Il appartient à la théologie d'habiter et de remplir le temple de la vérité. Quant à la philosophie, on ne la chasse pas, mais on la conduit tout doucement dans le vestibule. On ne la chasse pas, on lui fait là une place. On la charge d'ouvrir la porte ; on la charge aussi de chasser les gens sans aveu qui rôdent autour.

C'est ainsi que l'esprit religieux, l'esprit d'érudition qui caractérise notre siècle, l'esprit matérialiste qui l'entraîne se concilient avec l'esprit de scepticisme et d'indifférence. Et voilà pourquoi le scepticisme est si fort.

Je viens le combattre, sonder après Ænésidème, après Pascal, après Kant le problème de l'analyse de la raison humaine, et y chercher les titres éternels du dogmatisme. Je demanderai aux disciples un peu attardés de Pascal et de Huet une autre place pour la philosophie que celle qu'ils veulent bien lui laisser, une autre fonction que celle dont ils consentent à l'investir. Je dirai aux positivistes : L'étude de la science est admirable, mais qui ne sait que la science ne sait rien, parce qu'il ignore les premiers principes. Vous voulez favoriser le progrès industriel, l'amélioration de la condition matérielle, le développement de l'égalité et de la démocratie? Je déclare que tout cela est bon ; j'aime l'industrie, je suis sensible à un certain bien-être, je ne suis pas un Spartiate ; j'aime l'égalité. Mais tout cela poussé à l'excès amènerait, savez-vous quoi? le développement de la civilisation matérielle au détriment de l'art, de la religion, de la philosophie, de la civilisation morale. L'homme a autre chose à satisfaire que son corps ; c'est l'âme libre, spirituelle, responsable, dont ce corps n'est que l'enveloppe fragile ; et au-dessus de l'âme, il y a Dieu dont elle a besoin. Aux sceptiques je répondrai que la raison humaine est faible en effet, limitée, exclusive ; mais qu'elle est faite pour la vérité. Elle apprend quelque chose en vivant, en cherchant, *vires acquirit eundo*. Elle atteint l'univers, l'âme et Dieu ; et comme disait le chancelier Bacon, elle a un triple rayon pour saisir l'univers *radio directo*, l'homme *radio reflexo*, et Dieu *radio refracto*, ou plutôt elle saisit Dieu d'une prise immédiate[1]. Je leur répèterai à peu près comme lui que si un peu de philosophie mène au scepticisme, beaucoup de philosophie en éloigne et asseoit l'esprit dans un dogmatisme limité, mais dans ses limites, inébranlable.

[1] Voyez, dans l'*Essai de philosophie religieuse*, le premier Éclaircissement de la troisième édition.

PREMIERE ETUDE

LE SCEPTICISME D'ÆNÉSIDÈME

ÆNÉSIDÈME

Ænésidème est peut-être le premier sceptique de l'antiquité. Esprit plus sérieux que Protagoras, que Gorgias, plus étendu que Pyrrhon, s'il a moins d'éclat dans le talent, s'il est moins ingénieusement subtil qu'un Arcésilas, un Carnéade, il les surpasse tous deux en force, en rigueur, en profondeur.

On se fera une idée juste du rôle que cet éminent sceptique a rempli dans la philosophie grecque, si l'on veut rapprocher deux faits qui n'ont pas été assez remarqués : le premier, c'est que la Sophistique a moins été un scepticisme véritable que la tentative audacieuse de quelques hommes brillants et corrompus pour combattre et détruire à leur profit tous les systèmes philosophiques et toutes les croyances religieuses ; le second, c'est que l'école qu'on appelle quelquefois l'Académie sceptique n'a pas réellement combattu le dogmatisme dans son essence, mais seulement une de ses formes, savoir, le dogmatisme stoïcien; et que tout en niant la certitude, cette école timide dans sa hardiesse a expressément reconnu la probabilité. Il résulte de là que le scepticisme en Grèce n'a été sérieux et rigoureux tout ensemble que dans deux écoles, celle de Pyrrhon et celle d'Ænésidème. Or, si Pyrrhon a conçu le premier dans toute sa sévérité la philosophie du doute, on ne peut refuser à Ænésidème l'honneur de lui avoir donné pour la première fois une organisation puissante et régulière. Et c'est là ce qui assigne à ce hardi penseur une place à part et une importance considérable dans l'histoire de la philosophie ancienne.

Ænésidème a dirigé contre l'autorité de la raison humaine deux attaques hardies qui, souvent répétées depuis, ont fait jusque dans les temps modernes une singulière fortune. Soit qu'il s'efforce d'établir la nécessité et tout à la fois l'impossibilité d'un critérium absolu de la connaissance, soit qu'il entreprenne de ruiner d'un seul coup la métaphysique en ébranlant le principe de causalité qui en est le fondement, il semble qu'il lui est réservé d'ouvrir la carrière aux plus illustres sceptiques de tous les âges. Par sa première attaque, il a devancé Kant; par la seconde, Hume; par l'une et par l'autre, il a laissé peu faire à ses successeurs.

N'est-ce pas une chose regrettable qu'un sceptique de cette originalité et de cette profondeur soit en général si peu connu et si imparfaitement apprécié? En Allemagne, l'histoire générale de Brucker[1], comme l'histoire spéciale de Stæudlin[2], sont sous ce rapport

---

[1] *Hist. crit. philos.*, t. 1, p. 1328.
[2] *Geschichte und Geist der Sceptic.*, I, p. 299 sqq.

d'une égale sécheresse ; et si l'on consulte le dernier grand travail historique qui ait paru sur la philosophie ancienne, celui de Ritter, on reconnaîtra avec surprise combien cette partie du savant ouvrage, confuse, embarrassée, incomplète, est au-dessous de tout le reste [1]. En France, M. Cousin, dans sa rapide et éloquente revue des systèmes philosophiques [2], a caractérisé Ænésidème en quelques traits justes et fermes ; et l'on doit aussi, sur ce sujet, à M. de Gérando [3], qui a mis à profit la grande histoire de Tennemann [4], plus d'une vue excellente ; mais ces indications, si précieuses qu'elles soient, ne peuvent cependant remplacer un travail spécial et complet.

Nous avons entrepris ce travail. Il nous a paru de quelque utilité de réunir pour la première fois les fragments çà et là dispersés des écrits d'Ænésidème ; d'y joindre tous les témoignages anciens qui peuvent les éclaircir ; de discuter le sens et au besoin l'authenticité de chaque passage ; et d'aboutir ainsi, dans la mesure de nos forces, tant à restituer le caractère propre et l'ensemble de cette doctrine perdue, qu'à en reconnaître les origines, les suites et la valeur définitive.

Nous permettra-t-on d'ajouter qu'il y a dans l'état actuel de la philosophie une raison puissante qui a

---

[1] *Hist. de la phil. anc.*, trad. Tissot, IV, p. 223 sq.
[2] *Cours de* 1829, I, p. 310 sq.
[3] *Hist. cont. des Syst.*, III, p. 238 sq.
[4] Tennemann a publié, dans l'*Encyclopédie* de Ersch, 2e part., un art. sur Ænésidème que je n'ai pu me procurer.

confirmé à nos yeux l'utilité de ces recherches? C'est un fait qui doit attirer l'attention de tous les hommes sérieux, que la philosophie Critique dont les destinées semblaient épuisées avec le dix-huitième siècle, fait effort aujourd'hui pour s'accréditer et renaître. Combattue en ce qu'elle a d'essentiellement faux et de funeste aux progrès de la philosophie, on sait avec quelle force et quelle autorité, elle n'en a pas moins fait de nombreuses conquêtes parmi les plus excellents esprits de notre temps. Or on ne peut se dissimuler que la doctrine de Kant, quelque admirables que soient les travaux de ce grand homme sur l'esprit humain, quelque sévérité, quelque élévation que son génie ait communiquées à sa morale, cette doctrine au fond couvre le scepticisme, et un scepticisme d'autant plus dangereux qu'il est plus profond et plus sage, d'autant plus menaçant pour la raison qu'il a l'air de lui laisser une assez belle part, d'autant plus difficile à déraciner de nos jours qu'il s'allie avec un des besoins du siècle, l'esprit d'observation et d'analyse appliqué à la nature de l'homme et à toutes choses. Nous avons pensé qu'il ne serait peut-être pas inutile d'éclairer par un côté les origines d'une philosophie si digne d'être envisagée sous tous les aspects, et de montrer que le scepticisme moderne, dont l'apparente originalité peut contribuer à séduire beaucoup d'esprits, ne diffère guère que par la forme de cet antique pyrrhonisme qui semblait désormais relégué dans l'histoire.

Certes, il est loin de notre pensée de vouloir établir ici un parallèle complet entre Ænésidème et le père de la philosophie Critique. Mais il nous est impossible de ne pas signaler au moins, dans l'idée-mère du Criticisme, comparée au point de vue général du sceptique ancien, une analogie frappante qui éclaire et honore tout ensemble la doctrine que nous avons entrepris d'exposer.

Dogmatiques dans le domaine de la conscience et de la raison pratique, Ænésidème et Kant sont sceptiques absolus dans celui de la raison pure. Tout l'effort de la philosophie Critique est d'opérer une distinction sévère entre l'élément subjectif et l'élément objectif de la connaissance, ou comme Kant dit encore, entre les *phénomènes* et les *noumènes*. Cette célèbre distinction, ce langage même, nous les trouvons dans Ænésidème. Le philosophe allemand a pour jamais attaché son nom à la solution sceptique du grand problème du critérium de la vérité; nous allons voir Ænésidème lui frayer la route. Pour tous deux, un critérium absolu est un rêve de l'orgueil dogmatique; pour tous deux, l'esprit humain, condamné à un critérium tout relatif, ne peut franchir le cercle de la subjectivité. Ce critérium, pour Ænésidème, c'est l'apparence, τὸ φαινόμενον; y a-t-il bien loin de là au critérium formel de Kant, qui n'est rien de plus, comme on sait, que l'accord de la raison avec ses lois subjectives? Ænésidème a épuisé son génie à combattre le principe de causalité, fondement de toute spéculation rationnelle; mais qu'on y prenne garde, il n'a jamais nié que ce principe n'apparût à la conscience, et ne s'imposât à nos jugements avec une autorité irrésistible. L'auteur de l'*Analytique transcendantale* a-t-il au fond dit autre chose, quand il a réduit les premiers principes à de simples conditions *a priori* de l'expérience, à des formes, à des catégories de l'esprit humain? Enfin, la base du scepticisme d'Ænésidème, ce sont les contradictions de la raison spéculative ; il oppose à tout principe dogmatique, θέσις, un principe contraire, ἀντίθεσις. N'est-ce pas là le germe déjà développé de ces fameuses antinomies, où parcourant tour à tour les grands objets de la pensée, l'âme, l'univers et Dieu même, la dialectique de Kant oppose avec une audace que rien n'arrête l'affirmation à la négation, la thèse à l'antithèse, pour les briser l'une contre l'autre, et arracher à la raison spéculative que ces contradictions déconcertent, l'abdication de sa légitimité?

Il ne nous appartient pas de signaler les différences, d'ailleurs très-manifestes, qui séparent le génie de Kant et celui d'Ænésidème ; qu'il nous suffise d'avoir mis en lumière l'identité de leur point de vue. On suivra peut-être avec plus d'intérêt et de patience la restitution laborieuse de la doctrine de notre philosophe, en songeant que son doute n'a pas été un vain jeu d'esprit, un accident stérile de l'histoire, mais l'expression la plus rigoureuse et la plus profonde du scepticisme antique ; scepticisme qui n'a pas péri avec la Grèce, mais que le progrès des temps devait ramener à toutes les époques de la philosophie, parce qu'il a sa source dans la constitution de l'esprit humain.

CHAPITRE PREMIER

DE LA VIE ET DES ÉCRITS D'ÆNÉSIDÈME.

L'antiquité ne nous a laissé sur la vie d'Ænésidème qu'un petit nombre de renseignements indécis. A peine y peut-on découvrir l'époque où il vécut, sa patrie, le lieu où il enseigna, et le titre de ses écrits. Sur tout le reste il faut renoncer même aux conjectures. Il semble, comme on l'a spirituellement remarqué[1], que la mémoire de ces grands douteurs de l'antiquité, devenue elle-même l'objet du doute, subisse par un juste retour l'arrêt dont ils voulurent frapper l'esprit humain. Que sait-on de la vie de Sextus, d'Agrippa, de Ménodote? ce qu'on sait de celle d'Ænésidème, c'est-à-dire presque rien.

Mais si les hommes ont été bientôt oubliés, les idées qui rendirent jadis leur nom célèbre leur ont survécu. Or comment l'historien pourra-t-il en saisir l'origine et le progrès, en peser la valeur, en mesurer l'influence,

[1] J. V. Le Clerc. *Biog. univ.* Art. Sextus.

s'il ignore le temps où elles firent leur première apparition, les écoles où on les enseigna, et le titre des écrits perdus qui les contenaient et dont il cherche à ressaisir les traces? Les questions de date et de biographie ne paraissent oiseuses qu'aux esprits superficiels. Pour qui sait en voir la portée, elles sont d'un intérêt capital dans l'histoire des idées.

Essayons, pour notre part, de résoudre ces questions en ce qui touche Ænésidème.

On admet assez généralement qu'Ænésidème fut contemporain de Cicéron. Fabricius[1], et sur son autorité sans doute, Brucker[2] et plusieurs autres historiens[3] ont fait prévaloir cette opinion. Sur quel fondement est-elle établie?

Fabricius invoque le témoignage d'Ænésidème lui-même, qui dans un ouvrage dont Photius nous a conservé un précieux extrait[4], s'exprimait ainsi : οἱ δ'ἀπὸ τῆς Ἀκαδημίας, μάλιστα τῆς νῦν, καὶ Στωϊκαῖς συμφέρονται ἐνίοτε δόξαις, καὶ εἰ χρὴ τἀληθὲς εἰπεῖν, Στωϊκοὶ φαίνονται μαχόμενοι Στωϊκοῖς. Or quelle est cette Académie qui se rapproche des Stoïciens en ayant l'air de les combattre et se fait presque stoïcienne? N'est-il pas évident que c'est l'école d'Antiochus[5]? Ænésidème ne se déclare-t-il pas positivement le contemporain de ce philosophe, τῆς νῦν Ἀκαδημίας?

---

[1] Fabr. ad Sext. Emp. *Hyp. Pyrrh.* I, 235.
[2] *Hist. crit. phil.*, t. I, p. 1328.
[3] De Ger. *Hist. comp. des Syst.*, t. III, p. 240.
[4] Phot. *Myriob.* cod. 212, p. 169. Bekk.
[5] Sext. *Hyp. Pyrrh.* I, 33. — Cic. *Acad.* II, 22. Ibid. 42-43.

Nous admettons avec Fabricius que c'est bien l'école d'Antiochus qu'Ænésidème a voulu désigner. Mais a-t-on le droit de conclure de là qu'il ait vécu en même temps que le chef de cette école ? Nous ne le pensons pas. Car enfin, s'il est vrai que la dernière Académie ait rapidement décliné après la mort de son fondateur, elle ne périt pourtant pas tout entière avec lui. Or, les paroles d'Ænésidème peuvent aussi bien s'appliquer aux disciples qu'Antiochus laissa certainement à Athènes, à Rome et à Alexandrie, qu'à Antiochus lui-même qu'Ænésidème ne nomme pas. Si donc des témoignages d'une certaine autorité se réunissaient pour reculer de plus d'un demi-siècle la date assignée un peu légèrement par Fabricius, y aurait-il aucune difficulté à les mettre d'accord avec le texte dont il s'est appuyé ?

Or, nous lisons dans Cicéron [1] : « Fuerunt etiam alia genera philosophorum qui se omnes fere Socraticos esse dicebant ; Eretriacorum, Herilliorum, Megaricorum, Pyrrhoneorum : sed ea horum vi et disputationibus sunt jamdiu fracta et exstincta. » Cicéron regardait donc l'école Pyrrhonienne comme entièrement éteinte de son temps. Et ce n'est pas ici un jugement porté à la légère. Cicéron, dans plusieurs écrits [2] où il passe en revue toutes les opinions philosophiques de ses devanciers et de ses contemporains, revient sur cette dissolution de l'école de Pyrrhon, et il ne dit pas seulement

---

[1] *De Orat.*, III, 17.
[2] *De fin.* II, 12. — Ibid., 13.

qu'elle fut dédaignée, mais détruite et épuisée, *fracta et exstincta*.

Je le demande maintenant. Peut-on supposer que Cicéron se fût exprimé de la sorte, Cicéron qui a fait à tant d'hommes obscurs l'honneur de citer leur nom et de discuter leurs doctrines, si, au moment même où il écrivait, un esprit distingué, un écrivain célèbre eût relevé, non sans éclat, le drapeau abattu du Pyrrhonisme, et fondé à Alexandrie, sur laquelle étaient déjà tournés les regards de tous les amis de la philosophie, une école nombreuse, florissante, une école si peu épuisée que trois siècles après elle durait encore [1] ?

A cette induction si légitime ajoutez un témoignage qui semble décisif. Nous l'empruntons à Aristoclès, philosophe péripatéticien dn IIe siècle, qui fut le maître d'Alexandre d'Aphrodisée. Dans un livre composé contre les Pyrrhoniens, il parle d'Ænésidème en ces termes : Μηδενὸς δ'ἐπιστραφέντος αὐτῶν, ὡς εἰ μηδὲ ἐγένοντο τὸ παράπαν, ἐχθὲς καὶ πρώην ἐν Ἀλεξανδρείᾳ τῇ κατ' Αἴγυπτον Αἰνησίδημός τις ἀναζωπυρεῖν ἤρξατο τὸν ὕθλον τοῦτον. Remarquons d'abord que cette expression Αἰνησίδημός τις dans la bouche d'un homme aussi animé qu'Aristoclès contre le scepticisme ne doit pas être considérée comme un signe du peu de célébrité d'Ænésidème à cette époque. Car, au moment même où

---

[1] Sextus est le dernier philosophe célèbre de l'école de Pyrrhon. Sa date a été fixée solidement au commencement du troisième siècle de l'ère chrétienne. Voir Bruck. *Hist. crit.* t. II, p. 631. — M. Le Clerc. *Biog. Univ.* Art. Sextus.

Aristoclès prend cet air de profond mépris, il cite les écrits d'Ænésidème en homme qui les connaît parfaitement, et qui ne les juge pas si peu considérables, puisqu'il s'emporte si fort en les combattant. Au surplus, ce qui nous intéresse surtout ici, c'est qu'un philosophe du IIe siècle atteste que l'école pyrrhonienne, dont il fait l'histoire, a été relevée par Ænésidème à une époque toute récente, ἐχθὲς καὶ πρώην. Supposez maintenant avec Fabricius qu'Ænésidème soit contemporain d'Antiochus et de Cicéron, ἐχθὲς καὶ πρώην est inconcevable, appliqué à un philosophe mort depuis deux siècles. Mais placez Ænésidème au commencement du Ier siècle, le passage de Photius s'explique à merveille ; les réflexions de Cicéron sur le déclin de l'école pyrrhonienne sont d'un parfait à-propos, et ἐχθὲς καὶ πρώην reçoit un sens raisonnable, dès qu'on le rapporte à un philosophe dont Aristoclès aurait pu dire : il florissait dans le siècle dernier.

On pourrait élever une dernière difficulté à propos du catalogue que Diogène nous a donné des philosophes de l'école de Pyrrhon depuis le fondateur jusqu'à Sextus Empiricus et son disciple Saturninus. D'après Diogène, voici l'ordre où ces personnages se sont succédé [1] :

 Pyrrhon,
 Timon de Phlionte,
 Euphranor de Séleucie,
 Eubulus d'Alexandrie,
 Ptolémée,
 Héraclide,

[1] Laert. liv. IX. 12, p. 265-266. (Éd. de Londres, 1664.)

Ænésidème de Gnosse,
Zeuxippe Politès,
Zeuxis,
Antiochus de Laodicée,
Ménodote de Nicomédie,
Hérodote de Tarse,
Sextus Empiricus,
Saturninus de Cythénée.

D'après ce catalogue, entre Ænésidème et Pyrrhon, il s'est écoulé cinq générations de philosophes; et il se trouve justement qu'entre Ænésidème et Sextus pareil nombre de générations se sont succédé. Or, la date de Pyrrhon a été fixée avec sûreté de 380 à 288 av. J.-C.; et celle de Sextus, quoique un peu incertaine, a pu l'être également par la sagacité des critiques au commencement du IIIe siècle de l'ère chrétienne. Il pourrait donc sembler raisonnable de placer Ænésidème dans l'ordre chronologique à une distance égale de Sextus et de Pyrrhon, c'est-à-dire au temps d'Antiochus et de Cicéron, ce qui s'accorderait avec l'opinion de Fabricius. Mais il faut observer que cette façon mathématique de traiter de semblables questions est la chose du monde la plus chanceuse. De plus, il n'est pas sûr que la liste de Diogène soit complète. Agrippa n'y est pas nommé, ce qui est une grave lacune; et en outre Diogène lui-même rapporte [1] que, suivant le pyrrhonien Ménodote, fort compétent sur ce point, l'école de Pyrrhon fut quelque temps interrompue après Ti-

---

[1] Laert. liv. IX, p. 265.

mon, jusqu'au moment où Ptolémée de Cyrène la reprit.

Nous persistons donc, sans nous arrêter à cette objection, à rejeter avec Ritter [1] l'opinion de Fabricius, qui n'oppose à un passage décisif d'Aristoclès et aux inductions légitimes tirées du témoignage de Cicéron, que la conséquence arbitraire d'un texte de Photius mal interprété. Au contraire, en fixant l'époque d'Ænésidème au commencement du 1er siècle de l'ère chrétienne, on a l'avantage de s'appuyer de tous les témoignages en les conciliant tous.

Les historiens de la philosophie ne sont guères plus d'accord sur la patrie d'Ænésidème que sur l'époque où il florissait. Les uns le font naître à Alexandrie [2], les autres à Ægé en Achaïe [3], les autres à Gnosse dans l'île de Crète [4].

Ceux qui soutiennent la première opinion se fondent sur le passage d'Aristoclès déjà cité [5] : ἐχθὲς καὶ πρώην ἐν Ἀλεξανδρείᾳ τῇ κατ' Αἴγυπτον Αἰνησίδημος. Mais d'abord Aristoclès ne dit pas qu'Ænésidème soit né à Alexandrie, et de plus Diogène Laërce dit positivement le contraire, Αἰνησίδημος Κνώσσιος, ὃς καὶ Πυρρωνείων λόγων ὀκτὼ συνέγραψε.

Il n'est pas difficile de concilier ces deux témoigna-

---

[1] *Hist. de la phil. anc.* IV, p. 222.
[2] Voy. Bruck. *Hist. crit.* I, 1328.
[3] Phot. *Myriob.* l. I.
[4] Laert. IX, 12, p. 265.
[5] Arist. ap. Euseb. *Præp. Evang.* XIV, 18.

ges [1]. Ænésidème était de Gnosse en Crète comme l'assure Diogène Laërce, mais il enseigna à Alexandrie, comme le rappelle Aristoclès. Et en effet, ce n'est pas dans son obscure patrie qu'Ænésidème pouvait songer à relever une école déchue et à créer un mouvement philosophique de quelque portée. Il dut se sentir entraîné vers la cité philosophique par excellence. Or Athènes qui longtemps avait été cette cité, venait de perdre avec les restes de sa liberté cette haute suprématie intellectuelle qui ne survit pas à une grandeur politique éclipsée. Déjà le fondateur de la dernière Académie désertait la patrie de Platon [2] pour Alexandrie, devenue la nouvelle Athènes. Ænésidème l'y suivit bientôt après pour porter les derniers coups au dogmatisme qui déclinait et féconder à son propre insu les germes d'un dogmatisme nouveau.

Nous ne dirons qu'un mot du passage de Photius qui a induit à supposer qu'Ægé fut la patrie d'Ænésidème Αἰνησίδημος ὁ ἐξ Αἰγῶν, dit Photius. Ménage propose de lire ἐξ Αἰγύπτου, au lieu de ἐξ Αἰγῶν. Mais cette altération d'un texte bien établi est arbitraire, et il nous paraît plus sage de penser que Photius s'est trompé sur ce point comme sur tant d'autres.

Proposons-nous maintenant de retrouver et de réunir ce qui nous reste des ouvrages d'Ænésidème.

Aucun des nombreux écrits qu'il a composés n'est

---

[1] Vid. Is. Casaub. ad Laert. IX, 12. — Menag. ibid.
[2] Cic. Acad. Qu. II, 4.

parvenu jusqu'à nous. S'il en est un dont la perte soit particulièrement regrettable, c'est sans contredit l'ouvrage en huit livres intitulé Πυρρώνειοι λόγοι [1] ou Πυρρωνίων λόγοι [2]. Ænésidème y soumettait à un examen régulier toutes les questions philosophiques et tous les systèmes, s'efforçant d'imposer aux philosophes et à l'esprit humain lui-même, comme leur commune loi, la contradiction universelle. C'est dans cet ouvrage que le scepticisme absolu, qui n'avait paru jusqu'alors qu'un accident et presque une folie, s'éleva pour la première fois, de l'humble rang d'une tradition dédaignée à celui d'une doctrine philosophique organisée, d'un système vaste et complet.

S'il faut renoncer aux lumières qu'eût jetées sans doute sur les systèmes philosophiques de l'antiquité la conservation d'un tel monument, essayons du moins d'en rassembler les débris dispersés, afin d'y ressaisir la pensée fondamentale du sceptique ingénieux et profond qui le composa.

Photius nous a conservé dans sa *Bibliothèque* [3] un extrait assez étendu du Πυρρωνίων λόγοι. Cet extrait fait connaître avec précision le caractère propre du scepticisme d'Ænésidème, le plan de l'ouvrage, et ses divisions principales. Nous trouverons là, dans la suite de ce travail, une excellente base pour reconstruire la doctrine d'Ænésidème. Mais l'extrait de Photius n'est

---

[1] Photius, p. 169, Bkk.
[2] Laert. IX, p. 268.
[3] Phot. cod. 212. p. 169-171. Bekk. — p. 542-544. Hæsch.

qu'une sorte de cadre à peu près vide. Il faut le remplir.

Nous savons qu'Ænésidème a attaché son nom à la discussion du problème de la causalité. Dirigeons de ce côté nos premières recherches.

Nous trouvons dans Sextus un passage très-étendu, où la question de la causalité est traitée avec une subtilité, une régularité et une profondeur singulières[1]. Si nous parvenions à nous assurer que Sextus a emprunté à Ænésidème le fond et même la forme de cette argumentation, nous croirions avoir restitué à l'habile sceptique la partie la plus originale de ses idées, et celle qui a le plus de droits à être conservée par l'histoire.

Sextus, dans son premier livre contre les physiciens, aborde le grand problème de l'existence des causes. Après quelques arguments où le sujet n'est qu'effleuré, il s'exprime ainsi : Ἀφελέστερον μὲν οὕτω τινὲς παραμυθοῦνται τὰ τοῦ ἐγκειμένου λόγου λήμματα· ὁ δὲ Αἰνησίδημος διαφορώτερον ἐπ' αὐτῶν ἐχρῆτο ταῖς περὶ τῆς γενέσεως ἀπορίαις. Τὸ γὰρ σῶμα τοῦ σώματος οὐκ ἂν εἴη αἴτιον, ἐπείπερ ἢ ἀγένητόν ἐστι τὸ τοιοῦτον σῶμα... ἢ γενητόν. κτλ. Suit une argumentation où la notion de causalité décomposée dans tous ses éléments et considérée sous tous ses aspects est comme enlacée dans les nœuds de la dialectique la plus déliée. L'argumentation épuisée, le morceau se termine par ces paroles qui ont tout à la fois le caractère d'une conclusion et d'une transition : Τοίνυν

---

[1] Sext. *Adv. Math.* p. 345, B. Je cite ici et partout ailleurs l'édition de Genève et Paris, 1621, n'ayant pu avoir à ma disposition celle de Fabricius que j'ai seulement consultée.

οὐδὲ κατὰ διάδοσιν ποιεῖ τὸ αἴτιον· ᾧ ἕπεται, τὸ μηδ᾽ ὅλως αἴτιον αὐτὸ τυγχάνειν. Ἔνεστι δὲ καὶ ἀπὸ τῆς ἁφῆς κοινότερον τῷ τε ποιοῦντι καὶ τῷ πάσχοντι ἐπαπορεῖν. Ἵνα γάρ κτλ¹.

Il nous paraît certain que le morceau tout entier qui est compris entre ces deux passages appartient à Ænésidème. Car d'abord, dans le premier passage cité, Sextus indique positivement qu'après avoir emprunté les arguments qui précèdent à différents sceptiques qu'il ne juge pas à propos de nommer, il va maintenant suivre les traces d'Ænésidème, et il est clair que s'il nomme Ænésidème, c'est à cause de la supériorité avec laquelle il a traité le sujet, διαφορώτερον ἐχρῆτο²; de façon que cette longue argumentation qui se déroule immédiatement après, est opposée par sa profondeur et son étendue à tout ce qui précède, en même temps qu'attribuée expressément à Ænésidème. Ainsi, dans la pensée de Sextus, les premières objections n'étaient en quelque sorte qu'une escarmouche. C'est à Ænésidème qu'il veut laisser le soin et l'honneur d'engager sérieusement le combat.

Nous voilà donc conduits à une restitution importante presque sans effort. Et cependant un savant historien de la philosophie en conteste la légitimité³. Voici son objection principale : Si l'on attribue à Ænésidème le morceau qui suit le passage où son nom est cité, il

---

¹ Sext. *Adv. Math.* p. 351, C.

² Fab. *ad Sext. l. c.* entend ainsi διαφορώτερον : *pluribus et in varias species adornatis argumentis*. Qu'on l'entende de cette façon ou comme nous faisons, notre conclusion subsiste.

³ Ritter. *Hist. de la phil.* tom. IV. p. 228.

n'y a pas, suivant H. Ritter, de raison pour en limiter l'étendue, ce qui conduit de proche en proche à l'absurde conséquence de substituer Ænésidème à Sextus dans toute la suite de l'ouvrage.

Mais cette objection ne peut nous arrêter. L'argumentation développée dans Sextus est comme une chaîne dont tous les anneaux sont étroitement liés. Si l'on reconnaît que la première partie en est empruntée à Ænésidème, il faut lui faire honneur de tout le reste. On dit maintenant : où vous arrêterez-vous? Nous répondons : avec l'argumentation elle-même.

La question se réduit à déterminer le point précis où finit l'argumentation, et il ne peut y avoir là-dessus que des dissidences d'opinion peu sérieuses.

Fabricius[1] est d'avis que l'on doit attribuer à Ænésidème tout le morceau compris entre les lignes où se trouve son nom et les mots τὸ μὲν οὖν ποιοῦν αἴτιον οὕτω καὶ κατ'ἰδίαν καὶ κοινῇ μετὰ τοῦ πάσχοντος ἀπορεῖται· ἄπορος δὲ ἔστι κατ'ἰδίαν καὶ ὁ περὶ τοῦ πάσχοντος λόγος[2].

La raison qui sans doute a déterminé Fabricius, c'est que la question de la causalité n'est complétement épuisée qu'à cet endroit. Mais il faut user ici d'une critique plus sévère. Dans un écrit de Sextus, on n'est fondé à mettre positivement sur le compte d'Ænésidème que ce qu'il est impossible d'attribuer à un autre que lui. Or, à la rigueur, l'argumentation d'Ænésidème peut être considérée comme terminée aux mots déjà cités : τοίνυν οὐδὲ

---

[1] Fabr. *ad Sextum*, p. 597.
[2] Sect. 266 de l'éd. Fabric. — *Adv. Math.* VIII. 353, A. Ed. Gen. et Par.

κατὰ διάδοσιν κτλ., lesquels ont le double caractère d'une conclusion et d'une transition. Il est vrai que la question de la causalité n'est pas absolument abandonnée après ces paroles ; mais elle est envisagée sous de nouveaux aspects, et la discussion qui suit perd sensiblement en force et en profondeur. On ne peut donc l'ajouter sans une certaine réserve au morceau qui, suivant nous, revient seul de droit à Ænésidème.

Maintenant à quel ouvrage d'Ænésidème Sextus a-t-il emprunté cette citation ? Il nous paraît à peu près certain que c'est au cinquième livre des Πυρρώνειοι λόγοι. Photius dit en effet dans son extrait [1] : Προβάλλεται δὲ αὐτῷ καὶ ὁ πεμπτὸς λόγος τὰς κατὰ τῶν αἰτίων ἀπορητικὰς λάβας, μηδὲν μὲν μηδενὸς αἴτιον ἐνδιδοὺς εἶναι κτλ. Cette indication se rapporte à merveille à l'argumentation développée ou plutôt copiée par Sextus, et j'ajoute qu'elle confirmerait au besoin la légitimité de la restitution qui vient d'être opérée.

Photius ajoute : ἠπατῆσθαι δὲ τοὺς αἰτιολογοῦντας φάσκων, καὶ τρόπους ἀριθμῶν, καθ'οὓς οἴεται αὐτοὺς αἰτιολογεῖν, ὑπαχθέντας εἰς τὴν τοιαύτην περιενεχθῆναι πλάνην.

Ces τρόποι dirigés contre les chercheurs de causes, αἰτιολογοῦντας, et qu'il ne faut pas confondre avec les δέκα τρόποι τῆς ἐποχῆς attribués aussi par quelques-uns à Ænésidème, ces τρόποι dont parle Photius sont évidemment ceux dont Sextus nous a donné l'énumération dans une de ses compilations [2] et qu'il copie évidem-

---

[1] Phot. loc. cit.
[2] *Pyrrh. Hyp.* I. 17.

ment dans Ænésidème[1]. De façon qu'en réunissant le chapitre de Sextus où ces ὀκτὼ τρόποι sont développés et le grand passage sur la causalité, nous recomposons presque tout entier le livre le plus important du plus important ouvrage d'Ænésidème.

Nous croyons pouvoir effectuer encore deux restitutions tout aussi légitimes, quoique d'une moindre importance.

On trouve dans Sextus deux argumentations sceptiques, l'une contre la vérité, l'autre contre les signes; toutes deux, selon nous, reviennent à Ænésidème.

Pour la seconde, qui a, nous le verrons, une portée considérable, le doute n'est pas permis. L'auteur, en effet, est cité ainsi que son ouvrage : ὁ γὰρ Αἰνησίδημος ἐν τῷ τετάρτῳ τῶν Πυρρωνείων λόγων κτλ[2].

Pour la première, toute incertitude doit céder à un examen attentif.

Sextus, dans son second livre contre les logiciens[3], entasse sur la question de la vérité un grand nombre d'arguments sceptiques qu'il puise, selon sa coutume, dans la tradition. Puis il continue en ces termes : δυνάμει δὲ καὶ ὁ Αἰνησίδημος τὰς ὁμοιοτρόπους κατὰ τὸν τόπον ἀπορίας τίθησιν. Εἰ γάρ ἐστί τι ἀληθές, ἤτοι αἰσθητόν ἐστιν, ἢ νοητόν κτλ[4]. Nous n'hésitons pas à regarder le morceau qui suit jusqu'aux mots Αἱ μὲν καθόλου ἀπορίαι περὶ τοῦ ἀληθοῦς τοιαῦταί τινές εἰσιν[5] comme la propriété

[1] Fab. ad. Sext. 44, Y.
[2] Adv. Log. II, p. 258, E.
[3] Loc. cit. p. 224-227.
[4] Loc. cit. p. 227, C.
[5] Loc. cit. p. 229, C.

d'Ænésidème. Car, en thèse générale, Sextus n'est guère qu'un compilateur instruit[1]. Loin de prétendre à l'originalité, comme on l'a dit, il s'efface sans cesse et ne parle presque jamais en son nom. Toujours à la trace de son école, il a du moins la modestie et la bonne foi d'en convenir. Lors donc qu'il cite un philosophe pyrrhonien dans le cours d'une argumentation, on peut se tenir pour à peu près sûr qu'il le copie ou le résume. A plus forte raison quand il lui attribue expressément les pensées qu'il lui emprunte; et c'est le cas où nous sommes ici; le passage cité plus haut en fait foi. Nous remarquerons seulement que plusieurs parties de cette argumentation contre la vérité étant peu développées, il y a lieu de penser que Sextus n'a pas copié, mais résumé l'ouvrage d'Ænésidème.

Quel peut être cet ouvrage? très-vraisemblablement le deuxième livre des Πυρρωνίων λόγοι. Car Photius nous apprend dans son extrait[2] qu'Ænésidème traitait de la Vérité dans le second livre : Ἐν γὰρ τῷ δευτέρῳ κατὰ μέρος ἤδη ἀρχόμενος ἐπεξιέναι τὰ ἐν κεφαλαίῳ εἰρημένα περί τε ἀληθῶν καὶ αἰτίων διαλαμβάνει κτλ.

Ce sont là les seuls morceaux de quelque étendue qui nous restent des écrits d'Ænésidème.

Il est certain pourtant qu'indépendamment du Πυρρώνειοι λόγοι, il avait composé plusieurs autres ouvrages, l'un Περὶ ζητήσεως, l'autre Περὶ σοφίας, tous deux cités par Diogène Laërce et nettement distingués des Πυρρώνειοι

---

[1] Voir notre Ch. VIII.
[2] Phot. p. 170, Bekk.

λόγοι[1]. C'est vraisemblablement dans quelqu'un de ces ouvrages, ou peut-être dans l'un et dans l'autre, qu'Ænésidème sortant, par une singulière évolution dont nous aurons à nous demander compte, de l'école de Pyrrhon pour entrer dans celle d'Héraclite, exposait sur les questions du temps[2], du mouvement[3], des éléments du langage[4], sur l'être[5], le tout et la partie[6], sur la raison individuelle et la raison générale[7], ces théories souvent si obscures dont nous retrouvons dans Sextus quelques vestiges indécis.

Quant aux στοιχειώσεις dont parle avec tant de colère le très-zélé dogmatique Aristoclès, κακαὶ στοιχειώσεις[8] et à la πρώτη εἰσαγωγή citée par Sextus[9], sont-ce là des ouvrages distincts ou bien des façons particulières de désigner les Πυῤῥώνειοι λόγοι et les traités Περὶ σοφίας et Περὶ ζητήσεως, ou encore sont-ce des parties de ces divers ouvrages? Ces questions sont de si peu d'intérêt qu'il n'y a pas lieu de regretter qu'elles soient insolubles.

Enfin, l'ouvrage cité par Diogène[10] et Aristoclès[11]

---

[1] Laert. IX. 11. p. 263.
[2] *Adv. phys.* II. p. 417, A, B. — Cf. *Hyp. Pyrrh.* III. 17, p. 138, C.
[3] *Adv. phys.* p. 386, E. — Ibid. p. 387, A, B.
[4] *Adv. phys.* II, p. 417, A, B.
[5] *Adv. phys.* II, p. 419, D.
[6] *Adv. phys.* p. 363, D.
[7] *Adv. Log.* p. 222, B.
[8] Arist. ap. Euseb. *Præp. Evang.* XIV, 18.
[9] Sext. *Adv. phys.* II, p. 417, A.
[10] Laert. IX. 11, p. 256.
[11] Arist. ap. Euseb. *Præp. Evang.* XIV, 18.

sous ce titre : ἐν τῇ εἰς τὰ Πυρρώνεια ὑποτυπώσει, était-il différent ou non des Πυρρώνειοι λόγοι. Ce qui pourrait faire admettre avec Fabricius [1] et malgré l'opinion de Ritter [2] la distinction de deux ouvrages, c'est que les δέκα τρόποι τῆς ἐποχῆς étaient développés, au témoignage d'Aristoclès [3] ἐν τῇ εἰς τὰ Πυρρώνεια ὑποτυπώσει, et que nous n'en trouvons aucune trace dans l'extrait donné par Photius des Πυρρώνειοι λόγοι.

Du reste, comme nous ne possédons pas une ligne de l'hypotypose d'Ænésidème, en supposant qu'elle ait été un ouvrage à part, il est parfaitement inutile d'insister sur ce point.

En résumé, des huit livres dont se composait le Πυρρώνειοι λόγοι, nous sommes parvenus à retrouver pour le fond des idées, sinon pour leur exposition développée :

Le Ier livre, dans le résumé net et précis de Photius;

Le IIe livre, dans Sextus *Adv. log.* II, p. 227, C à 229, C.

Le IVe livre, dans Sextus *Adv. log.* II, p. 258, E.

Le Ve livre, 1° dans Sextus *Adv. phys.* 345, B à 351, C.

2° dans Sext. *Pyrrh. Hyp.* I, 17.

---

[1] Fabr. *ad Sext.* — *Adv. Log.* II.

[2] *Hist. de la phil. anc.* t. IV, p. 227.

[3] Arist. l. c. — Aristoclès dit ἐννέα τρόπους, ce qui a fait croire qu'il avait réduit à neuf les δέκα τρόποι τῆς ἐποχῆς. Mais il est certain que le texte d'Aristoclès a été altéré, ou qu'Aristoclès se trompe, car Sextus (*Adv. Logicos*, p. 201, A) cite les δέκα τρόποι exposés par Ænésidème, et Diogène Laërce mentionne expressément son dixième τρόπος. Laert. IX, 11.

Pour les VI⁰, VII⁰ et VIII⁰ livres qui traitaient, au rapport de Photius [1] les questions morales, nous sommes réduits au résumé du *Myriobiblion* et à quelques indications de Diogène Laërce [2] et de Sextus [3].

Quant aux traités περὶ ζητήσεως et περὶ σοφίας, on peut avec vraisemblance y rapporter les indications dispersées çà et là du dogmatisme héraclitéen d'Ænésidème [4].

Voilà les débris de la doctrine d'Ænésidème que le temps a épargnés. La critique, après les avoir recueillis, doit les féconder et restituer autant que possible dans ses traits essentiels la pensée dont ils sont restés les uniques dépositaires.

Mais, avant d'exposer avec étendue la doctrine d'Ænésidème et de la soumettre à une discussion approfondie, il est nécessaire, pour en saisir l'esprit et le sens, pour en mesurer la juste portée, comme aussi pour en apprécier plus tard l'influence historique, de reconnaître attentivement ses origines.

---

[1] Loc. cit. p. 170-171.
[2] Laert. IX, 12.
[3] *Adv. phys.* II, p. 446, B.
[4] Voir les end. cités plus haut.

CHAPITRE DEUXIÈME

DU SCEPTICISME EN GRÈCE AVANT ÆNÉSIDÈME.

Quand Ænésidème vint à Alexandrie fonder son enseignement, l'école pyrrhonienne qu'il rajeunit et releva, avait déjà trois siècles d'existence. Nous devons remonter à l'origine de cette école trop dédaignée, reconnaître son vrai caractère et la suivre dans ses fortunes diverses, si nous voulons estimer à son juste prix l'œuvre philosophique de son second fondateur, et mesurer la part qu'il prit à sa destinée.

L'école pyrrhonienne est dans l'antiquité l'école sceptique par excellence. Nous pensons même qu'à parler rigoureusement, il n'y a eu en Grèce d'école vraiment sceptique que celle-là.

Quoique de très-savants hommes, Cicéron [1], Séné-

---

[1] *Ac. qu.* I. 13. — II, 28.

que [1], Sextus [2], et à une autre époque, Bayle [3], Brucker [4], Stæudlin [5], aient cru voir apparaître le scepticisme, dès l'origine de la philosophie grecque, dans la doctrine des Éléates, dans celles d'Héraclite et de Démocrite, on est généralement d'accord aujourd'hui, grâce aux efforts d'une critique plus éclairée, pour restituer à ces grands systèmes leur caractère éminemment dogmatique.

Mais un préjugé subsiste encore : c'est que la Sophistique, la seconde et la troisième Académie furent des écoles sceptiques [6]. Nous ne pouvons donner les mains à cette opinion, et il nous paraît nécessaire ici de la combattre.

La même confusion d'idées qui a fait enrôler Xénophane et Zénon d'Élée parmi les sceptiques, a associé dans les esprits Pyrrhon avec Gorgias, Ænésidème avec Carnéade. Nul doute que Gorgias n'ait préparé Pyrrhon, et Carnéade Ænésidème ; mais la vérité est que les écoles de ces philosophes n'ont pas cessé de se combattre, et qu'elles diffèrent de tout point, soit par la nature des doctrines, soit par l'influence qu'elles ont exercée sur le développement de la philosophie grecque.

Il semble que deux choses profondément distinctes n'aient pas été suffisamment démêlées, je veux dire,

---

[1] *Epist.* 88.
[2] *Adv. Math*, p. 146, C.
[3] *Dict.* Art. Xénoph. et Zénon d'Éléc.
[4] *Hist. crit. phil.* I, 1170.
[5] *Geschichte und Geist der Septic.* Per. I et II.
[6] Tenneman. *Man. de l'hist. de la phil.* I, 228 sqq.

l'esprit critique et négatif, et l'esprit sceptique proprement dit; et cependant, il y a la même différence entre ces deux directions de la philosophie qu'entre ces deux opérations de l'esprit, la négation et le doute. Selon nous, une seule école en Grèce a professé le doute, c'est l'école pyrrhonienne. Deux esprits éminents ont seuls compris et organisé la philosophie du doute, savoir, Pyrrhon et Ænésidème.

Il nous importe d'établir solidement ces deux points. Car si l'esprit et le rôle de l'école pyrrhonienne étaient méconnus, on ne comprendrait plus ni l'esprit ni le rôle du scepticisme d'Ænésidème. Cette introduction sera donc consacrée à un double objet :

1° Éclairer l'origine et déterminer le vrai caractère de l'école pyrrhonienne en la distinguant fortement de toutes les autres, particulièrement de l'école des Sophistes, de la seconde et la troisième Académie.

2° Décrire le mouvement et marquer le progrès du scepticisme en Grèce, depuis Pyrrhon jusqu'à Ænésidème.

C'est un point désormais acquis à l'histoire de la philosophie que Xénophane et Zénon d'Élée n'ont été sceptiques à aucun titre; mais qu'ils ont servi tout au contraire, celui-là à fonder, celui-ci à défendre le dogmatisme le plus absolu et le plus exclusif qui fut jamais [1].

Mais, dit-on, ces deux philosophes niaient pourtant le mouvement. Je réponds : si l'on veut que nier, ce

---

[1] Voir les art. Xénophane et Zénon d'Élée, dans les *Nouv. fragm. phil.* de M. Cousin, t. I.

soit faire acte de scepticisme, voilà Parménide sceptique ; car lui aussi a nié le mouvement [1]. Mais à ce compte, Héraclite est un autre sceptique ; car il a pensé que tout s'écoule et a nié l'être absolu [2]. Et où trouvera-t-on un philosophe qui ne soit pas sceptique? tout dogmatisme, si profond et si vaste qu'on le suppose, n'est-il pas toujours plus ou moins exclusif, c'est-à-dire plus ou moins négatif? Identifier le doute et la négation, c'est identifier le dogmatisme et le scepticisme, c'est tout confondre.

Au lieu de raisonner ainsi : les Éléates nient le mouvement, Héraclite nie l'être absolu ; donc Héraclite et les Éléates sont sceptiques ; il fallait dire : puisque les Éléates nient le mouvement, c'est qu'ils n'ont aucun doute sur l'impossibilité du mouvement. Puisque Héraclite nie l'être absolu, c'est qu'il n'a aucun doute sur l'impossibilité de l'être absolu. Donc Héraclite et les Éléates ne sont point sceptiques.

Et cependant, il est vrai de dire que l'école d'Élée et celle d'Héraclite ont puissamment servi, quoiqu'à leur insu, la cause du scepticisme, et lui ont mis aux mains la plupart des instruments de guerre qu'il a tournés ensuite contre elles-mêmes. Ainsi, la Sophistique s'est emparée des arguments de Zénon contre le mouvement, et leur attribuant une portée absolue que l'habile Éléate ne leur donnait pas, elle s'en est servie pour battre en brèche le dogmatisme Ionien [3]. Plus

---

[1] Sext. *Adv. Math.* 388, A.
[2] Plat. *Theæt.* — Cf. Sext. *Hyp. Pyr.* I, 29. II, 6. III, 15.
[3] Arist. *de Xen. Zen. et Gorg.*, 5.

tard, l'école Mégarique s'appropria ces arguments subtils, en les compliquant encore des nœuds inextricables de sa dialectique [1]. Enfin, le pyrrhonisme en hérita, et dans un tout autre but que les sophistes et Euclide, sut comme eux les faire tourner à ses fins [2]. De même, Protagoras mit le système d'Héraclite au service de ses propres vues [3]. De la mobilité universelle, il déduisit habilement l'universelle relativité, et par une conséquence inévitable, l'égale valeur des assertions contradictoires. Vint alors l'école de Pyrrhon qui, prenant acte de tout cela, institua son ἐποχή, à égale distance de l'affirmation et de la négation, sur la ruine de tous les systèmes.

A ce point de vue, qui est celui des faits et des témoignages, la Sophistique prépare le scepticisme, mais elle s'en distingue.

Attachons-nous à marquer et à établir cette différence, et pour cela, jetons un coup d'œil attentif sur les doctrines des sophistes les plus célèbres et les plus sérieux.

Les sophistes étaient de ces hommes avides et déliés, comme il en naît aux âges de profonde corruption. Courtisans du vice, ils flattèrent en esclaves les mauvaises passions de leur temps, comptant bien asservir les âmes après les avoir abaissées. Dans un siècle de superstition, ils eussent poussé la dévotion jusqu'au

---

[1] Sext. *Hyp. Pyrr.* III, 7. — Bf. *Adv. Math.* 988, C. *Hyp. Pyrr.* II, 22.

[2] *Adv. Math.* 392 sqq.

[3] Ibid. 148 sq.

fanatisme; mais l'esprit du temps était libre ; ils furent esprits forts[1]. La jeunesse d'alors était amoureuse d'une science brillante et frivole; ils affectèrent l'universalité [2]. Citoyens de républiques démocratiques où la parole, c'était le crédit, ils asservirent la pensée à une rhétorique menteuse dont le chef-d'œuvre était de fortifier les mauvaises causes et d'affaiblir les bonnes, afin d'avoir toujours raison.

Ils surent comprendre que la philosophie était la plus grande force morale du temps, et en firent le premier ressort de leur entreprise. Leur tactique fut très-habile dans le choix des systèmes, et peut-être l'esprit du temps la conduisait-elle à leur insu. Comme s'ils avaient voulu se partager le travail, ils mirent la main sur chacune des grandes doctrines dont la dissolution précoce était imminente, et démêlant avec une étonnante sagacité les côtés négatifs et les endroits faibles de ces doctrines, les tournant sans scrupule l'une contre l'autre, ils tendirent ouvertement par la confusion et la contradiction de toutes les idées à la négation universelle. Arrivés là, ils étaient sûrs d'avoir une raison à donner pour et contre tout. Leur philosophie était faite.

Gorgias partit de l'Éléatisme et le brisa contre le sensualisme Ionien. Protagoras adopta le système d'Héraclite pour en consommer la ruine.

Écoutons Gorgias : « L'être n'est pas, dit-il. En effet s'il était, il serait éternel, ou engendré, ou l'un et l'au-

---

[1] Sext. *Adv. Math.* p. 319, B. — Cf. Cic. *De Nat. Deor.* I, 2.
[2] Plat. *Protag.* pas.

tre. Or, ce qui est éternel n'a pas commencé, et par conséquent n'a pas de principe, et par conséquent est indéfini. Mais l'indéfini n'est nulle part. Car s'il était quelque part, il serait différent de ce en quoi il est, et il y aurait quelque chose de plus grand que lui. De plus, il ne peut être contenu dans lui-même. Car alors le contenant et le contenu, le corps et le lieu ne feraient qu'un, ce qui est impossible. Ainsi l'être, dans l'hypothèse qui le fait éternel, n'est nulle part et par conséquent n'est pas — En second lieu, l'être n'est pas engendré. Car il serait engendré de l'être ou du non-être. Or, pour qu'il fût engendré de l'être, il faudrait que l'être existât déjà ; et il ne peut pas non plus être engendré du non-être, car le non-être ne peut rien produire. — Enfin, l'être ne peut être tout à la fois éternel et engendré. Donc l'être n'est point.

« Autre preuve que l'être n'est point. L'être est un ou plusieurs. Or, l'être ne peut être qu'une quantité, un continu, une grandeur ou un corps ; et rien de tout cela n'est un. De plus l'être ne peut être plusieurs. Car, s'il n'y a plus d'unité, il ne peut plus y avoir de pluralité [1]. »

Le caractère de cette argumentation, au premier abord, est Éléatique. Mais quand on y regarde de près, on y voit les principes sensualistes réunis par un monstrueux assemblage aux dogmes de Parménide, pour les détruire et se détruire eux-mêmes du même coup. L'être, dit Gorgias, est engendré ou éternel. Il ne peut

[1] Sext. *Adv. Math.* p. 149 sq. — Cf. Arist. *de Xén. Zén. et Gorg.* 5.

être engendré ; j'en appelle à Parménide. Il ne peut être éternel, car tout ce qui est a commencé d'être ; demandez à Héraclite.

Je n'ai trouvé nulle part en traits plus sensibles le caractère de cette dialectique toute négative qui dissolvait pour ainsi parler chaque système en y infiltrant tous les autres.

Le résultat définitif est celui-ci [1] : toute vérité, tout être sont absolument impossibles.

Suivons maintenant Protagoras dans une autre voie. Connaître, dit-il, c'est sentir ; or, quel est le caractère de la sensation ? c'est de varier à l'infini suivant les dispositions de l'être sensible. Chacun connaît donc à sa façon, et chacun est bon juge et seul juge de sa façon de connaître. Ce qui est vrai pour celui-ci peut donc être faux pour celui-là et incertain pour un troisième. Tout le monde a tort, et tout le monde a raison. A ce compte, toute chose est et n'est pas tout à la fois ; elle est ceci, et elle est cela ; et elle n'est aussi ni l'un ni l'autre. C'est ce que Protagoras exprimait en disant que l'homme est la mesure de toutes choses ; des choses qui sont, en tant qu'elles sont ; et des choses qui ne sont pas, en tant qu'elles ne sont pas.

Aussi tout est relatif, parce que tout est sensible ; et tout est vrai parce que tout est relatif. Et comme tout est vrai, le oui est vrai comme le non [2].

---

[1] Sext. *Adv. Math.* p. 149 sq. — Cf. Arist. *de Xén. Zén. et Gorg.* 5.

[2] Sext. *Adv. Math.* p. 148. sq. — Cf. Ibid. p. 205, C.; p. 209, C; p. 319, B. — Cf. Cic. *De Nat. Deor.* I, 2.

Mais Gorgias dit-il autre chose? Rien n'est, selon lui, et rien n'est vrai, ni le oui, ni le non. Or, qui ne voit que cette formule est identique à la précédente ? Si tout est vrai, rien n'est vrai, et si rien n'est vrai, on peut tout soutenir et par conséquent tout est vrai. Acceptez les deux alternatives contradictoires ou niez-les ; la vérité y succombe également, et le sens commun y reçoit pareil outrage.

Qu'on examine maintenant les doctrines de Métrodore de Chio [1], de Prodicus [2], d'Hippias [3], de Diagoras [4]; d'Anaxarque [5], d'Euthydème [6], l'on y reconnaîtra le même esprit. Nulle part l'esprit de doute ; nulle part la suspension du jugement, le véritable esprit sceptique [7]. Partout l'esprit critique et négatif poussé à ses dernières limites et déshonoré par l'effronterie.

Il est certain que le scepticisme serait sorti de bonne heure de cette dissolution générale des idées et des mœurs, si une grande révolution n'eût renouvelé dans ses sources l'esprit grec épuisé.

Socrate vint à propos. L'influence qu'a exercée ce grand homme est incalculable. Les sophistes régnaient en maîtres, il les discrédita ; la philosophie était mou-

---

[1] Sext. *Adv. Math.* p. 146, C. — Cf. Ibid. p. 153, A. — Cf. Cicer. *Acad. Quæst.* II, 23.
[2] Sext. *Adv. Math.* p. 311, B. — Cf. p. 317, D.
[3] Plat. *Hip. maj. et min.*
[4] *Hyp. Pyrr.* III, 24. — Cf. *Adv. Math.* 318.
[5] Sext. *Adv. Math.* p. 153, B.
[6] Sext. *Adv. Math.* p. 149, C.
[7] Ibid. p. 341, D. — Cf. *Hyp. Pyrr.* I, 32.

rante, il la ranima ; le scepticisme allait tout envahir, il l'arrêta pour un siècle. Accoucheur des esprits, sa méthode fit éclore tous ces beaux fruits que le doute eût desséchés dans leur germe. Apôtre de la vérité et de la vertu, il rendit à la philosophie, dont la sainte image était obscurcie, son caractère auguste et respecté.

Socrate mort, plusieurs écoles se constituèrent ; mais toutes ne tardèrent pas à s'éclipser devant les splendeurs naissantes de l'Académie et du Lycée. Toutefois, l'école Mégarique doit nous arrêter un instant ; car elle aussi, comme celle des sophistes, a eu sa part d'influence sur la naissance et le progrès de la doctrine pyrrhonienne.

L'école de Mégare, c'est l'Éléatisme qui décline et s'altère sous l'influence des sophistes. Comme les Éléates, les Mégariques se distinguent par l'esprit dialectique. Sur les traces de Parménide et de Zénon, Euclide et Diodore [1] argumentent contre la sensibilité et le mouvement. Mais la dialectique de Mégare, travaillée sourdement par l'esprit sophistique, oublie trop souvent le point de vue sublime qui faisait la force des Éléates, et dès lors, séparée de son principe, elle prend un caractère exclusivement négatif, argumente pour argumenter, se crée des embarras pour en triompher, surprend et éblouit l'esprit, au lieu d'y porter la lumière, s'enchante de la subtilité et de la souplesse de ses ressources, et n'est plus qu'un jeu d'esprit dangereux et frivole, tout à fait indigne d'hommes sérieux.

---

[1] Sext. *Adv. Math.* 396 sqq.

Déjà Euclide [1] attaque la légitimité de la preuve et mérite le blâme sévère de Socrate. Eubulide tend sous les pas des philosophes ses piéges subtils, le Menteur, le Voilé, le Chauve, le Trompeur, le Cornu, ingénieuses puérilités [2]. Stilpon combat vivement la théorie des idées, mais avec les armes d'Aristote. Homme grave d'ailleurs et de mœurs socratiques, on est surpris de le voir attaquer en sophiste la possibilité de réduire une idée inférieure à une idée supérieure [3], c'est-à-dire, le raisonnement dans son essence. Et voilà donc où parvient enfin cette aveugle et stérile dialectique de Mégare ? à détruire le raisonnement, et partant, elle-même. Son point de départ est l'être ; elle se perd dans le Nihilisme.

Et ici encore, comme dans la route que nous venons de parcourir, nous trouvons l'esprit négatif, dans toute sa force, dans tous ses excès ; mais nous cherchons en vain l'esprit sceptique.

Pyrrhon tient à la fois de l'école Sophistique et de la Mégarique. Il est disciple d'Anaxarque [4] qui eut pour maître le sophiste Métrodore, et de Dryson [5] fils du mégarique Stilpon. Essayons de retrouver les traits un peu indécis de cet homme extraordinaire qui n'écrivit pas une ligne [6], et qu'après vingt siècles on n'a pas ou-

---

[1] Laert. II, p. 59, E.
[2] Laert. II, p. 60, A. Vid. Menag. ad Laert. p. 74. — Cf. Plat. *Euthyd.* — Cic. *Ac. qu.* IV, 26.
[3] Plut. *Adv. Colot.* 23. — Cf. Cic. *Ac. qu.* II, 23.
[4] Laert. IX, p. 252, E.
[5] Id. Ibid. Vide Menag. ad Laert.
[6] Laert. IX, p. 262, D. — Cf. Arist. ap. Euseb. *Præp.* XIV, 18. et Fabric. *Bibl. gr.* III, 620. Éd. Harl.

blié ; de cet homme qui le premier conçut et prit au sérieux l'idée sceptique, et la marqua si fortement de son empreinte qu'aujourd'hui encore elle porte son nom et parle son langage.

Pyrrhon commença ses études philosophiques par la lecture de Démocrite[1]. Il s'attacha ensuite à l'école de Mégare et à celle des sophistes dont la dialectique stérile le dégoûta du raisonnement et de la science.

Fatigué des livres et des écoles, Pyrrhon voulut lire dans le grand livre du monde, et comme Descartes plus tard, il n'y recueillit que l'incertitude.

De retour en Grèce, il y retrouva ce qu'il y avait laissé. Au lieu de principes, l'orgueil et la lutte des systèmes, et partout, en apparence, la raison aux prises avec la raison. Platon était mort, et l'Académie, que la forte main du maître ne retenait plus sur ses mauvaises pentes, dérivait vers le Pythagorisme. Aristote, fatiguait de ses objections l'Académie affaiblie, et lui-même parvenait à peine à désarmer d'ardents contradicteurs. A côté de ces grandes écoles, les Cyniques étalaient le scandale de leur extravagant rigorisme, tandis que les disciples d'Aristippe, beaucoup moins épris de l'austérité, s'abandonnaient mollement à la vie avec les sens pour guide et le plaisir pour boussole.

A qui se fier, où se prendre dans cette universelle variété ? Où trouver la sagesse ? Dans l'affirmation ? Dans la négation ? Dans un autre parti ?

Ce troisième parti, Pyrrhon a l'honneur de l'avoir conçu. Beaucoup de bons esprits avaient douté avant

---

[1] Laert. IX, p. 254, B. — Cf. Fabr. l. I.

Pyrrhon; mais personne, avant lui, n'avait élevé le doute au rang d'une méthode. La gloire des philosophes est moins dans les idées qu'ils prennent pour drapeau que dans l'emploi qu'ils en savent faire. Pyrrhon aperçut le premier l'idée du doute régulier et systématique, et si la force lui manqua pour l'organiser fortement, il sut du moins l'exprimer avec une netteté supérieure.

Suivant Pyrrhon, aussitôt que la raison entreprend de percer les mystères qui l'environnent, elle s'embarrasse entre deux alternatives contradictoires où il lui est également impossible de se fixer. Les uns disent qu'il y a une vérité absolue, les autres le nient. Chacun donne ses raisons, et ces raisons se valent. Choisit-on la première alternative? On y trouve la lutte et la contradiction. Choisit-on la seconde? Même lutte, même contradiction. Prend-on le parti désespéré de les nier l'une et l'autre ou de les affirmer ensemble? On est accablé du poids de toutes deux. Que faire? Pyrrhon répond: s'abstenir, ἐπέχειν.

Mais, dira-t-on, il est impossible de s'abstenir en toutes choses. Un doute universel est le comble de l'extravagance ; car s'il doute de soi, il est assez réfuté ; et s'il s'affirme, voilà le douteur qui malgré lui ne doute plus et se condamne à l'affirmation, c'est-à-dire, à la contradiction.

Raisonner ainsi, c'est selon nous, ne pas entendre l'ἐποχή pyrrhonienne. D'où vient cette ἐποχή? Des contradictions de la raison, ἀντίθεσις τῶν λόγων. Mais où se rencontre cette ἀντίθεσις? Est-elle universelle? Certainement non. Elle est tout entière dans le domaine des choses obscures, ἄδηλα, c'est-à-dire, des essences, des rapports et des lois invisibles des êtres. Mais quant aux pures impressions de conscience, aux faits internes, elle n'y pénètre pas ; en un mot, s'il est permis d'appliquer à une école de l'antiquité une terminologie toute moderne, le doute pyrrhonien est tout entier dans la sphère de l'objectif ; il n'atteint pas la région de la conscience et de la subjectivité.

Que ce soit là la doctrine avouée de l'école pyrrhonienne, c'est ce qui résulte évidemment de vingt passages décisifs de Sextus [1], confirmés pleinement par Diogène Laërce [2]. Et si l'on doutait que cette doctrine fût déjà dans Pyrrhon, voici un témoignage qui trancherait la question. Pyrrhon admettait positivement un critérium ; ce critérium, c'est l'apparence, τὸ φαινόμενον [3]. Or, que signifie ce critérium de vérité dans la doctrine sceptique par excellence ? Est-ce un critérium absolu, au sens où un matérialiste eût pu l'admettre ? Il est trop clair que non. Il s'agit donc ici d'un critérium purement subjectif. Pyrrhon doute absolument de tout ce qui dépasse la conscience ; mais comme Pyrrhon n'est pas un sophiste, il ne doute pas de son doute, il ne doute pas de la conscience.

Ce point est capital. Ne craignons pas d'y insister encore.

---

[1] Sext. *Hyp. Pyrr.* I, 11, 13 ; Ibid. p. 13, A, p. 28, D. Ibid. 31, 32. *Adv. Math.* p. 143.
[2] Laert. IX, p. 262, E.
[3] Laert. IX, p. 263, B.

Les sens disent que la nature est pleine de vie et de mouvement. Parménide démontre que le mouvement et la vie sont impossibles. Voilà *l'antithèse*. Gorgias et Protagoras la résolvent en disant, l'un : il n'est pas vrai qu'il y ait du mouvement ; il n'est pas vrai non plus que le mouvement soit impossible ; car rien n'est vrai. — L'autre : Il est vrai qu'il y a du mouvement ; il est également vrai qu'il n'y en a pas ; car tout est vrai. — Pyrrhon, témoin de ce conflit, en prend acte, et s'abstient purement et simplement, οὐδὲν ὁρίζει.

Il ne nie pas, il ne doute pas que le mouvement n'apparaisse aux sens ; c'est un fait. Il ne nie pas, il ne doute pas que la démonstration de Parménide ne semble irréfutable à l'entendement ; c'est un autre fait. Il ne nie pas, enfin, il ne doute pas que les solutions de Protagoras et Gorgias n'aient l'air d'être contradictoires. C'est encore un fait, un fait de conscience, un fait qui est au-dessus de la négation et du doute. Mais maintenant, y a-t-il du mouvement, absolument parlant? Il en doute. N'y en a-t-il pas? il en doute. Le mouvement est-il tout ensemble et n'est-il pas ? il en doute encore. Et ainsi, Pyrrhon évite la contradiction. Car que le miel paraisse tantôt doux et tantôt amer, il n'y a là que deux apparences successives ; il n'y a pas de contradiction. La contradiction commence quand on veut prononcer absolument sur la douceur ou l'amertume du miel. Et là, suivant Pyrrhon, elle est ou du moins elle paraît inévitable [1].

---

[1] *Adv. Math.* 388, B, C. — Cf. 391. E.

Et qu'on le remarque bien. Pyrrhon ne déduit pas l'ἐποχή de l'impossibilité absolue de nier ou d'affirmer, comme on déduit une conséquence de ses prémisses. Et tout en affirmant l'ἐποχή, il ne lui donne pas une valeur absolue et objective. Ce seraient là deux contradictions, puisque Pyrrhon n'admet ni la légitimité du raisonnement, ni l'existence absolue de quoi que ce puisse être.

En disant : Οὐδὲν μᾶλλον, Οὐδὲν ὁρίζω, Pyrrhon exprime un fait, et rien de plus. Ce n'est pas une déduction logique, mais une apparence. Et Pyrrhon n'admet pas la réalité absolue de cette apparence ; il la donne comme subjective et ne l'affirme qu'en tant que subjective. En elle-même et absolument parlant, est-elle quelque chose ? Pyrrhon ne le nie pas, mais il ne l'affirme pas ; il n'en sait rien. C'est dans ce sens subtil, mais juste, qu'il faut entendre cette opinion pyrrhonienne que l'ἐποχή s'applique à elle-même et qu'en parlant de l'οὐδὲν μᾶλλον, on peut dire aussi : οὐδὲν μᾶλλον [1].

Tel est le vrai caractère, telle est l'exacte portée de l'ἐποχή pyrrhonienne [2], si généralement mal comprise.

Mais cette ἐποχή n'est pas seulement une règle spéculative. C'est encore un principe pratique. En effet, l'ἐποχή en préservant de la contradiction donne à l'âme la paix et la sérénité, ἀπάθεια, ἀταραξία. Celui qui cherche à des problèmes insolubles une solution dogmatique, positive ou négative, se tourmente de sa chimère. Le

---

[1] Sext. *Hyp. Pyrr.* I, 30.
[2] Ib. 19. — Cf. Ibid. 20, 21, 22, 23 sqq. — Cf. Laert. IX, p. 256, A.

douteur, le vrai pyrrhonien, est au-dessus des orages. Il n'est pas insensible à la douleur et au plaisir ; mais il les subit avec calme, parce que là où son esprit doute, son cœur est indifférent. L'ἀταραξία qui, suivant Timon, est comme l'ombre de l'ἐποχή [1], en est aussi le prix.

En deux mots, Pyrrhon part des antinomies de la raison spéculative, ἀντίθεσις τῶν λόγων, et il arrive en les constatant à l'οὐδὲν μᾶλλον. L'οὐδὲν μᾶλλον dans la science, c'est le doute, ἐποχή. Dans la vie, c'est l'indifférence, ἀπάθεια.

Est-il possible maintenant de confondre cette doctrine avec celle des Sophistes? Et d'abord, qu'y a-t il entre ces rhéteurs décriés et sans foi, qui faisaient de la philosophie un vil trafic, et l'homme grave et sérieux, le sage respecté qu'Élis éleva à la dignité de grand-prêtre [2], qu'Athènes voulut adopter parmi ses enfants [3] ? Les doctrines ne se ressemblent pas plus que les caractères. Certes, s'il est un sophiste habile et qu'on puisse être tenté de rapprocher de Pyrrhon, c'est Protagoras. Tous deux admettent l'apparence pour critérium de la science et de la vie. Mais si l'analogie est dans les mots, comme la différence est dans les choses! Y a-t-il rien au monde de plus contraire à la réserve pyrrhonienne que cette tranchante et hautaine formule où Protagoras

---

[1] Cic. Ac. Quæst. II, 42. — Laert. IX, p. 263, E. — Cf. Sext. Hyp. Pyrr. I, 12.

[2] Laert. IX, 253, D.

[3] Laert. IX, 253, F. — Voir Bayle. Art. Pyrr. p. 735, n. H. — Cf. Isaac. Casaub. et Men. ad Laert.

est tout entier : l'homme est la mesure de toutes choses ? Les sceptiques, loin d'adopter cette maxime dogmatique, la repoussent de toutes leurs forces [1]. Ajoutez que les livres de Protagoras étaient pleins d'affirmations systématiques comme celle-ci : Les apparences contradictoires ont leur raison commune dans la fluidité de la matière, ὕλη ῥευστή [2] ; la matière est un écoulement perpétuel de phénomènes ; elle fait succéder des apparences nouvelles aux apparences détruites, sans fin et sans repos.

On dira que ce système conduit au Nihilisme. Nous l'accordons. Mais si le Nihilisme est le Dogmatisme en délire, il n'est toujours pas le Scepticisme.

Objectera-t-on enfin que les Sophistes niaient leurs propres négations, et par conséquent n'affirmaient pas plus que les Pyrrhoniens; que Métrodore de Chio, par exemple, soutenait qu'on ne peut rien savoir, pas même que le savoir est impossible [3]. Mais c'est à cause de cela même que je ne puis prendre la Sophistique au sérieux. C'est à cause de cela même que je la distingue du Scepticisme. Une négation qui se nie elle-même, un doute qui doute de soi et ne veut pas s'affirmer au moins comme doute, ce sont là des énormités où l'on ne peut tomber en conscience. Je dirai avec Pascal [4] : « La nature soutient la raison impuissante et l'empêche d'extravaguer jusqu'à ce point. » Aucun sceptique de quel-

---

[1] Sext. *Hyp. Pyrr.* I, 32.
[2] Sext. *Hyp. Pyrr.* I, 32.
[3] Sext. *Adv. Math.* p. 153, A.
[4] *Pensées.* Partie II, art. 1.

que portée et de quelque loyauté n'a nié la conscience. Hume est sceptique absolu en métaphysique ; mais il reconnaît les sensations et leurs copies [1]. Kant qui dans la *Critique de la raison pure*, a élevé le scepticisme ontologique à sa plus haute puissance, est dogmatique comme tout le monde dans la sphère de la subjectivité. Voilà le scepticisme sérieux et profond, le vrai scepticisme. Nous tenions à démontrer que Pyrrhon le premier l'a proclamé en Grèce, et nous allons établir qu'il n'est pas sorti de son école.

L'école fondée par Pyrrhon a duré dix siècles. Mais si sa longue destinée n'a jamais été entièrement interrompue, il est certain qu'elle a subi de fréquentes éclipses. Depuis Pyrrhon jusques à Ænésidème, un seul homme s'est fait un nom dans l'école sceptique, c'est Timon le sillographe.

Poëte satirique plutôt que philosophe, Timon [2] a servi à sa façon la cause du Scepticisme, mais il n'a rien ajouté de son propre fonds à la doctrine de son maître. Au témoignage d'Aristoclès [3], il réduisait la philosophie à trois questions : 1° Quelle est la nature des choses ? Il répondait qu'elle est pleine d'incertitude et de contradiction. C'est l'ἀντίθεσις de Pyrrhon. 2° Comment faut-il se comporter à cet égard ? Il faut douter. C'est l'ἐποχή. 3° Quelles sont les suites du parti qu'on aura pris ? Le doute mène à sa suite le calme et la sérénité. C'est l'ἀταραξία.

---

[1] Hume. *Essais philos.* Essai II.
[2] Voir sur Timon, l'art. de M. Le Clerc, dans la *Biog. univ.*
[3] Apud Euseb. *Præp. Evang.* XIV, 18.

Si cette esquisse témoigne de la fidélité du disciple, elle fait peu d'honneur à son originalité [1]. De Pyrrhon à Timon, le Scepticisme n'a donc pas fait un pas. Tout au contraire, il a perdu en gravité, et n'a rien gagné en étendue.

De Timon à Ænésidème, son déclin est encore plus rapide. Abandonné à des hommes sans nom [2], il languit et reste dans l'ombre. Trois écoles occupent et remplissent la scène de la philosophie, le Stoïcisme, l'Épicuréisme et la seconde Académie. Or, nous pensons que celle-ci est dogmatique aussi bien que les deux autres, quoique son dogmatisme ait un caractère opposé au leur. Ceci peut avoir l'air d'un paradoxe, et cependant, c'est le fait le plus simple emprunté aux plus sûrs témoignages de l'histoire.

Arcésilas introduisit dans l'Académie [3] une méthode nouvelle. Au lieu de dire son sentiment, il demandait celui de tout le monde [4]. Il n'enseignait pas, il dispu-

---

[1] Il paraît, d'après un passage de Sextus (*Adv. Math.* p. 414, A,) que Timon s'était occupé de la question du temps; et peut-être faut-il lui attribuer l'argumentation que donne Sextus pour prouver que le temps ne peut être ni divisible ni indivisible. Ceci n'est qu'une conjecture. Voy. Sext. *Adv. Math.* 138, A.

[2] Euphranor de Séleucie, Eubulus, Ptolémée, Sarpédon et Héraclide. Laert. IX, p. 265.

[3] Les uns admettent trois académies : la première, celle de Platon; la moyenne, celle d'Arcésilas; la nouvelle, celle de Carnéade et Clitomaque. — Les autres en admettent quatre; savoir, les trois précédentes, et une quatrième, celle de Philon et Charmide. — D'autres enfin reconnaissent une cinquième académie, celle d'Antiochus. Sext. *Hyp. Pyrr.* I, 33.

[4] Cic. *De fin.* II, 1.

tait. Dans cette inépuisable controverse, chaque système avait son tour, et celui d'Arcésilas était de détruire tous les autres.

On a cru dans l'antiquité qu'Arcésilas avait une doctrine positive[1]; mais il a fallu ajouter qu'il la gardait pour lui ou du moins qu'il la divulguait avec une confiance si discrète qu'il n'en a rien transpiré. Sa prétention avouée était de revenir à la dialectique de Socrate[2]; mais il ne put s'y maintenir; l'esprit négatif était déchaîné, il emportait tout. « Je ne sais rien, disait Socrate, excepté que je ne sais rien. » Mais dans sa pensée, celui qui sait cela est bien près d'en savoir davantage. Arcésilas gâte, en l'exagérant, cette excellente maxime. Il ne sait, dit-il, absolument rien, et son ignorance elle-même il fait profession de l'ignorer. Rien, à son avis, ne peut être compris, et cette universelle *incompréhensibilité* est incompréhensible comme tout le reste[3]. Gorgias et Métrodore disaient-ils autre chose?

Arcésilas n'épargnait personne. Mais il devait trouver son adversaire naturel dans le Stoïcisme, la plus forte doctrine du temps; aussi, l'enseignement d'Arcésilas fut-il un duel de chaque jour avec Zénon.

La doctrine de Zénon reposait sur sa logique, qui elle-même avait pour base une théorie de la connaissance. Dans cette théorie, trois degrés conduisent à la

---

[1] Sext. *Hyp. Pyrr.* I, 33. — Cf. Cic. *Ac. qu.* II, 18. — Aug. *Cont. Ac.* III, 20.

[2] Cic. *Ac. qu.* I, 13. — Cf. *De fin.* II, 1.

[3] Gellius, IX, 5.

science, l'αἴσθησις, la συγκατάθεσις et la φαντασία qui seule constitue une connaissance complète et certaine[1].

Otez la φαντασία καταληπτική, mesure et critérium de la vérité, c'en est fait de la logique stoïcienne, et du Stoïcisme tout entier. Tout l'effort d'Arcésilas fut de prouver que ce critérium est insuffisant ou contradictoire. Il sut profiter habilement des objections accumulées par les Sophistes, les Mégariques et les Pyrrhoniens contre les intuitions sensibles, et y ajouta[2] de son propre fonds plusieurs arguments qui trahissent une sagacité supérieure[3].

La φαντασία détruite, Arcésilas conclut à l'impossibilité de la connaissance et à la négation universelle[4].

Ceux qui veulent faire de lui un sceptique s'appuient de ce qu'il employait le mot ἐποχή. Mais qu'importe qu'il ait pris le mot du scepticisme, s'il a laissé la chose? Le vrai sceptique est aussi loin d'Arcésilas que de Zénon. Zénon affirme l'existence de la vérité absolue, Arcésilas la nie; le pyrrhonien se récuse, et renfermé dans la conscience, il doute de tout le reste.

Et il ne sert de rien de dire qu'Arcésilas après avoir nié la vérité, nie sa négation même[5]. C'est un nouveau trait qui le rapproche des sophistes et l'éloigne de Pyrrhon. Car d'abord, cette négation redoublée est

---

[1] Cic. Ac. qu. II, 47. — Cf. Sext. Adv. Math. 166, B.
[2] Cic. Ac. qu. II, 17 sqq. — Ibid. 25, 26 sq.
[3] Sext. Adv. Math. 166. — Cf. Cic. Ac. qu. II, 24. Voir notre Ch. IV.
[4] Sext. Hyp. Pyrr. I, 33. — Cf. Cic. Ac. qu. I, 13.
[5] Ac. qu. II, 9 sqq. — Cf. Gell. IX, 5.

toujours une négation. Et puis, Pyrrhon, nous l'avons vu, est si loin de nier son doute qu'il l'affirme au contraire positivement, comme un fait de conscience inaccessible à l'ἐποχή.

Aussi voyons-nous Timon épuiser contre Arcésilas la verve moqueuse de ses Silles[1]. C'est qu'Arcésilas à ses yeux était plus qu'un dogmatiste; c'était un transfuge. Un jour que le chef de l'Académie s'approchait de lui : « Esclave, lui dit-il, que viens-tu faire au milieu d'hommes libres? »

Les différences du Pyrrhonisme et de la seconde Académie ne s'arrêtent pas là. Arcésilas veut que le sage retienne toujours son jugement, parce que la vérité est incompréhensible; mais le sage est homme; il faut qu'il vive, il faut qu'il agisse. Arcésilas, à qui la vérité échappe, se réfugie dans la vraisemblance[2]. Ce n'est pas qu'elle doive pénétrer dans nos jugements; mais on en peut faire la règle de sa conduite.

Arcésilas n'oublie qu'une chose, c'est que la vraisemblance suppose la vérité, puisqu'elle se mesure sur elle. La certitude chassée de l'entendement y rentre, malgré qu'on en ait, à la suite de la vraisemblance. Car s'il n'est pas certain qu'une intuition soit vraisemblable, elle ne l'est déjà plus. Que nous sommes loin de la rigueur de l'ἐποχή de Pyrrhon!

Après Arcésilas, l'Académie ne produisit aucun grand maître[3], jusqu'au moment où Carnéade vint jeter sur

---

[1] Laert. IX, p. 265, C.
[2] Cic. *Acad. qu.* II, 11. — Cf. Sext. *Adv. Math.* p. 167, C.
[3] Arcésilas eut pour disciple Lacide qui fut le maître d'É-

elle l'éclat brillant de sa renommée. Carnéade était le génie de la controverse. Une imagination vive, une merveilleuse souplesse, une ardeur, une subtilité, une fécondité inépuisables, la nature lui avait tout donné, et l'art n'avait pas de secrets que Carnéade n'eût surpris. Vif, mobile, insaisissable, mordant, impétueux, sa parole perçait comme un glaive, et mettait tout en pièces. Capable de tout oser et de réussir à tout, il savait tout rendre vraisemblable, même l'absurde, et tout obscurcir, même l'évidence. Un jour, devant l'élite de Rome, qui, pour l'entendre, désertait ses fêtes[1], il peignit la justice avec une éloquence divine. Le lendemain, il démontra que la justice n'est qu'un mot vide de sens, et se fit applaudir du même auditoire[2].

Quelle doctrine eût subi impunément les attaques d'un tel adversaire? Le Stoïcisme faillit y périr. La lutte s'engagea encore sur la φαντασία καταληπτική[3], tant combattue par Arcésilas. Armé du sorite, son argument favori[4], Carnéade s'attacha à prouver qu'entre une aperception vraie et une aperception fausse, il n'y a pas de limite saisissable, l'intervalle étant rempli par une infinité d'aperceptions dont la différence est infiniment petite[5]. Il alla jusqu'à combattre l'axiome des mathématiques : Deux quantités égales à une troisième

vandre. Celui-ci le fut d'Hégésinus, dont Carnéade reçut les leçons.

[1] Lac. *Inst. div.* V, 15. — Cf. Plut. in *Cat. Maj.*
[2] Cic. *De orat.* III, 18.
[3] Sext. *Adv. Math.* p. 212 sqq.
[4] Ibid. p. 339 sqq. — Cf. *Ac qu.* II, 29 sqq.
[5] Cic. *Ac. qu.* II, 16. — Cf. Sext. *Adv. Math.* 167 sqq.

sont égales entre elles[1]. Or dégagez cet axiome du caractère mathématique qui en voile la généralité, vous avez le principe de contradiction, qui, sous une forme logique, n'exprime rien moins que la foi de la raison en elle-même. Le nier, c'est nier la raison et atteindre la dernière limite et la suprême extravagance de la négation.

Carnéade n'hésita pas. Seulement, il fit une réserve pour la pratique. Déjà la théorie du *Vraisemblable* lui montrait la route de l'inconséquence ; il y suivit Arcésilas. Toutefois, disciple toujours original, il fit d'une opinion indécise un système régulier, et porta dans l'analyse de la probabilité, de ses degrés, des signes qui la révèlent, la pénétration et l'ingénieuse subtilité de son esprit[2]. Mais à quoi sert tout l'esprit du monde, séparé du vrai? La première condition d'une théorie de la probabilité, c'est une théorie de la certitude. Car, qu'est-ce que la probabilité, sinon une mesure? Et comment mesurer sans une unité? Or, ici, cette unité, c'est la certitude.

On n'échappe pas à la logique par l'inconséquence. Arcésilas et Carnéade avaient nié la certitude. Il fallut, bon gré, mal gré, aller jusqu'au nihilisme universel.

Concluons que la nouvelle et la moyenne Académies représentent dans le mouvement de la pensée grecque, tout comme l'école des Sophistes, non pas l'esprit sceptique, mais l'esprit critique et négatif.

Et ce n'a pas été là un accident dans l'histoire de la

---

[1] Galen. De *opt. dic. gen.* dans l'éc. lat. de Sextus, p. 558.
[2] Sext. *Adv. Math.* 169, B. — Cf. *Ac. qu.* II, 22 sq. — Cf. *Hyp. Pyrr.* I, 33.

philosophie, mais une suite des lois de l'intelligence humaine.

Il faut que l'esprit négatif se soit donné carrière, il faut même qu'il ait pénétré profondément dans les âmes, avant que l'esprit sceptique puisse avoir un développement considérable. Qu'est-ce en effet que le doute? La tentative de la pensée pour échapper tout à la fois à l'affirmation et à la négation. Logiquement, il impliquerait contradiction que le doute précédât, soit l'affirmation, soit la négation. Transportez cette nécessité logique dans l'histoire; le scepticisme ne s'y montrera qu'après le dogmatisme, et le dogmatisme y apparaîtra sous sa double forme, l'esprit de système et l'esprit critique. L'intelligence humaine est ainsi faite, qu'il faut qu'elle ait mis en usage tous les moyens de croire avant de se précipiter dans le doute. La foi, c'est la vie. Le doute n'est pas une situation normale de la pensée; c'est une crise, c'est un désespoir. Après avoir épuisé l'affirmation, il reste encore un asile au besoin de croire qui tourmente l'humanité, c'est la négation. Nier, c'est croire, car c'est encore affirmer. Cette foi, toute négative qu'elle est, trompe, si elle ne la satisfait pas, la soif de croyance dont nous sommes altérés, parce que la négation mène à la lutte, et la lutte ouvre une carrière à l'activité de l'esprit humain. C'est seulement à la fin du combat que l'âme, revenant sur soi, s'aperçoit qu'elle n'a poursuivi qu'un fantôme. Le prix de la lutte lui échappe, par l'effet même de la lutte, qui a tout détruit. Le doute alors peut et doit apparaître; son temps est venu.

Appliquons ces principes au développement de la philosophie grecque. L'école de Pyrrhon fondée après Socrate et s'éclipsant dès l'origine, voilà, ce semble, une anomalie. Mais l'anomalie est, en fait d'histoire, ce qu'est le hasard en physique, un asile où notre ignorance prise au dépourvu met à couvert notre vanité. Le scepticisme est venu en Grèce quand il devait venir. Avant les sophistes, il était impossible ; l'esprit négatif n'avait pas fait son œuvre. Protagoras et Euclide devaient préparer Pyrrhon.

Le scepticisme est sorti de l'école de Mégare et de celle des sophistes. Il apparaît pour la première fois avec Pyrrhon, à côté du dogmatisme qui triomphe au Lycée, à l'Académie. Déjà il se glisse dans les âmes, à la suite de l'esprit négatif que Socrate n'avait pu détruire et y pénètre sourdement. Mais il était impossible, — à une époque où l'esprit dogmatique avait encore tant de séve et de vie et, à la place du Platonisme et du Péripatétisme affaiblis, enfantait des écoles nouvelles, pleines de force et d'avenir, — il était impossible que le scepticisme pût jouer un grand rôle sur la scène philosophique. Qu'arriva-t-il ? Pyrrhon laissa la place à Arcésilas. Le scepticisme s'éclipsa derrière l'esprit négatif, comme s'il avait compris qu'un autre ferait en ce moment ses affaires beaucoup mieux que lui-même. Il y a un mot spirituel d'Ariston sur Arcésilas qui rendra fort bien notre pensée. « Arcésilas, disait-il, est triple comme la chimère. Par devant, c'est Platon ; c'est Diodore par le milieu ; par derrière, c'est Pyrrhon[1]. » Ar-

---

[1] Sext. *Adv. Math.* I, 33, p. 48, C. — Cf. Laert. IX, p. 104, E.

césilas, en effet, n'a d'un platonicien que le nom. L'esprit des sophistes revit en lui[1], et il semble que le scepticisme le pousse par derrière pour précipiter sa chute dans le nihilisme universel.

Cette chute ne se fit pas attendre. Après Carnéade[2], Philon et Antiochus, fatigués de la lutte, passent à l'ennemi.

Philon combat avec mollesse le critérium stoïcien, et il accorde qu'à parler absolument, la vérité peut être comprise[3]. L'académie n'existait plus après cet aveu.

Antiochus donne la main au Portique[4]. Il ne veut reconnaître dans les diverses écoles académiques que les membres dispersés d'une même famille, et rêvant entre toutes les philosophies rivales une harmonie fantastique, du même œil qui confond Xénocrate et Arcésilas, il voit le stoïcisme dans Platon[5].

Cette tentative impuissante d'Antiochus est le signe manifeste de la décadence de l'esprit de système à cette époque de l'histoire de la philosophie.

Représenté par quatre grandes écoles, celles de Pla-

---

[1] Vid. Numen. ap. Euseb. *Præp. Evang.* XIV, 5, p. 731.

[2] Le disciple immédiat de Carnéade fut Clitomaque, qui écrivit les doctrines de son maître, mais sans y rien ajouter de considérable. Cic. *Ac. qu.* II, 31 sqq. — Cf. Sext. *Adv. Math.* p. 308. — Après Clitomaque, l'académie eut pour chefs Charmidas, Mélanchthus de Rhodes, Métrodore de Stratonice et Philon. Cic. *Ac. qu.* II, 6.

[3] Sext. *Pyrr. Hyp.* I, 33.

[4] Cic. *Ac. qu.* II, 22. Ibid. 42, 43. Ibid. 46.

[5] Sext. *Pyrr. Hyp.* I, 33, p. 48, C. — Cf. Cic. *De Nat. Deor.* I, 7.

ton, d'Aristote, de Zénon et d'Épicure, le dogmatisme positif est épuisé. Le dogmatisme négatif dont Arcésilas et Carnéade sont les grands représentants, en détruisant les autres doctrines, s'est détruit lui-même. C'est alors que le scepticisme qui depuis Timon suivait dans l'ombre la Moyenne et la Nouvelle Académies, lève la tête et prend position à Alexandrie, avec Ænésidème.

CHAPITRE TROISIÈME

RENOUVELLEMENT DU PYRRHONISME PAR ÆNÉSIDÈME. — CARACTÈRE PROPRE A SON ENTREPRISE PHILOSOPHIQUE. — PLAN DE SES ÉCRITS.

Rappelons en quelques mots les résultats historiques que nous venons d'établir : 1° l'origine du scepticisme en Grèce est beaucoup moins ancienne que la plupart des historiens ne l'ont pensé ; sans parler de l'école d'Élée, de celle d'Héraclite, de la doctrine Atomistique et de la Mégarienne, qui ne sont évidemment pas sceptiques, l'école des Sophistes elle-même, en ce qu'elle a eu de sérieux, n'a pas professé proprement le scepticisme, mais bien ce qu'on pourrait appeler le dogmatisme négatif absolu ; 2° conçue et proclamée pour la première fois par Pyrrhon, l'idée-mère du scepticisme ne s'est toutefois constituée dans son école par aucun monument considérable ; 3° la seconde et la troisième Académies, loin de continuer et de propager le vrai mouvement sceptique, l'ont combattu au contraire et arrêté dès son origine, en y substituant ce même dogmatisme négatif dont les Sophistes, avec moins de puissance et un caractère plus frivole, avaient été déjà les interprètes.

La conséquence que nous voulons déduire du rapprochement de ces faits, c'est que, durant les six derniers siècles de la philosophie grecque, si le scepticisme trouva dans Pyrrhon un sérieux et hardi promoteur, aucun esprit ne se rencontra assez étendu ni assez ferme pour lui marquer sa place et lui assigner son rang parmi les autres grandes manifestations de la pensée philosophique. Ce fut là, nous allons le reconnaître, la mission que se donna Ænésidème, en reconstituant au premier siècle de l'ère chrétienne l'école oubliée de Pyrrhon.

Dès le début de son ouvrage des Πυρρωνίων λόγοι, Ænésidème marque avec une force et une précision singulières sa direction philosophique. Il est Pyrrhonien absolu, et à ce titre, adversaire d'Arcésilas et de Carnéade aussi bien que d'Épicure et de Zénon. Ce n'est pas à tel ou tel dogmatisme qu'il déclare la guerre ; c'est l'esprit même du dogmatisme qu'il poursuit à travers les formes les plus opposées. Qu'on affirme ou qu'on nie, qu'on adopte un système ou qu'on rejette tous les systèmes, qu'on soit pour ou contre la raison, peu importe. Quiconque ne doute pas, est pour Ænésidème un dogmatiste, c'est-à-dire, un adversaire.

C'est ici que se découvre la légitimité de la distinction que nous avons établie entre l'esprit négatif qui n'est qu'une des formes du dogmatisme, et l'esprit sceptique.

Elle apparaissait déjà dans l'histoire par l'opposition des derniers Sophistes et des premiers disciples de Pyrrhon? Elle éclate ici en quelque sorte dans la polémique engagée par Ænésidème contre les sectateurs de la nouvelle Académie. Que ceux qui persisteraient à reconnaître le vrai scepticisme dans l'école des Sophistes et dans celle d'Arcésilas, que ceux-là nous expliquent pourquoi Ænésidème au nom de l'ἐποχή pyrrhonienne rompt hardiment en visière à l'Académie, et dans la proscription commune où il enveloppe les négations tranchantes de cette école et les affirmations des écoles rivales, trouve le caractère propre à la définition même de sa doctrine.

Il est bon de citer ici ses propres paroles :

Dans le premier livre des Πυῤῥωνίων λόγοι, suivant Photius [1], Ænésidème distingue à peu près en ces termes le Pyrrhonisme de la doctrine Académique. « Les « philosophes de l'Académie sont dogmatiques; ils po- « sent certains principes comme indubitables et en « nient d'autres sans réserve. Au contraire, les pyr- « rhoniens sont sceptiques [2] et entièrement dégagés de

---

[1] Phot. *Bibl.* p. 542. Éd. Hæsch. Il n'est peut-être pas inutile de remarquer qu'Ænésidème n'était éloigné des académiciens par aucune rivalité, par aucune haine personnelle. Il dédie son ouvrage à un académicien considérable de ses amis. Vid. Phot. l. I.

[2] Le nom de *sceptique*, dans l'antiquité, était exclusivement réservé aux philosophes de l'école de Pyrrhon et de celle d'Ænésidème. Laert. IX, 11. Sext. *Hyp. Pyrr.* I, 1. Ibid. 32, 33.

« toute espèce de prétention dogmatique. Aucun d'eux
« ne dit que toutes choses soient incompréhensibles ou
« qu'elles soient compréhensibles ; mais à leur avis
« elles ne sont pas plus l'un que l'autre. Ils ne disent
« pas qu'elles soient tantôt ceci, tantôt cela, ou telles
« pour celui-ci, telles pour celui-là, et rien du tout
« pour un troisième ; ou toutes ensemble ininteili-
« gibles, ou quelques-unes seulement ; mais, suivant
« eux, elles ne sont pas plus intelligibles qu'ininteili-
« gibles, pas plus intelligibles maintenant que mainte-
« nant inintelligibles. Il n'y a pour eux ni vrai, ni faux,
« ni probable, ni être, ni non-être ; mais la même chose,
« pour ainsi parler, n'est pas plus vraie que fausse,
« probable qu'improbable, être que non-être ; pas plus
« tantôt ceci que tantôt cela, pas plus telle pour celui-
« ci que telle pour celui-là. Car, en général, le pyr-
« rhonien ne détermine rien, et pas cela même, que
« rien n'est déterminé. »

Au premier coup d'œil jeté sur cette déclaration
nette et hardie, on objectera peut-être à Ænésidème
que la barrière qu'il veut élever entre la doctrine Académique et la sienne est une barrière tout artificielle.
On dira : le pyrrhonien le plus déterminé est forcé de
convenir que celui qui nie toutes choses a ce point
commun avec celui qui les met en doute, que ni l'un ni
l'autre n'affirme rien. La différence, s'il en reste quelqu'une, est sans conséquence. Bien plus, à l'examiner
de près, cette différence est puérile. Car n'affirmer
qu'une seule chose, à savoir qu'on ne peut rien affirmer,
et n'affirmer aucune chose, pas même qu'on n'en sau-

rait affirmer aucune, c'est en termes différents la même position intellectuelle, ou pour mieux dire la même absurdité ; puisque, soutenir qu'on n'affirme rien et que, cela même, on ne l'affirme pas, c'est affirmer encore, malgré qu'on en ait. La seule différence est donc que dans le premier cas l'affirmation paraît au grand jour, et que dans le second on essaie de la cacher par un subterfuge.

Nous n'essayons pas d'affaiblir l'objection. — Voici la réponse qu'Ænésidème et toute son école n'eussent pas manqué d'y faire :

Si notre doute s'étendait à toutes choses, même aux impressions internes, aux phénomènes en tant que phénomènes, ce doute universel serait aussi absurde que l'universelle négation des Académiciens, et n'en différerait pas sérieusement ; car, nous l'avouons, de même qu'une négation absolue détruit son propre ouvrage, ainsi, un doute absolu, soit qu'il s'affirme, soit qu'il s'applique à soi-même comme à tout le reste, est une contradiction évidente. Mais ce doute n'est pas le nôtre ; car notre doute, nous l'affirmons. Nous l'affirmons comme un phénomène interne au même titre et sous la même réserve que tous les phénomènes analogues. Et qu'on ne nous accuse pas de nous contredire. Nous faisons, il est vrai, profession de mettre en doute la valeur de toute affirmation comme de toute négation touchant la nature des êtres; mais d'où vient ce doute ? il vient du spectacle des contradictions où tombe la raison quand elle veut pénétrer jusqu'à l'impénétrable région des essences. Dans cette région, notre doute est universel. Nous n'affirmons rien, nous ne nions rien. Nous n'affirmons et nous ne nions pas même qu'on puisse rien nier ni affirmer ; mais notre doute s'arrête là. Il respecte les pures impressions, les phénomènes. Et la raison en est très-simple ; car du moment qu'on retranche à ces impressions toute portée spéculative, toute valeur dogmatique absolue, les contradictions disparaissent, et avec elles notre doute.

On n'a donc pas le droit de confondre dans un même arrêt cette doctrine et celle de l'Académie. Les Académiciens nient absolument la possibilité de comprendre les choses ; nous ne la nions pas, nous en doutons. Les Académiciens se contredisent grossièrement par cette négation absolue ; notre doute échappe à ce reproche. La négation des Académiciens n'est fondée que sur la contradiction des opinions dogmatiques ; nous nous appuyons, nous, tout à la fois des contradictions où l'on tombe en affirmant et de celles qu'on n'évite pas en niant, pour nous réfugier par delà l'affirmation et la négation dans un doute spéculatif universel. Enfin, les Académiciens nient les phénomènes internes comme tout le reste ; nous doutons, nous, de tout le reste ; mais nous affirmons les phénomènes internes.

En vain direz-vous que nous avons ce point commun avec l'Académie que nous excluons comme elle toute affirmation spéculative. Cela est vrai ; mais vous oubliez que nous avons aussi avec l'ensemble des autres écoles ce point commun que nous excluons comme elles la négation spéculative de l'Académie. Il n'y a donc pas plus de raison pour nous confondre avec l'Académie qu'avec ses adversaires les plus déclarés. C'est le propre de notre doute en matière de spéculation de se rapprocher à la fois et de s'éloigner de l'affirmation et de la négation ; de l'affirmation, parce qu'il exclut la négation ; de la négation, parce qu'il exclut l'affirmation.

En deux mots, notre doctrine diffère de la doctrine Académique :

1° Dans la sphère de la spéculation pure, comme le doute diffère de la négation ;

2° Dans celle des phénomènes internes, comme l'affirmation diffère de la négation ; et il faut bien l'ajouter, comme une affirmation conséquente avec elle-même et avec le doute spéculatif qui lui sert de limite, diffère d'une négation absolue qui ne peut s'énoncer sans se contredire.

On ne nous reprochera pas, nous l'espérons, de rien attribuer ici à Ænésidème qui ne ressorte de l'interprétation scrupuleuse des textes. Ænésidème n'est d'ailleurs, en tout ceci, que le disciple intelligent et fidèle de Pyrrhon. Or, il a déjà été établi que, l'ἐποχή pyrrhonienne est une ἐποχή toute spéculative qui se concilie, ou du moins qui prétend sérieusement se concilier avec l'affirmation des phénomènes de conscience[1].

---

[1] On peut rapprocher des textes déjà cités, ce témoignage net et précis de Sextus : « Nous disons que le sceptique ne dog-
« matise pas ; mais il ne faut pas entendre par là qu'il refuse
« son assentiment à toutes choses, puisque le sceptique adhère
« aux représentations qui se forment en lui involontairement. Ce

On s'explique ainsi assez simplement une opinion d'Ænésidème qui paraît au premier abord extravagante, et qui est au fond une conséquence rigoureuse de l'ἐποχή.

Ænésidème déclare avec tous les sceptiques de son école qu'il n'attribue aux mots dont il se sert aucun sens déterminé. Quand nous employons, disent-ils, tel ou tel terme, nous n'accordons pas qu'il exprime absolument, θετικῶς, nos modifications internes; nous les employons indifféremment, ἀδιαφόρως, καταχρηστικῶς[1]. On a d'abord quelque peine à prendre ceci au sérieux. Et on demanderait volontiers à Ænésidème, d'où vient donc, que prenant les mots au hasard, il choisit tout juste, entre mille, ceux dont il a besoin pour se faire entendre. Voilà un singulier hasard, et la raison, à sa place, ne choisirait pas mieux. Cette question ne paraîtra embarrassante pour Ænésidème que si l'on ne veut pas se placer à son point de vue. Admettez qu'Ænésidème et les Pyrrhoniens aient soutenu que leurs paroles n'avaient *pour eux* aucun sens, le ridicule seul devra faire justice de cette extravagance; mais autre chose est le sens relatif et apparent d'un mot, autre chose est sa réalité objective, sa valeur absolue et universelle. Sous le premier point de vue, le langage est du domaine de la pensée spéculative; Ænésidème l'enveloppe dans son doute spéculatif universel. Sous le se-

« qu'il faut entendre, c'est qu'il n'affirme rien touchant ces ob-
« jets obscurs dont on s'occupe dans les sciences. » *Hyp. Pyrr.*
I, 7, init.

[1] Laert. IX, p. 256. — Cf. Sext. *Hyp. Pyrr.* I, 18 sqq.

cond point de vue, c'est un pur phénomène donné par la conscience ; Ænésidème l'admet à ce titre. Où est l'inconséquence ?

On se rend compte, à la lumière de cette explication, du véritable sens des formules employées par Ænésidème et son école. Voici les principales :

Pas plus ceci que cela, οὐ μᾶλλον, οὐδὲν μᾶλλον.

Peut-être oui, peut-être non, τάχα καὶ οὐ τάχα.

Je m'abstiens, je ne détermine rien, ἐπέχω, οὐδὲν ὁρίζω.

Toute raison est contredite par une raison égale et contraire, παντὶ λόγῳ λόγον ἴσον ἀντίκεισθαι [1].

Les Pyrrhoniens ont soin d'avertir qu'ils ne donnent pas à ces formules un sens absolu. Ils sous-entendent toujours, ὡς ἐμοὶ φαίνεται, et ces mots eux-mêmes, ils ne les emploient qu'à titre de signes apparents et relatifs de leur disposition présente. Aussi quelques sceptiques timorés, craignant sans doute de se compromettre en disant οὐδὲν μᾶλλον, donnaient-ils à ce principe la forme suspensive de l'interrogation, τί μᾶλλον : Pourquoi ceci plutôt que cela [2] ? On peut sourire de ce scrupule ; mais il a aussi quelque chose de respectable. Car il témoigne de ce besoin de rigueur logique que l'esprit humain porte partout avec soi, et qui l'honore au sein même de l'erreur. C'est en vertu de ce même esprit de subtilité rigoureuse qu'Ænésidème définissait le scepticisme : « μνήμη τις τῶν φαινομένων ἢ τῶν ὁπωσοῦν νοουμένων, καθ'ἣν πάντα πᾶσι συμβάλλεται, καὶ συγκρινόμενα, πολλὴν ἀνωφέλειαν καὶ

---

[1] Sext. *Hyp. Pyrr.* I, 19, 21, 22, 27. — Cf. Laert. IX, 256.
[2] Id. Ibid. p. 37, A.

ταραχὴν ἔχοντα εὑρίσκεται. Un souvenir par lequel confrontant ensemble et soumettant à la critique les phénomènes et les *noumènes* de toute espèce, nous ne trouvons partout que désordre et stérilité. »

Ainsi le scepticisme n'est pas une déduction logique. C'est un état de l'âme, une impression, un souvenir, une sorte de souvenir, μνήμη τις [1].

Jusqu'à présent, nous avons vu Ænésidème, disciple habile de Pyrrhon, remettre en lumière l'idée sceptique, qu'une décadence précoce avait obscurcie, opposer avec force le véritable esprit du scepticisme à la direction négative de l'Académie, imprimer enfin à l'ἐποχή pyrrhonienne un caractère particulier de netteté et de rigueur. Cherchons maintenant ce que son entreprise philosophique eut de propre et d'original.

Pyrrhon avait conçu le premier l'idée-mère du scepticisme, la méthode d'ἐποχή. Mais cette idée était restée presque stérile entre ses mains. Or, à quelle condition pouvait-elle devenir féconde, pénétrer dans les esprits, y faire des conquêtes, forcer les doctrines rivales à compter avec elle, suffire enfin à ce besoin d'activité intellectuelle que le doute même ne détruit pas? A condition de donner à l'ἐποχή une base large et forte; à condition de montrer avec étendue et avec éclat les

---

[1] Laert. IX, p. 256, E. Gelasius lit μήνυσις au lieu de μνήμη τις. *Placet*, dit Casaubon (ad Laert. p. 56,) *Gelasii lectio*. Mais nous ne concevons pas plus que Ritter pourquoi on altérerait le texte de Diogène, afin de substituer à une expression claire et significative un mot vague et à peu près insignifiant. — Voir Ritter. *Hist. de la phil. anc.* trad. Tissot, IV, p. 226, note 1.

contradictions de la raison spéculative; à condition
d'instituer contre le dogmatisme une polémique vaste,
sérieuse, profonde, dont la dialectique fût l'instrument,
et le doute universel, le but.

C'est là ce que n'avaient pu faire ni Pyrrhon, ni
Timon, et ce que fit Ænésidème. C'est là aussi ce qui
le plaça à la tête d'une école nombreuse et florissante
qui dura trois siècles et compta Ménodote, Agrippa,
Sextus parmi ses adeptes.

Pyrrhon avait réuni, il est vrai, quelques arguments
sceptiques dans ses δέκα τρόποι τῆς ἐποχῆς. Mais que pouvait-il sortir de ces lieux communs empruntés à l'école
des sophistes et classés ou pour mieux dire entassés
sans rigueur, sans sévérité, sans critique? L'honneur
de systématiser le scepticisme était réservé à Ænésidème. Le premier, il conçut le projet d'opposer à la
philosophie dogmatique une philosophie sceptique qui
en fût pour ainsi dire la contre-partie, et qui, suivant
dans tous ses mouvements la raison spéculative, l'arrêtât à chaque pas, lui demandât compte de ses principes,
de sa méthode, de ses dogmes fondamentaux, et la convainquît sur chaque point de l'impossibilité radicale de
rien affirmer ou de rien nier sans contradiction. Le
Πυῤῥωνίων λόγοι est l'ouvrage où Ænésidème réalisa cette
vaste entreprise, et dans les débris que le temps en a
conservés, un regard attentif ressaisit encore les lignes
à demi effacées du plan régulier qu'il avait construit.

Ænésidème avait à combattre deux sortes d'adversaires, les Stoïciens et les Épicuriens d'un côté, et de
l'autre l'Académie. Ces trois écoles s'accordaient pour

diviser la philosophie en trois parties, la logique, la physique ou physiologie, et la morale. A leurs yeux, la physiologie contenait les principes de la morale, et la logique, antécédent nécessaire de la physiologie, était comme la clef de voûte de tout l'édifice [1].

Cet ordre qui en soi est fort rigoureux, Ænésidème l'imposa à sa dialectique. Aussi voyons-nous dans Photius que le livre I des Πυῤῥωνίων λόγοι et la première partie du livre II traitaient les problèmes logiques. Les trois derniers livres, VI, VII, VIII, étaient consacrés aux questions morales ; les livres intermédiaires roulaient principalement sur la physique [2].

Cette organisation régulière du scepticisme est parfaitement bien marquée dans les *Hypotyposes pyrrhoniennes* de Sextus et dans l'ouvrage en cinq livres qu'on a confondu fort mal à propos avec le Πρὸς μαθηματικούς [3]. Il paraît que depuis Ænésidème elle présida à la composition de tous les ouvrages de l'école sceptique.

L'ordre suivi per Ænésidème trace le nôtre. Nous allons le suivre tour à tour sur les questions logiques, physiologiques et morales, rassemblant les débris de ses ouvrages avec les témoignages qui les éclairent, et essayant d'en ressaisir et d'en apprécier l'ordre, l'esprit et la valeur philosophique.

[1] Sext. *Adv. Math.* 141.
[2] Phot. *Bibl.* 543, 544. Hœsch.
[3] Voir notre chap. VIII.

CHAPITRE QUATRIÈME

DU SCEPTICISME D'ÆNÉSIDÈME SUR LES QUESTIONS LOGIQUES.

Un fragment assez court et fort altéré d'une polémique avec les Stoïciens et l'Académie sur l'existence du Vrai, quelques débris d'une argumentation sur les Signes ; ce sont là, si l'on y ajoute un petit nombre d'indications éparses, les seuls matériaux que la critique ait entre les mains pour restituer le scepticisme d'Ænésidème en ce qui touche les problèmes logiques.

Avant d'essayer l'interprétation de ces textes, obscurs par eux-mêmes, plus obscurs encore par leur isolement, nous devons chercher quelle était leur place et quel lien les unissait dans la doctrine logique d'Ænésidème.

Cette doctrine était, nous l'avons dit, la contre-partie de celle des écoles dogmatiques. Elle agitait les mêmes questions, les traitait dans le même ordre, y appliquait le même langage. La différence, c'est que partout où certaines écoles concluaient à l'affirmation, d'autres à la négation, Ænésidème se retranchait dans le doute. Or, à cette époque, tous les philosophes dogmatiques étaient d'accord avec les Stoïciens pour diviser les questions logiques en deux séries bien distinctes :

1° Y a-t-il une vérité? l'esprit humain est-il fait pour elle? à quel signe la reconnaître? Voilà des problèmes que Zénon, Chrysippe, Arcésilas avaient raison de considérer comme de la même famille. Ils se ramènent tous, en effet, à cette simple alternative : existe-t-il, oui ou non, pour l'esprit humain, une règle absolue de vérité, κριτήριον τῆς ἀληθείας [1]?

C'est à ce problème, qui est le problème logique par excellence, que se rapporte évidemment l'argumentation d'Ænésidème contre le vrai absolu.

2° Supposons qu'il soit établi que la vérité se manifeste à l'intelligence de l'homme, et s'y fait reconnaître par un caractère qui lui est propre, comment en régler, en agrandir, en provoquer la manifestation? Quand la vérité éclate, il n'y a qu'à la recueillir; mais quand elle se cache, comment aller à sa rencontre? C'est ici que se place la dialectique Stoïcienne, l'art de procéder du connu à l'inconnu, en portant la lumière des principes jusque sur leurs dernières conséquences [2].

L'argumentation d'Ænésidème contre les Signes correspond à cette seconde partie de la logique.

---

[1] Sext. *Hyp. Pyrr.* II, 2. — Cf. *Adv. Math.* 221, C.
[2] *Hyp. Pyrr.* II, 9. *Adv. Math.* p. 245.

Il est nécessaire de se rendre compte ici du rôle que jouait dans la doctrine des Stoïciens la théorie des Signes. Ils ne réservaient point le nom de signe, σημεῖον, aux différentes espèces de langage. Pour eux, toute chose apparente, manifeste, πρόδηλος, qui révèle une autre chose cachée, obscure, ἄδηλος, en est le signe [1]. Ainsi la foudre est annoncée par l'éclair, le feu par la fumée ; l'éclair est donc le signe, σημεῖον ὑπομνηστικόν [2], de la foudre ; la fumée, du feu. De même, la vérité de la conséquence est rendue manifeste par celle des prémisses ; l'objet défini se fait distinguer par la définition ; les prémisses sont donc le signe, σημεῖον ἐνδεικτικόν, de la conséquence ; la définition du défini [3]. Ainsi, l'art d'induire et d'associer les idées, l'art de raisonner et de définir, toute la dialectique enfin n'est pour les Stoïciens qu'une théorie des signes. De sorte que l'argumentation d'Ænésidème contre les signes n'attaque pas seulement le langage, mais la dialectique tout entière, comme son argumentation contre l'existence du vrai enveloppe toute l'autre partie de la logique, celle qui contient le principe de cette science.

Voilà l'ordre [4] et la portée de ces deux argumentations. En les interprétant d'après le commentaire

---

[1] *Adv. Math.* p. 245. *Hyp. Pyrr.* II, 10. — Phot. *Bibl.* l. l. — Laert. IX, 11.

[2] *Adv. Math.* p. 247.

[3] Sext. *Pyrr. Hyp.* II, 10.

[4] Cet ordre est justifié par le résumé que Photius nous a donné du Πυρρωνίων λόγοι. D'après ce résumé, Ænésidème traitait dès le second livre la question de la vérité, et n'abordait qu'au livre quatrième la question des signes. Voir Phot. l. l.

étendu que Sextus a donné de l'une [1] et de l'autre [2], et y rattachant les indications fournies par Diogène [3] et par Photius (dont le résumé nous sert toujours de guide), nous retrouverons sinon dans ses détails, au moins dans ses principes fondamentaux, la pensée d'Ænésidème sur les questions logiques.

Section I. — *Argumentation contre l'existence du Vrai et la possibilité d'un critérium.*

Voici d'abord cette argumentation telle que nous la trouvons dans Sextus :

« Ænésidème propose sur cette matière des difficultés qui reviennent pour le fond à celles qui précèdent. En effet, *dit-il*, si quelque chose est vrai, ce sera une chose sensible, ou une chose intelligible, ou une chose tout à la fois sensible et intelligible, ou enfin une chose qui ne sera ni l'un ni l'autre. Or, rien de tout cela n'est possible, comme nous le démontrerons. Par conséquent le vrai n'existe pas.

« Qu'une chose sensible ne puisse être vraie, c'est ce que nous prouverons de cette façon. Entre les choses sensibles, les unes sont génériques, comme les ressemblances qui s'étendent à plusieurs individus ; par exemple, l'homme, qui se retrouve dans tous les individus humains, le cheval, dans tous les chevaux ; les autres sont spécifiques comme les différences individuelles, par

[1] *Adv. Math.* p. 227 sqq.
[2] *Adv. Math.* p. 258 sqq.
[3] Laert. IX, 11.

exemple, celles de Dion, de Théon et ainsi de suite. Si donc le vrai est chose sensible, il sera générique ou individuel. Or, il n'est ni l'un ni l'autre. Donc le vrai n'est pas chose sensible.

« En outre, de même que les choses visibles sont saisies par la vue, les choses sonores par l'ouïe, les choses odorantes par l'odorat, de même il faudra que les choses sensibles soient saisies en général par les sens. Or, les sens n'atteignent rien de général ; car ils sont irrationnels ; et le vrai ne peut être connu par un procédé irrationnel. Donc le vrai n'est pas chose sensible.

« En second lieu, le vrai n'est pas chose intelligible. Car autrement, il n'y aurait rien de vrai dans les choses sensibles, ce qui est absurde.

« De plus, le vrai sera généralement intelligible pour tous, ou en particulier pour quelques-uns. Or, que le vrai soit compris de l'universalité des hommes, cela est impossible. Et qu'il soit saisi par un seul ou par quelques-uns, c'est ce qui est incroyable et contradictoire. Le vrai n'est donc pas chose intelligible.

« Mais d'un autre côté, il ne peut être tout à la fois sensible et intelligible. Car, ou bien on dira dans cette hypothèse que toute chose sensible et toute chose intelligible sont vraies, où bien certaines choses sensibles seulement et certaines choses intelligibles. Or, prétendre que toute chose sensible et toute chose intelligible sont vraies, cela n'est pas possible, puisque les choses sensibles sont en contradiction avec les choses sensibles, les intelligibles avec les intelligibles, les sensibles avec les intelligibles et les intelligibles avec les sensibles [1]. Et si tout est vrai, il faudra que la même chose soit et ne soit pas, soit vraie et fausse tout ensemble. Si l'on dit maintenant que parmi les choses sensibles et les choses intelligibles, il en est quelques-unes seulement qui sont vraies, on tombera encore dans l'absurde ; car, il s'agira d'opérer le discernement du vrai et du faux. Ajoutez que dans cette hypothèse, il faudra convenir que les choses sensibles sont toutes vraies ou toutes fausses ; toutes en effet sont également des choses sensibles ; l'une ne l'est pas plus et l'autre moins. Et de même, il faudra soutenir que les choses intelligibles sont toutes vraies ou toutes fausses ; car toutes sont également des choses intelligibles, et l'une ne l'est pas moins que l'autre. Or, c'est ce que l'on ne voudra pas accorder. Donc le vrai n'existe point.

« Mais, dira-t-on, si la vérité n'est pas évidente par elle-même, on la discerne au moyen d'un certain principe.

« Les dogmatiques nous expliqueront sans doute quel est ce principe et pourquoi il nous détermine tantôt à l'affirmation et tantôt à la négation. Puis, ce principe, le donnent-ils, oui ou non, comme un principe évident de lui-même ? S'ils prétendent qu'il est évident de lui-même, ils mentent quand ils soutiennent d'un autre côté que la vérité ne se manifeste pas par elle-même. S'ils veulent au contraire que ce principe ne soit pas évident de lui-même, comment se fait-il qu'ils

---

[1] Je lis avec Fab.: Τὰ αἰσθητὰ τοῖς νοητοῖς καὶ τὰ νοητὰ τοῖς αἰσθητοῖς, au lieu de τὰ αἰσθητὰ τοῖς αἰσθητοῖς καὶ τὰ νοητὰ τοῖς νοητοῖς que donne l'édit. de 1621. — Fab. ad Sext. 446, G.

en affirment l'existence [1]? Est-ce que ce principe se fait reconnaître par lui-même ou par un autre principe? Par lui-même? Cela est impossible, puisque toute chose qui n'est pas évidente ne se fait pas reconnaître par elle-même. Par un autre principe? On demandera de nouveau si ce principe est évident ou n'est pas évident de lui-même, et cette recherche allant à l'infini, il en résulte que la vérité est introuvable.

« A quoi donc se fier? dira-t-on que la vérité est dans la probabilité, quelle que soit d'ailleurs l'essence de la probabilité, sensible, intelligible, ou l'un et l'autre à la fois? Mais c'est encore là une absurdité.

« Si en effet, la probabilité est la vérité, comme la même chose ne semble pas probable à tous les hommes [2], tous les hommes n'accorderont pas ce principe : il est impossible que la même chose soit et ne soit pas, soit vraie et fausse tout ensemble. Car, en tant qu'une chose paraît probable à tel individu, elle est vraie, elle est réelle ; mais en tant qu'elle produit l'effet contraire sur tel autre individu, elle est fausse, elle n'est pas réelle. Or, il est absurde que la même chose soit et ne soit pas, soit vraie et fausse tout ensemble. Par conséquent, le probable n'est pas le vrai.

« A moins qu'on ne dise que cela est vrai, qui entraîne l'assentiment du plus grand nombre. Ainsi, le miel paraissant doux à plusieurs hommes qui sont en santé, et amer à un seul homme qui est malade de la

---

[1] Je lis avec Fab. πῶς τὸ μὴ φαινόμενον, au lieu de πῶς τὸ φαινόμενον qui n'a pas de sens. — Fab. ad Sext. 466, H.

[2] Je lis avec Fab. πάντας, au lieu de πάντως. — Ad. Sext. 367, L.

jaunisse, on devra soutenir que le miel est doux. Mais cela est ridicule. Car, quand on discute sur la vérité, il ne faut pas avoir égard au nombre de personnes qui admettent la même opinion, mais à la disposition où elles se trouvent. Or, de même que le malade [1] ne représente qu'une certaine disposition, ainsi les personnes en santé ne doivent en représenter qu'une seule. Par conséquent, il n'y a pas plus de raison de se fier à celles-ci qu'à celle-là. Autrement, si plusieurs malades trouvaient le miel amer [2] et qu'un seul homme en santé le jugeât doux, il faudrait dire que le miel est amer, ce qui est absurde. Ainsi donc, puisque l'on ne tient aucun compte de la multitude des personnes qui trouvent le miel amer, et qu'une seule le trouvant doux, on lui donne le droit de soutenir qu'il est vraiment doux, il faut laisser de côté, dans le cas contraire, le nombre de ceux qui trouvent le miel doux ; autrement, ce ne serait pas discerner la vérité de la même manière. »

Il est aisé de reconnaître dans cette argumentation deux parties fort distinctes, l'une, dirigée contre les Académiciens, c'est la dernière, celle qui contient une réfutation si nette et si concluante de la théorie probabiliste ; l'autre, qui s'adresse plus particulièrement aux Stoïciens, et qui doit seule pour le moment occuper notre attention.

[1] Je lis νοσῶν au lieu de νοσοῦν. — Fab. ad Sext. 467, O.
[2] Il faut lire τοῦ πολλούς au lieu de τοὺς πολλούς. — Fab. ad Sext. 467, Q.

I.

Cette première partie a été évidemment abrégée par Sextus. Des quatre alternatives qu'Ænésidème propose sur la nature du vrai, il n'y en a que trois qui soient discutées. Encore, cette discussion incomplète est-elle fort altérée ; les preuves n'y sont le plus souvent qu'indiquées ; quelquefois même elles font absolument défaut, et les affirmations séparées de tout ce qui servait à les établir semblent arbitraires. Comment interpréter, comment soumettre à la critique une argumentation ainsi défigurée ?

Sextus qui est ici la cause de notre embarras peut nous aider à en sortir. Lui-même, en effet, avant de rappeler les objections d'Ænésidème contre l'existence du vrai, venait de se livrer à une discussion très-étendue sur cette matière, et il a la bonne foi de nous avertir que les arguments dont il s'est servi sont les mêmes, ὁμοιοτρόπους, que ceux de son devancier, et y sont contenus en puissance, δυνάμει [1]. Nous avons donc le droit de nous servir de Sextus pour éclaircir les côtés obscurs et combler les lacunes de l'argumentation d'Ænésidème, et lui rendre ainsi tout à la fois sa rigueur et sa clarté.

Ainsi complétée, cette argumentation se ramène à un petit nombre de points qui appellent un examen approfondi.

1° Celui qui affirme l'existence du vrai, démontre son affirmation ou ne la démontre pas. S'il ne la démontre

---

[1] Sext. *Adv. Math.*, 227. C.—Cf. Laert. IX, 11.

pas, elle ne mérite aucune confiance ; s'il la démontre, il fait une pétition de principe manifeste [1].

2° Entre ceux qui soutiennent l'existence de la vérité, les uns la voient tout entière dans les choses sensibles, apparentes, phénoménales, αἰσθητά, πρόδηλα, φαινόμενα ; les autres, dans les choses intelligibles, obscures, invisibles, νοητά, ἄδηλα, οὐ φαινόμενα [2] ; d'autres enfin reconnaissent dans ces deux ordres de choses des manifestations différentes, mais également légitimes de la vérité absolue. Ces trois hypothèses sont absurdes [3].

1ʳᵉ *Hypothèse.* Les choses sensibles sont génériques ou individuelles. On prétend que celles-ci ont une existence propre et distincte, τὰ κατὰ διαφορὰν καὶ φύσει ; mais on est forcé d'accorder que celles-là n'existent que relativement, τὰ πρός τι, et d'une façon purement idéale, νοεῖται μόνον [4].

Or, la vérité étant absolue de son essence, ne peut se rencontrer dans les choses génériques. De plus, les sens sont incapables de saisir les genres, puisque tout ce qui est universel leur échappe [5]. Enfin, ceux qui admettent la réalité des genres sont forcés de remonter

---

[1] Ce point manque dans le texte que nous avons cité. Nous le rétablissons d'après Sextus. *Adv. Math.* 223, D. — Cf. *Pyrr. Hyp.* II, 9. — Cf. Laert. l. I.

[2] *Adv. Math.* 223, E. — Cf. 227, C. *Pyrr. Hyp.* II, 9. — Cf. Laert. l. I.

[3] Pour la régularité extérieure de la démonstration, Ænésidème et Sextus posent une quatrième alternative, savoir, que le vrai ne soit ni dans les choses sensibles, ni dans les choses intelligibles. Mais ils ne l'examinent pas, et ils ont raison.

[4] *Adv. Math.* 226, C ; 227, C. — Cf. *Pyrr. Hyp.* II, 9.

[5] *Adv. Math.* l. I. — Cf. Fabric. *ad Sext.* et *Pyr. Hyp.* l. I.

à un genre supérieur, τὸ γενίκώτατον, qui comprend toutes choses dans son universalité. Or, ce genre doit être vrai ou faux, et vrai et faux tout ensemble. S'il est vrai, tout est vrai ; s'il est faux, tout est faux; s'il est vrai et faux, tout est vrai et tout est faux. Trois alternatives également absurdes. Donc, la vérité ne peut se rencontrer dans les genres [1].

Sera-t-elle dans les individus? Non. Car la connaissance des choses individuelles est individuelle, par conséquent relative [2]. Voilà donc la vérité qui cesse d'être absolue, ce qui est insoutenable.

2me *Hypothèse.* Si la vérité est dans les conceptions de l'entendement, il faudra dire qu'il n'y a rien de vrai dans les choses sensibles. De plus, ou bien l'entendement de tous les hommes sera bon juge de la vérité, ce qui est démenti par la contradiction des jugements humains ; ou ce sera l'entendement de tel ou tel philosophe. Mais pourquoi celui-ci plutôt que celui-là? et pourquoi l'entendement d'un philosophe plutôt que l'entendement d'un autre homme [3]?

3me *Hypothèse.* Veut-on que la vérité soit tout ensemble dans les notions sensibles et dans les conceptions rationnelles [2]? Mais les sens ne peuvent s'entendre avec la raison, et ni la raison ni les sens ne s'entendent avec eux-mêmes [5]. Il faudra par conséquent

---

[1] *Adv. Math.* 226, A ; 227, D. — Cf. *Pyr. Hyp.* II, 9.
[2] *Adv. Math.* 227, A. — Cf. *Pyr. Hyp.* 1. I.
[3] *Adv. Math.* 227, A. — Cf. *Pyr. Hyp.* II, 6.
[4] *Adv. Math.* 225, D ; 228, B. — Cf. *Pyr. Hyp.* II, 6.
[5] *Adv. Math.* 228, B ; 224, A ; 225, A. — Cf. *Hyp. Pyr.* II, 9. Ibid. 6.

dire que la vérité se rencontre seulement dans certaines notions sensibles et dans certaines conceptions rationnelles. Mais comment les démêler au milieu de celles qui ne sont pas vraies? Il faut un critérium. Ce critérium sera-t-il pris dans les notions sensibles; C'est supposer le problème résolu. Dans les conceptions rationnelles? C'est encore une pétition de principe [1]. De plus, si la vérité a besoin d'un critérium, on demandera si ce critérium est vrai ou faux. S'il est faux, on ne peut l'admettre sans absurdité. S'il est vrai, ou bien il est vrai par lui-même et sans critérium; ou bien par un autre critérium. Vrai par lui-même? C'est se contredire, puisqu'on soutient que le vrai a besoin d'un critérium. Vrai par un autre critérium? Mais ce critérium en suppose un troisième, qui en veut un quatrième, dans un progrès à l'infini [2]. Donc, dans aucune hypothèse, on ne peut prétendre qu'il existe une vérité.

Notre premier soin, après avoir reconstitué cette argumentation, doit être de la dégager d'un certain nombre de principes auxquels nous donnons pleinement les mains et qui embarrasseraient la discussion.

Ænésidème a beau jeu, en effet, contre un matérialisme grossier pour qui toute connaissance se résout dans la sensation, ou contre un spiritualisme chimérique qui veut s'affranchir de l'expérience, et nous trouvons qu'il réfute fort bien l'une par l'autre ces deux absurdes hypothèses. Mais quant à nous, nous n'avons

---

[1] *Adv. Math.* 228, C; 224, B. — Cf. *Hyp. Pyr.* l. I.
[2] *Adv. Math.* 228, C. — Cf. *Hyp. Pyr.* l. I.

réellement à nous occuper que de la discussion instituée sur la troisième hypothèse, l'hypothèse de tout dogmatisme raisonnable, celle qui reconnaît pour également vraies, sous certaines conditions, et les notions sensibles et les conceptions rationnelles, réconciliant ainsi sans les confondre la sensibilité et la raison dans l'unité de l'intelligence.

Des cinq arguments qu'oppose Ænésidème à cette doctrine, les contradictions des jugements humains, celles de la raison avec les sens, et des sens avec eux-mêmes, sont des lieux communs épuisés par les Sophistes et l'Académie[1] et cent fois réfutés[2]. Ænésidème n'y insiste pas; nous imiterons sa réserve. Quant aux contradictions qu'il impute à la raison pure, c'est un point délicat sur lequel nous n'avons point encore à nous expliquer; Ænésidème, qui le touche en passant, l'approfondira par la suite[3], et nous entrerons alors avec lui dans cette épineuse controverse[4].

Ainsi donc, tout l'effort de la dialectique d'Ænésidème, c'est d'établir l'impossibilité absolue où est la raison de trouver un critérium absolu du vrai, en d'autres termes, de justifier sa légitimité. Ça été là, dans l'antiquité, et c'est encore de nos jours, comme on sait, le champ de bataille du scepticisme et du dogma-

---

[1] Sext. *Adv. Math.* 147, B; 149, A; 167, A; 168, A sqq. — Cic. *Acad. qu.* II, 15, 25, 26, 27.

[2] Plat. *Théæt.* — Arist. *Métaph.* IV. — Cic. *Ac. qu.* II, 7, 16, 17.

[3] Sext. *Adv. Math.* 345, B; 351, C.

[4] Voir notre chap. V.

tisme. Cherchons le rôle que notre philosophe s'est donné dans cette éternelle et grande querelle.

Nous devons résoudre ici deux questions : 1° Quelle a été la part d'Ænésidème dans l'invention ou dans le développement de l'argument fondamental du scepticisme contre la légitimité de la raison? 2° Qu'y a-t-il de vrai dans cet argument?

Si l'on en croyait certains historiens du scepticisme, la question du critérium de la vérité serait aussi ancienne que la philosophie. Sextus, par exemple, quand il passe en revue les opinions des philosophes sur le critérium de la vérité, ne s'arrête pas à Chrysippe ou à Zénon, il remonte à Aristippe [1], à Anaxagore [2], et jusqu'au père de la vieille école d'Élée [3].

Il y a dans tout ceci une équivoque qu'il faut débrouiller. Sextus entend le critérium de la vérité de plusieurs façons très-différentes [4], et suivant qu'on prend celle-ci ou celle-là, on a affaire à des problèmes de diverse nature. Ainsi, que les philosophes recherchent la faculté ou les facultés de l'esprit humain par lesquelles on discerne la vérité, voilà un problème d'un caractère essentiellement psychologique, dont l'objet est appelé par Sextus κριτήριον δι' οὗ [5]. Mais que l'on vienne à se demander s'il existe une règle suivant laquelle on puisse juger que nos représentations sont la

[1] *Adv. Math.* 173, B.
[2] *Adv. Math.* 153, C.
[3] *Adv. Math.* 146, D.
[4] *Hyp. Pyrr.* II, 3. — Cf. *Adv. Math.* 143.
[5] *Adv. Math.* 144, A. — Cf. *Hyp. Pyrr.* II.

copie exacte des choses réelles, c'est une autre question, non plus psychologique, mais logique, et pour parler avec Sextus [1], il ne s'agit pas ici du κριτήριον δι'οὖ, mais du κριτήριον καθ'ὅ, du critérium logique proprement dit, du critérium comme l'entendent les Stoïciens [2].

Les opinions des anciens philosophes cités par Sextus se rapportent exclusivement, d'après Sextus lui-même [3], au premier de ces problèmes. Ainsi, quand il nous dit que dans l'école d'Élée [4], dans celle de Pythagore [5], de Platon [6], la raison fut proclamée le critérium de la vérité, que dans d'autres écoles [7], ce fut la sensibilité, que le sage Aristote voulant faire la part de chacune de ces deux théories opposées, prit les sens pour critérium des choses sensibles, et la raison pour critérium des choses intelligibles [8], il faut entendre tout cela au sens psychologique [9], et n'y voir tout au plus que le germe du problème logique nettement posé pour pour la première fois par Zénon.

C'est une chose curieuse de lire dans Cicéron, comment le père de l'école stoïcienne fut conduit, presque

[1] *Hyp. Pyr.* II, 7.
[2] *Hyp. Pyr.* II, 7. — Cf. *Adv. Math.* 180, A.
[3] *Adv. Math.* 186, B.
[4] *Adv. Math.* 157, B.
[5] Ibid. 153, E.
[6] Ibid. 164, D.
[7] Ibid. 175, B.
[8] Ibid. 178, C.
[9] C'est en ce sens que Proclus entend le critérium quand il rend compte, dans son commentaire du Timée, du critérium de Platon, de celui de Protagoras, etc. Voir le beau mémoire de M. J. Simon sur ce commentaire, p. 137. Paris, 1839.

malgré lui, par les objections d'Arcésilas qui le pressait et le harcelait sans relâche, à établir peu à peu une théorie régulière sur le critérium de la vérité.

Zénon soutenait contre Arcésilas que le sage peut quelquefois se fier sans réserve aux représentations de l'esprit humain, φαντασίαι [1]. Arcésilas lui opposait les illusions des rêves et du délire [2], la diversité des opinions humaines [3], les contradictions de nos jugements [4]. Pressé par son adversaire, Zénon crut qu'il lui fermerait la bouche, s'il découvrait un caractère, une règle qui fît distinguer les représentations illusoires de celles qui sont véridiques. Ce caractère, cette règle, il l'appela φαντασία καταληπτική. Voici la définition qu'il en donna d'abord [5] : C'est une certaine empreinte, τύπωσις, sur la partie principale de l'âme, ἐν τῷ ἡγεμονικῷ [6], laquelle est figurée et gravée par un objet réel, et formée sur le modèle de cet objet, ἀπὸ ὑπάρχοντος, καὶ κατ' αὐτὸ τὸ ὑπάρχον ἐναπομεμαγμένη καὶ ἀπεσφραγισμένη.

Mais, objecta Arcésilas [7], cette φαντασία καταληπτική ne servirait de rien, si un objet imaginaire était capable de la produire. Zénon ajouta alors que cette φαντασία devait être telle qu'il fût impossible qu'elle eût une autre cause que la réalité, οἵα οὐκ ἂν γένοιτο ἀπὸ μὴ ὑπάρχοντος. *Recte consensit Arcesilas,* dit

---

[1] Cic. *Ac. qu.* II, 24.
[2] Ibid. 28.
[3] Ibid. 26, 27, 28 sqq.
[4] Ibid. 31.
[5] *Adv. Math.* 183, D. — Cf. *Hyp. Pyr.* II, 7.
[6] *Adv. Math.* 181, B.
[7] Cic. *Acad. quæst.* II, 24.

Cicéron. Cette définition, en effet, était, entre les mains de l'habile Académicien, une source intarissable d'objections.

Voici la seule qui nous intéresse [1] : s'il existe des représentations illusoires, φαντασίαι ἀκατάληπτοι, et des représentations véridiques, φαντασίαι καταληπτικαί, il faut un critérium pour les démêler. Quel sera ce critérium? Une φαντασία καταληπτική? Mais c'est une pétition de principe manifeste, puisqu'il s'agit de discerner la φαντασία καταληπτική de ce qui n'est pas elle. Ainsi donc, cette φαντασία καταλεπτική qu'on aura prise arbitrairement pour critérium, demandera une autre φαντασία καταληπτική, et celle-ci une autre, et ainsi à l'infini.

Il est facile de reconnaître dans cette argumentation qu'Arcésilas légua à Carnéade, et Carnéade à Clitomaque, le germe de celle d'Ænésidème. Toute la différence, c'est que les Académiciens acharnés à la ruine de l'école stoïcienne, ne regardaient guère au delà; tandis qu'Ænésidème, élevant son point de vue critique, et dirigeant ses coups sur tous les systèmes ou plutôt sur la raison, mère de tous les systèmes, transforma une difficulté particulière suscitée au Stoïcisme par l'Académie en une argumentation générale du scepticisme contre la philosophie dogmatique.

La raison, dit Ænésidème, est un témoin souvent trompeur. Si elle veut qu'on se fie à ses dépositions, il faut qu'elle établisse les titres de sa véracité ; mais il faudrait pour cela que la raison cessât d'être suspecte, c'est-à-dire qu'elle cessât d'être elle-même.

---

[1] Cic. *Ibid.* — Cf. Sext. *Adv. Math.* 166, 167 sqq.

Ainsi, ou bien on admet aveuglément toutes les représentations de la raison, et alors on se condamne à la contradiction, ou bien on fait un choix, et dans ce cas, on tourne dans un cercle vicieux, ou l'on se perd dans un progrès à l'infini.

Voilà la question nettement posée entre le scepticisme et le dogmatisme. C'est l'honneur d'Ænésidème de l'avoir dégagée de tout nuage, en même temps qu'il donnait à l'objection sceptique, avec sa plus haute généralité, toute la puissance qui est en elle.

Avant de la discuter, je remarquerai que depuis Ænésidème, elle a été mille fois répétée, sans qu'on ait jamais pu y rien ajouter d'essentiel.

Elle fait le fond des πέντε τρόποι τῆς ἐποχῆς du pyrrhonien Agrippa [1], où elle revient sous trois formes différentes, le progrès à l'infini, l'hypothèse et le diallèle ou cercle vicieux [2].

Disciple d'Agrippa et d'Ænésidème, Sextus, de la meilleure foi du monde, triomphe contre le dogmatisme de cette invincible objection qu'il ne peut se lasser de reproduire, quoiqu'il n'y change jamais rien [3].

Qu'on examine avec attention les monuments les plus célèbres du scepticisme des temps modernes, on l'y retrouvera presque à chaque page.

Montaigne, cet interprète si ingénieux du pyrrhonisme, mais qui, si l'on excepte la grâce incomparable de son style, dérobe à l'antiquité presque tout le reste,

---

[1] Laert. IX, 11. — Cf. *Hyp. Pyr.* I, 15.
[2] Voir le dernier chapitre de notre mémoire.
[3] *Hyp. Pyr.* II, 4, 6, 7, 9. — *Adv. Math.* 223, D; 225, C.

se garde bien d'oublier l'objection d'Ænésidème entre celles qu'il veut rajeunir.

« Pour juger, dit-il[1], des apparences que nous recevons des subjects, il nous faudroit un instrument judicatoire ; pour vérifier cet instrument, il nous y fault de la démonstration ; pour vérifier la démonstration, un instrument : nous voylà au rouet. Puisque les sens ne peuvent arrester nôtre dispute, estant pleins eulxmêmes d'incertitude, il fault que ce soit la raison ; aulcune raison ne s'establira sans une aultre raison : nous voylà à reculons jusques à l'infiny. »

C'est bien là, sous une forme piquante, le *progrès sans terme* et le *cercle vicieux* dont Ænésidème laisse le choix aux dogmatistes.

Dès l'origine de la philosophie moderne, ce *mauvais génie non moins rusé et trompeur que méchant et qui emploie toute son industrie à tromper les hommes*[2], fantôme, dont le génie de Descartes fut trop souvent obsédé, qu'est-ce autre chose qu'un retour de l'objection pyrrhonienne qui, sous les traits nouveaux dont l'imagination la déguise, se laisse pourtant reconnaître? Descartes, en effet, demandait à la raison de prouver qu'elle n'est pas le jouet d'une illusion perpétuelle. N'était-ce pas la précipiter dans l'inévitable contradiction d'un témoin suspect qui, pour établir sa véracité, est obligé de la supposer?

On sait quelle a été la fortune de ce mauvais génie évoqué par le père de la philosophie moderne.

---

[1] *Essais.* II, 12.
[2] *Médit.* I. — Cf. *Méd.* IV.

Pascal l'appelle à son secours, afin de contempler *la superbe raison invinciblement froissée par ses propres armes*, et l'homme en révolte sanglante contre l'homme[1].

« Nous n'avons, dit-il, aucune certitude de la vérité des principes, hors la foi et la révélation, sinon en ce que nous les sentons naturellement en nous. Or, ce sentiment naturel n'est pas une preuve convaincante de leur vérité, puisque, n'y ayant point de certitude, hors la foi, si l'homme est créé par un Dieu bon ou par un démon méchant..... il est en doute si ces principes nous sont donnés ou véritables, ou faux, ou incertains, selon notre origine. De plus, personne n'a d'assurance, hors la foi, s'il veille ou s'il dort, vu que, durant le sommeil, on ne croit pas moins fermement veiller qu'en veillant effectivement. De sorte que, la moitié de notre vie se passant en sommeil par notre propre aveu, où quoi qu'il nous en paraisse, nous n'avons aucune idée du vrai, tous nos sentiments étant alors des illusions, qui sait si cette autre moitié de la vie où nous pensons veiller, n'est pas un sommeil un peu différent du premier dont nous nous éveillons quand nous pensons dormir, comme on rêve souvent qu'on rêve en entassant songes sur songes? »

Ce doute que Pascal vient de peindre en vives images, le dialecticien Bayle le ramène à une forme précise :

« Il est impossible, je ne dirai pas de convaincre un sceptique, mais de raisonner juste contre lui, n'étant

---

[1] *Pensées*, IIe part. art. 1. — Cf. Ire part. art. 11.

pas possible de lui opposer aucune preuve qui ne soit un sophisme, le plus grossier de tous, je veux dire la pétition de principe? En effet, il n'y a point de preuve qui puisse conclure qu'en supposant que tout ce qui est évident est véritable, c'est-à-dire qu'en supposant ce qui est en question [1]. »

Demander qu'on prouve que la vie humaine n'est pas un long rêve, et demander qu'on démontre que tout ce qui est évident est véritable, n'est-ce pas exactement la même chose? et tout cela ne revient-il pas à demander avec Ænésidème la preuve de la légitimité de la raison?

Je pourrais citer encore un grand nombre de sceptiques modernes [2]; mais il vaut mieux aller droit au plus sérieux, au plus original et au plus profond de tous, au père de la philosophie Critique.

On peut ramener toute l'*Analytique transcendantale* à deux points très-simples, une question par où elle commence, une réponse par où elle finit. Voici la question : Comment des jugements synthétiques *a priori* sont-ils possibles [3]? Voici la réponse : Ces jugements sont possibles, comme formes *a priori* de la raison, et

---

[1] *Dict. crit.*, art. Pyrrhon. Cette objection de Bayle est déjà réfutée dans la Métaphysique d'Aristote avec un bon sens supérieur (liv. IV).

[2] Je nommerai ici l'ingénieux Huet qui, dans son excellent petit livre *De la faiblesse de l'esprit humain*, fait son profit d'Ænésidème et de Sextus. Voir liv. I, ch. 8, 9, 10, 11. — Cf. liv. III, ch. 3, 5, 6, 11, 14; particulièrement le ch. 13 du liv. III, p. 264, 265.

[3] *Crit. de la rais. pur.* Introd.

par suite comme conditions subjectives de l'expérience[1].
En d'autres termes, quand la raison cherche les garanties de la légitimité des premiers principes, elle n'en trouve pas d'autres que l'impossibilité où elle est, par le fait de son organisation naturelle, de ne pas porter avec soi ces premiers principes dans tous ses jugements. Dès lors, suivant Kant, on ne peut leur attribuer qu'une valeur subjective, et la métaphysique est impossible.

N'est-il pas évident que ce scepticisme ontologique dont l'originalité a été tant célébrée, repose tout entier sur cette antique prétention pyrrhonienne : la raison doit être tenue pour suspecte jusqu'à ce qu'elle ait prouvé sa véracité par un critérium infaillible.

Ainsi donc Kant est venu, à son tour, répéter l'argumentation d'Ænésidème, comme avaient fait jadis Agrippa et Sextus, comme firent à un autre âge Montaigne et Pascal, Bayle et Huet, et, quoique dans un autre but, Descartes lui-même. Cette curieuse destinée d'un argument aussi vivace, et dont la chute ou le triomphe semblent entraîner le triomphe ou la chute du Dogmatisme, rend plus étroite encore l'obligation qui nous est imposée de le soumettre à une critique approfondie.

Dans les débats sans nombre que l'argument d'Ænésidème a suscités, il semble qu'on ait oublié trop souvent qu'une question mal posée est une question inso-

---

[1] Ibid. *Anal. transcend.* liv. III, § 22, 23. — Cf. liv. II, ch. 3.

luble. Les dogmatistes, en se tourmentant de difficultés imaginaires, ont prêté le flanc aux attaques victorieuses du scepticisme ; et celui-ci, abusé à son tour par un stérile triomphe, ne s'est pas aperçu qu'il s'épuisait à combattre contre des ombres. Comme des ennemis qui luttent dans les ténèbres, dogmatistes et pyrrhoniens, en croyant abattre leurs adversaires, n'ont souvent frappé que sur eux-mêmes.

Au milieu de cette controverse embarrassée, on peut démêler trois questions fort différentes qui perpétuellement prises l'une pour l'autre, ont jeté partout la confusion.

1° En fait, l'esprit humain reconnaît-il à un certain caractère ce qui est pour lui la vérité ?

2° Appelons ce caractère *critérium* et supposons qu'il existe réellement. L'esprit humain peut-il démontrer la véracité, l'infaillibilité absolue du critérium de la vérité ?

3° Admettons que l'esprit humain ne puisse faire cette démonstration. Faut-il prendre le parti de douter de la légitimité du critérium de la vérité, et par suite de la vérité elle-même ?

Un scepticisme sérieux et un dogmatisme conséquent doivent tomber d'accord sur les deux premières questions. Ils ne diffèrent que sur la troisième. Toute la difficulté est là.

Nous espérons prouver en peu de mots que l'argumentation d'Ænésimède n'emprunte quelque solidité apparente qu'à la confusion de ces trois éléments du problème. Aussitôt que le débat sera replacé sur son véritable terrain, cette argumentation se dissipera avec les nuages qui en déguisaient la vanité.

Si la question du critérium de la vérité était ainsi posée : en fait, l'esprit humain reconnaît-il à un certain caractère ce qui est pour lui la vérité ? je ne crois pas qu'aucune discussion sérieuse pût s'engager sur ce point entre le scepticisme et le dogmatisme. Car du moment qu'il ne s'agit pas de savoir si les choses qui nous semblent vraies sont réellement et absolument vraies, mais seulement si de certaines choses nous semblent vraies, sceptiques et dogmatistes doivent se trouver d'accord. Quel est en effet l'objet de leur controverse ? Le voici : les uns soutiennent que ce qui nous paraît vrai est vrai, les autres doutent qu'il en soit ainsi. Mais cette opposition implique un point accordé de tous, c'est que certaines choses nous semblent vraies. Nier ce point, c'est nier la discussion même, c'est nier la conscience, c'est se nier avec tout le reste. Quand le scepticisme en vient là, misérable sophisme ou incurable folie, il perd jusqu'au droit d'être réfuté. Mais tous les sceptiques sérieux, et Ænésidème à leur tête, reconnaissent les faits de conscience. Ils reconnaissent donc que la science humaine aperçoit une différence entre le vrai et le faux, et par conséquent, qu'elle les distingue l'un de l'autre par un certain caractère. Ce caractère, c'est le critérium de la vérité. Jusque-là, il n'y a pas de controverse possible.

J'accorderai maintenant que si l'on entend par critérium de la vérité une certaine règle, placée en dehors de la raison et au-dessus d'elle, soit qu'au moyen de cette règle on veuille redresser les jugements que la raison a portés, ou confronter avec la réalité les idées qu'elle a conçues, la question alors est toute différente. Mais sur cette question encore, le scepticisme et le dogmatisme ne peuvent différer sérieusement. Car il est, en vérité, trop clair que si la raison n'a pas sa règle en elle-même, elle ne la trouvera jamais en dehors et au-dessus d'elle, puisque, pour l'y trouver sûrement, il faudrait qu'elle l'eût déjà. Le critérium ainsi entendu est la plus absurde des chimères.

Voilà donc la première question ramenée à deux points qui semblent incontestables pour un sceptique de bonne foi comme pour un dogmatiste raisonnable : le critérium de la vérité, pris comme une règle extérieure et supérieure à la raison humaine, est une contradiction insoutenable ; mais le critérium de la vérité, considéré comme le caractère auquel l'esprit humain reconnaît ce qu'il doit croire, est un fait qui échappe à toute discussion.

Ce que la logique vient d'établir, l'histoire le confirme. Ænésidème, nous l'avons vu, quoiqu'il conteste la légitimité absolue de tout critérium de la vérité, admet expressément un critérium de fait, c'est l'apparence, τὸ φαινόμενον. Dans les temps modernes, Kant, après avoir reproduit dans la *Critique de la raison pure*[1], sous une forme qui lui est propre, l'argument d'Ænésidème contre la possibilité d'un critérium absolu, reconnaît avec force l'existence et la nécessité

---

[1] *Log. transcend.* Introd.

d'un critérium subjectif, lequel est dans sa doctrine, l'accord de la connaissance avec les lois *formelles* de l'entendement et de la raison.

Si donc laissant de côté pour un moment la question de la légitimité absolue, de la portée objective du critérium de la vérité, nous interrogeons le scepticisme et le dogmatisme sur la question de fait : — Le critérium de la vérité, c'est l'évidence, dira tel dogmatiste. — C'est l'apparence, dira le pyrrhonien. Tel autre dogmatiste soutiendra que la vérité est dans la liaison des idées (Leibn. *Théod.*, p. 473). — Non, dira le sceptique, elle est dans l'accord de la raison avec ses lois constitutives (*Crit. de la rais. pur.* I, p. 119). Dans ces limites, je le demande, Ænésidème et Descartes, Leibnitz et Kant ne peuvent-ils pas s'entendre? Ce qui est évident et ce qui paraît vrai, la liaison des idées ou leur accord avec les formes de l'entendement, n'est-ce pas au fond la même chose?

Notre seconde question n'a pas été moins embrouillée que la première : l'esprit humain peut-il démontrer la légitimité absolue du critérium de la vérité?

C'est ici qu'il faut voir triompher Ænésidème et sur ses traces tous les sceptiques anciens et modernes. Ils n'ont pas assez de pitié pour cette raison, si impuissante, si orgueilleuse, qui peut tout démontrer, dit-elle, et ne sait pas se démontrer elle-même ; aveugle, qui nous vante ses lumières ; esclave, qui veut secouer le joug des préjugés et s'enchaîne, dès le premier pas, au plus grossier de tous ; ouvrière ignorante, insensée, qui pose dans le vide la première pierre de son édifice.

A tenir peu compte des déclamations, la forme qu'Ænésidème a donnée à cette objection tant répétée est encore la plus précise : celui qui entreprend de démontrer la légitimité du critérium de la vérité, se sert pour cela de ce même critérium, ou bien il en emploie un autre. Dans le premier cas, il fait un paralogisme; dans le second, il se perd dans un progrès à l'infini.

Assurément, cette argumentation est concluante; mais les sceptiques n'ont pas pris garde à une chose, c'est qu'elle ne conclut pas pour eux. A quoi vient-elle aboutir en effet? A ce seul point, qu'on ne peut prouver l'évidence. Mais qui le conteste? N'est-ce pas là une des maximes éternelles du sens commun? Et n'est-ce pas en même temps le premier principe de toute saine logique? Le père du dogmatisme le plus vaste et le plus absolu de l'antiquité, Aristote, n'avait-il pas cent fois répété, quatre siècles avant Ænésidème, que dans la série des principes de la raison, comme dans celle des principes de l'être, *il est nécessaire de s'arrêter*. J'ose dire qu'il n'existe aucune vérité sur laquelle deux hommes de bonne foi aient moins de peine à s'accorder que sur celle-ci : si tout peut être démontré, rien ne saurait l'être ; prouver l'évidence, c'est la détruire.

Quand donc les sceptiques s'écrient qu'il est à jamais impossible de prouver que l'esprit humain ne soit pas le jouet d'un mauvais génie qui l'abuse; la vie, un long rêve ; la raison folie et la folie raison ; il n'y a qu'une seule réponse sensée à leur faire : vous prouvez le plus évidemment du monde qu'on ne peut prouver l'évidence ; la philosophie et le genre humain sont de votre avis.

Malheureusement, le dogmatisme ne s'est pas toujours renfermé dans cette sage réserve. Il s'est rencontré, même dans les âges modernes, des hommes de génie, abusés à ce point par la force même de leur intelligence, qu'ils ont essayé de démontrer ce qui est antérieur et supérieur à toute démonstration. L'un croit trouver dans la véracité divine la garantie infaillible de l'évidence, oubliant que rien ne peut servir de garantie à l'évidence, si ce n'est elle-même, puisque c'est elle qui sert de garantie à la véracité divine comme à tout le reste. L'autre, outrageant aveuglément la raison, ne veut devoir qu'à la foi la certitude des premiers principes, que dis-je ? la certitude qu'il ne rêve pas en veillant ; semblable, malgré son génie, à un insensé qui, mécontent de la lumière du soleil, se crèverait les yeux pour chercher une lumière plus pure.

Ces vaines tentatives, renouvelées dans tous les temps, expliquent et absolvent même en un sens les attaques du scepticisme contre le critérium de la vérité. Il fallait un contre-poids à l'absurdité de donner la preuve de l'évidence, c'était l'absurdité de la demander.

Abordons maintenant le fond de la discussion. Il résulte des aveux mutuels que la logique et l'histoire imposent aux deux écoles opposées :

1° Que l'existence de fait du critérium de la vérité est incontestable ;

2° Que toute tentative pour démontrer la légitimité de ce critérium est absurde.

Ænésidème nous accorde le premier point ; nous accordons le second à Ænésidème ; mais qu'on y prenne garde, ce n'est pas au scepticisme que nous l'accordons. En effet, tant qu'un philosophe se borne à soutenir et à démontrer qu'il est absurde de prouver l'évidence, il est sur le terrain du dogmatisme. Il ne devient sceptique, que du moment où il prétend infirmer par là l'autorité de l'évidence. Alors, mais seulement alors, il peut être sérieusement combattu.

Rendons cette justice à Ænésidème, qu'il a su aller jusqu'au bout de ses principes. Il ne s'est pas borné à mettre en lumière l'impossibilité de prouver la légitimité du critérium : il a conclu hardiment de cette impossibilité que la légitimité du critérium est une chose incertaine. Otez cette conclusion, Ænésidème sans doute ne laisse plus aucune prise au dogmatisme ; mais c'est qu'il a cessé de le combattre. Toute la valeur de sa doctrine sur le critérium est donc dans la valeur de cette conclusion. Si celle-ci succombe, celle-là devra partager le même sort.

Or, Ænésidème raisonne ainsi : la légitimité du critérium ne peut se démontrer. Donc, elle est incertaine.

Il est clair que ce raisonnement suppose cette majeure : tout ce qui ne peut se démontrer est incertain.

Supprimer cette majeure, ce serait supprimer la conclusion et l'argumentation tout entière. Autant donc vaut cette majeure, autant valent la conclusion et l'argumentation d'Ænésidème. Mais cette majeure est absurde, on peut le prouver avec évidence; et qu'on veuille bien le remarquer, je n'entends parler en ce moment que de cette évidence admise en fait par Ænésidème, et je ne suppose par conséquent rien ici qu'un adversaire de bonne foi ne me donne le droit de supposer.

Je prouve ainsi l'absurdité de la majeure sur laquelle tombe maintenant toute la discussion : dire que tout ce qui ne peut pas se démontrer est incertain, c'est dire en même temps que toute certitude est dans la démonstration et qu'aucune certitude ne peut s'y rencontrer. Car toute démonstration supposant des principes indémontrables, c'est-à-dire des principes certains sans démonstration, nier qu'il existe des principes certains sans démonstration, c'est nier la démonstration elle-même. Ænésidème ne peut donc poser sa majeure sans la détruire.

De plus, Ænésidème en admettant ce principe : tout ce qui ne peut se démontrer est incertain, ne le démontre pas. S'il ne le démontre pas, c'est qu'il le croit certain. Le voilà donc obligé d'admettre un principe certain sans démonstration. C'est en vérité une singulière majeure que celle d'Ænésidème. Il la pose comme certaine, puisqu'il la pose sans la démontrer; mais par cela seul qu'il la pose sans démonstration, il est obligé de dire qu'elle est incertaine, réduisant ainsi sa majeure et son argumentation à une logomachie inintelligible.

On dira peut-être que cette réponse ne termine pas le débat; que notre pyrrhonien ne se fût pas tenu pour battu, qu'il eût ainsi répliqué : « Je veux bien supposer que vous ayez établi de la façon la plus régulière que mon argumentation contre la légitimité du critérium n'est pas d'accord avec la raison. Mais comment avez-vous établi cela? par des raisonnements? Et sur quoi reposent ces raisonnements? apparemment sur des principes certains qui reposent eux-mêmes sur l'évidence. C'est donc finalement l'évidence que vous avez invoquée pour me confondre. Mais vous oubliez que c'est l'évidence elle-même qui est ici en question. Vous avez affaire à un adversaire qui conteste la légitimité de l'évidence, et, pour le convaincre, vous ne trouvez rien de mieux que de la supposer. C'est une grossière pétition de principe.

« Du reste, elle est inévitable dans le système du dogmatisme. L'objection contre le critérium, atteignant en effet la raison jusque dans son essence, celui qui veut réfuter cette objection, par cela seul qu'il la discute et la discute avec sa raison, se condamne à la supposer résolue, c'est-à-dire à un cercle vicieux palpable. Notre objection n'échappe donc pas seulement à toute réfutation, mais même à toute controverse. »

Cette réplique ne paraîtra embarrassante qu'à ceux qui perdront de vue la véritable position de la question entre le dogmatisme et le scepticisme.

Nous pourrions nous borner à la rétablir et à dire : Il est vrai que nous nous servons de l'évidence pour convaincre votre argumentation d'absurdité; mais il n'y a pas là de pétition de principe. En effet, vous faites profession d'admettre l'évidence, sinon comme absolument légitime en soi, au moins comme un fait. C'est au nom de cette évidence de fait que vous argumentez contre le critérium. Notre argumentation doit donc satisfaire à la condition de l'évidence de fait, sous peine de n'être plus pour vous comme pour nous qu'un assemblage puéril de mots vides de sens. Lors donc que nous vous prouvons, à la lumière de cette même évidence que vous invoquez contre nous, que votre argumentation est absurde, contradictoire, inintelligible, nous la détruisons radicalement, et nous la détruisons sur le terrain même que vous avez choisi, et avec les armes que vous nous avez mises dans les mains.

A la rigueur, cette réponse pourrait suffire; mais comme les partisans d'Ænésidème ont ici plus que partout ailleurs embrouillé la discussion, quelques éclaircissements ne seront peut-être pas inutiles.

A entendre les sceptiques, on dirait que les hommes naissent dans une complète indifférence entre ces deux choses, croire et douter. Mais la nature n'a pas voulu qu'il en fût ainsi. Elle a fait l'humanité dogmatique. Il suit de là que la plus grande dissidence qui soit possible entre les philosophes, est celle-ci : les uns se séparent violemment du genre humain et déclarent que l'évidence qui suffit à tous leurs semblables ne leur suffit pas ; ce sont les sceptiques. Les autres se font gloire, au contraire, de s'unir étroitement au genre humain, en se confirmant par la réflexion philosophique dans cette foi naïve et spontanée qui fut le premier besoin de leur intelligence au berceau; ce sont les dogmatiques.

Il est clair qu'il y a un point de départ commun entre le dogmatisme et le scepticisme, c'est le fait de l'évidence naturelle et de la foi du genre humain à cette évidence, fait antérieur et supérieur à toute controverse. Tout le débat consiste en ce que le dogmatisme s'en tient avec l'humanité à la foi primitive et profonde que l'évidence lui inspire, sans rien chercher ni rien désirer au delà, tandis que le scepticisme déclare cette évidence suspecte et insuffisante, et en dépit de la conscience qui proteste, rompt en visière au genre humain.

Les partisans du scepticisme sont évidemment tenus, sinon de justifier, au moins d'expliquer une aussi prodigieuse prétention. Refuser de le faire, ce serait entreprendre de se placer en dehors de toute espèce d'évidence et de foi, ce serait douter sans vouloir convenir de son doute, ce serait abdiquer son intelligence en refusant de confesser cette abdication elle-même.

Certes, un tel scepticisme est irréfutable, il échappe, je l'avoue, à la controverse. Mais qui ne voit que perdant tout rapport avec l'évidence et la raison, il n'en a plus aucun avec l'humanité? qui ne voit qu'il est absolument impossible et inconcevable, je ne dis pas seulement dans la pratique de la vie, mais même dans la pure spéculation? Ce n'est pas là un état réel de l'esprit humain. Ce n'est pas un faux système, un égarement, une folie. C'est un vain fantôme dont se repaît l'imagination d'un sceptique aux abois, un je ne sais quoi que la pensée ni le langage ne peuvent saisir.

Ænésidème serait un sophiste, et non un sceptique

sérieux, s'il n'eût pas admis, comme les sceptiques de bonne foi, le fait de l'évidence naturelle et le fait de la foi du genre humain à cette évidence. Mais, bien loin de se refuser à faire l'aveu de son doute et à le justifier, il emploie ouvertement deux méthodes pour combattre la raison par la raison même. Tantôt il s'efforce de prouver que la raison et son critérium étant provisoirement acceptés comme légitimes, on est conduit dans le développement régulier des facultés intellectuelles, à des jugements contradictoires; tantôt, et c'est le cas où nous sommes, il veut établir, *à l'aide de l'évidence,* l'impossibilité de démontrer la légitimité de l'évidence, et conclure de là qu'*évidemment* cette légitimité est douteuse. L'idéal du scepticisme serait, en effet, d'arriver à cette conclusion; mais en y aspirant de bonne foi, Ænésidème et les sceptiques sérieux se déclarent eux-mêmes justiciables de l'évidence. Du moment donc qu'il est bien démontré que leur argumentation ne satisfait pas à la condition de l'évidence, et que bien plus, elle y est formellement contraire, les sceptiques doivent abandonner leur argumentation, ou, s'ils la conservent, c'est que, par une contradiction nouvelle, ils abandonnent leur propre système.

Or, nous croyons avoir solidement établi contre Ænésidème :

1° Que s'il se borne à soutenir que la légitimité du critérium de la vérité ne peut être démontrée, il n'est pas sceptique, il est tout simplement raisonnable;

2° Que s'il conclut de cette impossibilité que la légitimité du critérium est incertaine, il suppose cette majeure : tout ce qui ne peut se démontrer est incertain.

3° Que cette majeure est absurde ; absurde, disons-nous, au nom de l'évidence, au nom de cette même évidence qu'admet Ænésidème, de cette évidence qu'il invoque pour argumenter contre le critérium, et qui se tournant contre sa propre doctrine, en fait éclater les contradictions.

Il faut donc toujours, sceptique ou dogmatiste, en revenir à l'évidence et à la raison ; l'évidence, seule lumière qui puisse éclairer les controverses ; la raison, seul arbitre qui puisse les juger ; l'évidence et la raison qui forcent ceux-là même qui les accusent à confesser leur autorité, qui précèdent tous les systèmes et tous les doutes et survivent à tous, immuables comme la Vérité, leur source éternelle.

Un seul scrupule pourrait demeurer sur la légitimité de cette conclusion. On pourrait nous dire, comme Socrate dans *Protagoras* [1], que notre conclusion même s'élève contre nous, qu'elle se moque de nous comme ferait une personne, et que si elle pouvait parler, elle nous dirait : « Dogmatistes et pyrrhoniens, puisqu'il est absurde que la raison vienne à douter sérieusement d'elle-même, pourquoi ces longs débats toujours renaissants ? »

Il nous semble qu'on y peut trouver une explication très-simple et dont le scepticisme n'a aucun avantage à tirer.

---

[1] Platon. Trad. Cousin. III, 124.

Deux choses constituent la philosophie, les premiers principes qui en sont l'âme; l'enchaînement systématique des conséquences qui en forme pour ainsi dire le corps. Au fond, tout repose sur les premiers principes dont l'évidence immédiate se suffit à elle-même et se réfléchit sur tout le reste.

A ce point de vue, les principes secondaires ne sont guère que des copies dont les premiers principes sont les types; c'est à ces types divins que la pensée humaine doit remonter sans cesse; c'est de leur pure clarté qu'elle doit se relever. Là est toute sa force, parce que là est toute la vérité.

Il semble cependant que ces premiers principes partout présents soient partout invisibles. Leur universalité, leur simplicité, leur clarté même les dérobe à l'attention de l'intelligence, qui n'ayant pris aucune peine pour les concevoir, ne s'en donne aucune pour les retenir; d'ailleurs, ces principes sont antérieurs à la science; la science les recueille, mais n'y ajoute rien. Tout l'effort de l'esprit humain, toute sa puissance, toute sa gloire c'est de féconder les premiers principes par l'analyse et la démonstration. La démonstration est son ouvrage, et tout l'honneur en revient à lui. En l'admirant, c'est lui-même qu'il admire; c'est son propre art dont il est enchanté. Faut-il s'étonner que, sur cette pente, l'esprit humain incline à voir dans la démonstration la science tout entière, et qu'oubliant le fait obscur et primitif de l'aperception spontanée des principes, point de départ et base de toute science, il s'abuse jusqu'à trouver dans une conséquence parfaitement déduite le type et l'idéal de la vérité ?

De là cette tendance à tout soumettre à la démonstration, même ce qui précède, surpasse et fonde la démonstration. On veut trouver la preuve des premiers principes ; comme s'ils ne la portaient pas avec eux dans leur immédiate évidence ! que dis-je ? on court après la preuve de l'évidence elle-même, entreprise ridicule et fantastique, où, comme dit Leibnitz, on cherche ce que l'on sait, et par conséquent, l'on ne sait pas ce que l'on cherche.

Voilà la porte ouverte au scepticisme. Car si l'évidence est la pierre angulaire de la philosophie, et si l'évidence a besoin d'être démontrée, c'en est fait de la philosophie et de l'évidence, puisque une telle démonstration est absolument impossible. Telle est l'éternelle objection des sceptiques.

Il y a ici une illusion commune au scepticisme et a ses adversaires, et cette illusion est très-naturelle. Il est naturel que les grands esprits qui appliquent avec le plus de puissance les procédés logiques, un Descartes, un Pascal ; il est naturel aussi que les esprits déliés qu'une longue habitude de la controverse a jetés dans les subtilités de l'argumentation, un Ænésidème, un Bayle, finissent par oublier qu'après tout, les raisonnements ne sont que des signes admirables destinés à représenter sous leurs différentes formes les principes, qui seuls s'expliquent par eux mêmes et ont une valeur absolue. Les dogmatistes qui veulent donner la preuve du critérium de la vérité, et les sceptiques qui la demandent, sont comme ces avares qui peu à peu confondent les véritables richesses avec l'or qui les représente, et finissent par préférer l'or pour lui-même aux biens réels dont il est le signe.

Concluons qu'Ænésidème a parfaitement démontré l'impossibilité d'établir par un raisonnement la légitimité du critérium de la vérité, et par là, il a rendu service à la philosophie et au vrai dogmatisme qu'il aurait dû prémunir contre de vaines et périlleuses tentatives; mais en concluant de cette impossibilité que la légitimité du critérium est suspecte, Ænésidème a ouvert la voie où tant de sceptiques et le génie lui-même se sont égarés sur ses traces; il n'a pas vu qu'il se précipitait dans les contradictions dont il venait de triompher contre ses adversaires, et qu'en écrivant l'arrêt du faux dogmatisme, il avait prononcé le sien.

II

On n'a pas oublié que le fragment qui nous est resté des écrits d'Ænésidème sur la question de l'existence du vrai, comprend deux parties fort distinctes, l'une dirigée contre l'école Stoïcienne et le dogmatisme en général, et qui a pour objet le critérium de la vérité : c'est celle que nous venons d'examiner avec une étendue que la gravité de la question excusera; l'autre, où est réfutée avec force la théorie probabiliste de l'école Académique. Quelques mots suffiront pour apprécier cette seconde partie; car ici, la logique et le bon sens sont du côté d'Ænésidème.

On sait que les chefs de la nouvelle Académie avaient institué contre la φαντασία καταληπτική, critérium des

Stoïciens, une vive et pressante polémique. Ænésidème, nous l'avons reconnu, sut s'en approprier l'idée fondamentale en la généralisant. Il fit plus, il en aperçut les dernières conséquences, qui avaient échappé à l'Académie, et en les acceptant dans toute leur rigueur, il les tourna contre ceux-là même qui lui en avaient suggéré le principe.

Le dernier mot de la dialectique de l'Académie était au fond celui-ci : Il n'y a rien de certain. Arcésilas et Carnéade osèrent, il est vrai, prononcer ce mot; mais effrayés de leur propre hardiesse, et mesurant avec inquiétude l'intervalle qui les séparait du sens commun, ils firent un pas en arrière et essayèrent un compromis entre l'affirmation et la négation de la certitude. Cette transaction que leur conscience arrachait à leur système, produisit l'indécise doctrine de la vraisemblance, τὸ εὔλογον, ou de la probabilité, τὸ πιθανόν. Réconcilier avec le bons sens un système tout négatif et qui bannissait la certitude de l'esprit humain, c'était là une sorte de tour de force qui dut tenter l'esprit souple et ingénieux de Carnéade, et qui peut même faire beaucoup d'honneur à sa subtilité; mais il est hors de doute que cet honneur n'a été acheté qu'au prix de l'inconséquence. C'est là ce qu'Ænésidème sut apercevoir, et ce qu'il établit avec une netteté et une rigueur singulières.

Il dit aux Académiciens [1] : « Vous prétendez que la probabilité est la mesure de la vérité. Mais la proba-

---

[1] Sext. *Adv. Math.* p. 228, E.

bilité est chose relative. Quelle en sera la mesure ? La certitude ? Vous l'avez repoussée de votre système. L'impression individuelle ? Mais est-ce là une mesure fixe, une véritable unité ? Qu'est-ce qu'une règle pliable à tous les sens, sinon l'absence même de toute règle ? Ce qui paraît probable à celui-ci ne produit-il pas l'effet contraire sur celui-là ? Il faudra donc nier ce principe, que la même chose ne peut être vraie et fausse tout ensemble. Mais ce principe renversé emporte avec lui toute vraisemblance, comme toute vérité.

« Prendrez-vous pour règle l'assentiment du plus grand nombre [1] ? Mais, en matière de vérité, qu'importe le nombre ? Et puis, comment déterminer ce nombre ? Compterez-vous les voix, ou consulterez-vous la disposition particulière de chacun ? Compter les voix n'est pas raisonnable. Car cent personnes disposées de même façon ne représentent qu'une impression unique, et le nombre de ceux qui l'éprouvent n'y ajoute absolument rien. Choisir des personnes disposées de façon différente, c'est se condamner à une incertitude absolue. Car entre ces dispositions qui se combattent, pourquoi préférer celle-ci à celle-là ? Également réelles, elles ont un droit égal à faire la balance, c'est-à-dire qu'aucune n'a ce droit. Choisir, c'est donc renoncer à votre système ; et vous n'échappez à l'incertitude que par la contradiction. »

[1] Sext. *Adv. Math.* p. 229, A.

Ces arguments sont d'une force accablante, et il ne faut point s'étonner de ne trouver après Ænésidème, soit à Alexandrie, soit ailleurs, aucun vestige de l'école Académique.

Quand on a nié ou mis en doute la légitimité du critérium de la vérité, c'est une illusion de s'imaginer qu'on ressaisira la certitude ; car on s'est fermé d'avance toutes les issues qui y conduisent. Rien de plus ordinaire cependant que cette contradiction, et rien aussi de plus fatal au mouvement régulier et au progrès des idées. Ces tempéraments, même ingénieux, entre des alternatives contradictoires ne sont bons qu'à couvrir des inconséquences, et à rendre l'erreur séduisante en la déguisant sous les traits de la vérité.

Ænésidème a donc parfaitement bien fait de ne pas marchander avec la logique, en prouvant à ses risques et périls que celui qui conteste la légitimité de la raison, sous une forme ou sous une autre, ne peut plus s'arrêter sur la pente qui mène au scepticisme absolu.

Il est une dernière inconséquence des philosophes de l'Académie qu'Ænésidème a signalée et dont il a pris grand soin de se préserver.

Arcésilas, après avoir argumenté contre la φαντασία καταληπτική, concluait d'une façon absolue que toute chose est incompréhensible, πάντα ἀκατάληπτα ; s'exposant à cette réplique : si vous ne comprenez pas votre conclusion, elle est insignifiante ; si vous la comprenez, elle est absurde.

Ænésidème accepta cette réplique du dogmatisme et s'en servit contre l'Académie, tout comme il s'était servi de l'argumentation négative de l'Académie contre le dogmatisme. Et c'est ainsi qu'il aboutit à ce résultat original :

Il paraît certain qu'on ne peut affirmer la légitimité du critérium de la vérité.

Il paraît également certain qu'on ne peut la nier.

Entre la thèse et l'antithèse, quel parti prendre ? Il n'y en a qu'un. C'est de reconnaître, comme un fait, l'opposition et l'égale valeur de chacune d'elles, ἰσοσθένεια τῶν ἐναντίων λόγων, et de s'abstenir, ἐπέχειν.

Assurément, cette ἐποχή serait inattaquable, si la thèse était prouvée. Mais elle ne l'est pas; elle ne peut pas l'être; et en attaquant par cet endroit l'ἐποχή d'Ænésidème, nous croyons en avoir détruit le principe.

Section II. — *Argumentation contre l'existence et la légitimité des Signes.*

La pensée d'Ænésidème sur la question de l'existence du vrai vient d'être restituée d'une façon à peu près complète. Mais si la solution de cette grande question domine toute la logique, elle ne l'épuise pas. Admettons en effet que le scepticisme se résigne à confesser tout ensemble et qu'il existe une vérité et qu'elle se fait reconnaître à notre intelligence par des marques irrécusables, il lui reste encore à contester que l'homme ait à son service des moyens efficaces de féconder les germes de connaissance que la nature dépose en lui. Il ne niera plus l'évidence immédiate, mais il pourra mettre en question la légitimité du raisonnement, celle de l'induction, de la définition, du langage, en un mot, de tous les procédés scientifiques de l'esprit humain.

Il est très-certain qu'Ænésidème parcourut cette vaste carrière, et y disputa le terrain pied à pied à la dialectique Stoïcienne [1]; mais à peine est-il resté quelques traces de cette intéressante polémique dans les rares témoignages que le temps nous a conservés.

Des écrits d'Ænésidème sur les questions dialectiques, nous n'avons que ces quelques lignes citées par Sextus [2] :

Εἰ τὰ φαινόμενα πᾶσι τοῖς ὁμοίως διακειμένοις παραπλησίως φαίνεται, καὶ τὰ σημεῖά ἐστι φαινόμενα, τὰ σημεῖα πᾶσι τοῖς ὁμοίως διακειμένοις παραπλησίως φαίνεται. Οὐχὶ δὲ τὰ σημεῖα πᾶσι τοῖς ὁμοίως διακειμένοις παραπλησίως φαίνεται· οὐκ ἄρα φαινόμενά ἐστι τὰ σημεῖα.

Il semble qu'il n'y ait rien à tirer de ce fragment unique et isolé d'un ouvrage perdu. Mais on doit remarquer que Sextus, après avoir cité l'argument d'Ænésidème le commente avec étendue, afin de prouver qu'il se rapporte à un des cinq types d'*arguments réguliers* reconnus par les Stoïciens [3]; et comme Sextus a cité textuellement, on ne peut douter qu'il n'eût le Πυῤῥωνίων λόγοι sous les yeux, ce qui augmente pour nous

---

[1] Phot. *Bibliot.* 544. — Cf. Laert. IX, 11.
[2] Sext. *Adv. Math.* 258, E.
[3] *Adv. Math.* 260, A sqq. — Cf. *Pyr. Hyp.* II, 13.

le prix de son commentaire. Il faut remarquer aussi de quelle façon Sextus cite Ænésidème : ὁ γάρ Αἰνησίδημος ἐν τῷ τετάρτῳ τῶν Πυῤῥωνείων λόγων, εἰς τὴν αὐτὴν ὑπόθεσιν καὶ ἀπὸ τῆς αὐτῆς σχεδὸν δυνάμεως λόγον ἐρωτᾷ τοιοῦτον. Ænésidème examinait donc dans son ouvrage la même hypothèse que vient de discuter Sextus, et Sextus, de son propre aveu, n'a fait que développer les idées d'Ænésidème. Quelle est cette hypothèse? Sextus nous le dit [1] : si l'on soutient qu'il existe des signes, il faudra dire que le signe est chose sensible, apparente, αἰσθητή, φαινομένη, ou chose intelligible et obscure, νοητή, ἄδηλος. C'est la première hypothèse que Sextus discute en premier lieu, ou pour mieux dire, c'est celle qu'il emprunte d'abord à Ænésidème, comme il lui empruntera bientôt la seconde et comme il fera très-vraisemblablement l'argumentation tout entière.

Ainsi donc, tout en tenant compte du progrès que dut faire cette polémique contre la théorie des signes, depuis Ænésidème qui paraît en avoir été le promoteur, jusqu'à Sextus, et en réservant aussi la part d'invention qui peut revenir à celui-ci, nous croyons avoir le droit de nous servir avec confiance, pour l'interprétation de notre fragment, soit de la discussion qui le précède, soit du commentaire qui le suit.

Mais rendons-nous compte d'abord, en quelques mots, de cette théorie des signes dont il faut bien retrouver le sens, aujourd'hui presque perdu, si l'on veut comprendre celui de l'argumentation d'Ænésidème.

---

[1] *Adv. Math.* 252, B. — Cf. *Pyr. Hyp.* II, 11.

Toutes choses, suivant les Stoïciens, peuvent être classées, sous le point de vue de la connaissance humaine, en deux grandes catégories, les choses évidentes, πρόδηλα; les choses obscures, ἄδηλα [1]. Il fait jour, la même chose ne peut être vraie et fausse tout ensemble, voilà des choses évidentes. Tous les faits d'expérience immédiate et tous les premiers principes ont ce caractère. Le nombre des étoiles, les proportions d'un édifice qu'on aperçoit de loin à travers un nuage, l'action de l'Être divin sur la nature et sur l'humanité, voilà trois choses obscures; mais d'une obscurité bien différente. La première est obscure absolument, καθάπαξ; elle échappe à toutes les prises de l'entendement. La seconde n'est obscure que par accident, πρὸς καιρόν. La troisième est obscure de son essence, φύσει, mais une démonstration peut l'éclaircir.

Tout objet qui révèle un autre objet en étant le signe, σημεῖον [2], il est clair que les choses évidentes n'ont pas besoin de signe, et que les choses absolument obscures n'en sauraient recevoir.

Il n'y a donc que deux sortes de choses qui soient susceptibles d'un signe, celles dont l'obscurité est accidentelle, et celles qui, de leur nature, sont cachées à nos regards, sans y être entièrement inaccessibles.

Celles-ci nous sont révélées, suivant les Stoïciens, par des signes indicatifs, σημεῖοι ἐνδεικτικοί [3]; celles-là par des signes purement commémoratifs, σημεῖοι

---

[1] *Pyr. Hyp.* II, 10. — Cf. *Adv. Math.* 246.
[2] Phot. *Bibl.* 544. — Cf. *Hyp. Pyr.* l. I.
[3] *Adv. Math.* 247, A. — Cf. *Hyp. Pyr.* l. I. — Laert. IX, 13.

ὑπομνηστικοί. Ainsi un portrait fidèle nous retracera l'image d'une personne absente ; un incendie caché se trahira par une épaisse fumée ; cette sorte de signes est fondée uniquement sur l'association des souvenirs. — Les signes indicatifs ont un autre principe et une portée scientifique tout autrement considérable. La définition révèle l'objet défini ; les prémisses, la conséquence ; l'effet, la cause ; le corps, l'espace ; les mouvements du corps, l'existence de l'âme ; l'ordre de l'univers, la providence de Dieu. L'âme, Dieu, l'espace, voilà des objets obscurs de leur essence. Le corps qui se meut, l'harmonie universelle qui éclate, les astres qui roulent dans l'immensité, voilà les signes, σημεῖα ἐνδεικτικοί, de ces grands objets.

Ces explications suffisent pour donner le sens de cette formule, un peu énigmatique au premier abord, de l'école Stoïcienne [1] :

« Le signe est une proposition simple, ἀξίωμα, capable de servir d'antécédent à un συνημμένον régulier, et d'en révéler le conséquent. »

Le συνημμένον des Stoïciens, c'est la réunion de deux propositions simples, dont la première, qui est l'antécédent, est la condition de la seconde, qui est le conséquent ; par exemple : si le corps se meut, l'âme existe. Si l'univers est bien ordonné, il y a une Providence. Dans ces propositions conditionnelles, il est clair que l'antécédent est le signe du conséquent, mais sous la condition que le συνημμένον soit régulier, c'est-à-dire

---

[1] Sext. *Pyr. Hyp.* II, 11. — Cf. *Adv. Math.* 246, 266.

que la vérité du conséquent soit contenue dans celle de l'antécédent et puisse en être déduite en vertu d'un principe, ce qui explique et tout à la fois justifie la formule des Stoïciens.

On doit concevoir maintenant comment ce problème : à quelles conditions une démonstration est-elle légitime ? peut être traduit ainsi dans la langue stoïcienne : A quelles conditions un συνημμένον est-il régulier, ὑγιές[1] ? ou encore : à quelles conditions un objet est-il le *signe indicatif* d'un autre objet ? de façon que la théorie de la démonstration et la dialectique tout entière se résolvent pour les Stoïciens en une théorie des signes.

Il n'est pas nécessaire d'entrer plus avant dans cette curieuse théorie. Nous en avons assez dit pour qu'on aperçoive nettement le sens et la portée de l'argumentation d'Ænésidème.

Des deux espèces de signes, les signes commémoratifs et les signes indicatifs, Ænésidème, avec toute son école, ne conteste pas l'existence des premiers et leur importance pratique[2], et cette concession est parfaitement d'accord avec l'esprit de toute sa doctrine. Pour Ænésidème, en effet, accorder la réalité des signes commémoratifs, c'est accorder seulement, si on nous permet ici ce langage, que lorsque deux apparences subjectives, φαινόμενα, se reproduisent dans un ordre constant, l'une devient, de fait, le signe subjectif et l'avant-coureur de l'autre, par exemple : la fumée, du feu ;

---

[1] Sext. l. I.
[2] Sext. *Adv. Math.* 248, A. — Cf. *Hyp. Pyr.* pas. — Laert. IX, 11.

l'éclair, de la foudre, etc. Tant qu'on ne supposera rien de plus, tant qu'on n'attribuera à la liaison des phénomènes observés aucune valeur absolue, Ænésidème se gardera bien d'y contredire, et en cela il fera preuve tout ensemble de rigueur et de bonne foi ; mais dès qu'il s'agit des signes indicatifs, l'affaire devient plus sérieuse. Accorder qu'il existe de tels signes, c'est accorder, par exemple, que le corps est le signe de l'âme ; l'ordre universel, de la Providence ; la définition, du défini ; les prémisses de la conséquence ; c'est accorder en un mot, qu'entre les choses il y a des rapports nécessaires et absolus, et dans l'esprit humain, toute une famille de procédés réguliers, capables de saisir et de coordonner ces rapports. Un aveu semblable serait précisément le désaveu le plus complet du scepticisme.

Ænésidème l'a si bien senti qu'il n'a pas hésité à rejeter sans distinction tous les signes indicatifs comme autant de chimères de l'esprit dogmatiste, et pour emprunter à Photius [1] les expressions mêmes de notre philosophe : « On n'attribue, dit-il, à ces signes une valeur absolue que par une inclination décevante et vide de la raison, ἠπατῆσθαι κενῇ προσπαθείᾳ τοὺς οἰομένους. »

Voilà donc le langage, la définition, la démonstration, et en un sens, les premiers principes eux-mêmes renversés du même coup. Certes il est à regretter qu'après avoir retrouvé le point de vue général de l'argumentation d'Ænésidème contre les signes, mesuré sa

---

[1] Phot. *Bibl.* 544. — Cf. Laert. IX, 11.

portée, et mis en évidence le lien logique qui la rattache à sa doctrine, on ne puisse, faute de textes, renouer la chaîne des arguments qui la composaient, et qu'on soit réduit à en rassembler à grand'peine quelques anneaux.

L'argument en quelques lignes que nous avons recueilli dans le Πρὸς μαθηματικούς, même éclairé par le commentaire qui le suit et la discussion qui le précède, ne nous donne qu'une partie, et la plus faible sans doute, d'une seule des objections d'Ænésidème.

Il ouvrait en effet le débat par ce dilemme [1] : ou les signes sont choses sensibles, apparentes, αἰσθητά, πρόδηλα; ou bien, ils sont intelligibles, obscurs, νοητά, ἄδηλα. Or, chacune de ces hypothèses est absurde. Donc il n'y a pas de signes.

Les seuls arguments que nous puissions attribuer à Ænésidème avec certitude, ou du moins avec une juste vraisemblance, se rapportent exclusivement à la première hypothèse. Nous n'avons aucun témoignage authentique sur la seconde, pas plus que sur les autres parties de cette argumentation mutilée.

Nous n'insisterons pas longuement sur ce petit nombre de raisonnements sceptiques, quelquefois ingénieux, il est vrai, mais quelquefois aussi voisins du sophisme, et toujours d'une importance fort secondaire. On les peut ramener à trois:

1° Si les signes avaient par eux-mêmes une valeur propre et absolue, toutes les intelligences les interpré-

---

[1] Sext. *Adv. Math.* 252, A. — Cf. 258, E; 264, C. — Cf. *Hyp. Pyr.* l. I.

teraient de même façon ¹ dans les mêmes circonstances. Or, quel est, entre les signes, celui qui satisfait à cette condition? Le langage? On ne cesse de disputer sur les mots. La définition? Il n'y a pas deux philosophes d'accord sur celle de l'homme. La démonstration? Elle est au service des causes les plus opposées. L'induction? Mais voici Érasistrate et Hiérophile qui ne peuvent s'entendre sur les symptômes de la maladie et de la santé. Tel navigateur redoute la tempête à l'aspect des signes qui, pour un autre, présagent la sérénité. Ainsi donc, les signes ne sont que des apparences changeantes et fugitives, destituées de tout caractère absolu.

— Je répondrai en deux mots à Ænésidème : Vous démontrez à merveille que la raison humaine peut être infidèle à ses propres lois ; mais ce point n'est pas contesté. Ce qu'il faudrait prouver, c'est que la raison développée suivant les lois qui la constituent, aboutit à se contredire. Et voilà ce que vous ne prouvez pas. Il y a de l'erreur, dites-vous. Qui songe à le nier?

Vous ajoutez : L'erreur est inévitable. Prouvez-le. Ce mot même d'erreur que vous prononcez dépose contre vous. Il n'y a d'erreur possible que pour un être capable de vérité. Dans ce qui humilie le plus profondément l'homme, il y a donc quelque chose qui le relève ; et l'abaissement de notre intelligence témoigne encore de sa grandeur.

2° Le signe et la chose signifiée sont deux termes

¹ C'est l'argument cité textuellement par Sextus, et qu'il commente avec étendue.

corrélatifs. Ils ne peuvent donc être pensés l'un sans l'autre. Mais si la chose signifiée est pensée en même temps que le signe, elle n'a plus besoin de signe pour être connue. Le signe cesse donc d'être lui-même.

Ceci s'applique au rapport des prémisses à la conséquence. Ces deux choses sont corrélatives, par suite, simultanées dans la pensée ; et partant, la conséquence ne dérive plus des prémisses, et les prémisses ne conduisent plus à la conséquence.

— Cet argument est un pur sophisme que la distinction la plus simple résout aisément. Je perçois un certain corps, et aussitôt après, ma raison conçoit l'espace où il est contenu, et l'espace infini dont ce premier espace n'est qu'un point. Voilà comment le corps devient pour moi le signe révélateur de l'espace absolu. Mais je n'ai pas commencé par connaître le corps en tant qu'il se rapporte à l'espace. J'ai d'abord perçu le corps, en tant que corps, puis l'espace ; et le corps n'est devenu le signe de l'espace qu'après que la première intuition a suscité en moi la seconde.

De même, on ne conçoit pas primitivement les prémisses d'un raisonnement comme prémisses, et la conclusion comme conclusion. La conclusion n'est d'abord qu'une question. Mais aussitôt qu'on en rapproche les prémisses, elle se tranforme en conséquence. Et c'est là la démonstration.

3° A celui qui conteste l'existence des signes et de la démonstration, on ne peut la prouver que par des signes et des démonstrations. Chaque preuve est donc une pétition de principe.

— On reconnaît ici, quoique sous une forme nouvelle, l'objection déjà discutée contre la légitimité de la raison. Un seul mot résumera notre première réponse : Oui, sans doute, il est absurde de démontrer la légitimité de la démonstration ; mais il est une absurdité qui va de pair avec celle-là et doit partager la même fortune : c'est de conclure l'incertitude de la démonstration, c'est-à-dire, l'incertitude de ce principe : Deux choses égales à une troisième sont égales entr'elles, de l'impossibilité de le démontrer.

On pourrait être tenté d'ajouter qu'il est contradictoire de faire une démonstration pour établir qu'il n'y a pas de démonstration. Mais cela est superflu. Ænésidème est allé au-devant de cette réponse, et il l'a si bien reconnue comme excellente qu'il l'a opposée à ses propres arguments, afin d'aboutir finalement au scepticisme absolu.

Je prouve très-bien, dit-il, qu'il n'y a ni signes, ni démonstrations. On me prouve également bien qu'il est absurde de les nier. Cette contradiction me jette dans une irrémédiable incertitude. Mais comme elle me délivre en même temps des anxiétés de la recherche philosophique, je me trouve assez dédommagé de mon ignorance par la sérénité qui en est le prix.

Tel est le dernier mot d'Ænésidème sur les questions logiques. Son argumentation contre le critérium attaquait la raison de son principe ; celle que nous venons d'examiner tend à frapper d'incertitude le système entier et ses développements ; toutes deux également conséquentes à la pensée fondamentale de l'ἐποχή; toutes deux remarquables à des degrés divers par leur sérieux caractère, aussi bien que par la rigueur logique qui les enchaîne l'une à l'autre ; mais toutes deux au fond également impuissantes contre un dogmatisme sage, éclairé par ses propres erreurs, et qui sait que la véritable force de la raison, c'est de reconnaître et de respecter ses limites.

CHAPITRE CINQUIÈME

SCEPTICISME D'ÆNÉSIDÈME SUR LES PROBLÈMES
MÉTAPHYSIQUES.

La science que Zénon, Épicure et à leur exemple
Ænésidème appelaient *physique* ou *physiologie*[1], c'est
à peu de chose près, la métaphysique des âges modernes, et pour me servir de la définition même de
l'antiquité, c'est la science des principes[2]. Dieu et la
providence, l'âme et la matière dans leur essence et
leurs lois nécessaires, tels sont les objets qui la constituent.

Nul doute que, sur ces hautes questions, Ænésidème
n'ait poursuivi sa lutte contre les écoles dogmatiques.
Nous savons par Photius que dans le deuxième et le
troisième livres du Πυρρωνίων λόγοι[3], il traitait, au point

---

[1] Sext. *Adv. Math.* 141, A. — Cf. *Hyp. Pyr.* II, 2.
[2] Arist. *Metaphys.* Lib. I. — Ibid. Lib. III, V. — Sext. *Hyp. Pyr.* III, init. — Cf. *Adv. Math.* 309, B.
[3] Phot. *Bibl.* 543, 544. Hœsch.

de vue sceptique, des principes actifs et passifs, de la génération et de la corruption, du mouvement et de ses lois. Le cinquième livre tout entier était dirigé contre la science des causes, αἰτιολογία [1].

De tous ces travaux métaphysiques un seul fragment considérable nous est resté. Mais ce fragment est du plus grand prix, et j'ose dire qu'à défaut d'autre titre, il suffirait pour sauver de l'oubli le nom d'Ænésidème. Je veux parler de l'argumentation célèbre contre le principe de causalité.

On remarquera qu'il ne s'agit pas seulement ici d'un point très-grave de métaphysique. C'est l'existence même de la métaphysique qui est mise en question. Porter atteinte en effet à la notion de causalité, c'est ébranler celle de substance, c'est tout compromettre. Un seul principe de la raison détruit, tous les autres succombent; c'en est fait de la raison et de la science.

Consultez l'histoire de la philosophie. Les sceptiques les plus hardis et les plus profonds de tous les temps ont attaqué le principe de causalité [2]. Il ne faut pas croire qu'ils se soient donné le mot, ou que les uns aient copié les autres. Les temps, les lieux, leur génie même, tout les divise; la force des choses les réunit.

---

[1] Ibid. l. I. — Cf. *Hyp. Pyr.* II, 17.

[2] M. Cousin a signalé le philosophe indien Kapila comme l'antécédent historique d'Ænésidème. *Cours de* 1829, t. I, p. 198. — Sur les sceptiques Al-Gazali et J. Glanvil, voyez Tennem. *Man. de l'hist. de la phil.* t. I, p. 360; II, p. 119.

Nommer Hume, c'est rappeler le fameux *Essai*[1] où il a nié la possibilité de la notion de cause ou de connexion nécessaire. On sait où cette négation conduisit le disciple hardi de Locke. « David Hume tomba complètement dans le scepticisme, dit le père de la philosophie Critique[2], dès qu'une fois il eut découvert qu'une illusion générale de notre faculté de penser était cependant regardée comme un principe. »

Cette juste et profonde remarque de Kant, à qui peut-elle s'appliquer mieux qu'à lui-même? Lui-même en effet, quoi qu'il en dise, explique comme Hume par une illusion le principe de causalité et tous les autres principes de la raison pure. J'avoue qu'il fait dériver cette illusion d'une source plus haute, mais elle en est d'autant plus irrémédiable.

Ce n'est pas un médiocre honneur pour Ænésidème d'avoir ouvert la voie à David Hume et à Kant, quoique cette voie ne soit pas celle du vrai. Il y a plus : le fond des arguments sceptiques de ces deux grands esprits, une analyse attentive le fait découvrir dans Ænésidème. Que ce soit là une excuse pour les subtilités quelquefois sophistiques qu'il a mêlées aux belles parties de son argumentation.

Mais commençons par la rapporter, telle que Sextus nous l'a conservée :

« Toute chose étant corporelle, σῶμα, σωματικόν, ou

---

[1] Hume, *Essays and Treatises*, sect. VII. part. II.
[2] *Crit. de la rais. pur.* Trad. fr. tom. I, p. 164. — Cf. Ibid. p. 55.

incorporelle, ἀσώματον, s'il est vrai qu'une chose en puisse causer une autre, il faut nécessairement, ou bien qu'une chose corporelle produise une autre chose corporelle, ou bien une chose incorporelle une autre chose incorporelle, ou bien une chose corporelle une chose incorporelle, ou enfin une chose incorporelle une chose corporelle. Il n'y a évidemment que ces quatre hypothèses. Or, toutes sont absurdes. Donc, il est impossible qu'une chose soit cause d'une autre chose. Donc il n'y a pas de cause [1]. »

« Le corporel ne peut être la cause du corporel, τὸ σῶμα τοῦ σώματος. En effet, ou bien le corporel n'est pas sujet à la génération, ἀγένητον, comme les atomes d'Épicure, ou bien il y est sujet, comme on a coutume de l'admettre ; dans ce dernier cas, il est visible comme le fer et le feu ; dans l'autre, il est invisible comme l'atome. Or, dans l'une et l'autre supposition, le corporel ne peut rien produire. Car de deux choses l'une : il produira quelque chose en demeurant en soi, ou en s'unissant à un second terme. Dans le premier cas, il ne produira rien qui soit plus que lui-même et qui excède sa propre nature. Dans le second cas, il est impossible qu'il produise un troisième objet qui n'existât pas auparavant [2]. Car il est impossible qu'un

---

[1] Ænésidème fait d'ordinaire précéder ses argumentations d'une espèce de préambule où elles sont présentées en raccourci. N'ayant pas trouvé cette fois ce préambule dans Sextus, je l'ai ajouté pour plus de clarté.

[2] Il y a ici une lacune et un contre-sens dans la traduction latine de Gentianus Hervetus.

devienne deux, τὸ ἓν γένεσθαι δύο[1], et que deux choses en produisent une troisième. Supposez en effet qu'un devienne deux, chaque unité contenue dans deux deviendra deux à son tour, et l'on aura quatre. Et chaque unité contenue dans quatre devenant deux, l'on aura huit, et de même pour chaque unité contenue dans huit. Or il est absurde que d'une chose il en naisse une infinité d'autres, ἐξ ἑνός ἄπειρα γένεσθαι. Il est donc aussi absurde que de l'unité sorte quelque multiplicité, τὶ πλεῖον.

« Même absurdité à dire que, de certaines choses en nombre inférieur il puisse sortir des choses en nombre supérieur[2] par voie d'union, κατὰ σύνοδον. Car si l'union d'une unité avec une autre unité[3] donnait un troisième terme, celui-ci s'unissant avec les deux autres donnerait un quatrième terme, lequel s'unissant aux trois autres, en donnerait un cinquième, et ainsi à l'infini. Ainsi donc, le corporel n'est pas cause du corporel.

« Par les mêmes raisons, l'incorporel n'est pas cause de l'incorporel, ἀσώματον ἀσωμάτου. Car la multiplicité ne peut sortir de l'unité, ni d'une certaine multiplicité une plus grande. De plus, l'incorporel étant une nature intangible, ἀναφὴς φύσις καθεστώς[4], ne peut ni agir, ni pâtir.

[1] Cf. *Adv. Arith.* p. 106 sqq.

[2] Je lis avec Fabricius ἡσσόνων, au lieu d'ἡσσόνον que donne l'éd. de Genève et Paris, 1621.

[3] Je lis avec Fabricius τὸ ἓν τῷ ἑνί, au lieu de τὸ ἓν τῷ ἑνί.

[4] Lucrèce a dit : Tangere enim et tangi, nisi corpus, nulla potest res. Vid Lib. I, v. 306. — Cf. Ibid. v. 445. — III. v. 160 sqq.

« De même que l'incorporel ne peut produire l'incorporel (ni le corporel, le corporel), ainsi, dans l'ordre contraire des termes, le corporel ne peut produire l'incorporel, ni l'incorporel le corporel. En effet, le corporel ne renferme pas en soi la nature de l'incorporel; et l'incorporel n'enveloppe pas celle du corporel. C'est pourquoi il n'est pas possible qu'aucun d'eux naisse de l'autre. Et comme le cheval ne naît pas du platane, parce que la nature du cheval n'est pas renfermée dans la nature du platane, de même l'homme ne naît pas du cheval, parce que la nature de l'homme n'est pas renfermée dans celle du cheval. Ainsi l'incorporel ne naîtra pas du corporel, parce que le corporel ne renferme pas la nature de l'incorporel.

« Et réciproquement, le corporel ne naîtra pas de l'incorporel. Que si l'un est contenu dans l'autre, on ne pourra pas dire davantage que l'un soit engendré par l'autre. Car si chacun d'eux est (en tant qu'il est contenu dans l'autre), il n'est donc pas engendré par l'autre, puisqu'il est déjà. Ce qui a déjà l'être ne peut pas en effet être engendré, la génération étant un chemin pour arriver à l'être, ὁδὸν εἰς τὸ εἶναι. Ainsi donc, le corporel ne peut être cause de l'incorporel, ni l'incorporel cause du corporel.

« D'où il suit finalement qu'il n'y a pas de cause.

« De plus, s'il existe quelque cause, ou bien ce qui est en repos est cause de ce qui est en repos, τὸ μένον τοῦ μένοντος, ou bien ce qui est en mouvement de ce qui est en mouvement, τὸ κινούμενον τοῦ κινουμένου, ou ce qui est en repos de ce qui est en mouvement, ou enfin, ce qui est en mouvement de ce qui est en repos. Or ce qui est en repos ne peut être cause du repos de ce qui est en repos, ni ce qui est en mouvement, du mouvement de ce qui est en mouvement ; ni ce qui est en repos, du mouvement de ce qui est en mouvement, ni réciproquement, comme nous le démontrerons. Il n'y aura donc aucune cause.

« Et d'abord, ce qui est en repos ne sera pas la cause du repos de ce qui est en repos, ni ce qui est en mouvement du mouvement de ce qui est en mouvement, par suite de l'état uniforme δι' ἀπαραλλαξίαν, des deux termes. Car tous deux étant également en repos, ou tous deux en mouvement, il n'y a pas plus de raison pour dire que celui-ci est cause à l'égard de celui-là que celui-là cause par rapport à celui-ci. Car si l'un d'eux est cause parce qu'il est en mouvement, l'autre étant également en mouvement, sera cause par la même raison. Par exemple, la roue d'un tourneur est en mouvement ; le tourneur est aussi en mouvement ; pourquoi dirait-on plutôt que le tourneur est en mouvement à cause de la roue que la roue à cause du tourneur ? Car si l'un de ces moteurs ne se mouvait pas, l'autre cesserait d'être en mouvement. Or, si la cause est ce dont la présence détermine l'effet, οὗ παρόντος γίνεται τὸ ἀποτέλεσμα[1], l'effet ici ayant lieu par la présence de la roue et du tourneur, et ne s'accomplissant pas en l'absence du tourneur ni en l'absence de la roue, il faut dire que le tourneur n'est pas plus cause du mouvement de la

[1] Def. Stoïc. — Gab. *ad Sext.* 599, N.

roue que la roue n'est cause du mouvement du tourneur. Et de même une colonne est en repos, et son épistyle est aussi en repos. Or, on ne peut pas dire que la colonne reste en repos à cause de l'épistyle, pas plus que l'épistyle à cause de la colonne. Car ôtez l'un d'entre ces objets, l'autre tombe. Par conséquent, ni ce qui est en repos n'est cause du repos de ce qui est en repos, ni ce qui est en mouvement du mouvement de ce qui est en mouvement.

« De même, ce qui est en repos ne peut être cause du mouvement de ce qui est en mouvement, ni ce qui qui est en mouvement du repos de ce qui est en repos, par suite de la nature opposée des deux termes, δι' ἐναντιότητα φύσεως. Car de même que le froid n'ayant pas en soi la raison du chaud, λόγον τοῦ θερμοῦ, ne peut devenir chaud, ni le chaud devenir froid, parce qu'il ne renferme pas la raison du froid ; de même ce qui est en mouvement n'ayant pas en soi la raison de ce qui est en repos, ne peut être cause de son repos, et réciproquement. Or, si ce qui est en repos ne peut être cause du repos de ce qui est en repos ; ni ce qui est en mouvement, cause du mouvement de ce qui est en mouvement; ni ce qui est en repos, cause du mouvement de ce qui est en mouvement, ni enfin ce qui est en mouvement cause du repos de ce qui est en repos ; et si hors de ces quatre hypothèses, on n'en peut plus concevoir aucune, il en résulte qu'il n'y a pas de cause.

« De plus, s'il y a quelque cause, ou bien ce qui est en même temps sera cause de ce qui est en même temps, ou bien ce qui est avant, cause de ce qui est après ; ou bien ce qui est après, cause de ce qui est avant. Or, ni ce qui est en même temps n'est cause de ce qui est en même temps, ni ce qui est avant de ce qui est après, ni ce qui est après de ce qui est avant, comme nous le prouverons. Donc il n'y a pas de cause[1].

« Ce qui est en même temps ne peut être cause de ce qui est en même temps, par cela seul que l'un et l'autre coexistent, celui-ci n'étant pas plus cause de celui-là que celui-là ne l'est de celui-ci, puisque chacun possède également l'existence.

« Ce qui est avant ne peut être cause de ce qui est après. Car, si quand la cause existe, l'effet n'existe pas, la cause n'est plus cause, puisqu'elle n'a pas d'effet; et l'effet n'est plus effet, si la cause n'existe pas avec lui. Car la cause et l'effet sont, l'un et l'autre, choses relatives. Et les choses relatives doivent nécessairement coexister; l'une ne pouvant pas par conséquent être avant, et l'autre après.

« Il ne reste donc qu'à dire que ce qui est après est cause de ce qui est après, ce qui est parfaitement absurde, et va tout renverser. Car il faudrait que l'effet fût plus ancien que la cause, et dès lors l'effet n'existerait plus, puisqu'il n'aurait plus de cause. Et comme il est ridicule de prétendre que le fils soit plus vieux que le père, et la moisson antérieure dans le temps à la semence, de même il est absurde de dire que ce qui n'est pas soit cause de ce qui est déjà. Mais si ce qui est en même temps n'est pas cause de ce qui est en

---

[1] Cf. *Hyp. Pyr.* III. — Fab. *ad Sext.* 600, Q.

même temps, ni ce qui est avant, cause de ce qui est après, ni ce qui est après de ce qui est avant; et si on ne peut faire aucune autre hypothèse, il en résulte qu'il n'y a pas de cause.

« De plus, s'il y a quelque cause, ou elle produit son effet par soi-même, αὐτοτελῶς, et en se servant de sa seule force propre, καὶ ἰδίᾳ μόνον προσχρώμενον δυνάμει; ou bien elle a besoin d'une matière passive qui concoure à son ouvrage, συνεργοῦ δεῖται τῆς πασχούσης ὕλης, de façon que l'effet soit conçu par l'union de ces deux termes, κοινὴν ἀμφοτέρων σύνοδον.

« Si elle produit son effet par soi-même et en se servant de sa seule force propre, comme elle est toujours soi-même et possède toujours sa force propre, elle doit produire perpétuellement son effet, et non pas tantôt l'accomplir et tantôt le suspendre. Et si, comme le veulent certains dogmatistes, la cause n'est pas une de ces choses qui existent distinctement et à part, τῶν ἀπολελυσμένων καὶ ἀφεστηκότων, mais une chose relative, τῶν πρός τι, parce qu'elle est conçue relativement à sa matière, et sa matière relativement à elle, on voit apparaître une conséquence plus absurde encore. Car si l'un des deux termes est pensé relativement à l'autre[1], l'un comme agent, τὸ ποιοῦν, l'autre comme patient, τὸ πάσχον, on n'aura qu'une seule idée sous deux noms, celui de patient et celui d'agent, et c'est pourquoi la puissance efficiente, ἡ δραστήριος δύναμις, ne se trouvera pas plus dans l'agent que dans ce qu'on appellera pa-

---

[1] Le texte dit : οὗ τὸ μὲν ποιοῦν, τὸ δὲ, πάσχον. οὗ paraît inintelligible. Ne faudrait-il pas lire ὧν?

tient. Car de même que l'agent ne peut agir séparé de ce qu'on appelle patient, de même aussi ce qu'on appelle patient, ne peut pâtir en l'absence de l'agent. D'où il suit que la puissance qui produit l'effet n'est pas plus dans l'agent que dans le patient. Cela va devenir évident par un exemple. Si le feu est cause de la combustion, ou bien il la produit par soi-même et en se servant de sa seule force propre, ou bien il a besoin d'une matière combustible qui concoure à son ouvrage. Or, s'il produisait la combustion par soi-même et en vertu de sa seule force propre, il devrait toujours la produire, puisque toujours il possède sa force propre. Cependant il il ne la produit pas toujours, car il brûle de certaines choses, et d'autres il ne les brûle pas. Donc, il ne brûle pas par soi-même et en se servant de sa seule force propre.

« S'il brûle à l'aide de la disposition combustible du bois, pourquoi dirions-nous que le feu est la cause de la combustion plutôt que le bois? Car, tout comme en l'absence du feu, la combustion ne se fait pas ; ainsi, sans le bois, elle ne se fait pas davantage, et en conséquence, si cela est cause qui par sa présence détermine un effet, et par son absence l'empêche de s'accomplir, la disposition combustible du bois sera cause à ce double titre. Et comme la syllabe *di* se composant de la lettre *d* et de la lettre *i*, il serait absurde de dire que la lettre *d* est cause de la syllabe *di* et non pas la lettre *i* ; de même, la combustion étant analogue à la syllabe *di* et ses deux éléments, le feu et le bois, aux lettres *d* et *i*, celui-là est parfaitement absurde qui prétend que le feu est la cause de la combustion, et non pas le bois [1]. Car la combustion ne s'opère pas sans le feu ni sans le bois, comme la syllabe *di* ne se forme pas sans les lettres *d* et *i*. Ainsi donc, si la cause ne produit son effet, ni par soi-même, ni par la disposition convenable du patient, il en résulte que la cause ne peut rien produire.

« De plus, s'il existe quelque cause, ou bien elle a une puissance causatrice unique, ou bien elle en a plusieurs. Or elle n'a pas une puissance unique, ni plusieurs puissances, comme nous le démontrerons. Donc il n'y a pas de cause.

« Et d'abord, elle n'a pas une puissance unique. Car alors, elle devrait se comporter de la même façon à l'égard de toutes choses [2], et non pas d'une façon différente. Or, le soleil, par exemple, brûle les Éthiopiens, échauffe les régions que nous habitons, et éclaire sans les échauffer les nations hyperboréennes [3]. Il condense l'argile, liquéfie la cire, blanchit nos vêtements [4], hâle notre peau, et rougit certains fruits. Cause de la vision pour nous, il y fait obstacle pour les oiseaux nocturnes, comme les chouettes, les chauves-souris. Ainsi donc, si la cause a une puissance unique, elle doit produire le même effet sur toutes choses. Or, elle ne le produit pas. Donc elle n'a pas plusieurs puissances. Mais elle n'a

---

[1] Fab. *Ad Sext.* 602, Y.

[2] Je lis avec Fab. πάντα, au lieu de πάντας. Fab. *ad Sext.* 602, Z.

[3] Je lis avec Fab. μόνον, au lieu de μόνους. Hervetus fait ici un contre-sens grossier.

[4] Il faut lire avec Fab. ἐσθήματα, et non αἰσθήματα.

pas non plus une puissance multiple. Car s'il en était ainsi, elle devrait les exercer toutes sur toutes choses, et par exemple (le feu) devrait tout brûler, tout fondre, tout condenser. Ainsi, la cause, ne pouvant posséder ni une puissance unique, ni plusieurs puissances, il en résulte qu'il n'y a pas de cause.

— « C'est fort bien, mais les dogmatistes ont coutume de répondre que les effets qui naissent de l'action d'une même cause doivent naturellement varier suivant les objets auxquels s'applique cette action et suivant les distances. Il en arrive ainsi pour le soleil. Voisin de l'Éthiopie, il est tout simple qu'il y soit brûlant. Placé à une distance moyenne de notre climat, il ne fait que l'échauffer. Beaucoup plus éloigné des Hyperboréens, il les éclaire sans leur donner sa chaleur. S'il durcit l'argile, c'est qu'il en fait évaporer l'élément liquide. S'il liquéfie la cire, c'est qu'elle a une autre constitution que l'argile. — Ceux qui nous font cette réponse nous accordent presque sans débat que l'agent ne diffère pas du patient. Car si la liquéfaction de la cire ne se fait pas par la seule action du soleil, mais aussi par la propriété naturelle de la cire, il est évident que le soleil n'est pas la cause de cette liquéfaction, mais bien le concours de ces deux choses, le soleil et la cire. Et si l'effet, savoir la liquéfaction, est produit par l'union de la cire et du soleil, il en résulte qu'il est aussi vrai que le soleil est liquéfié par la cire qu'il peut l'être que la cire est liquéfiée par le soleil. Aussi, il est absurde d'attribuer à une seule de ces choses un effet qui est produit par l'union de toutes deux.

« De plus, s'il y a quelque cause, ou bien la cause est séparée, κεχώρισται, de la matière qui en souffre l'action, ou ces deux choses coexistent, σύνεστιν αὐτῇ. Or, elle n'est pas séparée de la matière qui en souffre l'action, et il est impossible que ces deux choses coexistent. Donc il n'y a pas de cause.

« Si l'agent est séparé du patient, l'agent ne saurait être cause par lui-même, en l'absence de ce par rapport à quoi on le nomme agent, et de même le patient ne saurait être patient en l'absence de l'agent.

« Si l'agent coexiste avec le patient, ou bien il agit seulement, et ne pâtit en aucune façon ; ou bien il agit tout à la fois et pâtit. S'il agit et pâtit tout à la fois, chacun des deux termes sera tout à la fois agent et patient. Car en tant que la cause agit, la matière pâtit, et en tant que la matière agit, la cause pâtit. Et ainsi l'agent ne sera pas plutôt agent que patient, ni le patient plutôt patient qu'agent, ce qui est absurde. Si l'agent agit sans pâtir, ou bien il agit par simple contact, ψιλὴν ψαῦσιν, c'est-à-dire en touchant la surface, ou bien par pénétration, διάδοσιν. S'il agit à l'extérieur et seulement en touchant la surface, il ne pourra rien produire. Car la surface est incorporelle, ἀσώματος, et l'incorporel ne peut ni pâtir ni agir [1]. Ainsi donc, ce ne sera pas par le seul contact de la surface que la cause pourra agir sur sa matière. Elle ne le pourra pas davantage par pénétration. Car ou bien, elle passera à travers les corps solides, ou par de certains pores insensibles que

---

[1] Cf. *Adv. Géom.* 98, 99 sq. — *Pyr. Hyp.* III, 6.

conçoit notre esprit. Mais elle ne passera pas à travers les corps solides, puisqu'un corps ne peut pénétrer un autre corps. Si elle passe par les pores, elle devra exercer son action sur les surfaces extérieures de ces pores. Mais ces surfaces sont incorporelles, et l'incorporel ne peut raisonnablement pas être considéré comme capable de passion ni d'action. Ainsi donc la cause n'agira pas par pénétration. D'où il suit que la cause elle-même n'existe absolument pas [1].

—« On peut encore, en considérant le contact, élever des difficultés d'un ordre plus vulgaire, il est vrai, κοινότερον, touchant l'agent et le patient. En effet, pour qu'une chose agisse ou pâtisse, il faut qu'elle touche ou qu'elle soit touchée. Or, il n'est rien qui puisse toucher, ou être touché, comme nous les montrerons. Donc, il n'existe ni agent, ni patient.

« Pour qu'une chose en touche une autre, il faut que le tout touche le tout, ou la partie la partie, ou le tout la partie, ou la partie le tout. Or, ni le tout ne peut toucher le tout, ni la partie la partie, ni le tout la partie, ni la partie le tout, comme nous le ferons voir. Donc, le contact est impossible. Et si le contact est impossible, il n'y a plus ni agent, ni patient.

« Le tout ne peut être en contact avec le tout. Si en effet tout est en contact avec le tout, ce ne sera plus un

---

[1] Nous ne pensons pas, malgré l'autorité de Fabricius, que l'on soit fondé à attribuer avec certitude à Ænésidème tout ce qui suit. Sextus vraisemblablement continue d'avoir sous les yeux les ouvrages d'Ænésidème; mais il n'est pas certain qu'il continue de les copier. Voir Fab. *ad Sext.* p. 197, et notre chap. I.

contact, θίξις, mais une unification, ἕνωσις. Et les deux corps n'en feront qu'un. Car il faudra que les parties internes se touchent les unes les autres, puisqu'elles sont parties du tout.

« Il est également impossible que la partie touche la partie. Car la partie est conçue comme partie par rapport au tout ; mais dans sa circonscription propre, κατὰ τὴν ἴδιον περιγραφήν, elle est un tout. Or, à cause de cela, on demandera de nouveau si le tout est en contact avec le tout, ou la partie avec la partie. Si le tout est en contact avec le tout, il y aura unification et les deux corps n'en feront qu'un. Si la partie est en contact avec la partie, cette partie étant conçue comme un tout, dans sa circonscription propre, on demandera encore, si le tout est en contact avec le tout ou la partie avec la partie. Et ainsi à l'infini. Par conséquent la partie ne peut être en contact avec la partie.

« Ni le tout avec la partie. Car si le tout est en contact avec la partie, le tout se rapetissant aux proportions de la partie sera partie, et la partie s'agrandissant aux proportions du tout sera tout. Car ce qui est égal à la partie a des proportions analogues à la partie, et ce qui est égal au tout a des proportions analogues au tout. Or, il est extravagant de dire que le tout se fait partie, et que la partie est égale au tout. Par conséquent le tout ne peut être en contact avec la partie.

« Autre preuve. Si le tout est en contact avec la partie, le tout sera plus petit et il sera aussi plus grand que soi-même, ce qui est pire encore que les conséquences précédentes. Le tout, s'il occupe le même lieu que la partie, sera égal à la partie ; et par conséquent, il sera plus petit que soi-même. Et d'un autre côté, si la partie s'agrandit au point d'égaler le tout, elle occupera le même lieu que le tout, et occupant le même lieu que le tout, elle sera plus grande que soi-même.

« Même raisonnement pour la réciproque (la partie en contact avec le tout). Car si le tout ne peut être en contact avec la partie, par les raisons que nous venons de dire, la partie ne pourra pas non plus être en contact avec le tout.

« Mais si le tout ne peut être en contact avec le tout, ni la partie avec la partie, ni le tout avec la partie, ni la partie avec le tout, le contact est impossible ; et par conséquent aucune chose ne sera cause d'une autre chose ; aucune chose ne subira l'action d'une autre chose.

« Ajoutez à cela que si une chose en touche une autre, ou bien il y a entre elles un intervalle, comme par exemple un pore, une ligne ; ou bien, il n'y a aucun intervalle. Dans le premier cas, il n'y a pas contact ; dans le second, il y a unification, et non pas contact véritable. Ainsi donc, le contact est impossible.

« Il n'y a donc ni agent, ni patient. »

A côté de cette série d'arguments contre la possibilité de la cause, il convient de placer les ὀκτὼ τρόποι qu'Ænésidème opposait aux philosophes qui recherchent dans la nature les causes des phénomènes, τοὺς αἰτιολογοῦντας. Ces τρόποι, qu'il ne faut pas confondre avec les δέκα τρόποι de Pyrrhon, et les πέντε τρόποι d'Agrippa, n'ont qu'une importance fort secondaire. Ce sont des remarques, généralement fort justes, sur le défaut de rigueur et de sévérité de la plupart des systèmes de physique, mais qui n'ajoutent presque rien aux difficultés métaphysiques dont nous avons particulièrement à nous occuper.

Voici ces ὀκτὼ τρόποι, avec l'excellent commentaire de Fabricius : « Ænésidème, dit Sextus[1], nous a transmis[2] huit catégories d'arguments par lesquels il croit démontrer la vanité de toute recherche dogmatique des causes, δογματικὴν αἰτιολογίαν. Voici la première[3] : Rechercher les causes, c'est s'attacher à un de ces objets invisibles, obscurs, dont la connaissance ne peut avoir pour garantie l'évidence des choses apparentes. La seconde, c'est que maintes fois, par suite de la grande abondance où l'on se trouve, on peut rendre raison de plusieurs façons de la chose qu'on veut expliquer, et cependant plusieurs philosophes ne reconnais-

---

[1] *Hyp. Pyr.* I, 17.

[2] « Has repetisse videtur Sextus ex Ænesidemi libro quarto » (Fabricius *ad Sextum*, 44, Y.)

[3] « *Primus* modus est, ut si quis rationem distantiæ planetarum redditurus cum Pythagoræis, afferat causæ loco neutiquam apparentem aliis proportionem musicam corporum cœlestium. *Alter* si quis explicaturus causam exundantis se quot annis Nili, dicat illam esse liquefactas nives, cum possint esse imbres, vel venti, vel sol, ut Heredoto visum, vel peculiaris natura, ut Aristides sibi persuasit. *Tertius,* si quis motus orbium cœlestium suspendat a pressione mutua, cum illi ordine ac stato tempore fiant, atque pressio illa nihil potuerit ordinare. *Quartus*, si quis videns in cameram obscuram rerum imagines intromissas, concludat ita etiam rerum species immitti oculis, vel si quis oculis usur-

sent qu'une seule explication. La troisième, c'est qu'on explique des phénomènes qui se développent avec ordre par des causes où l'on n'en voit aucun. Voici la quatrième : On aperçoit la génération des choses apparentes, et on s'imagine comprendre celle des choses obscures. Or, peut-être celles-ci se comportent-elles de même façon, peut-être d'une façon qui leur est propre. La cinquième consiste en ce que chacun explique les causes, d'après ses hypothèses particulières sur les éléments, et non en suivant les voies communes et les idées reçues. La sixième, c'est qu'on s'empare de toutes les données qui sont d'accord avec l'hypothèse qu'on a conçue, et qu'on rejette les données contraires, quoiqu'elles méritent autant de confiance que les autres. Quant à la septième, c'est que les causes qu'on imagine sont souvent en contradiction, non-seulement avec les faits, mais même avec les hypothèses qu'on a créées. La huitième enfin, c'est que les choses qu'on croit apercevoir étant aussi incertaines que celles qu'on re-

---

pans pulverem nitratum, aurumve fulminans, colligat non aliter contingere fulgura fulminaque. *Quintus*, si Epicurus ex atomis, Anaxagoras ex homœomeris... etc. *Sextus*, ut quando Aristoteles causam redit cometarum, collectos e terris vapores, quoniam hoc nimirum non abludit ab ejus sententia, qua terræ vicinos et infra lunam generatos existimat. *Septimus*, ut cum Epicurus causam libertatis arbitrii assignat declinationem atomorum, cum illa declinatio esse non possit si atomi ὑλικῇ ἀνάγκῃ necessario, quæ ejusdem Epicuri sententia est, ferantur. *Octavus* denique modus, ut si quis causam succi in plantas ascendentis dictitet esse attractionem, quia videt a spongia aquam attrahi, cum tamen hoc ipsum sit ex aliorum sententia. » Fab. *ad Sext.* p. 44, 45.

cherche, on se sert de l'incertain pour dogmatiser sur l'incertain.

« Il n'est pas impossible, ajoutait Ænésidème, que certains philosophes ne donnent prise, dans la recherche des causes, à des arguments mixtes, formés de la combinaison de ceux qui précèdent. »

Les deux textes que nous venons de rapporter contiennent tout ce que les historiens nous ont conservé des arguments sceptiques d'Ænésidème contre les causes. Nous dirons avec Tennemann [1], que ce sont là les efforts les plus hardis que la philosophie ancienne ait dirigés contre la possibilité de toute connaissance apodictique ou démonstrative, en d'autres termes, de toute métaphysique.

Il n'y a donc pas une seule ligne de cette longue et épineuse controverse, qui n'intéresse à un très-haut degré l'histoire de la philosophie, et que nous puissions nous dispenser de discuter ou d'éclaircir.

Nous la diviserons, comme fait Ænésidème lui-même, en un certain nombre d'argumentations distinctes, et ce n'est qu'après les avoir examinées l'une après l'autre, que nous apprécierons leur caractère général et leur valeur définitive [1].

[1] *Man. de l'hist. de Phil.* I. p. 264.
[1] Pour éclaircir quelques parties obscures de l'argumentation qui va être discutée, nous avons cru pouvoir nous servir avec confiance de deux passages de Sextus; l'un qui précède immédiatement la citation textuelle du fragment d'Ænésidème; l'autre, où la question de la causalité est traitée dans le même esprit et

PREMIER ARGUMENT.

Cet argument comprend la discussion de quatre hypothèses :

1re *et* 2me hypothèses : Le corporel cause du corporel. L'incorporel cause de l'incorporel.

Preuve générale contre ces deux hypothèses. — Si A était cause de B, il le produirait, ou en demeurant en soi, ou en s'unissant à C. Or, s'il demeurait en soi, il ne produirait rien qui différât de soi-même. Car supposez qu'une unité A pût causer une dualité A.B, chacun des éléments de cette dualité causerait une dualité nouvelle, et ainsi à l'infini. — Si au contraire A produisait B en s'unissant à C, alors l'union de C avec l'un quelconque des deux autres termes en pourrait produire un quatrième, puis un cinquième, et ainsi encore à l'infini.

Preuve spéciale contre la 2me hypothèse. L'incorporel est intangible ; il ne peut donc agir ni pâtir en aucune façon.

3me *et* 4me hypothèses : Le corporel cause de l'incorporel. L'incorporel cause du corporel.

Ces deux hypothèses sont absurdes. Car le corporel n'est pas contenu dans la nature de l'incorporel et réciproquement. Ou bien, si l'un est contenu dans l'au-

---

avec des objections tout à fait analogues. Voir Sext. *Hyp. Pyr.* Liv. III, ch. 2 et 3.

tre, il n'est donc pas produit par lui, puisqu'il existe déjà. Donc aucune cause n'est possible.

———

Dans cette première série d'arguments, deux points méritent seuls un examen attentif. I. La multiplicité ne peut sortir de l'unité, suivant Ænésidème, ce qui renverse les deux premières hypothèses (et il aurait dû ajouter, toutes les hypothèses possibles). II. Une cause ne peut produire que ce qui est contenu dans sa nature; voilà pour les deux dernières hypothèses.

Ænésidème, à la vérité, emploie un argument particulier contre la seconde hypothèse; mais ce n'est qu'un paralogisme assez grossier qui ne peut nous arrêter longtemps. L'incorporel, dit-il, est intangible. Donc il ne peut ni agir, ni pâtir. Raisonner ainsi, c'est supposer cette majeure : une cause ne peut agir que par contact. Or, qui accorde cette majeure? Personne, que je sache, excepté les matérialistes, c'est-à-dire, les philosophes qui font profession de ne rien admettre qui ne soit corporel. J'avoue qu'il n'est pas malaisé de prouver l'impossibilité des choses corporelles à qui la reconnaît en principe. Arrivons aux arguments sérieux.

I. Ænésidème oppose ce dilemme aux dogmatistes : Ou la cause demeure en soi pour produire son effet, ou elle s'unit à un second terme. La question nous semble bien posée. Deux systèmes en effet partagent les philosophes sur le grave problème du mode d'action des causes. Les uns pensent qu'une cause ne peut agir sans quelque objet extérieur auquel s'applique son action. Une bille fait mouvoir par le choc une autre bille, voilà le type de la causalité. Ce point de vue est celui des philosophes physiciens et de la plupart des matérialistes. Suivant d'autres philosophes, une cause n'a besoin pour agir que d'elle seule, c'est-à-dire, de la force qui lui est propre. C'est ainsi que dans le phénomène de la réflexion, le moi, tout en déployant avec énergie son activité, ne l'applique alors qu'à lui-même. Toutes les autres causes, fussent-elles privées d'intelligence et de sentiment, peuvent être conçues à l'image de celle-là. On reconnaît ici le point de vue de la monadologie et de toute la métaphysique de Leibnitz.

Dans le premier système, l'action de la cause est en quelque sorte extérieure, et il semble qu'elle puisse être aisément représentée aux sens et à l'imagination, *explicari imaginabiliter*, comme dit Leibnitz[1]. Cette action est tout interne au contraire, dans le second système. Mais si elle échappe aux sens, elle se fait concevoir distinctement, *distincte intelligi*, au sein de nous-mêmes par la plus immédiate aperception.

Plaçons-nous tour à tour avec Ænésidème à ces deux points de vue. Si la cause demeure en soi, dit-il, elle ne pourra donner qu'elle-même, et par conséquent, ne produira rien. De quelle cause s'agit-il ici, je le demande? D'une cause inerte, destituée par hypothèse de toute énergie intérieure? Cette cause est assurément une contradiction dans les termes. Mais qui fait une

[1] Opera Leibn. Ed. Dutens. Tom. II, 2ᵉ partie, p. 49. *De ipsa natura sive de vi insita*, § 7.

supposition aussi étrange? Ce n'est pas nous, mais bien Ænésidème. Nous supposons, nous, une cause qui demeure en soi, il est vrai, mais qui dans son indépendance de tout terme extérieur, reste une véritable cause, c'est-à-dire, un principe de vie, un principe riche de tout un ordre de développements internes, et capable de les faire passer de la puissance à l'acte par la vertu de sa fécondité propre. Un tel principe, s'il existe, se développera par la condition même de sa nature, et ses effets seront parfaitement distincts de lui-même, quoiqu'ils n'en soient pas séparés. Voilà notre hypothèse, celle qu'il faut combattre et non pas une autre. Mais pourquoi parler d'hypothèse? Est-ce vraiment une supposition gratuite que l'existence d'une cause, féconde sans sortir d'elle-même? N'est-ce pas pour l'homme le fait le plus certain, le plus simple, le plus intime, le fait même de son existence morale? Le *moi* nous est donné à chaque instant comme une cause. Bien plus, il est la source et le type de toute idée de causalité. Or, n'est-il pas vrai que souvent (un disciple de Leibnitz dirait toujours) cette cause demeure en soi et n'agit que sur soi-même? Quand notre âme, agitée par une passion violente, lutte pour se contenir, qui pourrait dire que cet effort interne, qui souvent nous coûte si cher, ce *nisus* à chaque instant renouvelé, n'est pas une production, une *causation* véritable? La conscience parle ici plus haut que tous les raisonnements.

Ænésidème ne l'avait pas consultée, sans doute. Au lieu d'observer la nature, il raisonne sur des abstractions. Il est absurde, dit-il, qu'une unité A produise une autre unité B. Oui certes, cela est absurde, si vous parlez d'une unité abstraite, comme celle des mathématiques ; il est trop clair qu'une telle unité ne se multipliera jamais elle-même. Mais il n'est pas question ici d'une unité stérile ni d'une multiplication arithmétique ; il est question d'une exertion de force. Nous n'avons pas affaire à des termes abstraits, à des chiffres ; mais à des causes réelles, à des unités vivantes. Et quand nous supposons qu'une force entre en action, il ne faut pas dire qu'une unité devient deux unités, trois unités. Il faut dire qu'un principe simple, mais fécond, tire de soi ce qu'il contenait en germe ; il faut dire que l'unité se développe en multiplicité, de façon que cette multiplicité n'est au fond que l'unité développée, et que cette unité ne peut être séparée, quoiqu'elle s'en distingue, de la multiplicité qu'elle produit.

Les véritables unités, dit supérieurement Leibnitz, ne sont pas des points mathématiques, ni des atomes de matière, à la façon d'Épicure ; pures abstractions de l'esprit humain. Ce sont des *atomes de substance*, et pour ainsi dire, des *points métaphysiques* doués d'activité[1] ; *simplicités* fécondes, *unités de substances mais virtuellement infinies*, par la multitude de leurs modifications, centres qui expriment une conférence infinie[2].

Voilà, dans sa pureté, la notion de cause qu'Ænésidème a totalement méconnue, substituant sans cesse

---

[1] Leibnit. Opp. Ed. Erdmann. Pars I, p. 126. *Système nouveau de la Nat. et de la Commun. des Substances.*

[2] Repl. de Leibn. à Bayle. Rec. de Des Maiz. t. II. p. 438.

aux causes réelles des termes abstraits et immobiles, et résolvant ainsi la question par la question.

La même confusion revient encore, quand il examine si la cause peut produire quelque effet, en agissant sur un terme extérieur. Il y avait ici matière à de graves objections. Ænésidème se borne à dire que si A produisait B en s'unissant à C, il n'y aurait pas de raison pour que l'union de C avec B ne donnât D et ainsi à l'infini. Supposez en effet deux unités abstraites, ou même deux unités matérielles analogues aux atomes d'Épicure, Ænésidème a raison. Mais laissez de côté les abstractions mathématiques et les chimères d'une métaphysique matérialiste, mettez en présence deux forces véritables, on aura à prouver non pas que deux unités sont incapables d'en produire trois, mais que le développement d'une certaine force ne peut avoir pour condition l'action d'une autre force, ce qui est parfaitement différent. Ænésidème, cette fois encore, résout donc la question par la question, et en définitive, son dilemme contre les causes n'est qu'une double pétition de principe.

II. Voyons s'il raisonne mieux contre ses deux dernières hypothèses : le corporel cause de l'incorporel, et l'incorporel cause du corporel.

Disons d'abord qu'il choisit cette fois son terrain en habile homme, et porte la controverse sur les problèmes les plus embarrassés de la métaphysique. Il ne s'agit en effet de rien moins que de savoir si une substance corporelle peut agir sur une substance spirituelle et réciproquement. Toute la question de la communication des substances est là. Ce n'est pas tout ; Ænésidème soulève une question plus épineuse encore, s'il est possible, quand il demande si un être incorporel peut produire un corps. Je ne parle pas de la question inverse, si un corps est capable de produire un esprit ; car il en coûtera peu aux métaphysiciens de consentir sans discussion à la négative. Mais le débat devient très-sérieux quand on recherche comment une substance matérielle peut être l'ouvrage d'un principe immatériel. C'est ici le côté le plus obscur de l'obscur problème de la création. Certes, il faut l'avouer avec humilité, s'il était nécessaire d'expliquer complétement la communication des substances et la création pour répondre aux objections d'Ænésidème, elles pourraient attendre longtemps une solution. Que possède en effet la philosophie sur ces mystères de la métaphysique ? Des hypothèses de génie ? Oui sans doute, et en abondance. Mais cette abondance même accuse sa stérilité en fait de solutions définitives.

Est-ce à dire qu'il faille nier la possibilité de l'action de l'esprit sur la matière et de la matière sur l'esprit, parce que nous ne la comprenons pas ? Mais comprenons-nous mieux au fond l'action d'un corps sur un autre corps, d'une âme sur une autre âme ? En général, l'influence d'une substance sur des substances étrangères n'est-elle pas une énigme dont la nature nous cache le secret ? Jugerons-nous de sa puissance par notre faiblesse ?

J'en dis autant, non pas du fait même de la création de la matière, mais de l'impénétrable *comment* de cette création. Il n'y a rien à conclure de notre ignorance sur cet objet, sinon que l'essence des choses nous surpasse infiniment. A moins qu'on ne dise, en prenant le parti contraire, que l'intelligence humaine est la mesure de l'intelligible, en d'autres termes, que l'homme sait tout, comprend tout et ne peut rien ignorer, dogmatisme énorme qui dans la bouche d'un sceptique serait le comble de l'extravagance.

Si donc Ænésidème veut établir l'impossibilité de l'action réciproque et de la création des substances, il faut qu'il articule des preuves directes. Voyons ces preuves.

Une cause, dit-il, ne peut produire que ce qui est contenu dans sa nature. Or, le corporel n'est pas contenu dans la nature de l'incorporel et réciproquement. Donc, etc.

Il faut fixer d'abord avec précision le sens du principe qu'on invoque ici. J'ai peine à croire qu'Ænésidème ait voulu prétendre qu'une cause n'est capable de produire que ce qui déjà existe en elle, comme une de ses parties ou qualités, ce principe étant une contradiction dans les termes. Ce qu'il a pu raisonnablement vouloir dire, c'est que l'effet, pour être produit, doit exister en puissance dans la cause. Mais alors, quand il ajoute que si l'effet existe dans la cause, il n'est donc pas produit par elle, puisqu'il existe déjà, je ne vois là qu'une confusion sophistique de l'existence virtuelle et de l'existence réelle, à peine voilée par une sorte de jeu de mots. Je pense que si l'on dégage le principe d'Ænésidème de toute argutie verbale, ce principe signifie au fond que l'effet et la cause doivent être deux choses de nature homogène, et contenues dans la même espèce. Or, je dis qu'il est téméraire de s'appuyer sur un tel principe sans l'avoir démontré ; et ce principe même, je le nie positivement.

Qu'il ne puisse y avoir dans l'effet rien de plus que dans la cause, que certains caractères d'une cause doivent se reconnaître dans ses effets, en un mot, qu'il existe une correspondance et une proportion nécessaires entre ces deux choses, c'est ce que nous ne songeons pas à contester. Mais il y a loin de là à l'absolue homogénéité.

Un cheval ne produira pas un arbre, dit Ænésidème, mais bien un animal de son espèce. Cela n'est pas douteux. Mais qui m'assure que les lois de la génération des corps organisés soient les lois universelles de la causalité? Et puis cette génération n'est pas une véritable production, une causation, au sens métaphysique de ce mot, mais une transformation organique dont les conditions internes sont profondément inconnues.

Mais la conscience va nous fournir des preuves plus directes. C'est là qu'est la source de la notion de cause. C'est toujours là qu'il faut en revenir en fait de causalité. Or, les actes que produit sans relâche la cause personnelle, le moi, ne sont-ils pas multiples et variables de leur nature? Et quels sont les caractères de leur principe? Ce sont les caractères directement opposés à la variabilité et à la multiplicité, savoir l'identité et l'unité, attributs constitutifs de la personne. Se peut-il trouver une preuve plus décisive qu'entre la cause et l'effet, l'homogénéité n'est point une condition nécessaire ?

De la cause imparfaite que nous sommes, élevons-nous à la cause suprême qu'adore le genre humain. Je ne cherche pas en ce moment si cette cause existe réellement. Je me borne à constater que le genre humain la conçoit. Or, le genre humain conçoit en même temps, sans aucun doute, que les œuvres du divin Ouvrier doivent porter la trace de sa parfaite sagesse. Mais cette harmonie de l'univers avec son principe implique-t-elle leur homogénéité ? Elle l'exclut tout au contraire. Tout homme conçoit en effet la cause première comme nécessaire et éternelle, l'effet comme contingent et périssable; l'artiste, comme absolument parfait, l'ouvrage comme doué d'une perfection relative qui enveloppe une nécessaire imperfection. Qu'Ænésidème conteste maintenant tant qu'il voudra la possibilité ou la réalité de la cause suprême, toujours est-il que son principe sur l'homogénéité de la cause et de l'effet est démontré contraire à la conscience individuelle et à la foi du genre humain.

Je conclus que si l'action réciproque de deux substances hétérogènes, et la création de la matière sont deux choses très-difficiles à comprendre, je dirai plus, deux choses impénétrables, nul n'a le droit de soutenir que ce soient des choses impossibles. Les hautes difficultés de ces deux problèmes, nous l'avouons aisément, restent donc, après ce court débat, dans toute leur force; mais si l'argumentation d'Ænésidème a perdu la sienne, ce résultat nous suffit.

SECOND ARGUMENT.

Ces deux termes, la cause et l'effet, sont tous deux en mouvement, ou tous deux en repos ; ou bien, l'un est en mouvement et l'autre en repos.

Si la cause et l'effet sont tous deux soit en mouvement, soit en repos, l'un des deux termes n'est pas plus cause que l'autre. Car supposez que celui-ci soit cause en tant qu'il est en mouvement ou en tant qu'il est en repos, celui-là sera cause au même titre.

Si les deux termes sont, l'un en mouvement, l'autre en repos, aucun ne peut être cause. Car une cause ne produit que ce qui est contenu dans sa nature. Donc, dans le premier cas l'uniformité de la cause et de l'effet ; dans le second, l'hétérogénéité de ces deux termes détruit la possibilité de leur rapport.

En jetant un simple coup d'œil sur cette argumentation, on sera frappé, mais sans en être surpris, du caractère matérialiste dont elle est empreinte. Déjà dans la controverse qui précède, on a vu Ænésidème s'appuyer avec une singulière confiance sur ce principe, d'origine évidemment sensualiste, qu'un être ne peut agir sur un autre être que par le contact. Ici, il paraît également oublier qu'il y ait une autre philosophie au monde que le sensualisme, et ne pas voir que ses véritables adversaires sont ceux-là précisément qu'il néglige de réfuter. Aussi, ne consent-il pas à considérer d'autres causes que des causes corporelles, et n'y veut-il noter qu'un seul changement possible, le déplacement dans l'espace. Un disciple d'Épicure n'eût pas été plus exclusif.

Toutefois, les arguments d'Ænésidème ont plus de généralité qu'il ne songe à leur en donner, et il n'est pas difficile de les étendre à toutes sortes de causes et d'effets. Voyons ce qu'il faut penser de leur valeur intrinsèque.

La première hypothèse à discuter est celle-ci : la cause et l'effet en mouvement tous deux, ou tous deux en repos. Dans ce cas-là, dit Ænésidème, la cause n'est pas plus la cause qu'elle n'est l'effet. Car pourquoi dirait-on que la roue se meut à cause du conducteur, plutôt que le conducteur à cause de la roue? En général, supposez deux corps A et B en mouvement ou en repos sur un plan. J'aperçois le mouvement ou le repos de A. J'aperçois de même le mouvement ou le repos de B; mais que A soit cause du mouvement ou du repos de B, voilà ce que je n'aperçois pas. Deux phénomènes distincts, la simultanéité ou la succession de ces deux phénomènes, les sens me donnent bien tout cela. Mais ils ne me donnent rien de semblable à un rapport de dépendance nécessaire ou de causalité.

N'est-ce pas là trait pour trait le célèbre raisonnement de David Hume contre la notion de cause?

Le conducteur et la roue, dirait le sceptique anglais, le mouvement de A et le mouvement de B, en général, la cause et l'effet sont physiquement unis, mais ils ne sont pas nécessairement liés: *they seem conjoined, but never connected* (Hume, *Essais and Treatises*, vol. II, p. 79). N'y a-t-il pas quelque chose de singulièrement frappant dans cet accord de deux esprits d'ailleurs si différents qui, à dix-huit siècles de distance, ont été frappés de la même idée en discutant le même problème, et sont venus tous deux, à leur insu, remplir la même mission? Car on ne saurait trop le répéter, après Maine de Biran (Edit. Cousin, p. 368) l'argument de Hume est un coup mortel pour le sensualisme. Il n'y a pas un seul mot à y répliquer, tant qu'on reste dans la philosophie des sens. Et on est réduit, de deux choses l'une, ou à abjurer cette triste philosophie, ou à tomber dans le scepticisme absolu, ce qui est l'abjurer encore.

Entre ces deux alternatives, notre choix, comme on pense, n'est pas douteux. Nous croyons que la relation de causalité est de celles que les sens ne peuvent saisir. Mais la conscience nous la découvre, dès l'origine de la vie psychologique, dans le premier déploiement de notre activité propre, et c'est la raison qui, l'élevant bientôt au caractère d'une loi universelle, la transporte dans la région des choses matérielles où les sens ne l'eussent jamais soupçonnée. Donc jusqu'à ce qu'Ænésidème et Hume aient établi que la conscience est un témoin trompeur ; jusqu'à ce que leur subtile dialectique ait triomphé de l'autorité d'un fait qui éclate à chaque instant aux yeux de l'homme ou plutôt qui est l'homme lui-même, nous maintiendrons que la notion et le principe de causalité ne sont embarrassants que pour le sensualisme dont ils accusent irrésistiblement l'impuissance.

Les raisonnements d'Ænésidème contre la seconde hypothèse qu'il a posée ne peuvent pas nous embarrasser davantage. Il se borne en effet à ramener ici son principe de l'homogénéité nécessaire des deux termes du rapport de causalité, afin de prouver qu'un corps en mouvement ne peut faire passer un autre corps au repos, et réciproquement ; ou en généralisant, qu'une substance qui change ne peut arrêter le changement d'une autre substance.

On a vu dans quelles limites le principe d'Ænésidème peut être accepté. Oui sans doute, il existe nécessairement entre un effet et sa cause une correspondance étroite, une certaine proportion. Mais l'homogénéité parfaite n'est point du tout nécessaire. Or, si l'on fait cette réserve, l'argument d'Ænésidème ne subsiste plus. — Mais quoi? réplique-t-il, le mouvement produira donc le repos, et le repos le mouvement! Aussi bien alors, le froid naîtra du chaud, le doux de l'amer; et le plus petit sera cause du plus grand, ce qui est contradictoire. — Nous répondrons que ce sont là des difficultés purement verbales. Car le mouvement et le repos s'excluent sans doute dans une même substance au même moment du temps et sous le même point de vue ; mais le mouvement dans un corps, et le repos dans un autre corps, qu'y a-t-il là de contradictoire ? L'expérience est ici d'accord avec la logique. Que deux projectiles soient lancés avec la même force et en sens contraire. Ils se heurtent et restent immobiles. Voilà le mouvement d'un corps qui produit, de fait, le repos d'un autre corps. Qu'on nous montre, dans un phénomène aussi simple, l'ombre d'une sérieuse difficulté ?

Il est inutile d'insister. Un seul point reste parfaitement établi par Ænésidème, c'est que la notion de cause et le principe de causalité sont inexplicables dans la philosophie des sens. Sur ce point, Ænésidème a devancé Hume et ruiné sans s'en douter, la doctrine d'Épicure et d'Héraclite, comme celui-ci a fait depuis la doctrine de Locke. Un instinct admirable semble les avoir poussés tous les deux à se placer au point de vue du sensualisme dans leurs attaques contre l'idée de cause ; de sorte que cela même qui fait la faiblesse de leur argumentation, en fait en même temps l'intérêt et la force, invincibles tous deux contre le matérialisme, impuissants contre la saine métaphysique.

TROISIÈME ARGUMENT.

1° La cause ne peut être contemporaine de l'effet ; car, puisque ces deux objets coexistent, celui-ci n'est pas plus cause que celui-là, tous deux possédant également l'existence.

2° La cause ne peut être antérieure à l'effet ; car une cause sans effet cesse d'être une cause, et un effet suppose une cause qui coexiste avec lui ; deux termes corrélatifs ne pouvant être l'un sans l'autre, ni par conséquent, l'un avant l'autre.

3° Enfin, la cause ne saurait être postérieure à l'effet; car autrement, il y aurait un effet sans cause.

Donc, il n'y a ni cause, ni effet possibles.

Voici enfin une argumentation d'un caractère universel, et dont la forme est irréprochable. On accordera aisément qu'entre la cause et l'effet, les seuls rapports de temps concevables, sont la simultanéité, l'antériorité et la postériorité. On accordera aussi sans difficulté que la cause n'est jamais postérieure à l'effet. Mais ne peut-elle lui être antérieure? C'est une question.

Il est bien entendu qu'il ne s'agit ici que d'une relation dans l'ordre du temps, car, pour l'antériorité ontologique, elle est si nettement impliquée dans l'essence de la cause, qu'il n'y a pas lieu d'hésiter.

Pour résoudre sûrement la question assez délicate du rapport chronologique de la cause et de l'effet, il faut considérer la cause sous deux points de vue, relativement à tel ou tel effet qu'elle produit au moment actuel, relativement à tel autre effet qu'elle contient seulement en puissance.

Dans le premier cas, il est évident, par hypothèse, que la cause et l'effet sont deux choses contemporaines. Dans le second cas, il y a aussi contemporanéité ; mais elle est plus difficile à apercevoir. Dans quel sens peut-on dire qu'une cause envisagée exclusivement dans son rapport avec les effets qu'elle contient en puissance, soit une véritable cause? Certes, si vous prenez pour type de l'existence réelle, l'existence actuelle, une cause en tant qu'elle ne produit actuellement aucun effet, n'est vraiment pas une cause ; car, par hypothèse, ses effets sont purement virtuels, et par conséquent, elle ne possède, en tant qu'elle est leur cause, et rien de plus, qu'une existence virtuelle. On dira qu'elle existe en même temps d'une existence actuelle relativement à d'autres effets. Cela est vrai ; mais on confond ici les points de vue. Relativement à ses effets actuels, la cause existe actuellement et réellement ; mais relativement à ses effets virtuels, que nous considérons à l'heure qu'il est, la cause n'existe que virtuellement ; et si l'on prend l'existence actuelle comme mesure de la véritable existence, il est parfaitement clair que la cause virtuelle n'a pas d'existence véritable, et par conséquent elle n'est pas antérieure à ses effets. Que si l'on considère l'existence virtuelle comme une vraie manière d'exister, alors la cause existe sans doute ; mais ses effets existent aussi bien qu'elle, de la même existence et au même titre. Donc encore, elle ne leur est pas antérieure.

Ainsi, une cause prise comme actuelle, ne précède pas, et ne peut précéder, dans l'ordre du temps, ses effets actuels ; et une cause, prise comme virtuelle, ne peut davantage être antérieure à ses effets virtuels. Donc, d'aucune façon, la cause n'existe avant l'effet.

A moins, je le répète, qu'on ne considère la cause actuelle A de l'effet actuel a relativement à l'effet virtuel b. Alors, sans doute, on peut soutenir en un sens que la cause est antérieure à l'effet ; mais c'est un abus de mots, car on entend le mot *cause* au sens de l'existence actuelle, et le mot *effet* au sens de l'existence virtuelle, confondant ainsi deux choses entièrement différentes.

Leibnitz répétait sans cesse : Il n'y a pas de force sans action. « C'est bien vainement, ajoute un disciple original de ce grand homme, qu'on cherche à confondre le rapport de succession avec celui de causalité. Toute force productive est essentiellement simultanée avec l'effet ou le phénomène en qui et par qui elle se manifeste. » (Maine de Biran. Ed. Cousin, p. 376.)

Notre débat avec Ænésidème porte donc tout entier sur ce seul point : la cause peut-elle être contemporaine de l'effet ? car nous lui abandonnons tout le reste.

Si l'effet coexiste avec la cause, dit-il, l'effet n'a donc pas besoin de la cause pour exister. Il n'est donc pas un effet, et la cause n'est plus elle-même. Notre subtil adversaire a pensé, sans doute, qu'on lui laisserait dire que la simultanéité de deux termes implique leur indépendance réciproque, et il ne s'est pas donné la peine de le démontrer.

Sans doute, si l'on supposait, comme Ænésidème incline toujours à le faire, que la cause et l'effet sont deux termes non-seulement distincts, mais séparés l'un de l'autre, et, qui plus est, deux termes matériels ; et si l'on cherchait, à l'aide des sens, à découvrir un rapport de causalité entre ces deux termes, j'accorde qu'on n'y parviendrait pas, et qu'il faudrait encore une fois donner gain de cause au scepticisme.

Mais laissons les hypothèses et les sens ; portons nos regards sur la cause qui est le plus près de nous, c'est-à-dire sur nous-mêmes ; contemplons dans la conscience le modèle primitif dont toutes nos idées sur les causes sont des copies, nous verrons s'évanouir aussitôt les subtilités d'Ænésidème. Je médite en ce moment sur la notion de causalité. Il faut pour cela un certain effort de réflexion. Cet effort, c'est moi qui l'accomplis. Voilà une cause, le *moi*, et un effet, le *nisus* interne du moi, dont l'existence est irrécusable. Or, la cause et l'effet, ici, coexistent dans le temps, et cette coexistence est nécessaire, car le *moi* n'est cause qu'en tant qu'il agit, qu'il fait effort, et son action, son effort, ne sont rien, s'il n'existe lui-même. Maintenant quel homme de sens pourra dire que l'effort du moi est indépendant du moi, et l'effet de la cause? La question n'est pas de savoir si tous deux existent ensemble, mais s'ils existent au même titre. Et il est clair, il est certain, *certissima scientia et clamante conscientia,* comme ne cessait de le dire Maine de Biran, que l'effort a une autre existence que l'existence du moi, puisque le moi produit, crée à chaque instant l'effort, et qu'à chaque instant l'effort est produit, créé par le moi. En un mot, le moi est cause et n'est pas effet; l'effort est effet, et n'est pas cause. Il n'y a pas ici à définir et à raisonner. Il suffit de conduire un adversaire de bonne foi à mettre le doigt, pour ainsi parler, sur un fait de conscience.

Ce fait, si simple, et que la vie ramène à chaque point du temps, ce fait qui est la vie même, voilà l'écueil où tous les arguments du scepticisme viendront toujours se briser.

QUATRIÈME ARGUMENT.

Ou la cause produit son effet par sa seule vertu, ou elle a besoin d'une matière passive qui concoure à son action.

Dans le premier cas, elle devrait toujours produire son effet, puisqu'elle est toujours elle-même et ne perd rien de sa vertu ; ce qui est contraire à l'expérience. Dans le second cas, puisque l'agent ne peut rien produire sans le patient, le patient est aussi bien cause que l'agent, puisqu'il n'y a pas plus d'agent sans patient que de patient sans agent. Donc il n'existe point de cause.

Nous retrouvons ici sur l'action des causes une alternative déjà discutée ; examinons les preuves nouvelles qu'elle fournit à Ænésidème. Et d'abord, nous admettons expressément qu'il est de certaines causes qui n'ont besoin pour se développer que de leur activité propre. — Cela est impossible, dit Ænésidème. — Notre première réponse est un fait, le fait de la volonté humaine accomplissant une détermination libre. Si ce fait est réel, il faut bien qu'il soit possible. Mais à l'expérience, notre habile pyrrhonien oppose l'expérience elle-même. — S'il existait une cause douée d'*autonomie*, dit-il, elle ne pourrait cesser d'agir, ce qui est démenti par l'observation.

Je suppose la conséquence bien déduite. Il reste à

prouver que les faits viennent la contredire. Or, nous ne connaissons immédiatement qu'une seule cause, savoir, le moi, et nous ne la saisissons que dans le cours éphémère et souvent troublé de la vie psychologique. Hé bien, il est de fait que cette cause, tant qu'elle garde la conscience d'elle-même, n'est jamais absolument inerte, et que vivre pour elle c'est agir.

Dans le monde sensible, l'observation semble faire défaut ; car nous concevons les causes, nous ne les voyons pas. Mais nous voyons leurs effets. Or qui ne sait que le mouvement, comme la physique ancienne l'avait deviné, est la condition universelle des choses visibles ? Quel physicien, au siècle où nous sommes, prend le repos absolu pour autre chose qu'une apparence ? L'œil des observateurs ne trouve-t-il pas chaque jour, sur la terre comme dans l'immensité des cieux, la vie et le mouvement sous l'inertie apparente où s'arrête l'œil du vulgaire ?

Leibnitz se moque quelque part de certains philosophes qui « comptent pour rien, dit-il [1], les *perceptions* dont on ne s'aperçoit pas, comme le peuple compte pour rien les corps insensibles. » C'est à ce point de vue grossier et sensualiste qu'Ænésidème persiste à se placer. Le feu, suivant lui, ne brûle pas par sa propre vertu ; car tantôt il brûle et tantôt ne brûle pas; il brûle le bois et ne brûle pas le fer. Voilà un exemple singulièrement choisi ! La combustion sera donc pour nous le type de l'action des causes naturelles ! Comme si la

[1] *Princ. de la Nat. et de la Grâce.* Recueil de Des Maiz, II, 490.

cause de la combustion ne se dérobait pas à nos faibles regards! Comme si nous pouvions saisir dans le monde visible rien de plus que les phénomènes et quelques-unes de leurs lois! Comme si pour éclaircir l'idée de cause, à jamais inaccessible aux sens, il fallait prendre les sens pour juges!

Mais admettons que l'action de certaines causes vienne à s'interrompre. Ænésidème a-t-il le droit de nier pour cela leur vertu interne, leur autonomie? Cesser d'agir pour une cause, dit-il, c'est cesser d'être. Entendons-nous bien. S'il s'agissait ici de la cause parfaite, il faudrait accorder que son autonomie et son action sont absolues comme elle-même, et ne peuvent par conséquent être soumises à aucune condition qui les interrompe ou les limite. Mais en est-il ainsi pour les causes relatives et finies de ce monde? Pourquoi ne se rencontrerait-il pas dans la constitution de ces forces imparfaites, ou dans les forces qui les limitent, des conditions de développement qui, sujettes à s'interrompre ou à disparaître, enchaîneraient pour un temps ou altéreraient leur activité?

Fidèles à la méthode psychologique, appelons les faits à notre secours. Qui n'a éprouvé les perturbations que porte dans le jeu de l'activité réflexive tantôt l'état des organes, tantôt les agitations intérieures de la passion? Ce sont là des faits de conscience; et le juge compétent sur les questions de causalité, ce ne sont pas les sens, c'est la conscience.

Ænésidème porte, dans l'examen de la seconde partie de son dilemme, le même esprit sensualiste qui éclate dans toute son argumentation. Il prétend que si l'élément actif a besoin pour se développer d'un élément extérieur et passif qui concoure à son action, ce second élément mérite aussi bien que le premier le titre de cause. Car l'action est impossible sans le concours de tous les deux.

On raisonnerait tout aussi rigoureusement en disant : sans numérateur dans une fraction, point de dénominateur ; et sans dénominateur point de numérateur, point de fraction sans tous les deux. Donc le numérateur et le dénominateur sont une seule et même chose.

La question en effet est de savoir, non pas s'il y a un rapport de dépendance réciproque entre l'élément actif et l'élément passif de la causalité, ce qui n'est pas contesté ; mais si dans la dépendance de ces deux termes, chacun d'eux a ou n'a pas un rôle distinct, une essence qui lui soit propre. C'est à l'expérience seule, et avant tout, à l'expérience interne, de résoudre cette question. Mais Ænésidème est profondément étranger à l'analyse psychologique. Au lieu d'interroger les faits, il substitue comme d'ordinaire à l'idée des véritables causes des notions purement sensibles ou de stériles abstractions.

La syllabe *di* se compose, dit-il, de *d* et de *i*. Or, il est absurde de prétendre que *d* soit cause de *di* plutôt que *i*. Cela est vrai ; mais cela prouve que le rapport de causalité vous échappe entièrement. Vous le considérez en quelque sorte du dehors. La cause, la force n'est pas un signe sans vie *d*. Son rapport avec l'élément qui subit son action, ne ressemble en rien à l'union toute sensible et toute artificielle de *d* et de *i*.

Laissez les chimères des sens et les combinaisons abstraites.

Demandez à la conscience, si agir et pâtir c'est la même chose. Un corps étranger presse votre main. Vous éprouvez une douleur vive. Vous faites effort aussitôt pour en écarter la cause. Ces deux faits, la douleur et l'effort volontaire, sont-ils de même espèce? Est-ce vous qui provoquez celui-là? N'est-ce pas vous qui produisez celui-ci? L'un vous est imputable, c'est l'effort; êtes-vous responsable de l'autre? Voilà des différences qu'on ne peut nier; car ce sont autant d'expériences immédiates, et dès lors toute controverse se résout en une question de bonne foi.

CINQUIÈME ARGUMENT.

La cause a plusieurs puissances ou une seule. Si elle a une seule puissance, elle doit toujours produire le même effet, ce qui est contredit par l'expérience. Si elle a plusieurs puissances, elle doit toujours les manifester toutes dans son action, ce qui est également contredit par l'expérience. Donc, il n'y a pas de cause.

Ainsi, suivant Ænésidème, une cause simple douée d'une force également simple devra renouveler le même effet dans une constante uniformité.

C'est là justement ce qu'opposait le plus habile et le plus délié sceptique du xviie siècle à la théorie des monades de Leibnitz. « On conçoit clairement, disait Bayle, qu'un être simple agira toujours uniformément, si aucune cause étrangère ne le détourne. S'il était composé de plusieurs pièces, comme une machine, il agirait diversement, parce que l'activité particulière de chaque pièce pourrait changer à tout moment le cours de celle des autres; mais dans une substance unique, où trouverez-vous la cause du changement d'opération [1]? »

« Je trouve, dit Leibnitz [2], qui, en réfutant Bayle, va réfuter son devancier, que cette objection est digne de M. Bayle, et qu'elle est de celles qui méritent le plus d'être éclaircies. Mais aussi je crois que si je n'y avais point pourvu d'abord, mon système ne mériterait pas d'être examiné..... Quand il est dit qu'un être simple agira toujours uniformément, il y a quelque distinction à faire : si *agir uniformément* est suivre perpétuellement une même loi d'ordre et de continuation, comme dans un certain rang ou suite de nombres, j'avoue que de soi tout être simple et même tout être composé agit uniformément; mais si *uniformément* veut dire semblablement, je ne l'accorde pas. Pour expliquer la différence de ces sens par un exemple : un mouvement en ligne parabolique est uniforme dans le premier sens; mais il ne l'est pas dans le second, les portions de la ligne parabolique n'étant pas semblables entre elles comme celles de la ligne droite... Il faut considérer

---

[1] *Dict.* de Bayle. Art. Rorarius.
[2] *Éclaircissements sur l'union de l'âme et du corps.* Rec. de Des Maiz. II, 414.

aussi que l'âme toute simple qu'elle est, a toujours un sentiment composé de plusieurs perceptions à la fois ; ce qui opère autant pour notre but que si elle était composée de pièces, comme une machine. Car chaque perception précédente a de l'influence sur les suivantes, conformément à une loi d'ordre qui est dans les perceptions comme dans les mouvements. »

« La simplicité de la substance, dit ailleurs Leibnitz, n'empêche point la multiplicité des modifications. C'est comme dans un *centre* ou point, tout simple qu'il est, se trouvent une infinité d'angles formés par les lignes qui y concourent [1]. »

Tout ceci est aisément applicable à l'objection d'Ænésidème. Nul doute qu'une force simple ne soit assujettie à une loi simple et invariable. Mais s'il est de l'essence de cette force de changer, et si sa loi est une loi de changement, bien loin qu'elle doive toujours agir de la même façon pour être toujours elle-même, ce serait cesser d'être elle-même que de ne pas changer toujours.

Ajoutez à cela qu'alors même qu'une cause simple devrait agir avec une absolue uniformité, si on suppose avec Ænésidème que son action s'exerce sur des objets divers, voilà une explication toute naturelle des effets produits. — Le soleil, dit-il, liquéfie la cire et durcit l'argile ; et il est absurde d'attribuer à une seule cause deux effets aussi opposés. Mais il ne s'aperçoit pas que, par le fait même que la chaleur est soumise à une

---

[1] Leibnitz, *Princ. de la Nat. et de la Grâce*. Rec. Des Maiz. II, 486 Cf. *Lettre sur l'union de l'âme et du corps*. Ibid. p. 406. — *Rép. à Bayle*. Ibid. p. 436.

invariable loi, elle devra agir différemment sur des substances différentes, provoquer une évaporation dans l'argile humide, amollir en les dilatant les molécules de la cire. Si l'action de la cause est un rapport entre deux termes, l'agent et le patient, ce rapport doit varier avec les termes qui le constituent. Modifiez le patient sans altérer l'agent, le rapport est changé. Vous vous étonnez de ce changement. Il faudrait bien plutôt s'étonner qu'il n'eût pas lieu.

Cette remarque suffit pour détruire la seconde partie de l'argumentation d'Ænésidème. Il prétend qu'une cause douée de plusieurs puissances doit les manifester toutes et toujours ; or, le soleil qui échauffe doucement nos contrées, brûle les Éthiopiens et ne répand sur les nations Hyperboréennes qu'une lumière sans chaleur.

C'est là une difficulté puérile. Il est trop clair que le soleil sans rien perdre de sa chaleur, ni de sa lumière, les fait sentir à des degrés divers, suivant la distance, les objets et les lieux. Ænésidème va lui-même au-devant de cette explication si simple ; et pour retenir encore une objection que sa bonne foi laisse échapper, il est réduit à demander à une objection déjà discutée la force qui manque à celle-ci, abandonnant ainsi par une tactique habile le terrain qu'il est forcé de céder.

SIXIÈME ARGUMENT.

Ou l'agent est séparé du patient, ou il n'en est pas séparé. Si l'agent et le patient sont séparés, l'action de l'un est impossible en l'absence de l'autre. S'ils ne sont pas séparés, cette action s'opérera par le contact. Or, l'action par le contact est sujette à d'insolubles difficultés. Donc il n'y a pas de cause.

Tout l'artifice de cet argument consiste à se placer d'abord au point de vue sensualiste, afin de ramener toute action possible à une action par le contact; puis à se tourner contre le contact lui-même par une brusque évolution, en changeant de point de vue et faisant en quelque sorte volte-face.

Cette manœuvre est d'un esprit souple et subtil, mais quelque peu sophiste. Une analyse attentive doit la déjouer.

Ænésidème soutient que si deux substances sont séparées, elles ne peuvent agir l'une sur l'autre. S'il veut parler de substances corporelles, et d'une séparation mécanique, j'accorderai qu'à ne consulter que les sens, toute action paraît impossible sans le contact. Mais sont-ce bien les sens qu'il faut consulter ici ; et y a-t-il un physicien philosophe qui s'arrête à ces grossières apparences? Le contact sensible n'est peut-être que la distance de deux corps devenue imperceptible à nos faibles yeux. Et supposez même cette distance réduite à zéro, les deux corps qui se touchent en sont-ils moins deux êtres différents, et séparés par conséquent d'une séparation métaphysique. Dès lors l'action de l'un sur l'autre n'est-elle pas toujours aussi mystérieuse?

Il fallait donc poser la question de cette façon : Comment une certaine substance, corps ou esprit, peut-elle modifier une autre substance dont elle est métaphysiquement séparée?

Le devoir d'un dogmatisme sincère est de déclarer ici que la philosophie ne possède aucune solution définitive de ce problème. Si l'on ne cherchait qu'une hypothèse originale, féconde, hardie, pleine de séductions, elle est toute faite. Le système de l'harmonie préétablie est là. Mais si riche, si forte que soit la trame qu'a tissue la main de Leibnitz, il est trop vrai qu'elle se rompt en plus d'un endroit.

Au fond, si ce grand homme a fait admirablement toucher au doigt le nœud de la difficulté, on peut dire qu'au lieu de le délier, il l'a rendu, en voulant le couper, plus inextricable encore. De quoi s'agit-il en effet? d'expliquer l'action réelle et réciproque des substances. Or, l'harmonie préétablie l'explique si peu qu'elle l'exclut positivement. Je sais qu'un interprète illustre de Leibnitz a soutenu que les *déterminations* seules des monades leibnitiennes viennent de leur propre fonds, et que leurs *perceptions* ou sensations viennent du dehors et sont l'effet de l'action des causes extérieures. Mais j'ose dire, Leibnitz à la main [1], que l'influence d'une monade sur une autre monade est toujours

[1] Voici quelques passages qui nous semblent décisifs :

« Il n'y a point d'influence réelle d'une substance créée sur une autre, en parlant selon la rigueur métaphysique. » *Système nouv. de la Nat. et de la Communic. des Subst.* (Rec. Des Maiz II, 280).

« Il n'est pas possible que l'âme ou quelque autre véritable à ses yeux une influence tout idéale, jamais une influence réelle. Or, l'expérience dont le génie même ne peut s'affranchir, l'expérience est ici en contradiction formelle avec l'hypothèse de Leibnitz. La conscience en effet nous révèle en nous-mêmes une foule de modifications passives dont le moi n'est certainement pas la cause et qu'il attribue par une induction irrésistible à l'action des causes extérieures.

La métaphysique en est là. Il est certain que le moi est une cause. Il est certain qu'il existe au monde beaucoup d'autres causes. Il est certain que ces causes, outre leur action interne et pour ainsi dire subjective, agissent réellement et objectivement les unes sur les autres. Nous avons une idée parfaitement claire du premier genre d'action, parce que la conscience nous en découvre en nous-mêmes le type; mais le second est un secret que la science n'a pu encore arracher à la nature.

Après cet aveu, la philosophie peut attendre le scepticisme de pied ferme. Si Ænésidème vient nous dire comme il a fait déjà : vous ne savez pas comment les substances agissent l'une sur l'autre ; donc les substances

---

substance puisse recevoir quelque chose du dehors. » Ibid. p. 381.

« Dieu a créé d'abord l'âme, ou toute autre unité réelle, de sorte que tout lui naisse de son propre fonds. » Ibid.

« Les perceptions arrivent à l'âme à point nommé, en vertu de ses propres lois, comme s'il n'existait rien que Dieu et elle. » Ibid. p. 382. — Cf. Éclaircis. du nouv. Syst. Ibid. p. 391, 392.

« Tout se fait dans l'âme comme s'il n'y avait point de corps, et tout se fait dans le corps comme s'il n'y avait point d'âme. » Réplique à Bayle. (Rec. Des Maiz. II, 432.)

n'agissent pas l'une sur l'autre, nous lui répondrons ce qu'en pareil cas répondait à Hume un profond psychologiste contemporain : « Si le sentiment intime qui nous fait apercevoir un pouvoir d'agir dans l'exercice de notre volonté dépendait de la connaissance absolue de l'âme ou de sa liaison avec le corps, et enfin de la manière dont les deux substances agissent l'une sur l'autre, nous ne pourrions avoir le sentiment intime du pouvoir, sans avoir la connaissance objective des substances séparées et des moyens de leur action réciproque. Or nous avons l'aperception interne de notre pouvoir d'agir indivisible de celui de notre existence même... Donc, le sentiment intime du pouvoir est indépendant de toute connaissance objective des substances spirituelle et corporelle et de leur action réciproque. » (Maine de Biran, Ed. Cousin. p. 284.)

Restent les arguments d'Ænésidème contre le contact. Mais on sent combien ils perdent de leur importance, du moment que le contact réduit à sa juste valeur n'est plus la condition universelle et nécessaire de l'action réciproque des causes, mais un simple phénomène sensible associé d'ordinaire au mouvement des corps.

Voici le premier argument : Si le contact était possible, il aurait lieu par la pénétration de deux corps, ce qui est en contradiction avec l'essence de la matière, ou il se ferait par les surfaces, soit extérieures, soit intérieures. Or les surfaces sont des choses incorporelles qui par conséquent ne peuvent servir au contact.

Il y a ici une confusion peut-être volontaire de deux

points de vue, celui de la géométrie et de l'abstraction, celui des sens et de la réalité corporelle. Le contact physique, c'est la distance de deux corps devenue insensible, ou si l'on veut, absolument disparue. Il n'y a là ni pénétration, ni surfaces idéales et incorporelles, ni rien de semblable. Le contact géométrique est autre chose. Il est tout idéal, comme les êtres de raison entre lesquels on le conçoit. Tantôt on admet une absolue pénétration de deux solides, tantôt une simple identification de surfaces, de lignes ou de points. Deux sphères se coupent; il y a une portion d'espace qui leur est commune; voilà le contact par pénétration. Un cône repose par sa base sur un plan; voilà un contact de surfaces. Et c'est encore, en un sens, une pénétration; car on dit alors que les deux surfaces ont une partie commune. Mais il est bien entendu de tout géomètre éclairé que cette pénétration, ce contact, ces surfaces, ces sphères, tout cela est idéal; et que transporter dans la réalité ces combinaisons abstraites, c'est confondre, comme dirait Kant, le matière et la forme de la connaissance et se condamner à mille énormités. Lors donc qu'Ænésidème viendra dire : les surfaces étant incorporelles ne peuvent servir au contact, on lui répondra : au contact corporel, d'accord; mais au contact idéal et incorporel, elles le peuvent et cela est très-simple. C'est se moquer que de ramener d'abord toute action corporelle au contact, au contact corporel et physique, bien entendu, et puis de nier que le contact soit possible entre deux corps, non plus le contact corporel et physique dont il est question, mais un contact idéal et mathématique dont personne n'a voulu parler. C'est faire tourner une controverse qui devrait être sérieuse sur une équivoque.

J'ai insisté quelque peu sur la distinction du contact des géomètres et de celui des sens, parce qu'elle donne la clef d'un argument assez ingénieux qu'on a pu attribuer à Ænésidème avec quelque vraisemblance. Il vient dans Sextus à la suite du précédent [1] :

Deux corps ne peuvent se toucher par toutes leurs parties, à cause de l'impénétrabilité de la matière ; ni par quelques-unes de leurs parties, car chaque partie étant matérielle peut être considérée comme un corps, lequel n'en peut toucher un autre par toutes ses parties ; ce qui jette dans un progrès à l'infini, où l'on poursuit le contact de division en division, sans jamais l'atteindre.

Je réponds que dans ce raisonnement *se toucher* veut dire *se confondre, s'unifier*. Or, que deux solides se confondent soit entièrement, soit par une de leurs surfaces, cela est fort reconnaissable pour un géomètre, car cela est impliqué dans la définition même des solides et des surfaces géométriques, qui ne sont que des déterminations idéales de l'espace pur. Tout au contraire, dans le domaine de la réalité sensible, cette unification est parfaitement absurde. Mais nous ne la supposons pas. Nous supposons que deux corps, sans se confondre ni en totalité, ni partiellement, sont dans une telle position

---

[1] C'est la portion de l'argumentation sur la causalité que nous hésitons, malgré l'autorité de Fabricius, à attribuer positivement à Ænésidème. Fab. *ad Sext.* p. 597, et notre chap. 1.

que leur distance dans l'espace est nulle ; en termes plus simples, qu'entre ces deux corps il ne reste plus de place pour un troisième. Argumentez contre ce genre de contact; on vous répondra. Mais en attendant, tout ce qu'il y a de vrai à recueillir de vos subtilités sur le contact, c'est que la sphère de l'abstraction n'est pas celle de la réalité, et qu'on risque en les confondant de trouver des difficultés là où il n'y en a pas, et de jouer sur les mots au lieu de discuter utilement.

SEPTIÈME ARGUMENT [1].

La cause est relative à l'effet; or, les choses relatives n'existent qu'idéalement. Donc il n'y a en réalité aucune cause.

Ce dernier argument d'Ænésidème ne va à rien moins qu'à détruire avec le principe de causalité toutes les vérités absolues. Ces vérités en effet sont des rela-

[1] Cet argument n'est pas littéralement compris dans le fragment que Sextus nous a conservé. Mais il y a de bonnes raisons pour l'attribuer à Ænésidème. 1° Diogène, qui le rapporte (IX, 11.) sans en nommer l'auteur, le place dans une série d'arguments contre la causalité qui appartiennent tous certainement à Ænésidème. 2° Sextus l'expose également (*Adv. Math.* 344, C), et il est extrêmement probable qu'il l'emprunte à l'ouvrage d'Ænésidème qu'il a sous les yeux et qu'il cite textuellement un peu après. 3° Cet argument est tout à fait dans l'esprit de l'école de notre sceptique, où l'on en faisait une application perpétuelle. Voir l'argumentation d'Ænésidème contre le vrai, où est invoqué ce principe : τὰ πρός τι νοεῖται μόνον. *Adv. Math.* 227, C. — Cf. 226, D. — Laert. IX. 11, pas.

tions, au même titre que le principe de causalité, et si vous ôtez à ces relations toute existence réelle pour ne leur laisser qu'une valeur idéale, la réalité des êtres s'évanouit avec celle de leurs rapports, et l'esprit humain, à qui tout échappe, s'échappe en quelque sorte à lui-même.

Ænésidème raisonne ainsi : La cause, c'est ce qui est pensé relativement à l'effet. La cause est donc un πρός τι et n'existe que pour l'esprit qui la conçoit. C'est une pure apparence, ἐκ τῶν φαινομένων, rien de plus.

Changez un peu les termes et vous aurez cette doctrine célèbre à qui une si prodigieuse fortune était réservée dans les temps modernes : la loi de la causalité (comme toutes les autres lois de la raison pure), nous est donnée au seul titre de condition nécessaire *a priori* de l'expérience possible. Donc elle est relative. Donc elle est subjective.

Voilà donc l'idée fondamentale du Criticisme en germe dans un pyrrhonien du premier siècle, et chose singulière, ce même pyrrhonien qui prélude à l'idéalisme subjectif de Kant, nous l'avons vu tout à l'heure devancer la dialectique de Hume. C'est qu'il est, dans la formation des systèmes philosophiques, certaines lois mystérieuses, mais irrésistibles, qui dominent à leur insu les plus libres génies, leur ouvrent les mêmes perspectives, les font glisser sur les mêmes pentes, et quels que soient les temps, les lieux, les circonstances, maîtrisent et surmontent tout.

Qu'on cherche une différence essentielle entre les doctrines d'Ænésidème, de Hume et de Kant sur la loi de la causalité, on n'y parviendra pas. Pour l'un, cette loi est un πρός τι, un *phénomène*. Pour l'autre, une *habitude* de la sensibilité. Pour le troisième, une *forme* de l'entendement. Pour tous trois ce n'est rien d'absolu, et la métaphysique est une chimère.

Il y avait deux moyens d'aboutir à cette conclusion : 1° prouver qu'en attribuant au principe de causalité une valeur absolue, on est conduit à d'inévitables contradictions. C'est ce qu'Ænésidème a essayé de faire dans les six arguments qui viennent d'être discutés. Et c'est aussi ce que Kant entreprit dix-huit siècles après dans sa *Dialectique transcendantale;* 2° Établir directement par l'analyse même du principe de causalité et de tous les autres premiers principes de la raison, qu'on ne peut leur attribuer qu'une valeur subjective. Il était réservé à l'auteur de l'*Analytique transcendantale* de mettre le scepticisme sous la protection de la critique la plus régulière et la plus profonde qui fut jamais des conditions et des lois de la pensée, et de donner ainsi à l'erreur une sorte de prestige. L'analyse d'Ænésidème est au contraire d'une extrême faiblesse, et peu de mots suffisent pour en mettre à nu tous les défauts.

Les relations, dit-il, τὰ πρός τι, n'existent que dans la pensée; car qu'est-ce qu'un πρός τι, sinon ce qui est pensé relativement à autre chose?

Ænésidème confond évidemment ici deux espèces de relations parfaitement distinctes, les relations de nos pensées, et les relations que nous concevons entre les objets de nos pensées, en d'autres termes, les lois de l'intelligence et les lois de l'être. Cette distinction s'applique aisément à notre sujet. Comme loi de l'intelligence, la relation de causalité exprime la synthèse nécessaire des deux notions de cause et d'effet dans l'esprit humain. Comme loi de l'être, elle exprime que dans la nature des choses, il n'est rien qui existe et qui puisse exister réellement sans avoir une cause réelle. Nul doute qu'une loi de l'intelligence, en tant que loi purement psychologique, n'existe que de l'existence psychologique, c'est-à-dire dans la pensée. Mais supposez que dans la pensée même, cette loi de l'intelligence représente et en quelque sorte enveloppe une loi de l'être, la question sera de savoir si elle ne peut à ce titre posséder une valeur objective et ontologique, en d'autres termes, conduire légitimement la raison de ce que la raison pense à ce qui est en soi. Nous soutenons, quant à nous, que la loi de la causalité et toutes les lois nécessaires de la raison vont jusque-là. Ænésidème le nie. Mais il faut bien remarquer que s'il nie la portée objective de la loi de causalité, il ne conteste pas que cette loi n'existe dans l'intelligence. Loin de là; c'est du fait même de la conception nécessaire des causes qu'il prétend conclure que les causes n'existent qu'à titre de conceptions de la pensée. De sorte que son raisonnement, dégagé de toute subtilité, se réduit à ceci : la loi de la causalité est une loi de la pensée. Donc elle n'est pas une loi de l'être.

Aucun artifice de logique ne peut couvrir l'énorme lacune qui sépare cette conclusion de ses prémisses. Et c'est fort inutilement qu'Ænésidème accumule les exemples de relations purement idéales, comme celles des quantités mathématiques. On lui dira : « Vous êtes à côté de la question. Il y a des relations qui n'existent que dans la pensée; soit. Mais démontrez que la loi de la causalité est une de ces relations. »

Vous êtes un sceptique sérieux. Vous admettez la conscience. Consultez-la donc de bonne foi. Elle vous dira que nier ou seulement contester la portée objective du principe de causalité, c'est le détruire ; le détruire, dis-je, même comme loi de la pensée, comme fait de conscience. Prenons l'exemple le plus simple : Vous apercevez un mouvement : votre raison conçoit une cause à ce mouvement, et cette conception est nécessaire. Jusque-là il semble que nous soyons d'accord. Mais entendons-nous bien sur le caractère de cette conception. Êtes-vous forcé, je vous le demande, de concevoir seulement une cause, sans rien affirmer du reste sur l'existence réelle de cette cause? ou bien êtes-vous forcé tout à la fois de concevoir cette cause, et de concevoir et de croire qu'elle existe aussi réellement que son effet et que vous-même? Pensez-y bien, et vous reconnaîtrez que le divorce que vous voulez établir entre la notion de cause et la croyance à la réalité des causes est un divorce contre nature, désavoué par une analyse exacte de la conscience et démenti par les croyances du genre humain. Le genre humain a-t-il jamais douté de la réalité du monde extérieur? Il n'y croit pourtant que sur la foi du principe de causalité. Ce principe n'est donc pas seulement, quoi que vous en disiez, la nécessité de penser les causes, mais la nécessité absolue de les penser comme réelles, et ces deux choses que l'abstraction a un instant séparées, la nature nous les donne comme inséparables.

En deux mots, vous dites : la loi de la causalité est une loi de l'intelligence. Donc ce n'est pas une loi de l'être.

Nous disons, nous : Ou la loi de la causalité n'est ni une loi de l'intelligence, ni une loi de l'être, et la conscience nous trompe. Ou la loi de la causalité est telle que la conscience nous la donne, c'est-à-dire loi de l'intelligence et tout ensemble loi de l'être.

Nous avons discuté avec une étendue proportionnée à son importance chaque partie essentielle de l'argumentation d'Ænésidème ; peu de mots suffiront pour en marquer le caractère général et en apprécier la portée et la valeur philosophiques.

Aucun sceptique, avant Ænésidème, n'avait eu l'idée de discuter la possibilité et la légitimité d'une de ces notions *a priori* qui constituent la métaphysique et la raison, afin de les détruire l'une et l'autre par leur racine et pour ainsi dire d'un seul coup. Cette idée est hardie et profonde. Mûrie par le temps et fécondée par le génie, elle a produit dans le dernier siècle la Critique de la Raison pure et un des mouvements philosophiques les plus considérables qui aient agité l'esprit humain [1].

On ne peut non plus méconnaître qu'Ænésidème n'ait fait preuve d'une grande habileté, lorsque pour contester l'existence de la relation de cause à effet, il s'est

---

[1] Voyez la Troisième étude du présent ouvrage.

placé tour à tour à tous les points de vue d'où il est réellement impossible de l'apercevoir.

C'est ainsi qu'il a parfaitement établi, avant Hume, qu'à ne consulter que les sens, on ne peut saisir dans l'univers que des phénomènes avec leurs relations accidentelles, et jamais rien qui ressemble à une dépendance nécessaire, à un rapport de causalité.

Que si l'on néglige les idées grossières des sens pour s'élever à la plus haute abstraction métaphysique, Ænésidème force le dogmatisme de confesser que l'action de deux substances de nature différente l'une sur l'autre, ou même celle de deux substances simplement distinctes, sont des choses dont nous n'avons aucune idée.

Et de tout cela, il conclut que la relation de causalité n'existe pas dans la nature des choses.

Mais d'un autre côté, obligé d'accorder que l'esprit humain la conçoit et ne peut pas ne pas la concevoir, il s'arrête à ce moyen terme, que la loi de la causalité est à la vérité une condition, un phénomène de l'intelligence, mais qu'elle n'existe qu'à ce seul titre ; et de là, le scepticisme absolu en métaphysique. Telle est la substance des arguments d'Ænésidème.

Voici en quelques mots notre réfutation.

1° De ce que les sens ne peuvent apercevoir le rapport nécessaire de causalité, il ne résulte qu'une chose, c'est qu'il y a d'autres sources de connaissances que les sens, et que la philosophie qui soutient le contraire ne peut échapper au scepticisme absolu que par l'inconséquence.

2° Il est vrai que nous ne comprenons pas *comment* les substances agissent les unes sur les autres; mais on n'a pas le droit d'en inférer que cette action réciproque soit impossible; tout s'explique infiniment mieux en admettant que Dieu a placé ce secret avec tant d'autres au-dessus de la portée de notre raison.

3° Ænésidème a su choisir sans doute certains points de vue, d'où il est difficile ou impossible d'apercevoir la relation de causalité. Mais il en a oublié un, et c'est celui-là précisément où la réalité de cette relation éclate avec une pureté et tout à la fois une autorité incomparables, je parle du point de vue de la conscience. Il y a trois choses en effet qu'un homme qui s'observe avec exactitude, ne peut méconnaître : la première, c'est que le moi est une force, une force toujours active, une force dont la vie même est ce rapport permanent de la cause avec ses effets que le scepticisme conteste; la seconde, c'est que la raison, après avoir recueilli dans un fait primitif de conscience la relation de causalité, l'élève spontanément au caractère d'une loi absolue de l'intelligence et des choses; la troisième enfin, c'est qu'à côté des phénomènes de l'activité volontaire, il en est d'autres qui sont essentiellement impersonnels et que le moi ne peut par conséquent s'imputer. Ces trois faits constatés par une psychologie attentive et régulièrement développés conduisent à trois dogmes fondamentaux, savoir : la réalité et le caractère propre de l'existence personnelle, la nécessité et la valeur absolue de la loi de la causalité, enfin, l'existence des causes extérieures et de cette Cause souveraine qui produit, maintient et coordonne toutes les autres.

Ainsi donc, il a suffi à Ænésidème de méconnaître ou de défigurer un seul phénomène de conscience pour être conduit par la rigueur et la sagacité même de son esprit à nier la possibilité de la métaphysique. Mais une analyse psychologique, exacte et sévère, dissipe comme une fumée toute cette dialectique laborieuse, et le fait le plus simple devient la base inébranlable de la science la plus haute.

CHAPITRE SIXIÈME

SCEPTICISME D'ÆNÉSIDÈME SUR LES QUESTIONS MORALES.

Nous savons par le petit nombre de renseignements qui nous sont restés sur les opinions morales d'Ænésidème, qu'elles étaient en parfaite conséquence avec l'esprit de toute sa doctrine. Mais les indications de Sextus, de Photius et de Diogène sont si générales, si courtes, et l'interprétation en est d'ailleurs si facile qu'il n'y aurait ici ni intérêt ni profit à insister longuement.

C'est dans les trois derniers livres du Πυρρωνίων λόγοι qu'Ænésidème discutait avec étendue les problèmes moraux. Voici le résumé que donne Photius de cette partie de l'ouvrage :

« Le sixième livre traite des biens et des maux, des choses désirables et de celles qu'il faut fuir. Ænésidème s'y moque également de ce qu'on nomme les objets indifférents du premier ordre et du second, τὰ προηγούμενα καὶ ἀποπροηγούμενα [1], et il s'efforce autant qu'il est en lui de retrancher tous ces objets de l'intelligence et de la connaissance humaine.

« Dans le septième livre, c'est aux vertus qu'il fait la guerre. A l'entendre, ceux qui philosophent sur ce sujet, s'abusent eux-mêmes [2] quand ils se croient parvenus à la théorie et à la pratique des vertus, et n'ont dans l'esprit que les opinions chimériques qu'ils se sont forgées.

« Le huitième livre roule sur la destination. On y soutient qu'il n'y a ni bonheur, ni volupté, ni prudence, ni aucune des autres fins qu'on admet dans les diverses écoles de philosophie; en un mot, qu'il n'existe absolument pas de fin, quoique chacun se vante de la connaître. »

De cette courte et sèche exposition, il résulte pourtant très-nettement qu'Ænésidème, toujours en lutte contre les écoles dogmatiques, et particulièrement contre celles de Zénon et d'Épicure, les pressait de sa dialectique sur toutes les questions morales, et aboutissait finalement à cette conclusion, que le Bien, comme le Vrai, n'a rien d'absolu ; et par suite, que la morale est une science aussi vaine que la logique et la métaphysique [3].

[1] Distinction stoïcienne. V. Sext. *Hyp. Pyrr.* III, 22. — Cf. Cic. *Acad. qu.* I, 4-13.

[2] Je lis avec Bekk : ἑαυτοὺς ὑποδυσκολεῖν ὡς εἰς τὴν τούτων, au lieu de αὐτοὺς ἀποδουκλεῖ, ὡς τούτων que donne Hæschelius.

[3] Cf. Sext. *Adv. Math.* p. 446, B. Notaverat hæc Ænesidemus in libris decem Πυῤῥωνίων τρόπων, in τρόπῳ qui apud Laertium (IX, 83) est quintus, apud nostrum (I, *Pyrrh.* Sect. 145) est de-

On reconnaît bien là cet esprit de rigueur et de hardiesse qui conduit un homme résolu jusqu'au bout de ses principes. Mais voici un passage de Diogène Laërce [1] qui semblerait au contraire accuser Ænésidème d'inconséquence : « La fin de la vie, dit le compilateur bysantin, est d'après les sceptiques, la suspension du jugement, ἐποχή, laquelle est suivie de la sérénité de l'âme, ἀταραξία, comme de son ombre, si l'on en croit Timon et Ænésidème. »

Cette théorie de la fin de la vie est exposée avec plus de clarté et d'étendue dans Sextus, et on ne peut douter qu'elle n'eût l'autorité d'un principe dans toute l'école pyrrhonienne. Est-ce là une concession faite au dogmatisme, en d'autres termes, une contradiction? Quelques explications vont établir qu'il en est tout autrement.

Qu'il existe un bien absolu, antérieur et supérieur à l'homme, mais accessible à sa raison, et par qui son activité doit se régler, voilà ce qu'Ænésidème ne pouvait admettre sans une inconséquence palpable. Car la connaissance du bien est humaine comme celle du vrai. Assujetties aux mêmes conditions, réglées par les mêmes lois, enfermées dans les mêmes limites, quiconque reconnaît ou conteste la légitimité de l'une d'elles a reconnu ou contesté d'avance celle de l'autre.

Mais si l'on peut de bonne foi mettre en doute l'exis-

---

cimus, occupatusque est in observanda mira varietato quam afferunt educatio, vitæ constitutum, leges, consuetudines, persuasiones, dogmaticæque opiniones. Fabr. *ad Sext.* l. 1.

[1] Laert. IX. p, 263, E.

tence d'une fin universelle et absolue de la vie humaine, aucun esprit sérieux ne niera qu'en fait, nous ne concevions l'idée de certains biens, et que cette idée n'ait des suites pour notre conduite et notre bonheur. A moins toutefois qu'on ne veuille nier les faits de conscience; mais nous savons qu'Ænésidème fait profession de les admettre. Il se donne donc le droit de distinguer le bien apparent et relatif du bien réel et absolu, le bien, comme donnée purement subjective de la conscience, du bien conçu comme existant en soi, en deux mots et pour prendre son propre langage, le bien-*phénomène* et le bien-*noumène;* il ne nie pas positivement celui-ci; mais il ne l'affirme pas; il en doute. Quant à celui-là, il le reconnaît positivement. Et dès lors, la morale ou du moins une certaine morale devient possible. Car si l'idée du bien n'a aucune valeur dans la pure spéculation, elle suffit pour la pratique.

Cette doctrine est entièrement d'accord avec le scepticisme d'Ænésidème. En logique, son doute, nous l'avons reconnu, ne porte pas sur l'évidence de fait, mais sur la légitimité absolue de cette évidence. En métaphysique, il conteste la réalité objective des causes, mais leur nécessité relative et en un sens leur existence idéale, il ne la conteste pas. Il devait donc en morale, pour rester fidèle à lui-même, séparer encore une fois l'élément phénoménal de l'élément absolu de la connaissance, et marquer une fin à la vie de la même façon et au même titre qu'il avait donné un critérium à l'intelligence.

Mais je me hâte de citer des textes qui établissent clairement que cette explication n'outre-passe point la véritable pensée d'Ænésidème.

« Le sceptique, dit Sextus, appartient-il à une secte? Si c'est appartenir à une secte que de se laisser entraîner à toute une suite de principes, δόγματα, qui ont entre eux et avec les phénomènes une certaine relation, et si admettre un principe, c'est donner son assentiment à une chose incertaine et obscure, τινὶ ἀδήλῳ, nous ne sommes d'aucune secte. Mais si vous parlez d'un plan raisonnable de conduite réglé d'après les apparences, κατὰ τὸ φαινόμενον, et qui apprenne à vivre comme il convient... ce plan nous conduisant d'ailleurs à suspendre en toutes choses notre assentiment, nous appartenons à une secte; car nous admettons une certaine raison qui se règle sur les phénomènes et nous conseille de vivre suivant les mœurs de nos pères, les lois, les usages et les affections qui nous sont propres, τὰ οἰκεῖα πάθη [1]. »

Dans ce curieux passage, on remarquera que Sextus ne parle pas en son nom, mais au nom de toute l'école pyrrhonienne. Voici un chapitre du même auteur où la théorie sceptique de la destination de l'homme est traitée pour ainsi dire *ex professo*.

« Quel est le but final du scepticisme [2]?
« La fin, c'est l'objet en vue duquel on fait toutes choses et qu'on ne poursuit qu'en vue de lui-même;

---

[1] Sext. *Hyp. Pyr.* I, 8.
[2] Ibid. 12.

c'est le dernier terme du désir. Nous pensons jusqu'à présent que le sceptique a pour fin, dans les choses qui dépendent de l'opinion, l'exemption du trouble, ἀταραξία, et dans celles qui dépendent de la nécessité, la modération, μετριοπάθεια.

« En commençant à philosopher, ajoute Sextus, le sceptique entreprit de se rendre compte de ses idées, φαντασίαι, et de discerner les vraies d'avec les fausses, afin de se délivrer de toute inquiétude. Mais il tomba tout à coup dans la contradiction, et ne pouvant faire un choix entre des raisons d'égale force, il douta, ἔπεσχεν. Qu'arriva-t-il ? C'est que ce doute sur les choses livrées à l'opinion porta dans son âme la sérénité. Cela s'explique fort bien. Celui qui adopte une opinion touchant le bien et le mal en soi, est agité d'un trouble universel. Privé de ce qui lui semble un bien, il croit que des maux réels le tourmentent et court après le bonheur. Mais s'il parvient à le posséder, mille inquiétudes viennent l'assaillir, soit parce qu'il se laisse emporter sans raison et sans mesure, soit parce que, dans la crainte d'un revers, il s'agite en tous sens pour conserver ses biens imaginaires. Au contraire, celui qui reste dans l'incertitude sur la nature des biens et des maux, ne fatigue son âme à rien poursuivre, à rien éviter. Il est tranquille.

« Il en est du philosophe sceptique à peu près comme du peintre Apelles qui voulait, dit-on, représenter l'écume d'un cheval, et désespérant de son entreprise, jeta contre son tableau l'éponge dont il nettoyait ses pinceaux. L'éponge atteignit le cheval et en imita parfaitement l'écume. C'est ainsi que les sceptiques essayèrent à l'origine de parvenir à la sérénité de l'âme, en résolvant la contradiction des *phénomènes* et des *noumènes ;* n'y pouvant parvenir, ils doutèrent, et aussitôt leur doute fut suivi de la sérénité, comme un corps l'est de son ombre.

« Nous ne disons pas toutefois que le sceptique soit à l'abri de toute inquiétude. Il est des nécessités douloureuses qu'il lui faut subir. Il souffre du froid, de la faim et de tous les besoins de cette espèce. Mais au lieu que les autres hommes en souffrent doublement, d'abord par l'effet des besoins eux-mêmes, ensuite par l'idée que ce sont là des maux réels et absolus, le sceptique débarrassé de ce préjugé, se résigne avec une modération supérieure.

« Ainsi donc, dans le domaine de l'opinion, la sérénité, dans celui des choses nécessaires, la modération, telle est la fin du scepticisme. Quelques sceptiques distingués ajoutent, dans les recherches sur les objets scientifiques, le doute. »

C'est à Ænésidème et Timon que Sextus fait allusion en terminant ce chapitre [1], et il est incontestable que la doctrine morale qui s'y trouve contenue fut celle de toute l'école sceptique [2].

Quant à cette doctrine prise en elle-même, elle ne soutient pas l'examen. Et lorsqu'on a montré qu'elle

---

[1] Cf. Le passage de Diogène cité plus haut.
[2] *Hyp. Pyrrh.* III passim. *Adv. Math.* 442-495. — Cf. Arist. ap. Eus. *Præp. Ev.* XIV, 18.

est la conséquence logique et avouée du scepticisme, on a tout dit; car le scepticisme et son ouvrage s'accusent mutuellement.

S'imaginer qu'en poussant l'homme au doute absolu et le précipitant dans *cette ignorance terrible de toutes choses* qui laisse la raison sans lumière et la vie sans objet, on portera dans son âme la paix et la sérénité, c'est en vérité un étrange renversement de raison et un prodigieux oubli de toutes les conditions de l'existence morale. Pour celui qui gémit sincèrement d'un doute momentané, je ne puis avoir, dit Pascal, que de la compassion... « Que s'il est avec cela tranquille et satisfait, qu'il en fasse profession ; et enfin qu'il en fasse vanité, et que ce soit de cet état même qu'il fasse le sujet de sa vanité, je n'ai point de termes pour qualifier une si extravagante créature [1]. »

Le doute, en effet, sur de certains objets qui passent la raison peut être un état éminemment philosophique et c'est en ce sens qu'il faut pardonner à Montaigne d'avoir dit que l'ignorance et l'incuriosité sont deux doux oreillers pour une tête bien faite. Mais le doute sur ce qui touche à nos besoins les plus élevés et tout à la fois les plus impérieux, le doute permanent sur Dieu, sur le bien, sur l'avenir, ce serait la plus affreuse et la plus intolérable des tortures, ou le dernier degré d'abaissement de l'humanité.

Ainsi, le scepticisme, après avoir corrompu les sources de l'intelligence, va jusqu'à tarir celles de

---

[1] Pascal. *Pensées*, 7.

la vie. Ce n'est plus vivre en effet que de vivre sans rien croire. Et suivant la forte parole d'un ancien, l'homme qui en est là n'est déjà plus un homme; c'est une plante, ὅμοιος φυτῷ. (Aristote, *Metaph.* IV.)

CHAPITRE SEPTIÈME

ÆNÉSIDÈME DISCIPLE D'HÉRACLITE.

Lorsqu'on recueille les témoignages que l'antiquité nous a laissés sur Ænésidème, et qu'on en rapproche les fragments épars de ses écrits, on est frappé du contraste singulier qui se révèle dans le caractère de ces divers documents. En examinant la plupart d'entre eux, on y découvre le développement régulier d'un scepticisme fortement conçu et dont la rigueur le dispute à la hardiesse. Mais si l'on tourne les yeux vers de certains textes qui, pour être moins nombreux que les autres, n'en sont pas moins authentiques, on se trouve brusquement jeté dans un ordre d'idées tout nouveau. Ce n'est plus au scepticisme qu'on a affaire, mais à un dogmatisme très-net, très-arrêté et j'ajoute, très-exclusif. Au lieu d'arguments contre le critérium de la vérité, les signes, les causes, on rencontre des affirmations tranchantes sur le principe universel, le temps, le mouvement. On vient de laisser Ænésidème occupé à reconstituer l'école pyrrhonienne; le voici maintenant qui entreprend de rajeunir un de ces antiques systèmes qui semblaient avoir péri pour jamais avec l'école d'Ionie. L'héritier de Pyrrhon a disparu pour céder la place au disciple d'Héraclite.

Si l'on essaye de se rendre compte de cette singularité, la première idée qui vienne à l'esprit, c'est qu'on est dupe d'une confusion de personnes, qu'il a sans doute existé deux Ænésidème, l'un attaché à l'héraclitéisme, l'autre au scepticisme universel.

Cette conjecture semble-t-elle arbitraire? Voici une hypothèse qui paraît au moins très-spécieuse. Le sceptique Ænésidème vivait à une époque où de toutes parts les philosophes revenaient aux anciens systèmes[1]; il habitait Alexandrie, ville d'érudition et de critique. N'aura-t-il pas fort bien pu composer un commentaire sur la philosophie d'Héraclite, sans admettre cette philosophie pour son propre compte? Et ces mots que Sextus répète en plus d'un endroit, Αἰνησίδημος κατὰ Ἡράκλειτον ne sont-ils pas des renvois à ce commentaire[2]?

Mais supposez enfin que les témoignages historiques

---

[1] C'est à l'époque où Nicolas de Damas, Alexandre d'Égé commentaient Aristote, où Q. Sextius, Sotion d'Alexandrie, Euxenus d'Héraclée renouvelaient le Pythagorisme; Thrasylle de Mendes, Plutarque, Albinius et beaucoup d'autres, la doctrine de Platon.

[2] *Adv. Log.* p. 201, c.
Adv. Phys. p. 363, D.
Adv. Phys. p. 417, A. — Cf. *Hyp. Pyr.* III, 17.
Adv. Phys. p. 419, D.

forcent de reconnaître qu'Ænésidème le pyrrhonien a professé la doctrine d'Héraclite, il se présente une dernière conjecture qui va tout concilier et tout expliquer.

Au début de sa carrière philosophique, Ænésidème se jeta dans le sensualisme, comme avait fait avant lui Protagoras, et adopta la doctrine héraclitéenne. Mais bientôt par une pente naturelle, il glissa du sensualisme au scepticisme, et la rigueur même de son esprit lui fraya la route d'Héraclite à Pyrrhon. C'est ainsi que Pyrrhon lui-même, dans sa jeunesse, lisait avec enthousiasme les écrits de Démocrite, et y puisait à son insu les germes de sa fameuse ἐποχή. C'est encore ainsi qu'à un autre âge, David Hume, disciple de Locke, déduisit le scepticisme absolu avec une rigueur justement célébrée de la doctrine de la sensation.

En général, c'est une loi de l'histoire de la philosophie que le scepticisme s'y enchaîne au sensualisme, comme à un principe, sa conséquence inévitable. La conversion du sectateur d'Héraclite au pyrrhonisme universel est un cas particulier de cette loi.

Voilà, ce semble, une supposition fort admissible. Très-simple et très-raisonnable en elle-même, elle dissipe une contradiction qu'il serait difficile d'attribuer à un esprit que nous connaissons pour conséquent et résolu. Enfin, elle est confirmée par de nombreuses analogies, et comme protégée par une des lois les mieux établies de l'histoire.

Toutefois, nous pensons qu'en matière de critique, si séduisante que puisse être une conjecture, le respect religieux des textes doit être la première loi. Or, voici un passage de Sextus [1] qui semble bien emporter notre dernière hypothèse avec les deux autres :

« L'école d'Ænésidème [2] soutient que la doctrine sceptique est un chemin pour aboutir à la philosophie héraclitéenne, par la raison que ce principe, les contraires existent dans le même, τὸ τἀνάντια περὶ τὸ αὐτὸ ὑπάρχειν, précède celui-ci, les contraires apparaissent dans le même, τὸ τἀνάντια περὶ τὸ αὐτὸ φαίνεσθαι. Or, les sceptiques disent que les contraires apparaissent dans le même, et les héraclitéens qu'ils y existent. »

Il résulte rigoureusement de ce passage et de tout le chapitre qui le suit : 1° qu'Ænésidème le sceptique est le même qui s'attacha à l'héraclitéisme, ce qui renverse notre première hypothèse; 2° qu'il n'en fut pas seulement le commentateur, mais le disciple avoué, ce qui renverse la seconde; 3° enfin, on a conclu aussi de là, qu'Ænésidème, au lieu d'aller d'Héraclite à Pyrrhon, entendait qu'on suivît et avait suivi lui-même la marche contraire, ce qui constitue une grave exception à la loi générale que nous avons invoquée, et ruine complétement l'hypothèse à laquelle nous nous étions attaché. Aussi Tennemann [3] l'a-t-il abandonnée. Stæudlin [4], et Buhle [5] y inclinent, au contraire, fortement. Ritter est indécis [6].

[1] Sext. *Hyp. Pyrr.* I, 29.
[2] Je lis avec Fabricius : Αἰνησίδημον, au lieu de Ὀνησίδημον. *Ad Sext.* l. I.
[3] *Hist. de la Phil.* V. 34, 35.
[4] *Geschichte und Geist der Sceptic.* I, 300 sqq.
[5] Buhle. *Introd. à l'hist. de la philos. mod.* I, 369. trad. fr.
[6] Ritt. *Hist. de la philos. anc.* trad. Tissot. V, p. 223 sqq.

Nous ne nous dissimulons pas la portée du témoignage si précis et si net de Sextus. Mais ne serait-il pas possible d'admettre qu'Ænésidème, après avoir passé en réalité d'Héraclite à Pyrrhon, voulut éviter le reproche de se contredire par un ingénieux subterfuge, en établissant entre le scepticisme et l'héraclitéisme cette espèce de lien logique dont parle Sextus? Après tout, il n'y a pas bien loin de l'un de ces systèmes à l'autre. Car, qu'est-ce que la doctrine d'Héraclite, sinon une tentative audacieuse pour expliquer l'univers entier par un seul des éléments qui le constituent, l'élément de la mobilité, les phénomènes? Or, les phénomènes, Ænésidème n'hésite pas à les admettre, et il reconnaît même de certaines lois [1] (toutes subjectives à la vérité) qui les enchaînent régulièrement. Il pouvait donc parler ainsi : — Au fond, rien ne paraît certain; et le parti le plus sage est de s'abstenir de tout système. Mais s'il fallait en choisir un, celui d'Héraclite devrait avoir la préférence. Que disons-nous en effet, nous pyrrhoniens? Que si la raison fait un pas hors de la conscience, elle trouve partout changement et contradiction. Et que dit Héraclite? Que l'univers est la coexistence et la lutte des contraires; que la loi des choses, c'est le mouvement, dont le feu est le principe et le symbole. Ne sommes-nous pas bien près d'être d'accord?

Je ne donne cette explication que comme une simple conjecture, et je sais qu'une logique exacte ne tirera

---

[1] Voir l'opinion d'Ænésidème et de toute l'école sceptique sur les signes, dans notre ch. IV.

jamais le dogmatisme du scepticisme. Mais si l'hypothèse où j'incline avec Buhle et Stæudlin n'est pas absolument contraire au passage de Sextus, il est bon de remarquer qu'elle est tout à fait d'accord avec tous les autres témoignages, et de rappeler encore une fois qu'elle a pour elle de puissantes analogies et une loi fondamentale du développement de l'esprit humain.

Du reste, les débris de l'héraclitéisme d'Ænésidème n'ont qu'une importance très-secondaire. Ce sont quelques phrases sans suite, sans portée considérable, et presque sans intérêt. Recueillir et coordonner ces fragments çà et là dispersés, en y ajoutant les remarques nécessaires pour les éclaircir, tel est le seul objet que nous ayons dû nous proposer.

I. On sait que la philosophie d'Héraclite est un panthéisme matérialiste où l'un des éléments de l'univers est considéré comme le principe universel des choses; Ænésidème admettait cette doctrine[1], au témoignage de Sextus :

« L'être, suivant Héraclite, c'est l'air, comme dit Ænésidème. » On pourrait être tenté de lire dans le texte de Sextus πῦρ au lieu de ἀήρ. Le principe d'Héraclite en effet, c'est le feu. Mais ἀήρ s'explique très-bien, si l'on observe que dans la théorie héraclitéenne, l'air est la première des transformations du feu. « Πρὸς

---

[1] Sext. *Adv. Phys.* 419, D. — Cf. Ibid. 417, A, B. *Hyp. Pyr.* III, 17.

τροπαὶ πρῶτον θάλασσα, θαλάσσης δὲ, τὸ μὲν ἥμισυ γῆ, κτλ¹. »

II. L'essence et la loi du principe universel d'Héraclite, c'est le mouvement. Ænésidème entreprit, à ce qu'il paraît, de ramener les différentes espèces de mouvement à deux espèces fondamentales, en réduisant la classification péripatéticienne². Aristote comptait six espèces de mouvements :

Le mouvement local³, τοπικὴμετάβασις.
Le changement, μεταβολή.
La génération, γένεσις.
La corruption, φθορά.
L'augmentation, αὔξησις.
La diminution, μείωσις.

« Mais, dit Sextus, la plupart des philosophes et parmi eux, les disciples d'Ænésidème, réduisent tous les mouvements à deux : le premier, c'est le mouvement par changement, μεταβλητικὴ κίνησις; le second, c'est le mouvement local, μεταβατική. Le premier est celui par lequel un corps, en gardant la même essence, reçoit des qualités nouvelles, perdant l'une et gagnant l'autre, par exemple le changement du vin en vinaigre, et l'amertume du raisin changée en douceur, le caméléon qui prend tour à tour diverses couleurs⁴ et le

¹ Clem. Alex. *Strom.* V, p. 599. — Cf. Laert. IX, 9. — Plut. *de plac. phil.* I, 3.
² Au reste, cette réduction n'est pas nouvelle; elle est déjà dans le *Théétète* de Platon.
³ Arist. *Phys.*
⁴ Il faut lire avec Fabricius : ποικιλλομένου.

polype. Or, la génération et la corruption, l'augmentation et la diminution ont sans doute des mouvements spéciaux ; mais tous se rattachent au mouvement par changement ; à moins qu'on ne dise que l'augmentation est une espèce de mouvement local, comme provenant de l'extension des corps en largeur et longueur. Le mouvement local est celui par lequel le mobile change de lieu soit tout entier, soit en partie; tout entier, comme les corps qui tournent et comme les personnes qui se promènent; en partie, comme la main qui s'étend et se contracte, ou bien comme une sphère qui tourne autour de son centre[1]. »

III. Les différents mouvements s'opèrent dans le emps. Qu'est-ce que le temps? Suivant Ænésidème, le temps n'est pas un être distinct. Il ne diffère pas de l'être. C'est l'être en mouvement,

« Ænésidème a soutenu, d'après Héraclite, que le temps est un corps, parce qu'il ne diffère pas de l'être

---

[1] Sext. *Adv. Phys.* p. 386, E.
Voici la note de Fabricius sur ce passage : « Quando porro Sextus hoc loco ait Ænesidemum, qui fuit scepticus, duo genera motus reliquisse, non sensus est eum probasse illa, et vero dari docuisse, qui, ut de scepticis etiam notat Laertius (IX, 90), omnem motum vocabat in dubium : sed tantum innuit plura illa apud dogmaticos quosdam celebrata genera motus, ab Ænesidemo ex Platonis et aliorum dogmaticorum sententia esse revocata ad duo quo facilius sub duobus hisce summis generibus, cæteras ἰδικάς motiones oppugnaret. » Fabric. ad Sext. *Adv. Math.* X, 38. — Sans repousser absolument la conjecture de Fabricius, on peut aussi bien rapporter cette classification des

et du corps premier [1]. C'est pourquoi dans sa première introduction [2], ramenant à six [3] les appellations simples des choses, πραγμάτων τὰς ἁπλᾶς λέξεις, ou éléments du discours, il classe le mot *temps* et le mot *unité* dans la catégorie de l'essence. Les grandeurs de temps et les principaux nombres se forment par multiplication. Quant au mot *actuellement*, νῦν, qui est le signe du temps, il n'est comme l'unité rien autre chose que l'essence. Le jour, le mois, l'année sont des multiplications de *l'actuellement*, je veux dire du temps. Les nombres deux, trois, dix, cent, sont des multiplications de l'unité. Ainsi donc, ces philosophes font du temps un corps [4]. »

IV. A la doctrine panthéiste qui absorbe et confond toutes choses dans l'unité d'un seul être, se rapporte également cette opinion d'Ænésidème que Sextus nous a conservée [5] sur le tout et la partie :

mouvements au dogmatisme héraclitéen d'Ænésidème, « Libenter enim, dit Fabricius lui-même, Heracliti vestigiis insistere Ænesidemum, quantumvis scepticum, jam sæpius, etc. » Fab. *Ad Sext.* X, 218.

[1] « Hoc est, dit Fabricius, τοῦ ἀέρος. Vide si placet quæ ad section. 232. » *Ad. Sext.* X, 216.

[2] « Ænesidemi εἰσαγωγή nescio an eadem cum ejus στοιχειώσει quas memorat Aristocles apud Euseb. XIV, 18. » *Ad Sext.* X, 216. — Voir notre chap. I.

[3] Quænam sint reliquæ quatuor res (duas enim hoc loco tantum ex sex illis refert, χρόνον et μονάδα) quibus simplices ejusmodi appellationes usus hominum imposuerit, non memini quis veterum scriptorum qui exstant, nos doceat. Fab. *ad Sext.* X, 216.

[4] *Adv. Math.* p. 417, A. — Cf. *Hyp. Pyrr.* III, 17.

[5] Sext. *Adv. Math.* p. 363, D.

« Ænésidème soutient, d'après Héraclite, que la partie est la même chose que le tout et une chose différente. En effet, l'être est tout et partie à la fois : tout, si l'on considère le monde ; partie, si l'on considère la nature de tel ou tel animal. La partie s'entend aussi de deux façons ; tantôt comme différant de la partie proprement dite, comme quand on dit que la partie est elle-même partie de la partie, par exemple le doigt, de la main ; l'oreille, de la tête ; tantôt comme étant proprement la partie du tout. C'est en ce sens [1] que l'on regarde la partie comme composant le tout. »

V. Héraclite ne s'était pas occupé seulement de physique. On trouve dans sa doctrine quelques traces de logique et de psychologie. Il réduisait toutes nos connaissances aux sensations τὰ αἰσθητά, et les divisait en deux séries : celles qui sont communes à tous les êtres sentants, κοινά, et celles qui sont individuelles, ἴδια. Les premières sont toujours vraies; les secondes peuvent seules nous abuser.

Ænésidème admit et développa sans doute ces principes :

« L'école d'Ænésidème, dit Sextus [2], celle d'Héraclite et celle d'Épicure, penchent toutes trois vers les choses sensibles : elles ne diffèrent que comme des espèces dans un genre commun. Ænésidème établit entre les phénomènes cette différence, que les uns apparaissent

---

[1] Je lis avec Fabricius : καθό τινές φασίν κοινῶς μόριον εἶναι, au lieu de καθότι τινές φασίν κοινῶς μέρος εἶναι.
[2] *Adv. Log.* p. 222, B.

généralement à tous les hommes, les autres à certains individus seulement. Ceux-là sont vrais, ceux-ci sont trompeurs. Épicure [1] pense au contraire que toutes les apparences sensibles sont vraies et fondées en réalité. »

Il faut rapprocher de cette indication deux passages de Sextus, qui complètent le peu que nous savons sur la théorie de la connaissance d'après Héraclite et Ænésidème.

« La διάνοια, dit Sextus [2], n'est autre chose, suivant quelques philosophes, et Dicéarque par exemple, qu'une affection du corps. D'autres s'accordent à admettre son existence, mais ils ne la placent pas dans le même lieu; ceux-ci la supposent hors du corps, comme Ænésidème, d'après Héraclite, ceux-là dans tout le corps comme Démocrite... De plus, les uns pensent qu'elle diffère de la sensibilité, les autres que c'est la sensibilité elle-même apercevant les objets par les canaux des sens, comme à travers des ouvertures [3]. Cette dernière opinion a été professée par Straton et par Ænésidème. »

Il paraît contradictoire que la διάνοια soit donnée dans

[1] *Adv. Log.* p. 201, C.

[2] Cf. Cicer. *Acad. qu.* IV, 15. — Cf. Sext. *Adv. Math.* p. 176, C.

[3] Je lis ὀπῶν avec Fabricius; τόπων est inintelligible.

« Legendum esse ὀπῶν pro τόπων, clarum est ex sect. 364, ubi ad hunc ipsum locum noster repetit : κἂν ὑποθώμεθα δὲ τὴν διάνοιαν κτλ. Hæc est sententia quam oppugnat Lucretius (III, 360) docentium : Oculos nullam rem cernere posse, Sed per eos animum ut foribus spectare reclusis. Fab. *ad Sext.* VII, 349. — Cf. Sext. *Adv. Math.* p. 208, D.

ce passage tantôt comme placée hors du corps, tantôt comme identique à la sensibilité. Mais cette difficulté disparaîtra, si l'on veut se rappeler qu'Héraclite séparait nettement ce qu'il appelait la raison générale, de la raison humaine ; la raison générale qui remplit l'univers [1], la raison humaine qui n'est qu'une étincelle de ce feu divin. Quand il est dit que la διάνοια est placée hors du corps, il s'agit de la raison divine, universelle. Quand au contraire elle est assimilée à la sensibilité, il s'agit de la raison humaine qui, entretenue par le feu divin, aperçoit à travers les organes les choses extérieures.

Mais il est inutile de s'appesantir sur l'interprétation de ces témoignages tronqués. L'intérêt et l'honneur de l'entreprise philosophique d'Ænésidème ne sont point dans la tentative impuissante de renouveler un système épuisé. Ils sont exclusivement dans le scepticisme hardi, étendu, profond, dont il emprunta la première idée à Pyrrhon, et qu'il légua organisé de toutes pièces à ses successeurs.

Avant d'exposer ce scepticisme, nous avons cru devoir en éclairer l'origine. Notre étude sera complète, si pour en mesurer l'influence, nous le suivons jusque dans ses derniers développements.

[1] Sext. *Adv. Math.* 161 sqq. — Cf. p. 201 C. 272, C.

CHAPITRE HUITIÈME

DU SCEPTICISME EN GRÈCE APRÈS ÆNÉSIDÈME.

Pour juger une doctrine philosophique, il ne suffit pas d'apprécier sa valeur intrinsèque, je veux dire son rapport avec la vérité absolue ; il faut savoir encore quelle influence elle a exercé sur la marche et les progrès de l'esprit humain. Qu'un penseur original conçoive une idée nouvelle, aussitôt il entraîne sur ses traces une foule d'intelligences, avides de reconnaître et d'étendre les perspectives nouvelles qu'on vient de leur découvrir. Si ce développement d'une pensée philosophique est régulier, s'il est considérable, une école s'organise ; et la durée, la fécondité, la grandeur de cette école contribuent à donner la mesure de la force et de la portée de celui qui l'institua.

Il arrive aussi nécessairement qu'une école qui a de la vie et de l'avenir fait sentir son action à toutes les écoles contemporaines. Car rien n'est isolé dans le domaine de la pensée, et l'impulsion donnée à un seul point se communique de proche en proche à tous les autres.

Si nous considérons la doctrine d'Ænésidème sous ce dernier point de vue, il paraît certain que le résultat le plus immédiat de son enseignement et de ses écrits, ce fut de consommer la dissolution de toutes les écoles dogmatiques du temps. L'Épicuréisme et le Stoïcisme chancelaient déjà par les coups répétés de l'Académie; l'Académie fatiguée elle-même de la lutte, s'épuisait par ses victoires; quand l'école pyrrhonienne renouvelée vint attaquer avec ardeur ces systèmes vieillis et les heurter les uns contre les autres, aucun ne fut capable de résister à ce dernier choc, et il n'en resta plus que des ruines.

Ce fut l'ouvrage d'Ænésidème. Avant lui, nous rencontrons à la tête des autres écoles, sinon des philosophes du premier ordre, tout au moins d'habiles et éloquents disciples, défendant avec zèle, et non sans honneur, l'héritage des Chrysippe et des Carnéade; à Athènes, à Alexandrie, un Philon, un Antiochus[1]; à Rhodes, un Panœtius[2], un Posidonius. Mais après Ænésidème, et dès le second siècle de l'ère chrétienne, on a peine à trouver, dans aucune de ces trois cités, la trace même des écoles qui les avaient récemment illustrées.

La doctrine d'Ænésidème eut un autre effet, étroitement lié à la dissolution des écoles dogmatiques; ce fut

[1] Cic. *Acad. qu.* II, 4.
[2] Cic. *Ad Att.* II, 1.

de préparer les esprits au mysticisme Alexandrin. Quand toutes idées qui avaient séduit, passionné, alimenté les intelligences, eurent perdu tout crédit et toute vertu par l'action destructive d'un scepticisme qui les condamnait à la contradiction, quand il ne resta plus à l'esprit humain aucune espérance d'atteindre la vérité par le développement régulier de la réflexion, il fallut bien tenter des voies inconnues et mystérieuses, et de la réflexion impuissante faire appel à la grâce divine. De là, ce grand mouvement mystique d'Alexandrie, qui a tant honoré le déclin de l'ancien monde et si puissamment contribué à l'enfantement du monde nouveau. Nul doute qu'un grand nombre de causes que la main de la Providence avait dès longtemps préparées n'aient concouru à le produire et à l'accélérer; mais il est certain que le scepticisme fut une des principales [1].

Ritter a commis une grave erreur, avec beaucoup d'autres, au sujet de l'école d'Ænésidème, quand il a dit [2] qu'autour d'elle on ne s'occupa presque nullement de ses objections. D'abord, le début du Πυρρωνίων λόγοι [3] prouve qu'Ænésidème eut à soutenir une lutte animée contre l'Académie. Il est également incontestable que les nouveaux péripatéticiens attaquèrent le scepticisme avec une sorte de violence, témoin l'écrit déjà cité d'Aristoclès [4]. Ajoutez que le grave et savant

---

[1] Tennem. *Man.* I, § 178. — Cousin. *Cours de* 1829, I, 313 sqq.
[2] Ritter, *Hist. de la phil. anc.* IV, p, 281.
[3] Phot. 1. *Myriob.* 542, 543.
[4] Ap. Euseb., *Præp. Ev.* XIV, 17.

Galien ne jugea pas au-dessous de lui d'écrire un livre contre un disciple d'Ænésidème [1]. Enfin, ce qui est plus considérable encore, on trouve dans le grand ouvrage [2] du fondateur de la théorie mystique d'Alexandrie, la preuve manifeste que le scepticisme préoccupait à cette époque les esprits les plus éminents.

Tennemann a donc fort bien pu placer l'école d'Ænésidème à la tête de la troisième période de l'histoire de la philosophie grecque [3]. Ænésidème, en effet, ferme la seconde époque, puisqu'il précipite et achève la ruine des dernières écoles socratiques. Il ouvre la troisième, puisqu'en réduisant la raison spéculative au désespoir, et lui fermant jusqu'à l'asile de ce dogmatisme négatif où s'était réfugié l'Académie, il ne laissait au besoin de connaître et de croire inhérent à l'esprit humain que l'alternative de périr dans le doute absolu ou de renaître par l'élan mystique.

Si nous laissons maintenant de côté l'influence extérieure de la doctrine d'Ænésidème, pour jeter les yeux sur son progrès interne, nous trouverons qu'il a consisté surtout dans une organisation de plus en plus complète et régulière du scepticisme. Le dernier terme de ce progrès, c'est Sextus Empiricus [4]. L'école d'Ænési-

---

[1] Gal., *de opt. dic. gen.* Ad Sext. vers. lat. de 1569, Paris.
[2] Plotin, *Enn.* V. lib. V, II.
[3] *Manuel de l'hist. de la phil.* I, § 171.
[4] Après Sextus, on trouve pourtant encore dans l'école sceptique un certain Saturninus, médecin, attaché à la secte de l'empirisme. Laert. IX, 266.

dème a donc duré pendant les trois premiers siècles de l'ère chrétienne [1], ralliant sans interruption autour d'elle surtout parmi les médecins [2], un très-grand nombre de disciples [3]. Nous ne parlerons ici que des principaux.

Un des premiers qui s'attachèrent au nouveau pyrrhonisme fut Zeuxis, auteur d'un livre intitulé : Περὶ διττῶν λόγων [4]. Cet écrit, dont il ne reste rien, était probablement un développement du principe sceptique de l'ἰσοσθένεια τῶν ἐναντίων λόγων, un recueil ou peut-être une classification d'antinomies rationnelles.

Le Gaulois Favorinus, après avoir flotté entre diverses doctrines, finit par s'attacher à celle d'Ænésidème [5]. Dans son ouvrage Πυῤῥωνείων τρόπων, il paraît qu'il développait, en les modifiant un peu, les τρόποι τῆς

---

[1] Voir sur la date de Sextus, mal fixée par Tennemann (*Man. de l'hist.* I, § 189) à la fin du second siècle, Brucker (*Hist. crit.* II, p. 631 sqq.) J. V. Le Clerc (*Biog. univ.* art. Sextus), et Ritter (*Hist. de la phil.* IV, p. 322.) Ces trois critiques sont d'accord pour placer Sextus dans la première moitié du troisième siècle.

[2] Ménodote et Sextus étaient médecins aussi bien que Saturninus, et tous trois appartenaient à la secte empirique. (Laert. l. I). Zeuxis, Hérodote et Theodas sont aussi mentionnés parmi les médecins. (Ritt. *Hist. de la phil. anc.* IX, 220, note b.)

[3] Voici la liste que donne Diogène des disciples d'Ænésidème : Zeuxippe, Zeuxis, Antiochus de Laodicée, Ménodote de Nicomédie, Théodas, Hérodote de Tarse, Sextus Empiricus, et Saturninus. Il faut ajouter à cette liste Favorinus, Agrippa, Apellas et quelques autres. Vid. catalog. sceptic. ap. Fabr. *Bibl. Gr.* III, éd. Harles. — Cf. Fab. ad Sext. *Hyp. Pyrr.* I, sect. 164.

[4] Laert. IX, 263, C.

[5] Galen. *De opt. dic. gen.* passim.

ἐποχῆς de Pyrrhon[1]. Il composa aussi un ouvrage contre les Académiciens, περὶ φαντάσιας καταληπτικῆς [2]. Aulu-Gelle[3] et Philostrate[4] vantent son talent et sa subtilité. Galien écrivit contre lui son *De optimo dicendi genere*.

Comme on ne peut rien dire de Ménodote de Nicomédie[5], dont aucun ouvrage n'a survécu, sinon qu'il fut, d'après tous les témoignages[6], un des hommes les plus distingués entre les sceptiques, on est réduit à juger l'école d'Ænésidème par Agrippa et Sextus, les seuls de ses disciples dont il reste des écrits ou des témoignages d'une certaine importance.

Agrippa mérite une place très-honorable dans l'histoire du scepticisme. Nous ne connaissons de lui que ses πέντε τρόποι τῆς ἐποχῆς [7]. Mais cette tentative, pour simplifier et coordonner les innombrables arguments de son école, suffit pour rendre témoignage de l'étendue et de la pénétration de son esprit :

Suivant cet ingénieux sceptique, le dogmatisme ne peut échapper à cinq difficultés insolubles.

1° La contradiction, τρόπος ἀπὸ διαφωνίας.

2° Le progrès à l'infini, τρόπος εἰς ἄπειρον ἐκβάλλων.

---

[1] Laert. IX, 258, F.
[2] Gal. l. I. p. 557. ad Sext. éd. de 1569.
[3] Gell. XI, cap. 5.
[4] *Vit. Sophist.* p. 495.
[5] Laert. IX, 266.
[6] Sext. *Hyp. Pyrr.* I, 33. Nous lisons avec Fabricius (ad Sext. l. I.) Μηνόδοτον au lieu de Περμόδοτον. — Cf. sur Ménodote, Galen. *de ad. fig.* Id. *de lib. prop.* — Cf. pseudo-Gal. *Introd.* cap. 4
[7] Sext. *Hyp. Pyrr.* I, 15. 16. Cf. Laert. IX, p. 259, B.

3° La relativité, τρόπος ἀπὸ τοῦ πρός τι.

4° L'hypothèse, τρόπος ὑποθετικός.

5° Le cercle vicieux, τρόπος διάλληλος.

Voici le sens et le rapport de ces τρόποι que les historiens n'ont pas assez remarqués :

Il n'y a pas un seul principe qui n'ait été nié. Par conséquent, aussitôt qu'un philosophe dogmatique posera un principe quelconque, on aura le droit de lui objecter que ce principe n'est pas consenti de tous. Et tant qu'il se bornera à l'affirmer, on lui opposera une affirmation contraire, de façon qu'il n'aura pas résolu l'objection de *la contradiction*.

Pour se tirer d'affaire, il ne manquera pas d'invoquer un principe plus général. Mais la même objection reviendra incontinent, et le forcera de faire appel à un principe encore plus élevé. Or, c'est en vain qu'il remontera ainsi de principe en principe, l'objection le suivra toujours, toujours insoluble, dans un *progrès à l'infini*. — Poussé à bout, le dogmatiste s'arrêtera brusquement et déclarera qu'il vient enfin d'atteindre un principe premier, un principe évident de soi-même, et partant inaccessible à la contradiction. Mais on lui dira : Qu'entendez-vous par un principe évident? C'est un principe qui vous est donné comme vrai, en d'autres termes, qui vous paraît vrai. Mais reste à savoir s'il est vrai en soi; reste à démontrer qu'il n'est pas une intuition toute relative, un πρός τι.

Renoncez-vous à établir ce point par des preuves? Votre principe reste une *hypothèse*.

Risquez-vous une démonstration? Vous voilà dans le

diallèle; car vous entreprenez de séparer les apparences purement relatives d'avec celles qui sont absolues. Or il faut un critérium, et ce critérium ne serait encore qu'une hypothèse, si vous n'en démontriez pas la légitimité; mais il arrive que cette démonstration, chargée de donner au critérium l'autorité qui lui manque, n'a elle-même d'autorité que par le critérium. Le cercle vicieux est inévitable.

On ne peut méconnaître dans ces πέντε τρόποι d'Agrippa, un grand art de combinaison et en même temps une certaine vigueur d'intelligence; au fond, tout le scepticisme ancien est là, et les âges modernes n'y ont rien ajouté de considérable.

Il faut s'étonner qu'un historien aussi éclairé que Tennemann n'ait vu dans cette remarquable systématisation des arguments sceptiques, qu'une sorte de copie des δέκα τρόποι de Pyrrhon [1]. Pyrrhon avait réuni en dix catégories un certain nombre de lieux communs, où il retournait de mille façons et au point de vue le plus étroit de la connaissance, l'objection vulgaire des erreurs des sens [2]. Les πέντε τρόποι d'Agrippa tra-

---

[1] *Man.* de Tenn. I, § 188.

[2] On s'est demandé plusieurs fois (Tenn. *Man.* Tom. I, 156, 262. — De Ger. *Hist. comp.* Tom. II. p. 490) s'il fallait appliquer les δέκα τρόποι τῆς ἐποχῆς à Pyrrhon ou à Ænésidème; et cette question mérite à coup sûr d'être résolue, mais il ne faudrait pas s'en exagérer l'importance. On a établi par d'excellentes raisons qu'Ænésidème n'est pas l'inventeur des δέκα τρόποι, quoiqu'il les ait développés dans ses écrits (De Ger. l. I. — et M. Mallet. *Étud. phil.* tom. II). Sextus (*Hyp. Pyrr.* I. 14) les attribue aux plus anciens sceptiques, ἀρχαιότεροι σκεπτικοί, ce qui

hissent au contraire une analyse déjà savante des lois et des conditions de l'intelligence. La valeur purement relative des premiers principes, la nécessité et tout ensemble l'impossibilité d'un critérium absolu, le caractère subjectif de l'évidence humaine, en un mot, tout ce que le génie sceptique avait conçu depuis plusieurs siècles de plus spécieux, de plus subtil et de plus profond, tout cela y est résumé sous une forme sévère et dans une progression exacte et puissante.

Tennemann plus attentif eût reconnu sans doute que les δέκα τρόποι de Pyrrhon se ramènent finalement à un seul, le πρός τι, et qu'ainsi justement réduits par la critique, ils ne sont plus qu'une partie d'un des cinq τρόποι d'Agrippa [1].

ne peut s'entendre d'Ænésidème. Mais il y a une raison plus décisive qu'on n'a pas donnée, c'est le témoignage de Plutarque dont un livre, suivant Lamprias, était intitulé : Περὶ τῶν Πύρρωνος δέκα τρόπων (Menag. ad Laert. p. 251. — Conf. Suidas, art. Lamp.) Ces τρόποι que développe abondamment Diogène (p. 257 sqq. — Cf. Sext. Hyp. Pyr. I, 14. — Euseb. præp. evang. XIV, 18), se réduisent aisément à trois et même à un seul, comme les sceptiques l'avaient remarqué. (Sext, l. I.) Tout en effet revient à ceci : toute connaissance est relative à l'animal qui perçoit (1er et 2e τρόποι), au sens qui est l'instrument de cette perception (3e), à la position de l'objet perçu (5e), aux circonstances où il est perçu (6e), à la quantité et à la constitution de cet objet (7e), à la rareté et la fréquence de la perception (9e), enfin, aux mœurs, aux croyances, aux opinions de celui qui perçoit (10e). Il ne reste plus que le 8e τρόπος, celui de la relativité, lequel enveloppe tous les autres. Or, tout cela était déjà dit, d'un seul mot : πάντα πρός τι, et ce mot est de Protagoras (Sext. Adv. Math. 148, D.)

[1] On pourrait dire cependant que le premier τρόπος d'Agrippa n'est que le dixième τρόπος de Pyrrhon généralisé.

Le besoin de rigueur et de simplicité qui paraît avoir été le caractère propre de cet habile sceptique, le conduisit à une réduction plus sévère encore.

Il ramena tout le scepticisme à ce dilemme [1] :

Ou une chose est intelligible d'elle-même, ἐξ ἑαυτοῦ, ou par une autre chose, ἐξ ἑτέρου.

Intelligible d'elle-même, cela ne se peut pas, 1° à cause de la contradiction des jugements humains; 2° à cause de la relativité de nos conceptions; 3° à cause du caractère hypothétique de tout ce qui n'est pas prouvé.

Intelligible par une autre chose, cela est absurde. Car du moment que rien n'est de soi intelligible, toute démonstration est un cercle, ou se perd dans un progrès à l'infini.

L'esprit net et ferme d'Agrippa avait donc parfaitement aperçu qu'au fond, la question entre le scepticisme et le dogmatisme est celle-ci : Y a-t-il une évidence absolue, oui ou non? Les lois de la raison sont-elles les lois mêmes des choses, ou de simples formes de son développement?

---

[1] Je ne sais pourquoi Ritter (*Hist de la phil.* IV, 231.) a voulu attribuer à Ménodote les δύο τρόποι τῆς ἐποχῆς. Ils appartiennent à Agrippa au même titre que les πέντε. Il est vrai que Sextus, en rapportant les πέντε et les δύο τρόποι, ne nomme personne, et se borne à désigner vaguement les νεώτεροι σκεπτικοί. Jusque-là, on pourrait aussi bien croire qu'il s'agit de Ménodote et de ses disciples, que d'Agrippa et des siens. Mais Diogène (l. l.) tranche la question en désignant positivement Agrippa comme l'auteur des πέντε τρόποι. Dès lors, on doit croire qu'Agrippa est aussi l'auteur des δύο τρόποι. C'est l'avis de Tennemann. (*Man.* I, § 188.)

Simplifier ainsi les questions, c'est prouver qu'on est capable de les approfondir, c'est bien mériter de la philosophie.

Si la renommée d'Agrippa est au-dessous de son mérite, il en est tout différemment pour Sextus Empiricus. Ce n'est pas que nous contestions la haute importance des ouvrages de cet utile écrivain pour l'histoire de la philosophie sceptique. Loin de là ; nous y trouvons la preuve la plus forte du développement considérable que reçut la doctrine d'Ænésidème des mains de ses successeurs. Mais si l'on veut rendre à chacun ce qui lui est dû, il est essentiel de rechercher à quel titre on peut attribuer à Sextus Empiricus les écrits qui portent son nom.

Sextus est un compilateur, rien de plus. Sa patience infatigable, sa mémoire vaste et sûre lui tiennent lieu de tout le reste. Venu le dernier dans son école, il a mis à profit en les réunissant (on pourrait dire plus d'une fois, en les amalgamant) les travaux de ses devanciers, et il est arrivé que ses livres sur le scepticisme, riches de la substance des livres d'autrui, les ont fait oublier en les remplaçant.

Presque tous les historiens de la philosophie inclinent plus ou moins à faire honneur à Sextus de l'esprit qu'il n'a pas et qu'il emprunte un peu partout. On ne dit rien de Ménodote, d'Agrippa, presque rien d'Ænésidème. Mais Sextus qui les a copiés a une place à part, et, quelquefois, des éloges que sa modestie eût assurément répudiés. Bayle[1] a jugé Sextus avec une certaine

---

[1] *Dict. art.* Pyrrhon.

faveur ; on lui pardonne cette complaisance pour un des siens. Tennemann [1] et M. Cousin [2] sont plus justes, parce qu'ils sont plus sévères ; et ils ne le sont pas encore assez. J'oserai adresser la même remarque au savant auteur de l'article Sextus dans la biographie universelle.

Mais un historien contemporain n'a gardé aucune mesure. Aux yeux de ce juge très-recommandable du reste, mais prévenu, Sextus est un critique de premier ordre, un homme extraordinaire. C'est le Bayle de l'antiquité. C'est Lucien, mais Lucien sérieux, armé de logique et d'érudition [3].

Il semble que cet enthousiasme, quelque peu factice, se fût refroidi à une lecture assidue de Sextus. On eût infailliblement remarqué que son érudition est quelquefois très-contestable, et que la médiocrité de son esprit ne l'est jamais.

Un coup d'œil même rapide jeté sur ses ouvrages fera juger de sa portée et de son originalité philosophiques.

On a de Sextus trois compositions distinctes [4] : 1° les

[1] *Manuel de l'hist. phil.* I, § 189 Sqq.
[2] *Cours de* 1837. I, p. 319 Sqq.
[3] De Gerando. *Hist. Comp.* III, p. 261 Sqq.
[4] Il ne faut pas confondre sous le titre de πρὸς μαθηματικούς deux ouvrages bien distincts : 1° l'ouvrage de Sextus sur les sciences, μαθήματα, c'est-à-dire sur l'ensemble des études libérales (pour le sens du mot μαθηματικός, voir Brucker. *Hist. crit.* II, p. 631. Not. Cf. Fabric. dans son édition de Sextus.) ; 2° l'ouvrage écrit par le même auteur contre les Philosophes.
Le premier ouvrage se compose d'une introduction générale

hypotyposes pyrrhoniennes en trois livres [1]; 2° le Πρὸς μαθηματικούς en six livres; 3° cinq livres contre les philosophes dogmatiques [2].

sur l'enseignement des sciences, et de six livres; le premier contre les grammairiens, le second sur la Rhétorique, le troisième contre les Géomètres, le quatrième contre les Arithméticiens, le cinquième contre les Astrologues, le sixième contre les Musiciens. Ce dernier livre se termine ainsi : τοσαῦτα πραγματικῶς καὶ πρὸς τὰς τῆς μουσικῆς εἰπόντες ἀρχάς, ἐν τοσούτοις τὴν πρὸς τὰ μαθήματα διέξοδον ἀπαρτίζομεν, paroles qui indiquent nettement que le πρὸς μαθηματικούς est terminé. Ajoutez que Sextus dans l'introduction générale, distingue les sciences proprement dites, μαθήματα, de la philosophie (Sext. *Adv. Math.* p. 2, C.) et que le début du premier livre πρὸς λογικούς marque évidemment le commencement d'une composition distincte. (Ibid. p. 138, C.)

Le second ouvrage comprend deux livres πρὸς λογικούς, deux livres πρὸς φυσικούς, et un livre contre les moralistes, τοὺς τὸ ἠθικὸν μέρος τῆς φιλοσοφίας πασαμένους. Ces cinq livres constituent un seul et même traité; car les premières pages du livre Ier tracent un plan régulier qui est exactement suivi dans ce même livre et dans les livres suivants. On sait d'ailleurs que les sceptiques divisaient la philosophie, comme les Stoïciens et les Épicuriens, en logique, physique et éthique.

[1] Suivant Henri Étienne (*ad Sext.* p. 507), Sextus a peut-être emprunté le titre de cet ouvrage à Ænésidème. En effet, Diogène cite quelque part Ænésidème, ἐν τῇ εἰς τὰ πυρρώνεια ὑποτυπώσει (Laert. IX, p. 256, F.).

[2] Sext. avait composé d'autres ouvrages qui ont péri. Il cite lui-même ses ὑπομνήματα. (*Hyp. Pyrr.* I, 33, p. 45, D. — Cf. *Adv. Math.* 136, C.). Il paraît que le titre de ce complet ouvrage était Πυρρώνεια ὑπομνήματα. (Cf. *Adv. Math.* 137, B.). Les ὑπομνήματα περὶ ψυχῆς (Cf. *Adv. Math.* 136, B. Cf. Ib. 428, A.) n'en diffèrent probablement pas, ni sans doute les σκεπτικὰ ὑπομνήματα (*Adv. Math.* 6, A. — Cf. Ibid. 7, D.). Quant aux τὰ δέκα τῶν Σκεπτικῶν que Diogène attribue à Sextus (IX, 266), on ne peut guère entendre par cette indication le πρὸς μαθημα-

Ces cinq livres ne sont guère que la répétition diffuse du 2me et du 3me livres des *Hypotyposes*[1]. Dans cette lourde composition, sans caractère et presque sans but, tantôt commentaire[2], tantôt abrégé[3], il arrive même à Sextus, fatigué sans doute de développer ou de raccourcir son premier ouvrage, de se mettre purement et simplement à le copier[4]. Au fond, sauf un assez grand

τικούς; d'abord parce que cet ouvrage ne se compose réellement que de six livres; ensuite, parce qu'en y réunissant les cinq livres contre les philosophes, on aurait onze livres et non pas dix. Il est encore question de deux autres ouvrages de Sextus, l'un intitulé : ἰατρικὰ ὑπομνήματα. (*Adv. Math.* 175, D.); l'autre περὶ τοῦ Σκεπτικοῦ τέλους. (Ibid. 466, A.)

[1] Sur l'antériorité des *Hyp. Pyrr.* relativement aux cinq livres contre les philosophes, voyez *Adv. Math.* 143. C. et 220, D, où Sextus paraît bien renvoyer aux *Hyp. Pyrr.* II, 3 et II, 6. Cf. *Adv. Math.* 221, B.

[2] Le passage du πρὸς λογικούς compris entre 142, D. et 144, C est le commentaire du chap. 3 du liv. II des *Hyp. Pyrr.*

Cf. *Adv. Math.* 144, D à 146, A. — et *Hyp. Pyrr.* II, 8.

Les 14 pages 186 à 200, B du πρὸς λογικούς ne sont que la répétition ou le développement du ch. 5 du liv. II des *Hyp. Pyrr.*

Cf. *Adv. Math.* 223, D à 227, B. — et *Hyp. Pyr.* II, 9.

Cf. *Adv. Math.* 262 à 367 — et *Hyp. Pyrr.* III, 12.

Cf. *Adv. Math.* 457 à 466 — et *Hyp. Pyrr.* I, 12.

[3] Comparez le πρὸς λογικούς, p. 200 à 207, avec les ch. 7 et 8 du liv. II des *Hyp.*

Cf. *Adv. Math.* 367 à 380 — et *Hyp. Pyrr.* III, 4 et 5.

[4] Cf. *Adv. Math.* 345, B à 248, C. — et *Hyp. Pyr.* II, 10.

Cf. *Adv. Math.* 409 à 422 — et *Hyp. Pyrr.* III, 18.

Cf. *Adv. Math.* 422 à 432 — et *Hyp. Pyrr.* III, 18. Le premier morceau cité est tantôt le commentaire, tantôt l'abrégé, tantôt la répétition littérale du second.

Même rapport entre les deux passages; *Adv. Math.* 474-480 — et *Hyp. Pyrr.* III, 16, 17, 18.

nombre d'indications historiques[1], il n'y ajoute absolument rien de nouveau. Je le demande maintenant, quand un écrivain refait ainsi deux fois la même besogne, pour arriver au même but, à peu près par le même chemin, la fécondité de son esprit n'est-elle pas jugée?

Ce goût significatif pour les répétitions inutiles[2] accompagne Sextus dans son livre *Contre les mathématiciens*. Retranchez-en ce qui a été dit ailleurs[3], vous réduisez l'ouvrage d'une bonne partie. Otez les arguties verbales et les subtilités insignifiantes, que va devenir l'autre partie?

En résumé, les *Hypotyposes Pyrrhoniennes* sont le meilleur et presque le seul ouvrage de Sextus. C'est là qu'on peut le mieux saisir le caractère de son talent.

Le premier livre, où le scepticisme est défini[4] et

[1] Particulièrement aux passages que voici:
Adv. Log. p. 146 et 186.
Adv. Phys. 308, C à 313. C. Ibid. p. 367, A. à 368, B. — Ibid. 432 à 433.
Adv. Eth. p. 446 à 452.

[2] Cf, Adv. Math. 411, C et ibid. 421, A. La même argumentation sur le temps est répétée à quelques pages de distance.

[3] Comparez le passage du πρὸς μαθηματικούς compris entre la p. 3 et la p. 9, avec les *Hyp. Pyrr.* III, 28, 29, 30 et I. *Adv. Eth.* 474 à 480.

Comparez aussi le πρὸς γεωμέτρας tout entier avec les passages suivants où l'on retrouve presque toutes les mêmes idées: *Hyp. Pyrr.* III, 5. *Adv. Phys.* 368 à 379.

Et le πρὸς ἀριθμητικούς avec les *Hyp. Pyrr.* III, 18, et le *Adv. Phys.* 422 à 428.

[4] Du ch. 1 au ch. 12.

séparé nettement des autres doctrines[1], a pour objet propre l'exposition des τόποι ou τρόποι de l'école pyrrhonienne[2]. Or, on sait que les δέκα τρόποι τῆς ἐποχῆς sont de Pyrrhon[3]. Les πέντε et les δύο τρόποι reviennent à Agrippa, et les ὀκτὼ τρόποι à Ænésidème. Que reste-t-il à Sextus, pour l'invention? Exactement rien. Nous jugerons tout à l'heure la mise en œuvre.

Le second livre traite deux ordres de questions, celles du critérium et de l'existence du vrai[4], celles du signe et de la démonstration[5]. Si l'on prend deux parts dans ce livre, l'une qui revient à l'Académie[6], l'autre qu'on ne peut contester à Ænésidème[7], celle de Sextus sera bien petite en vérité. Ajoutez qu'il reste à débattre les droits des absents, je veux dire ceux de Favorinus auteur du Πυῤῥωνείων τρόπων et du Περὶ φαντασίας καταληπτικῆς, ceux de Xeuxis, auteur du περὶ διττῶν λόγων, ceux enfin d'Agrippa et de Ménodote, dont les ouvrages se sont fondus dans celui de Sextus, du propre aveu de celui-ci.

[1] Du ch. 29 au ch. 34.
[2] Du ch. 13 au ch. 17. Les deux tiers du premier livre environ.
[3] Indépendamment des travaux de Pyrrhon et de ses disciples immédiats sur les δέκα τρόποι τῆς ἐποχῆς, Sextus avait encore sous la main les écrits d'Ænésidème et de Favorinus où ces lieux communs du scepticisme étaient développés.
[4] Du ch. 3 au ch. 10.
[5] Du ch. 10 au ch. 22.
[6] Le ch. 7, par exemple, ainsi les ch. 10 et 11, très-probablement.
[7] Voir dans notre ch. 4 l'argumentation d'Ænésidème contre le vrai, et celle qui attaque les signes.

Le dernier livre traite de Dieu, des causes, de la matière, du mouvement, et de la plupart des questions métaphysiques et morales. Or, il est certain que la controverse sur l'existence de Dieu appartient à l'Académie, surtout à Carnéade[1]. L'argumentation contre les causes revient de droit à Ænésidème[2]. Les objections relatives au mouvement remontent à l'école d'Elée, aux Mégariens[3] et aux sceptiques.

Il est inutile de pousser plus loin cette espèce d'inventaire de la fortune philosophique de Sextus. Nous en avons dit assez pour établir que son meilleur ouvrage, celui qu'il a imité ou copié partout ailleurs, est une compilation d'un bout à l'autre.

Au surplus, ceux qui revendiqueraient pour Sextus le mérite de l'originalité, y tiendraient plus que lui-même. Cet homme sincère en fait si bon marché qu'on a de la peine à le surprendre parlant en son propre nom. C'est toujours son école et jamais Sextus qu'il met en avant[4]; ὁ σκεπτικός, dit-il, οἱ σκεπτικοί, ἡ σκεπτική, οἱ

---

[1] Comparez avec le ch. 1 des *Hyp. Pyrr.* liv. III, l'*Adv. Phys.* 333 à 341, et particulièrement 339. D. à 341, B.

[2] Ænésidème n'est pas nommé dans les ch. 2 et 3 ; mais il est clair que Sextus a ses écrits sous les yeux. Cf. *Adv. Phys.* 345, C sqq.

[3] Particulièrement à Diodore que Sextus cite souvent. *Hyp. Pyrr.* III, 8. p. 125, B. — Cf. *Adv. Phys.* 394, C. 397, D. *Adv. Math.* 62, D.

[4]. Je note comme une exception le ch. 15 du liv. II des *Hyp. Pyrr.* où Sextus dit νομίζω. Je cite ici quelques passages où il est évident que Sextus ne parle pas en son nom.
Hyp. Pyrr. I, 14, 15, 16, 17. — Ib. III 13, 15, 16. — *Adv. Math.* 147, B.

πυρρώνιοι, οἱ περὶ Αἰνησίδημον, οἱ περὶ Ἀγρίππαν. Il est clair que le rôle modeste d'historien et de collecteur suffit pleinement à son ambition.

Il y a pourtant de certaines choses dans les ouvrages de Sextus qu'il faut bien lui imputer. Je parle des contradictions grossières, des équivoques et des subtilités ridicules qui y abondent[1]. Car de deux choses l'une,

[1] Je citerai de préférence le chap. 5 du livre II des *Hyp. Pyrr.* destiné à combattre les différentes définitions de l'homme, et le chap. 19 du même livre, sur l'impossibilité de la division arithmétique. Voici une des raisons données par Sextus du ton le plus sérieux : Si on pouvait diviser le nombre 10 en ses parties, il faudrait qu'elles fussent contenues en lui. Or, quelles sont les parties de 10? Ce sont par exemple les nombres 2, 3, 4, 5, 6, etc. Mais si 2, 3, 4, 5, 6 étaient contenues en 10, 10 serait égal à $2+3+4+5+6$..... Ce qui est absurde.

Après cet exemple, il suffit d'indiquer dans le livre III des *Hyp. Pyrr.* le chap. 6 sur le mélange, le chap. 10 sur l'addition et la soustraction arithmétiques, le chap. 12 sur le tout et la partie, le chap. 15 sur le repos.

Quant aux contradictions de Sextus, Tennemann (*Man. de l'hist. de la phil.* I, § 191) et Ritter (*Hist. de la phil. anc.* IV, p. 235 Sqq.) en ont noté plusieurs. J'en citerai une seule qui me paraît remarquable, en ce que Sextus dit le pour et le contre dans la même page. Dans le πρὸς λογικούς 307. Sqq. il suppose qu'on lui adresse cette objection : — Vous venez de démontrer qu'il n'y a pas de démonstration. Or, de deux choses l'une ; si votre démonstration est bonne, il y a donc des démonstrations. Si elle est mauvaise, elle ne prouve rien contre la démonstration. Sextus fait trois réponses consécutives : 1° Nous ne donnons pas nos démonstrations comme bonnes, mais comme probables. 2° Quand nous démontrons qu'on ne peut rien démontrer, nous exceptons notre démonstration, comme quand on dit que Jupiter est le père de tous les Dieux, on excepte Jupiter. 3° En prouvant qu'il n'y a pas de démonstration, notre démonstration se

ou bien il en est l'auteur, et partant, son esprit en est responsable; ou bien, il les enregistre les yeux fermés, et il faut encore s'en prendre à son esprit, ou si l'on veut, à son défaut d'esprit. C'est la triste fortune des compilateurs qui prennent de tous côtés le bien comme le mal, de répondre du mal sans avoir leur part du bien.

Mais pour qu'on ne nous accuse pas de rien exagérer, donnons au moins une preuve sensible du degré de pénétration de notre auteur. Il développe, comme on sait, dans le premier livre des *Hypotyposes*, les δέκα τρόποι de Pyrrhon, puis les πέντε et les δύο τρόποι d'Agrippa. Il ne fallait pas une grande sagacité pour remarquer que les δέκα τρόποι, réduits à un seul, ne doivent pas s'ajouter aux πέντε, mais s'y trouvent enveloppés sous une forme plus sévère. Et quant à la réduction des πέντε τρόποι au dilemme ingénieux qui les résume, la plus médiocre intelligence suffisait pour l'apercevoir. Sextus semble étranger à tout cela. Il voit dix arguments d'une part, cinq de l'autre, deux d'un autre côté. Il ne lui en faut pas davantage. Il transcrit le tout, et son chapitre est fait.

Nous avons jugé Sextus comme philosophe et comme critique. Dira-t-on que c'est surtout un érudit [1]? Mais

détruit elle-même avec toutes les autres démonstrations. — Sextus aurait fait un choix entre ces trois réponses, si son scepticisme eût été intelligent, car il est certain que la troisième seule est conséquente avec l'esprit de l'ἐποχή pyrrhonienne. Les deux autres sont en contradiction tout à la fois avec la troisième et avec la doctrine sceptique.

[1] Je n'ai pas considéré ici Sextus comme médecin. Toutefois;

d'abord, qu'est-ce que l'érudition sans la critique qui l'éclaire et la féconde? Et puis, ne faut-il pas rabattre beaucoup, même de cette érudition stérile dont on veut faire un titre à Sextus? En réalité, il ne connaît bien que deux écoles, avec la sienne, l'école Stoïcienne et l'école Académique. Et j'avoue que sur ces trois parties de l'histoire de la philosophie, ses livres sont du plus grand prix. Mais il faut ajouter qu'il connaît à peine Platon, et semble tout à fait étranger aux écrits d'Aristote[1]. Un homme qui aurait lu et médité le pre-

il ne sera point inutile de remarquer que, tout attaché qu'il soit à la secte empirique, il n'en soutient pas moins que la secte méthodique a plus d'analogie avec le scepticisme que la secte empirique, et même que toutes les autres sectes médicales (*Hyp. Pyrr*, I, 34). Ce passage a fait croire à Daniel Leclerc (*Hist. méd.* II, 2) et à Marsilio Cagnati (*Var. Obs.* III. 18) que Sextus était méthodiste, et non empirique, opinion démentie par le témoignage formel de Diogène (Laert. IX. p. 266) et par Sextus lui-même (*Adv. Math.* 175, D. Ibid. p. 248, A.) — Ibid. p. 255, A.), comme Brucker (*Hist. crit.* II, 631 sqq.) et M. Le Clerc (*Biog. univ.* Art. Sextus) l'ont fait remarquer. Cagnati et Daniel Leclerc ont craint d'attribuer à Sextus une contradiction; mais nous en trouvons chez lui assez d'autres pour étouffer ce scrupule. — (Sur la secte médicale de Sextus, voyez aussi *Adv. Math.* 171, A. Ibid. 248, B. 254, C. 255, E. 256, B. 259, B. 266, A. 280. C. 461, C.

[1] Voyez *Hyp. Pyrr.* III, 17. Cf. *Adv. Math.* 419, A. Il résulte du commencement de ce chapitre que Sextus n'avait qu'une connaissance très-vague et très-indirecte de Platon, d'Aristote, et même d'Épicure. Cf. *Adv. Math.* 437, c.) La lecture des écrits de Sextus m'a convaincu que la plupart de ses expositions historiques ne sont pas faites sur les textes mêmes, mais sur des renseignements de seconde et troisième main. Voyez *Pyrr. Hyp.* III. p. 124, C. p. 131; D. p. 133, A p. 334, B. p. 135,

mier livre de la *Métaphysique*, eût-il exposé à la façon de Sextus les opinions des philosophes grecs sur les principes? De Phérécyde et Thalès, il va à Onomacrite, revient à Empédocle, puis il court à Aristote pour remonter à Démocrite et à Anaxagore, descendre à Diodore Cronus et finir par les Pythagoriciens[1]. Qu'est-ce qu'un tel chaos? Est-ce de l'histoire? Est-ce de la critique? Est-ce de l'érudition?

Je ne dirai qu'un mot du style de Sextus. On n'en a guère vanté que la clarté. Et il est vrai que Sextus, excepté en de certaines rencontres, où il a bien l'air de rapporter des opinions qu'il ne comprend pas, Sextus, dis-je, est généralement fort clair ; mais au lieu de cette clarté supérieure qui naît de la force et de l'enchaînement des pensées, il n'a guère que la stérile clarté que le style emprunte d'ordinaire à la pauvreté d'un esprit diffus. En général, tel esprit, tel style[2]. L'esprit de Sextus est celui d'un compilateur, et son style est digne de son esprit.

Du reste, il y aurait de l'injustice à lui contester les qualités estimables d'un commentateur studieux. Sa mémoire est exercée et sûre. Aucun soin ne lui coûte pour débrouiller et classer les matières. Il distingue, divise, résume. De peur que le fil de sa laborieuse

---

D. p. 147. B. Cf. *Adv. Math.* 133, A. Ibid. 148, D. 149, C. 156, E. 159, B. 160, D. 226, A. 436, C. 437, C. 457, B.

[1] *Hyp. Pyrr.* III, 4. Cf. *Adv. Math.* p. 367.

[2] « La manière dont Sextus rapporte quelque chose de complétement inintelligible est en général remarquable. » Ritter, *Hist. de la phil. anc.* IV, p. 225, note 1.

exposition ne vienne à échapper, il prend la peine de le montrer sans cesse, sauf les cas, rares il est vrai, où lui-même l'a perdu.

Ainsi, des cinq principaux disciples d'Ænésidème, savoir, Zeuxis, Favorinus, Agrippa, Ménodote et Sextus Empiricus, tous, hormis Sextus, paraissent avoir contribué pour leur part, et Agrippa plus qu'aucun autre, à donner au scepticisme une organisation plus complète, et tout ensemble plus étendue et plus simple. Quant à Sextus, si de son chef il a peu ajouté aux travaux philosophiques de ses devanciers, il a su du moins, en les recueillant avec un zèle et une patience dignes d'éloges, nous en faire connaître le résultat définitif, et par là, autant que la nature particulière de son esprit le comportait, il s'est créé des droits à la reconnaissance des amis de la philosophie ancienne.

DEUXIÈME ÉTUDE

LE
SCEPTICISME DE PASCAL

PASCAL

Le scepticisme moderne commence au seizième siècle. Il naît de plusieurs causes. La première de ces causes, très-générale, ce sont les agitations, les luttes, les guerres, les persécutions religieuses nées de la Réforme. Je ne fais que l'indiquer. On ne s'étonnera pas de voir le scepticisme venir à la suite du fanatisme : comme en politique on se repose de l'anarchie dans le despotisme, de même en religion on se repose du fanatisme dans le scepticisme. C'est alors que, selon le mot de Montaigne, le doute et l'incuriosité sont un doux oreiller pour une tête bien faite. Une seconde cause, plus spécialement philosophique, c'est le mouvement des idées. La scholastique est tombée dans le décri. On s'est pris d'enthousiasme pour la philosophie de l'antiquité. Il y a des platoniciens; il y a des péripapéticiens, et entre ces deux écoles une lutte. Parmi les platoniciens, les uns sont spiritualistes et chrétiens comme Marsile Ficin, les autres panthéistes, comme Giordano

Bruno; les péripapéticiens se divisent en alexandristes et en averroïtes. De ces contradictions naît le scepticisme. Il a le caractère de la philosophie du temps : il est la renaissance du scepticisme antique. Vainement dans les écrivains sceptiques du siècle chercherait-on une idée qui ne soit pas puisée aux sources antiques. Montaigne est un grand nom; Charron, La Mothe le Vayer ne sont pas méprisables; mais aucun n'est purement original. Montaigne est un enchanteur. Son imagination, sa verve gasconne animent tout, rajeunissent tout. Moraliste éminent, grand connaisseur du cœur humain, à tous ces titres, il a une grande place dans l'histoire de la littérature; mais dans l'histoire du scepticisme, son originalité est nulle et sa place petite : c'est un scepticisme de renaissance suffisant peut-être contre un dogmatisme de renaissance, mais en soi peu fort et peu nouveau.

C'est seulement après Descartes, au milieu du dix-septième siècle, que l'on voit apparaître un scepticisme nouveau, puissant, original. Je le ramène à deux grands types : le scepticisme théologique et le scepticisme érudit.

Le scepticisme théologique est tout moderne. Dans l'antiquité, on était sceptique de toutes pièces ou dogmatique. Quand on croyait la raison humaine impuissante, on faisait consister la sagesse à douter de tout. C'est de nos jours qu'on a vu pour la première fois le scepticisme le plus radical s'unir au dogmatisme le plus décidé. C'est de nos jours qu'on a eu l'idée de faire servir le scepticisme à l'établissement de la vérité, de dire à l'homme : Voulez-vous connaître la vérité ? commencez par détruire votre raison. Voulez-vous voir la lumière véritable? commencez par vous crever les yeux. Cette idée ne se trouve pas dans les théologiens de l'antiquité; les théologiens modernes en ont tout l'honneur. Mais parlons avec respect. Nous avons devant nous un' évêque, un savant homme, monsieur d'Avranches, comme on disait alors, le docte Huet. Nous avons aussi plus qu'un évêque ordinaire, plus même qu'un docte évêque, un écrivain, un penseur, un géomètre, un moraliste de génie, *ce jeune homme qui avec des barres et des ronds inventa la géométrie; cet effrayant génie*, c'est Blaise Pascal [1].

Pascal et Huet sont les deux variétés de l'espèce que je décris. Il y a la variété janséniste et la variété jésuitique, moliniste, si l'on aime mieux. Pascal est extrême; il est janséniste, c'est tout dire, janséniste conséquent. Il professe le néant de la nature humaine : cette nature est corrompue, ses deux maîtresses parties sont altérées : la raison est impuissante pour la vérité, la volonté impuissante pour le bien. *Nous sommes incapables et de vrai et de bien.* Une seule chose peut nous sauver, c'est la grâce, non cette grâce *suffisante qui ne suffit pas*, dont il se moque avec amertume, mais la grâce efficace, singulière, gratuite, déterminante, j'ai presque dit nécessitante. Voilà l'excès de Pascal. Mais à côté de ce défaut, il y a une qualité éminente : Pascal est net, Pascal est résolu,

---

[1] Voyez *Le génie du christianisme*, troisième partie, l. II, chap. VI.

Pascal est sincère. Ouvrez le livre des *Pensées*, vous y trouvez : *Le pyrrhonisme est le vrai. Toute la philosophie ne vaut pas une heure de peine.* Voilà qui est franc. Huet a-t-il de ces aveux? Non. Huet est un homme du monde; ce n'est pas l'Alceste, c'est le Philinte du scepticisme théologique. Il insinue le scepticisme, plutôt qu'il ne le professe. Il le verse à petites doses. D'abord, il en dépose quelques germes dans sa *Démonstration évangélique*. Puis il détache le masque dans les *Questions d'Aulnay sur l'accord de la raison et de la foi*. Il ne se montre à visage découvert que dans son *Traité philosophique de la faiblesse de l'esprit humain*. Je dis à visage découvert, et j'ai tort. Ce genre d'esprits a toujours un masque. Huet admet qu'il y a des vraisemblances, à défaut de vérités. Il admet même des clartés et des certitudes; mais des clartés qui ne sont pas tout à fait claires et des certitudes qui ne sont pas tout à fait certaines, un peu à la manière de ces grâces suffisantes qui ne suffisent pas. Il donne d'une main et retire de l'autre. A cette marche oblique, doucereuse, gracieuse, accommodante, ne reconnaît-on pas... qu'allais-je dire? l'habile et insinuante compagnie de Jésus? On me dira : Huet n'était pas jésuite. C'est vrai; mais il logeait chez eux; il était leur ami, leur hôte. Il passa chez les jésuites de la rue Saint-Antoine les vingt dernières années de sa vie, et leur légua sa bibliothèque. Il avait pris l'air de la maison.

Un homme aussi savant qu'Huet, mais qui lui est infiniment supérieur par la critique, et plus encore par la pénétration profonde et la souplesse merveilleuse de son esprit, c'est Bayle. Bayle, c'est le scepticisme érudit. J'appelle ainsi celui qui naît d'un abus d'érudition. Il y a des hommes qui ont une curiosité infinie de savoir ce qu'on a pensé, ce qu'on a cru sur chaque question. La variété des opinions, des croyances, les luttes, les combats, les défaites, les triomphes sont un spectacle qui les amuse. A force de s'y intéresser, ils perdent la faculté de s'arrêter à une opinion, de se fixer. Toute opinion arrêtée leur paraît étroite, gênante; c'est un ennui, c'est un dégoût, c'est une chaîne. Je les compare à ces voyageurs qui ne peuvent plus rester en place, ou à ces gens du monde qui ne savent plus se plaire chez eux. Bayle est le type de ces esprits mobiles, curieux, vagabonds et indécis. Né protestant, il se fait catholique pour redevenir protestant, premier signe de mobilité. Comme philosophe, il excelle à comprendre les systèmes. Il trouve que tous ont du bon, même le manichéisme. Ils ont tous du bon, mais ils ont tous des difficultés insolubles. Descartes est très-profond, Malebranche est sublime; mais que de difficultés dans le système des tourbillons! que de difficultés dans le système des causes occasionnelles! L'harmonie préétablie est une belle chose; mais comment la concilier avec le libre arbitre? L'optimisme est séduisant; mais le mal, la douleur? Faut-il se faire manichéen?

La balance à la main, Bayle enseigne à douter.

Voltaire l'a dit : c'est l'avocat général du scepticisme,

mais il ne donne pas ses conclusions. Ce qui fait pardonner à Bayle son indécision, c'est que, dans sa pensée, le résultat le meilleur de cette lutte et de cette contradiction des systèmes et des croyances, c'est l'obligation pour les théologiens et les philosophes de se supporter mutuellement. Son dernier mot, c'est la tolérance. C'est par là qu'il peut être considéré comme le précurseur de toute la grande école du dix-huitième siècle.

De ces trois grands représentants du scepticisme au dix-septième siècle, bien des motifs m'invitent à consacrer à Pascal un examen approfondi. Pascal est d'abord le plus redoutable parmi les sceptiques de son espèce. Puis c'est en quelque façon un sceptique de notre temps. On a remarqué que le livre des Pensées est comme dépaysé au dix-septième siècle [1], ce temps d'équilibre et d'accord entre la science et la foi, ce siècle de Bossuet et de Leibnitz. Aussi n'y a-t-il pas produit grand effet. Ce n'est que de nos jours qu'on a bien compris les Pensées. Pourquoi cela? C'est que nous sommes à une époque de déchirement et d'antinomies. La différence entre nous et Pascal, c'est que dans le déchirement où nous sommes, lui et nous, il incline à la foi et nous au doute; c'est qu'il vit dans un siècle croyant et nous dans un siècle sceptique. Étudier Pascal, combattre Pascal, c'est donc entrer au plus profond des agitations et des besoins moraux de notre temps.

On peut étudier Pascal comme écrivain, comme moraliste, comme philosophe. Au premier point de vue,

[1] M. Cousin, *Des Pensées de Pascal*, p. 163.

il a été profondément étudié [1]. Je profiterai du résultat de ces études, qui a été de nous révéler le vrai Pascal, à la place du Pascal adouci et altéré de Port-Royal et de Bossut [2].

Comme moraliste, c'est un des hommes qui ont le plus profondément scruté et connu la misère et la grandeur de l'homme, surtout la misère. Sous ce rapport, je ne combats point Pascal, je le relis, et j'apprends à me connaître et à m'humilier.

Je considérerai surtout Pascal comme philosophe, je veux dire comme adversaire, comme ennemi de la philosophie dogmatique. Je distingue dans son livre trois sortes de vues : Premièrement, des arguments contre la philosophie dominante du temps, celle de Descartes. Puis, des arguments pour prouver l'insuffisance de la

---

[1] Voyez dans les *Discours et mélanges*, de M. Villemain, le morceau intitulé : *Pascal considéré comme écrivain et comme moraliste;* dans le livre *des Pensées de Pascal*, de M. Cousin, l'avant-propos qui précède son *Rapport à l'Académie* ; dans le *Port-Royal*, de M. Sainte-Beuve, le Livre Troisième ; dans l'*Histoire de la Littérature française*, de M. Nisard, le tome II ; dans l'*Histoire de France*, de M. Henri Martin, les pages consacrées à Pascal ; l'*Éloge de Pascal*, par M. Faugère ; l'*Étude littéraire*, de M. Ernest Havet, préface de son édition des *Pensées*.

[2] Je renvoie sur ce point au mémorable travail de restauration de M. Cousin : *des Pensées de Pascal, Rapport à l'Académie française sur la nécessité d'une nouvelle édition de cet ouvrage*, 1842 ; à l'édition de M. Faugère : *Pensées, fragments et lettres de Blaise Pascal, publiés pour la première fois conformément aux manuscrits originaux*, 1844 ; et à l'édition de M. Havet : *Pensées de Pascal publiées dans leur texte authentique, avec un commentaire suivi et une étude littéraire*, 1851.

philosophie. Enfin, des arguments contre la possibilité de toute philosophie.

On comprend à merveille la différente portée de ces vues. Quand Pascal dit : *Descartes s'est trompé;* il peut avoir raison, il a quelquefois raison ; cela ne prouve rien contre la philosophie. Quand il dit : La philosophie est quelque chose, elle n'est pas tout ; elle peut satisfaire l'esprit, elle ne satisfait pas le cœur ; Pascal a peut-être raison, peut-être tort. Le problème est de la dernière délicatesse. Mais on peut le résoudre dans le sens de Pascal et rester philosophe. Mais quand il dit : *Le pyrrhonisme est le vrai;... Se moquer de la philosophie c'est vraiment philosopher;... Humiliez-vous, raison impuissante, taisez-vous, nature imbécile,* Pascal alors est sceptique, sceptique absolu, ennemi mortel de toute philosophie. Il s'agit ici pour la philosophie d'être ou de ne pas être. On dira : Mais jamais Pascal n'est vraiment sceptique. On ne peut pas être sceptique et croyant. Or, Pascal est croyant : il a foi au christianisme, et il y voit la seule philosophie véritable. Je répondrai : Un peu de patience; nous verrons bien : Pascal lui-même nous prouvera qu'on peut être à la fois sceptique et croyant, sceptique à la raison, croyant à l'Évangile. Reste à savoir si ce n'est pas là une inconséquence et si la situation est tenable; si Pascal lui-même n'a pas douté de la religion, si sa raison ne s'est pas troublée aussi bien que sa foi. Nous irons alors au dernier fond de la question.

CHAPITRE PREMIER

PASCAL ET LA PHILOSOPHIE DE DESCARTES.

Je chercherai quelles impressions Pascal a d'abord reçues du cartésianisme, avant d'examiner ses griefs contre Descartes. Comment s'est faite son éducation philosophique, comment a-t-il connu Descartes et comment a-t-il été amené peu à peu à combattre et presque à mépriser sa philosophie? C'est ce qu'il faut premièrement éclaircir.

Pascal a été élevé par son père Étienne Pascal, président de la cour des Aides de Clermont, puis retiré à Paris. C'était un homme très-éclairé, versé dans les sciences mathématiques, lié avec Le Pailleur, le père Mersenne, Roberval et leurs amis. Il inocula à son fils son goût pour les sciences dans lesquelles Pascal se jeta de bonne heure. C'était sa vocation naturelle. « Mon père, nous dit madame Périer, sa sœur, lui parlait souvent des effets extraordinaires de la nature, comme de la poudre à canon et d'autres choses qui surprennent quand on les considère. Mon frère prenait grand plaisir à cet entretien, mais il voulait savoir la raison de toutes choses, et, comme elles ne sont pas toutes connues, lorsque mon père ne la disait pas ou qu'il disait celles qu'on allègue d'ordinaire qui ne sont proprement que des défaites, cela ne le contentait point... Dès son enfance, il ne pouvait se rendre qu'à ce qui lui paraissait vrai évidemment, de sorte que, quand on ne lui disait pas de bonnes raison, il en cherchait lui-même, et quand il s'était attaché à quelque chose, il ne la quittait point qu'il n'en eût trouvé quelqu'une qui le pût satisfaire. Une fois entre autres, quelqu'un ayant frappé à table un plat de faïence avec un couteau, il prit garde que cela rendait un grand son, mais qu'aussitôt qu'on eut mis la main dessus, cela l'arrêta. Il voulut en même temps en savoir la cause, et cette expérience le porta à en faire beaucoup d'autres sur les sons. Il y remarqua tant de choses, qu'il en fit un traité à l'âge de douze ans, qui fut trouvé tout à fait bien raisonné [1]. »

On sait avec quelle précoce fécondité se développa son génie. A douze ans, il invente la géométrie jusqu'à la trente-deuxième proposition d'Euclide. Son père, épouvanté, lui met Euclide entre les mains et le conduit aux assemblées du père Mersenne, berceau de l'Académie des sciences. A seize ans, il fait un traité des

---

[1] Voyez la *Vie de Blaise Pascal*, par madame Périer (Gilberte Pascal), dans l'édition des *Pensées* de M. Ernest Havet. J'avertis une fois pour toutes que mes indications et mes renvois au lecteur se rapportent à cette édition.

coniques « qui passa pour un si grand effort d'esprit, qu'on disait que depuis Archimède on n'avait rien vu de cette force. » Mersenne en donne la nouvelle à Descartes, qui l'accueille froidement [1]. A dix-huit ans, il invente sa machine arithmétique, dont on voit le modèle au Conservatoire des arts et métiers. A vingt-trois ans, il dirige les expériences du Puy-de-Dôme. A vingt-quatre ans, il lit des livres jansénistes, abandonne les sciences,

[1] Le Père Mersenne, dans une lettre en date du 12 novembre 1639, écrit à Descartes que le jeune Pascal, âgé de seize ans, vient de composer un traité des sections coniques qui laisse bien loin celui d'Apollonius et fait l'admiration de tous les vieux mathématiciens. « M. Descartes, qui n'admirait presque rien, dissimula comme il put la surprise que lui causa cette merveille. Il répondit assez froidement au P. Mersenne qu'il ne lui paraissait pas étrange qu'il se trouvât des gens qui pussent démontrer les coniques plus aisément qu'Apollonius, parce que cet ancien est extrêmement long et embarrassé, et que tout ce qu'il a démontré est de soi assez facile. Mais qu'on pourrait bien proposer d'autres choses touchant les coniques qu'un enfant de seize ans aurait de la peine à démêler. » Le P. Marsenne fait une copie du traité et l'envoie à Descartes. Celui-ci, avant d'en avoir lu la moitié, jugea que Pascal avait été instruit par M. Des Argues. Les amis de Pascal se récrient. On s'informe, on s'explique. Il est prouvé que le jeune Pascal n'a rien appris de Des Argues. Que fait Descartes? « Il aime mieux croire que M. Pascal le père était le véritable auteur du *Traité*, que de se persuader qu'un enfant fût capable d'un ouvrage de cette force. » (*Vie de Descartes*, l. V, ch. 5, p. 39 du t. II.) — Voilà le récit de Baillet. Je n'y vois rien qui autorise à attribuer à Descartes aucun mauvais sentiment. Il se défie, peut-être à l'excès, des enfants prodiges. Il fait des suppositions qui ne se trouvent pas exactes. Soit; mais au fond son doute est fort naturel et fait à Pascal le plus grand honneur possible.

et convertit sa sœur Jacqueline qui se fait religieuse. Nous voilà en 1647, dix ans après la publication du *Discours de la méthode*, de la *Géométrie*, de la *Dipotrique* et des *Météores* (1637); six ans après celle des *Méditations* (1641); trois ans après celle des *Principes* (1644). Il est certain que Pascal, dès ce moment, a reçu l'influence de Descartes. Il l'a reçue de son père et des savants réunis chez Mersenne. Cette année même, il a vu Descartes et a conversé avec lui sur le vide, la pesanteur de l'air et la matière subtile[1]. De 1647 à 1654, Pascal se refroidit un peu sur l'article de la dévotion, va dans le monde, songe même à se marier. En 1654, à la suite d'une vision mystique, une seconde conversion s'opère en lui. Il a trente et un ans. Il se retire à Port-Royal, écrit les *Provinciales* et s'occupe avec passion de son grand ouvrage sur l'Apologie de la religion chrétienne. Quatre ans après, à trente-cinq ans, il tombe dans une langueur qui dura jusqu'à sa mort, en 1662.

Pascal qui avait connu de bonne heure les travaux de Descartes, en trouva l'influence établie chez MM. de Port-Royal, dans les huit dernières années de sa vie : Arnauld, Nicole étaient cartésiens. Qu'en a-t-il goûté? qu'en a-t-il rejeté? Il est clair, par les divers écrits joints aux *Pensées* et par les *Pensées* elles-mêmes, qu'il a accepté du cartésianisme non-seulement la partie incontestable, les mathématiques, mais les principes généraux de la physique et aussi les principes généraux de la méthode, et enfin les vues métaphysiques

[1] Voyez plus loin, p. 263, la lettre de Gilberte Pascal (madame Périer) à sa sœur, du 25 septembre 1647.

sur l'âme, le corps, l'univers. Précisons ces points.

Dans l'écrit intitulé par Bossut : *De l'autorité en matière de philosophie*, et qui est un fragment de la préface projetée d'un traité du vide (qui n'a jamais été fait), Pascal se montre tout à fait cartésien. Il distingue les matières de religion où règne l'autorité, et celles de science ou règne la raison ; il s'élève contre les partisans de la tradition en philosophie et développe avec une force admirable l'idée du progrès : « Le respect que l'on porte à l'antiquité est aujourd'hui à tel point, dans les matières où il doit avoir moins de force, que l'on se fait des oracles de toutes ses pensées, et des mystères même de ses obscurités ; que l'on ne peut plus avancer de nouveautés sans péril, et que le texte d'un auteur suffit pour détruire les plus fortes raisons...

« Dans les matières où l'on recherche seulement de savoir ce que les auteurs ont écrit, comme dans l'histoire... et surtout dans la théologie ; et enfin dans toutes celles qui ont pour principe, ou le fait simple, ou l'institution divine ou humaine, il faut nécessairement recourir à leurs livres, puisque tout ce qu'on en peut savoir y est contenu...

Il n'en est pas de même des sujets qui tombent sous le sens ou sous le raisonnement : l'autorité y est inutile ; la raison seule a lieu d'en connaître. Elles ont leurs droits séparés. L'une avait tantôt tout l'avantage ; ici l'autre règne à son tour... Il faut relever le courage de ces gens timides qui n'osent rien inventer en physique, et confondre l'insolence de ces téméraires qui produisent des nouveautés en théologie...

« Les secrets de la nature sont cachés ; quoiqu'elle agisse toujours, on ne découvre pas toujours ses effets. Le temps les révèle d'âge en âge, et quoique toujours égale en elle-même, elle n'est pas toujours également connue... De sorte que toute la suite des hommes, pendant le cours de tant de siècles, doit être considérée comme un même homme qui subsiste toujours et qui apprend continuellement : d'où l'on voit avec combien d'injustice nous respectons l'antiquité dans ses philosophes ; car, comme la vieillesse est l'âge le plus distant de l'enfance, qui ne voit que la vieillesse dans cet homme universel ne doit pas être cherchée dans les temps proches de sa naissance, mais dans ceux qui en sont les plus éloignés ? Ceux que nous appelons anciens étaient véritablement nouveaux en toutes choses, et formaient l'enfance des hommes proprement ; et comme nous avons joint à leurs connaissance l'expérience des siècles qui les ont suivis, c'est en nous que l'on peut trouver cette antiquité que nous révérons dans les autres. » Descartes avait dit, dans un fragment resté manuscrit : « *Non est quod antiquis multum tribuamus propter antiquitatem,* sed nos potius iis antiquiores dicendi. *Jam enim senior est mundus quam tunc, majoremque habemus rerum experientiam*[1]. »

Le morceau décomposé par Bossut en deux fragments, l'un : *Réflexions sur la géométrie en général,* l'autre : *de l'Art de persuader,* et intitulé par M. Havet

[1] Voir le *Fragment d'un Traité du vide* dans l'édition de M. Havet et la note à laquelle j'emprunte ce rapprochement. P. 430 et 437.

De l'esprit géométrique, est encore tout empreint de cartésianisme. Là Pascal fait consister l'idéal de la méthode à tout définir et à tout démontrer, sauf les notions et les vérités qui sont claires par elles-mêmes : « Cet ordre, le plus parfait entre les hommes, consiste non pas à tout définir ou à tout démontrer, ni aussi à ne rien définir ou à ne rien démontrer, mais à se tenir dans ce milieu de ne point définir les choses claires et entendues de tous les hommes, et de définir toutes les autres ; et de ne point prouver toutes les choses connues des hommes, et de prouver toutes les autres. Contre cet ordre pèchent également ceux qui entreprennent de tout définir et de tout prouver, et ceux qui négligent de le faire dans les choses qui ne sont pas évidentes d'elles-mêmes[1]. »

Dans le même morceau, je relève cette page à l'honneur de Descartes : « Je voudrais demander à des personnes équitables si ce principe : la matière est dans une incapacité naturelle invincible de penser, et celui-ci : je pense, donc je suis, sont en effet les mêmes dans l'esprit de Descartes et dans l'esprit de saint Augustin, qui a dit la même chose douze cents ans auparavant. En vérité, je suis bien éloigné de dire que Descartes n'en soit pas le véritable auteur, quand même il ne l'aurait appris que dans la lecture de ce grand saint ; car je sais combien il y a de différence entre écrire un mot à l'aventure, sans y faire une réflexion plus longue et plus étendue, et apercevoir dans ce mot une suite admirable de conséquences, qui prouve la distinction des natures

---

[1] Voyez *De l'esprit géométrique*, p. 444.

matérielle et spirituelle, et en faire un principe ferme et soutenu d'une physique entière, comme Descartes a prétendu faire. Car, sans examiner s'il a réussi efficacement dans sa prétention, je suppose qu'il l'ait fait, et c'est dans cette supposition que je dis que ce mot est aussi différent d'avec le même mot dans les autres qui l'ont dit en passant, qu'un homme plein de vie et de force d'avec un homme mort[1]. »

Remarquez que ces divers morceaux (un au moins) sont antérieurs aux *Pensées*. La préface du *Traité du vide* est probablement, selon M. Cousin, de 1647 à 1651[2]. Pascal, encore très-occupé de sciences, n'a pas fait sa seconde conversion. Le morceau sur *l'esprit géométrique* est daté par M. Havet de vers 1655, un peu avant les *Provinciales*, dans les premiers temps de la retraite à Port-Royal.

Dans les *Pensées*, que de traces de l'influence cartésienne! J'y trouve l'idée de l'infinité de l'univers; la pensée, essence de l'âme; l'âme spirituelle en tant que pensante et partant inétendue; l'automatisme des bêtes; le mécanisme en général.

Dès les premières lignes, voici l'idée de l'infinité de l'univers : «Que l'homme contemple donc la nature entière dans sa haute et pleine majesté... C'est une sphère infinie dont le centre est partout et la circonférence nulle part[3].» Cette expression si originale n'est pas

[1] De *l'Esprit géométrique*, p. 469.
[2] Dates des lettres à M. Le Pailleur et à M. Ribeyre. Voyez *Des Pensées de Pascal*, p. 34.
[3] *Pensées*, art. 1, § 1.

une métaphore brillante, il ne faut pas s'y tromper : elle convient à merveille au monde cartésien qui a pour essence l'étendue, l'étendue nécessairement infinie. C'est l'expression ingénieusement symbolique d'une idée profonde et nouvelle. D'où vient cette idée? qui l'a introduite dans la philosophie? Ce n'est pas Pythagore, ce n'est pas Giordano Bruno, c'est Descartes, qui a donné au monde pour essence l'étendue nécessairement infinie, Descartes qui se moque de ceux qui *enferment l'œuvre de Dieu dans une boule* [1], et qui n'hésite pas à confier à Henri Morus qu'un monde fini est une contradiction [2]. Doutez-vous que l'idée en soit venue à Pascal directement de Descartes? Avouez au moins qu'elle est toute pénétrée de l'esprit moderne, et certainement qu'elle n'a rien de janséniste.

Mais voici d'autres passages classiques où la trace de Descartes n'est pas contestable : « ... Il est impossible que la partie qui raisonne en nous soit autre que spirituelle [3], » premier point de spiritualisme cartésien, qui va être développé en traits plus forts et plus précis dans les lignes qui suivent : « Je puis bien concevoir un homme sans mains, pieds, tête, car ce n'est que l'expérience qui m'apprend que la tête est plus nécessaire que les pieds. Mais, je ne puis concevoir l'homme sans pensée, ce serait une pierre ou une brute. » Curieuse rencontre! Descartes avait dit (dans un dialogue posthume, publié en 1701 seulement):

[1] *Les principes de philosophie*, part. I, 27.
[2] Lettre à Henri Morus, X, p. 241.
[3] Voyez les *Pensées*, art. I, § 1.

« Il m'a été nécessaire, pour me considérer simplement tel que je me sais être, de rejeter toutes ces parties ou tous ces membres qui constituent la machine humaine, c'est-à-dire il a fallu que je me considérasse sans bras, sans jambes, sans tête, en un mot sans corps [1]. »

Lisez à la suite : « La grandeur de l'homme est grande en ce qu'il se connaît misérable. Un arbre ne se connaît pas misérable. C'est donc être misérable que de se connaître misérable ; mais c'est être grand que de connaître qu'on est misérable. Toutes ces misères-là mêmes prouvent sa grandeur. Ce sont misères de grand seigneur, misères d'un roi dépossédé [2]. »

N'est-ce pas le pur cartésianisme qui a inspiré cette page immortelle : « L'homme n'est qu'un roseau, le plus faible de la nature, mais c'est un roseau pensant. Il ne faut pas que l'univers entier s'arme pour l'écraser. Une vapeur, une goutte d'eau suffit pour le tuer. Mais quand l'univers l'écraserait, l'homme serait encore plus noble que ce qui le tue, parce qu'il sait qu'il meurt, et l'avantage que l'univers a sur lui, l'univers n'en sait rien. Toute notre dignité consiste donc en la pensée. C'est de là qu'il faut nous relever, non de l'espace et de la durée que nous ne saurions remplir. Travaillons donc à bien penser : voilà le principe de la morale [3]. »

---

[1] *Pensées*, art. 1, § 2, et la note 1, où M. Havet fait ce rapprochement, p. 19. — Voyez aussi le dialogue de Descartes dans l'édition de ses œuvres donnée par M. Cousin, tome XI, p. 364.

[2] Ibid., § 3.

[3] Ibid. § 6.

Une dernière trace de cartésianisme est dans cette fin de l'article Ier, qui ne serait pas déplacée chez un dogmatique de l'école de Descartes : c'est une démonstration de l'existence de Dieu, très-solide, quoiqu'imparfaitement développée : « Je sens que je peux n'avoir point été : car le moi consiste dans ma pensée ; donc moi qui pense, n'aurais point été, si ma mère eût été tuée avant que j'eusse été animé. Donc je ne suis pas un être nécessaire. Je ne suis pas aussi un être éternel ni infini ; mais je vois bien qu'il y a dans la nature un être nécessaire, éternel et infini[1]. »

On le voit, Pascal a commencé par subir docilement l'influence du cartésianisme. Insensiblement il s'y est soustrait. La nouvelle philosophie l'avait touché, entamé, séduit ; mais le jansénisme a été le plus fort : il a étouffé dans Pascal le cartésien. J'arrive, sans plus tarder, à ses griefs, dont il n'a pas ménagé l'expression.

Un peu après les pages des *Pensées* où il s'est montré si franchement cartésien, voici un passage où Pascal rudoie et ceux qui ont voulu embrasser l'ensemble des choses, comme Démocrite disant : λέγω τάδε περὶ τῶν συμπάντων, et ceux qui, comme Descartes, ont intitulé leurs livres : *Principia philosophiæ*, avec la prétention d'atteindre les semences primitives où commence l'origine des choses : «... De ces deux infinis de sciences, celui de grandeur est bien plus sensible, et c'est pourquoi il est arrivé à peu de personnes de prétendre connaître toutes choses. Je vais parler de

---

[1] *Pensées*, § 11.

tout, disait Démocrite. Mais l'infinité en petitesse est bien moins visible. Les philosophes ont bien plutôt prétendu d'y arriver, et c'est là où tous ont achoppé. C'est ce qui a donné lieu à ces titres si ordinaires : *Des principes des choses, Des principes de la philosophie*, et aux semblables, aussi fastueux en effet, quoique non en apparence, que cet autre qui crève les yeux, *De omni scibili*[1]. » Ce passage s'éclaircit d'abord par celui-ci : « Écrire contre ceux qui approfondissent trop les sciences. Descartes. » Puis par cet autre, barré dans le manuscrit de Pascal : « Il faut dire en gros : cela se fait par figure et mouvement, car cela est vrai. Mais de dire quels, *et composer la machine*, cela est ridicule; car cela est inutile, et incertain et pénible. Et quand cela serait vrai, nous n'estimons pas que toute la philosophie vaille une heure de peine[2]. »

Ailleurs il accepte le mécanisme en physique, mais il se plaint qu'on le pousse jusqu'à une sorte d'athéisme, reproche qui prend une forme piquante dans la bouche de Marguerite Périer, sa nièce : « M. Pascal parlait peu de sciences; cependant, quand l'occasion s'en présentait, il disait son sentiment sur les choses dont on lui parlait. Par exemple sur la philosophie de M. Descartes, il disait assez ce qu'il pensait. *Il était de son sentiment sur l'automate*, et n'en était point sur la matière subtile dont il se moquait fort. Mais il ne pouvait souffrir sa manière d'expliquer la formation de toutes choses; et il disait très-souvent :

---

[1] *Pensées*, art. I, p. 9 et 10.
[2] Ibid. art. XXIV, 100.

Je ne puis pardonner à Descartes : il aurait bien voulu, dans toute sa philosophie, pouvoir se passer de Dieu, mais il n'a pu s'empêcher de lui faire donner une chiquenaude pour mettre le monde en mouvement : après cela, il n'a plus que faire de Dieu [1]. » Leibnitz aussi lui a reproché d'avoir nié les causes finales, d'avoir tout réduit aux causes matérielles, d'avoir substitué la nécessité à la Providence, d'avoir abouti au naturalisme : « Spinosa commence où Descartes finit, dans le naturalisme. » L'accusation est grave; est-elle juste? c'est ce qu'il faut discuter à fond.

Pour comprendre et juger cette accusation, il faut se rendre compte de l'idée mère du livre des *Principes*. Il faut aussi rechercher ce qu'il y a eu d'abord de commun entre Pascal et Descartes, pour mieux distinguer les vrais griefs de Pascal. Le livre des *Principes de la philosophie* parut en 1644, après les *Meditationes de prima philosophia*. Les Méditations étaient un livre de pure métaphysique, les Principes furent un livre de pure physique. Quelle en est l'idée dominante? C'est l'idée mécanique. Exclure de la physique les causes occultes, les hypothèses métaphysiques, la forme et la matière, les formes substantielles, les causes finales; chercher l'explication des phénomènes de l'univers dans l'étendue, la figure et le mouvement, tel est le problème que se pose Descartes. Le poser résolûment, c'était un trait hardi de génie, au milieu d'un siècle où la confusion de

---

[1] *Lettres, opuscules et mémoires de madame Périer et de Jacqueline, sœurs de Pascal, et de Marguerite Périer, sa nièce. Publiés sur les manuscrits originaux*, par P. Faugère, 1845. Voy. p. 458.

la théologie et de la philosophie, de la métaphysique et de la physique faisait des idées un véritable chaos. La physique, encore à l'enfance, admettait les plus pauvres définitions, comme celle du père Noël : *La lumière est le mouvement luminaire d'un corps lumineux.* On croyait aux singulières vertus imaginées pour expliquer les propriétés des corps, à la *vertu dormitive* de l'opium, à la *vertu pulsative* du sang, à cette *vertu horodeictique* dont parle Leibnitz. Descartes paraît au milieu de cette confusion et de cette ignorance, avec une idée longtemps méditée dont l'éclat va dissiper ces nuages. Cette idée grande, originale, lui appartient-elle en propre? Non, il ne l'a pas inventée; elle est dans Galilée, dans Bacon, dans Hobbes, dans Gassendi. Mais elle était restée stérile dans leurs livres, et c'est Descartes qui l'a rendue féconde, qui l'a organisée dans un vaste système. On a dit de sa physique que c'était le roman de la nature, et Descartes lui-même l'a appelée ainsi en souriant avec ses amis [1]; il n'en fallait pas moins une vaste et imposante hypothèse pour amener Newton.

    Quelle était alors la situation de Pascal? Il s'occupait de sciences. C'était le moment où il était partout question des expériences de Torricelli. Des fontainiers de Florence ayant à construire une pompe dont le tube avait plus de trente-deux pieds de haut, et remarquant que l'eau ne montait pas au delà de trente-deux pieds, avaient consulté Galilée, qui ne leur avait fait d'autre réponse, sinon que la nature a horreur du vide, mais

---

[1] Voyez la *Vie de Descartes*, par Baillet; préface, p. 18.

seulement jusqu'à trente-deux pieds. Cette explication fut d'abord prise au sérieux. Tout le monde y croyait: Torricelli et Pascal [1] y ajoutèrent foi. La lumière se fit bientôt. Torricelli soupçonna le premier que la pression de l'air était la vraie cause qui arrêtait l'ascension de l'eau. Il fit des expériences. Le bruit en arriva jusqu'à Pascal encore imbu de l'idée de l'horreur du vide, et sa curiosité en fut vivement excitée. A son tour il en vint aux expériences: il fit d'abord à Rouen, puis à Paris, celle du baromètre sur la tour Saint-Jacques-la-Boucherie, en 1646; enfin il fit faire par M. Périer, qui habitait l'Auvergne, la grande expérience du Puy-de-Dôme, en 1648. Leur succès dessilla tous les yeux. Pascal avait rendu manifeste, palpable, et pour ainsi dire matérielle, la vérité de la pression de l'air. L'honneur d'une expérience si concluante fut discuté entre Pascal et Descartes. Pascal en eut-il la première idée? Est-ce Descartes qui la lui a suggérée, comme il le prétendait, dans une entrevue qu'ils avaient eue dans l'année? La question est délicate. Je ne trouve sur ce point que deux sortes de renseignements également insuffisants pour la décider, le récit de Baillet, qui donne tort à Pascal, et la lettre de Jacqueline Pascal, du 25 septembre 1647, que voici : « Ma chère sœur, j'ai différé à t'écrire, parce que je voulois te mander tout au long l'entrevue de M. Descartes et de mon frère. Je n'eus pas le loisir hier de te dire que dimanche au soir M. Hé-

---

[1] Voyez dans l'édition des Œuvres complètes de Pascal, 5 vol. in-8, Paris, 1819, les *Nouvelles expériences touchant le vide*. Maximes I, II, III.

bert vint ici accompagné de M. de Montigny de Bretagne, qui me venoit dire (à deffaut de mon frère qui étoit à l'église), que M. Descartes, son compatriote et ami, lui avoit fort témoigné avoir envie de voir mon frère, à cause de la grande estime qu'il avoit toujours ouï faire de monsieur mon père et de luy; et que, pour cet effet, il l'avoit prié de venir voir s'il n'incommoderoit point mon frère, parce qu'il savoit qu'il étoit malade, en venant céans le lendemain à neuf heures du matin. Quand M. de Montigny me proposa cela, je fus assez empêchée de répondre, à cause que je savois qu'il a peine à se contraindre et à parler particulièrement le matin ; néanmoins je ne crus pas à propos de refuser, si bien que nous arrêtâmes qu'il viendroit à dix heures et demie du matin le lendemain, ce qu'il fit avec M. Hébert, M. de Montigny, un jeune homme de soutane, que je ne scai pas qui c'est, le fils de M. de Montigny, et deux ou trois autres petits garçons, et M. de Roberval s'y trouva, que mon frère en avoit averti ; et là, après quelques civilités, il fut parlé de l'instrument [1], qui fut fort admiré, tandis que M. de Roberval le montroit ; ensuite on se mit sur le vuide, et M. Descartes, avec un grand sérieux, comme on lui contoit une expérience, et qu'on lui demanda ce qu'il croyoit qui fût entré dans la seringue, dit que c'étoit de sa matière subtile; sur quoi mon frère lui répondit ce qu'il put, et M. de Roberval, croyant que mon frère aurait peine à parler, entreprit avec un peu de chaleur M. Descartes (avec ci-

---

[1] Je suppose que cet instrument est la fameuse machine arithmétique imaginée par Pascal et construite par ses soins.

vilité cependant) qui lui répondit avec un peu d'aigreur : qu'il parleroit à mon frère tant qu'il voudroit, parce qu'il parloit avec raison, mais non pas à luy, qui parloit avec présomption ; et là-dessus, voyant à sa montre qu'il étoit midy, il se leva, parce qu'il étoit prié à dîner au faubourg Saint-Germain, et M. de Roberval aussy, si bien que M. Descartes l'y mena dans un carrosse, où ils étaient tous deux seuls, et là ils se chantèrent goguettes, mais un peu plus fort que jeu, à ce que nous dit M. de Roberval, qui revint ici l'après-dîner, où il trouva M. Dalibray[1]... » Cette lettre fort curieuse a pourtant le malheur de ne pas résoudre la question de priorité entre les deux savants. C'est un point indécis[2].

[1] Cette lettre de Jacqueline Pascal à sa sœur madame Périer a été publiée pour la première fois par M. Libri, dans le *Journal des savants*; septembre 1839.

[2] Voici ce que je trouve sur ce point dans la *Vie de Descartes*, par Baillet :

En 1647, Descartes, revenant de Bretagne, arrive à Paris. Pascal fut touché du désir de le voir, dit Baillet. Descartes lui donne rendez-vous aux Minimes, probablement chez Mersenne. « M. Descartes, ravi de l'entretien de M. Pascal, trouva que toutes ces expériences (celles que Pascal avait faites à Rouen, et dont il faisait alors imprimer le récit ; — il n'avait pas encore fait faire l'expérience du Puy-de-Dôme) étaient assez conformes aux principes de sa philosophie, quoique M. Pascal y fût encore alors opposé par l'engagement et l'uniformité d'opinion où il était avec M. de Roberval et les autres, qui soutenaient le vide. Mais pour le récompenser de sa conversation, il lui donna avis de faire d'autres expériences sur la masse de l'air, à la pesanteur duquel nous avons déjà remarqué qu'il rapportait ce que les philosophes du commun avaient attribué vainement à l'horreur du vide. Il l'assura du succès de ces expériences, quoiqu'il ne les eût point faites, parce qu'il en parlait confor-

Ce qui est certain, c'est qu'à ce moment Pascal renonce à l'horreur du vide et s'élève contre les sympathies qu'on prête à la nature. Le voilà mécaniste. Il est d'accord avec Descartes pour rompre avec le passé, sortir du chaos du moyen âge et de la scolastique, s'affranchir de l'autorité qui avait dominé la Renaissance, de ce culte passionné de l'antiquité d'abord si puissant pour éveiller l'esprit humain, mais capable à la fin de le fasciner et de l'enchaîner. Le passé, les

---

mément à ses principes. M. Pascal, qui n'était pas encore persuadé de la solidité de ces principes, et qui lui promit dès lors quelques objections contre sa matière subtile, n'aurait peut-être pas eu grand égard à cet avis, s'il n'avait été averti vers le même temps d'une pensée toute semblable qu'avait eue le sieur Torricelli. » Baillet se plaint que Pascal, quand il eut fait faire ses expériences du Puy-de-Dôme, en 1648, et qu'il en donna le récit dans sa lettre à M. de Ribeyre, n'ait pas parlé de sa conversation en 1647 avec Descartes, et ait mieux aimé reporter l'honneur de l'idée à Torricelli.

Nous voyons que l'entretien eut des suites. Pascal envoya à Descartes des objections sur la matière subtile. Descartes estima ces objections dignes de contradiction et engagea Pascal à les fortifier encore, annonçant qu'il répondrait. De plus, Baillet assure que Descartes, fort occupé lui-même, en 1648, d'expériences sur le vide, encouragea de nouveau Pascal à faire faire des expériences sur les plus hautes montagnes de l'Auvergne, ainsi qu'il le lui avait précédemment conseillé. Pascal a-t-il réellement été ingrat envers Descartes, ou bien Descartes s'est-il trop aisément persuadé qu'il avait donné à Pascal une idée et un conseil aussi précis, aussi circonstancié? C'est une question qui me paraît bien difficile à résoudre. M. Sainte-Beuve la résout en disant que Descartes *fut un peu âpre à la revendiquer*, et Pascal *un peu raide à la retenir*. (*Port-Royal*, tome II, p. 471.)

causes occultes, les accidents absolus, tout cela est mort pour eux. Veut-on s'assurer que Pascal est bien véritablement mécaniste, et que tout en raillant le titre fastueux du livre *Des principes*, il en accepte l'idée mère? Qu'on lise ce passage des *Pensées :* « Quand on dit que le chaud n'est que le mouvement de quelques globules [1] et la lumière le *conatus recedendi* que nous sentons, cela nous étonne. Quoi? que le plaisir ne soit autre chose que le ballet des esprits? Nous en avons une si différente idée! Et ces sentiments-là nous semblent si éloignés de ces autres que nous disons être les mêmes que ceux que nous leur comparons! Le sentiment du feu, cette chaleur qui nous affecte, d'une manière tout autre que l'attouchement, la réception du son et de la lumière, tout cela nous semble mystérieux, et cependant cela est grossier comme un coup de pierre. Il est vrai que la petitesse des esprits qui entre dans les pores touche d'autres nerfs, mais ce sont toujours des nerfs touchés [2]. » Pascal entre dans le système de Descartes, puisqu'il admet les esprits animaux et les mouvements rapides de ces esprits qu'il appelle si agréablement le *ballet des esprits*. Il y entre si bien qu'il va jusqu'à admettre l'automatisme des bêtes : « Il était, dit mademoiselle Périer, du sentiment de Descartes sur l'automate. » Je lis en effet dans les *Pensées* récemment éditées : « Si un animal faisait par esprit ce qu'il fait

[1] Voyez les *Principes*, IV, 29.
[2] *Pensées*, art. XXV, 10. Le *conatus recedendi a centro* est la force centrifuge, qui, par la rotation du soleil, meut l'éther, la matière subtile, et arrive à toucher la rétine.

par instinct, et s'il parlait par esprit ce qu'il parle par instinct, pour la chasse, et pour avertir ses camarades que la proie est trouvée ou perdue, il parlerait bien aussi pour des choses où il a plus d'affection, comme pour dire : Rongez cette corde qui me blesse, et où je ne puis atteindre [1]. » A la page 201 du manuscrit de Pascal, M. Havet relève ces lignes, écrites dans le même sens : « L'histoire du brochet et de la grenouille de Liancourt. Ils le font toujours et jamais autrement, ni autre chose d'esprit. » Il en rapproche ce passage des mémoires de Fontaine: « M. Arnauld..., qui était entré dans le système de Descartes sur les bêtes, soutenait que ce n'étaient que des horloges... M. de Liancourt lui dit : J'ai là bas deux chiens qui tournent la broche chacun leur jour ; l'un s'en trouvant embarrassé se cacha lorsqu'on l'allait prendre, et on eut recours à son camarade pour tourner au lieu de lui. Le camarade cria et fit signe de la queue qu'on le suivît. Il alla dénicher l'autre dans le

---

[1] *Pensées*, XXV, 11. — Il y a dans les *Pensées*, art. XXIV, 67, un fragment de trois lignes où M. Havet croit voir une objection que Pascal adresse aux cartésiens ou s'adresse à lui-même sur l'automatisme des bêtes : « La machine d'arithmétique fait des effets qui approchent plus de la pensée que tout ce que font les animaux ; mais elle ne fait rien qui puisse faire dire qu'elle a de la volonté, comme les animaux. » M. Havet entend : *comme en ont les animaux*, ce qui serait la négation de l'automatisme, partout ailleurs professé par Pascal. J'aimerais mieux admettre que Pascal a voulu dire : *pas plus que n'en ont les animaux*. Ce sens est d'accord avec l'ensemble du passage et avec les opinions partout avérées de Pascal sur les bêtes ; et je ne suppose qu'une légère incorrection. A la rigueur, il suffirait de mettre, après le mot *volonté*, un point et virgule.

grenier et le houspilla. Sont-ce là des horloges? dit-il à M. Arnauld, qui trouva cela si plaisant, qu'il ne put faire autre chose que d'en rire[1]. » Lisez aussi cet autre curieux récit du même auteur. « Combien aussi s'élevat-il de petites agitations dans ce désert (Port-Royal), touchant les sciences humaines de la philosophie et les nouvelles opinions de M. Descartes. Comme M. Arnauld, dans ses heures de relâche, s'en entretenait avec ses amis les plus particuliers, insensiblement cela se répandit partout, et cette solitude, dans les heures d'entretien, ne retentissait plus que de ces discours. Il n'y avait guère de solitaire qui ne parlât d'automate. On ne faisait plus une affaire de battre un chien. On lui donnait fort indifféremment des coups de bâton, et on se moquait de ceux qui plaignaient ces bêtes, comme si elles eussent senti de la douleur. On disait que c'étaient des horloges, que ces cris qu'elles faisaient quand on les frappait n'étaient que le bruit d'un petit ressort, qui avait été remué, mais que tout cela était sans sentiment. On élevait de pauvres animaux sur des ais par les quatre pattes pour les ouvrir tout en vie, et voir la circulation du sang qui était une grande matière d'entretien. Le château de M. le duc de Luynes était la source de toutes ces curiosités, et cette source était inépuisable. On y parlait sans cesse du nouveau système du monde, selon M. Descartes, *et on l'admirait*[2]. »

Voilà donc Pascal mécaniste et mécaniste à outrance. Il admet le mécanisme en principe, en gros; il admet

---

[1] Fontaine, tome II, p. 470.
[2] Ibid., tome II, p. 52. Passage cité par M. Cousin.

le système des ondulations pour expliquer la lumière et la chaleur; il admet les esprits animaux pour expliquer la communication des nerfs avec le cerveau. Il rejette la matière subtile, probablement parce qu'il incline à admettre le vide à la suite de ses expériences sur la pesanteur de l'air; mais il est si décidément mécaniste qu'il accepte la théorie de l'automatisme des bêtes. Cela étant, de quel droit, je le demande, reproche-t-il à Descartes d'avoir voulu expliquer tous les phénomènes du monde matériel par l'étendue, la figure et le mouvement, c'est-à-dire, en un mot, par le mécanisme? Est-ce bien à l'homme qui retient la plupart des théories cartésiennes, et quelques-unes des plus excessives, d'attaquer le monde cartésien? A-t il bonne grâce à se plaindre que Descartes essaye de faire le roman de la nature, lui qui n'hésite pas à en admettre ce qui est le moins admissible?

Un homme avait d'autres droits pour reprocher à Descartes de tout expliquer dans le monde par le mécanisme et pour le combattre : c'est Leibnitz. Il arrive vingt ans après à Paris, où il ne trouve plus ni Descartes, ni Pascal; mais il y rencontre Malebranche et Huet. Les idées cartésiennes se sont partout répandues. Il en accepte quelques-unes et rejette les autres; et à la suite de la révolution que venait de faire Descartes, il opère une seconde révolution. Il en est souvent ainsi dans les sciences. Leibnitz ne peut admettre que l'âme humaine soit comme isolée dans le monde : il s'inscrit en faux contre l'automatisme des bêtes et admet que les animaux ont une âme. Il pense que la vie et le sentiment sont partout répandus au sein de la nature, dans les plantes, dans les animaux, et même dans ce qui paraît être le plus inerte. Il regarde les animaux, pour reprendre l'expression d'un spirituel contemporain [1], comme des candidats à l'humanité, et il n'est pas très-éloigné de croire que nos âmes aient été, dans le principe, des âmes animales. Ce qui lui paraît manquer dans le monde cartésien, c'est l'idée de la force. En prenant l'étendue pour l'attribut essentiel de la matière, Descartes s'est complétement mépris et sur la nature de la matière et sur la nature de toute substance; car c'est la force qui est l'essence de toute substance matérielle ou immatérielle. Ainsi, la force, attribuée à la matière comme principe interne de l'organisation des corps, de leur unité, de leur vie, la force déjà donnée à l'homme comme le principe conscient de son activité libre, voilà l'idée nouvelle introduite par Leibnitz dans la philosophie naturelle. C'est là son vrai titre de gloire. Il a donc le droit d'attaquer le mécanisme cartésien, au moment où après en avoir discerné le vrai et le faux, il vient y substituer l'idée dynamique. Mais Pascal n'a pas vu tout cela : il n'a remarqué ni les lacunes, ni le défaut capital du système de Descartes. On pourrait croire qu'il y a entrevu un germe de panthéisme, devançant par là Leibnitz lui-même. Mais non; c'est Leibnitz le premier qui, excité peut-être par un sentiment de jalousie, a fait ressortir çà et là dans les écrits de Descartes des propositions

---

[1] M. Michelet, dans le livre de *l'Oiseau*.

pouvant servir de fondement au reproche qu'on lui a fait depuis d'avoir frayé la route au panthéisme. Au temps de Pascal, il n'en était pas question, et c'est longtemps après sa mort que surgit la redoutable accusation. Alors les ennemis de Descartes, pour diminuer sa gloire, ont fouillé ses écrits pour y trouver des passages médiocrement réfléchis, qu'il avait laissé échapper, pour ainsi dire, dans l'innocence de son cœur; et Leibnitz seconda l'orage quand il éclata. Il n'épargna ni la *Mécanique* de Descartes, ni sa *Physique*, et encore moins sa *Métaphysique*. Le premier, il attaqua la définition de la substance, équivoque en effet, mais que Descartes avait par mégarde hasardée dans les *Méditations* où elle ne tient en rien à son système, ne se lie à aucun principe et n'est la prémisse d'aucune conclusion. « Une substance, dit-il, est ce qui est de soi capable d'exister. » Leibnitz remarque avec trop de complaisance que si la définition est vraie, l'âme humaine n'est pas une substance, la matière n'est pas une substance : ce ne sont que des phénomènes. Il n'y a donc qu'une substance, conclusion qui mène droit au spinosisme. C'est encore une remarque de Leibnitz, qu'en n'admettant qu'une seule substance, Descartes détruit par un autre côté la substantialité de l'âme et de la matière en confondant l'âme avec la pensée et la matière avec l'étendue, nouvelle voie ouverte au spinosisme. Spinosa, en effet, ôtant à la pensée et à l'étendue leurs sujets propres et distincts, les rapporte à un seul et même sujet, qui est Dieu. Mais à entendre Leibnitz, ne semblerait-il pas que tous ceux qui n'ont pas connu sa théorie, née en 1693, étaient

panthéistes à leur insu, et que la mécanique a moins
besoin que la pure dynamique d'un premier moteur
de l'univers et d'un législateur suprême? Enfin c'est
Leibnitz qui, aveuglé par la passion du dénigrement, a
voulu voir dans le Dieu de Descartes un Dieu à la façon
de celui de Spinosa, dépourvu de volonté et de liberté,
un Dieu d'où toutes choses dérivent par nécessité, parce
que les lois du mouvement étant posées comme nécessaires, il n'y a plus de place dans l'univers pour le choix
et la Providence. Oui, sans doute, il y a là une semence
de spinosisme, et ce n'est pas la seule. En général,
Descartes, à force d'effacer l'activité des créatures,
incline à absorber la nature et l'homme en Dieu. Mais
est-ce là ce qu'a voulu dire Pascal? Évidemment, non.
Il est, lui, à l'antipode de ces vues critiques, quand il
se plaint que Descartes veuille se passer de Dieu. Il
y a donc là une méprise complète sur les vrais dangers
du cartésianisme : car le défaut du cartésianisme est de
faire la part trop petite à la créature et la part de Dieu
trop grande. Il y a presque une calomnie; car Descartes
est un philosophe profondément religieux [1]. Il y a in-

---

[1] Quel homme a été plus touché du sentiment religieux que
l'auteur des lignes qui terminent la troisième *Méditation :*
« Mais, auparavant que..., je passe à la considération des autres
vérités..., il me semble très à propos de m'arrêter quelque
temps à la contemplation de ce Dieu tout parfait, de peser tout
à loisir ses merveilleux attributs, de considérer, d'admirer et
d'adorer l'incomparable beauté de cette immense lumière au
moins autant que la force de mon esprit, qui en demeure en
quelque sorte ébloui, me le pourra permettre. Car, comme la
foi nous apprend que la souveraine félicité de l'autre vie ne

justice et inexactitude évidentes : car Pascal attribue à Descartes un parti pris, un dessein réfléchi. Il ne s'agit pas ici de savoir si le livre des *Principes* contient des germes de l'*Éthique*, mais s'il contient un parti pris de se passer de Dieu.

Examinons les *Principes*. Le livre est divisé en cinq parties. Les deux premières sont une exposition de la métaphysique et de la théodicée de Descartes, les trois dernières présentent ses théories sur le système du monde. Ainsi, nous voyons tout d'abord Descartes faire de la théodicée et de la métaphysique comme une vaste introduction à la physique et à la philosophie naturelle. A peine sorti du doute, à peine il a posé son célèbre principe *je pense, donc je suis*, qu'il s'élance vers Dieu, pressé de démontrer son existence. Il dédaigne toutes les preuves qu'on lui a enseignées au collège de la Flèche, brise avec la tradition, cherche des arguments nouveaux, et, selon sa propre méthode, ce qu'il demande à la métaphysique, c'est l'évidence. Là aussi il finit par la trouver pleine, entière, parfaite comme dans les mathématiques. La pensée peut tout mettre en question, tout, excepté elle-même. Celui qui douterait de tout ne peut au moins douter qu'il doute, c'est-à-dire qu'il pense, d'où il suit que la pensée ne peut se renier elle-même, car elle ne le ferait qu'avec

consiste que dans cette contemplation de la majesté divine, ainsi expérimentons-nous dès maintenant qu'une semblable méditation, quoique incomparablement moins parfaite, nous fait jouir du plus grand contentement que nous soyons capable de ressentir en cette vie. »

elle-même. C'est là un cercle dont il est impossible au scepticisme le plus déterminé de sortir. Si je ne peux douter que je pense, je ne peux douter que j'existe en tant que pensée, et sous la forme la plus concise : je pense, donc je suis. Voilà le premier principe évident. Mais quel est le caractère de ma pensée? C'est d'être invisible, inétendue, simple. Nous voilà à la spiritualité de l'âme. Mais ma pensée n'est-elle pas aussi imparfaite et limitée? Moi, qui existe par elle, ne suis-je pas également imparfait et borné? Or cette idée claire et distincte de mon imperfection et de ma limitation m'élève invinciblement à la pensée de quelque chose de parfait et d'infini. J'ai beau faire, je ne peux avoir l'une de ces idées sans l'autre. Et cette idée de quelque chose de parfait et d'infini, ai-je pu la former avec les éléments bornés de mon intelligence? Évidemment non. Il faut donc qu'elle me vienne en dehors de moi ; et d'où peut-elle me venir, sinon de l'infini lui-même? Ainsi l'existence de Dieu se trouve établie, en ce que de cela seul que j'ai l'idée de Dieu, il s'ensuit qu'il existe. Rien de plus simple, rien de plus robuste contre le doute que cette démonstration. Et c'est le philosophe qui l'a si solidement établie qui chercherait, au dire de Pascal, à se passer de Dieu! Combien il est plus vrai de reprocher à Descartes, une fois en possession de cette vérité, d'avoir trop de hâte de s'en servir! Il se sert de Dieu avec excès, si l'on peut ainsi parler ; car il l'emploie à prouver l'existence des corps et à consacrer l'évidence. Il se presse de dire que ce Dieu parfait, l'auteur de ces apparences qui nous font croire à l'existence des corps, ne peut vouloir nous tromper. Il n'y a donc en elles ni piége ni déception : ce qui paraît exister existe en effet, et Dieu nous est garant de la légitimité de notre persuasion naturelle. Sans doute on peut reprocher à Descartes cette imparfaite et d'ailleurs inutile démonstration de l'existence du monde ; mais elle ne s'en retourne pas moins contre l'accusation de Pascal. Est-ce là se passer de Dieu ?

Veut-on ranger Pascal au nombre de ceux qui ont fait un crime à Descartes d'avoir contribué à affaiblir notre admiration pour la sagesse divine, en bannissant de la philosophie la recherche des causes finales ? Ici encore nous trouverons sa critique en défaut. Descartes, en effet, n'a pas banni la recherche des causes finales de la philosophie en général, mais seulement de la philosophie naturelle, parce qu'une telle recherche peut égarer l'observation. En cela il a suivi Galilée et devancé Huygens et Newton. Ce n'est pas en invoquant les causes finales que la physique a fait des progrès si étonnants, que Descartes a découvert les deux lois de la réfraction et que Newton a tiré de la mécanique cartésienne le vrai système du monde. Si la méthode de Descartes a inauguré la vraie philosophie naturelle, c'est justement pour avoir renvoyé à la métaphysique la recherche des causes finales. Il est donc d'une évidente injustice de prétendre que Descartes ait effacé dans les cœurs le sentiment de la Providence divine, surtout lorsqu'on le voit rappeler à chaque page des *Principes* celui qui est a cause première de tout mouvement et dont la sagesse et la toute-puissance se manifestent dans l'ordre et dans les lois générales de l'univers.

Dans les trois dernières parties des *Principes,* Descartes conçoit Dieu comme moteur de l'univers agissant sur l'étendue infinie. Lorsque Pascal se plaint que, dans ce système du monde, Descartes ait accordé à Dieu le moins possible, c'est-à-dire cette chiquenaude qui met l'univers en mouvement, il oublie un mystère antérieur où l'action de Dieu n'a pas été moins nécessaire, le mystère de la création. Pense-t-il que Descartes n'ait pas reconnu Dieu comme créateur? Sans doute Descartes n'a pas sondé ce problème redoutable; mais dans ses écrits récemment publiés, je lis cette pensée qui suffirait toute seule à le justifier au besoin : « Tria mirabilia fecit Dominus : *res ex nihilo*, liberum arbitrium et hominem deum[1]. » Ce n'est qu'après avoir créé le monde que Dieu divise la matière en trois sortes de parties, et lui communique une quantité fixe de mouvement. C'est alors que Dieu devient inutile, en ce sens qu'il n'agit plus que comme conservateur et comme providence générale de l'univers. Pascal voudrait sans doute voir Dieu intervenir accidentellement dans le détail des choses, faire des miracles. Ah! je conviens que Descartes a contribué plus que personne à jeter dans le monde l'idée de la permanence des lois de la nature; et cela ne fait pas le compte du jansénisme.

Allons au fond de la pensée de Pascal. Il ne méprise

---

[1] *Cart. cogit. priv*, 1619, p. 14. Édit. Foucher de Careil.

pas seulement la philosophie de Descartes, il méprise toute philosophie, il méprise même la science, même la géométrie. Oui; le géomètre du calcul des probabilités et de la cycloïde méprise la géométrie [1]! Toute science est inutile : Nous sommes dans ce monde pour souffrir, et il n'y a d'utile que la souffrance dans l'attente de la mort. Voilà où finalement il en veut venir. Je déplore cet égarement de la ferme raison de Pascal, troublée par les maximes de Jansénius et de Saint-Cyran que j'accuse de nous l'avoir ravi [2]. Je déplore qu'il ait rendu inutile le génie prodigieux que Dieu lui avait donné, non pour l'étouffer, mais pour le produire au grand jour, pour faire avancer les sciences et ouvrir à l'esprit humain les voies nouvelles qu'il était appelé à

---

[1] Voyez sa lettre à Fermat : « Pour vous parler franchement de la géométrie, je la trouve le plus haut exercice de l'esprit, mais, en même temps, je la reconnais pour si inutile... » Édit. 1819, Paris, tome IV, p. 392.

[2] Jansénius, dans l'*Augustinus*, marque surtout la concupiscence parmi les effets de la chute, et il en distingue de trois sortes : « Libido sentiendi, *libido sciendi*, libido excellendi : » « Celui à qui Dieu aura fait la grâce de la vaincre (la concupiscence de la chair), sera attaqué par une autre d'autant plus trompeuse qu'elle paraît plus honnête. C'est cette curiosité toujours inquiète qui a été appelée de ce nom à cause du vain désir qu'elle a de savoir et qu'on a palliée du nom de science... De là sont venus le cirque et l'amphithéâtre... De là est venue la recherche des secrets de la nature qui ne nous regardent point, *qu'il est inutile de connaître*, et que les hommes ne veulent savoir que pour les savoir seulement; de là est venue cette exécrable curiosité de l'art magique. » Passage cité par M. Sainte-Beuve comme un de ceux qui ont dû frapper l'esprit de Pascal. *Port-Royal*, tome II, p. 476.

découvrir. Je prends contre lui la défense de la science, le parti de Descartes et de la philosophie, et je m'inscris en faux contre ses injustes griefs. Ou plutôt non, puisque sans les tourments de Pascal, nous n'aurions ni les *Provinciales*, ni les *Pensées*.

CHAPITRE DEUXIÈME

PASCAL ET LA PHILOSOPHIE EN GÉNÉRAL. — DEUX THÈSES CONTRADICTOIRES DANS LES PENSÉES.

Après l'examen du débat entre Pascal et la philosophie de Descartes, je cherche quelle a été l'attitude de Pascal vis-à-vis de la philosophie en général. Je me trouve ici en présence de deux thèses distinctes que j'appelle la thèse de l'insuffisance de la philosophie et la thèse de l'impuissance absolue de la philosophie. Entre ces deux assertions : *la philosophie ne suffit pas à l'homme* et *la philosophie est inutile à l'homme*, la différence est considérable; et entre les deux les théologiens du christianisme se divisent.

Tous les théologiens sont d'accord pour admettre quelque chose au delà et au-dessus de la philosophie. Mais l'accord cesse quand il faut apprécier en elle-même la philosophie. Les uns, ce sont les grands docteurs chrétiens, un saint Augustin, un saint Thomas, un Bossuet, croient que la philosophie a un domaine propre, qu'ils font plus ou moins étendu; les autres, esprits extrêmes, nient que la philosophie ait une part quelconque à revendiquer dans le gouvernement spirituel de l'homme. Les premiers distinguent une bonne philosophie et une mauvaise ; les seconds nient toute philosophie, celle de Platon comme celle d'Épicure, celle de Descartes et de Leibnitz comme celle de d'Holbach. Même ils s'accommodent mieux de la philosophie matérialiste, athée, sceptique, que de toute autre, parce qu'elle est plus facile à combattre, plus contraire à la dignité de l'homme, plus dégradante et plus discréditée. Pour moi, je n'agirai pas de même. De nos deux sortes d'adversaires, ceux que j'aime le mieux, ce sont les plus modérés, les plus forts, les plus près de nous. Ce sont les plus difficiles à combattre. Et pourquoi ? Je le dirai avec franchise : c'est qu'ils ont souvent raison. Avec eux il ne s'agit pas des droits de la philosophie et de la raison qui ne sont pas mis en question ; il s'agit de savoir ce que peut la philosophie, jusqu'où porte la raison, ce que vaut le rationalisme. Eh bien ! je conviens qu'il y a du vrai dans la thèse de l'insuffisance de la philosophie. Je ne compte comme adversaires formels de la philosophie que ceux qui nient son existence et la repoussent absolument. Avec les autres on peut s'entendre ; ce sont des amis sévères et quelquefois importuns ; ce ne sont pas des ennemis.

Quelle est ici la place de Pascal ? C'est une question délicate, souvent traitée de nos jours et non encore épuisée. Les uns, comme M. Vinet [1], un protestant,

---

[1] Voyez ses *Études sur Blaise Pascal*, 1844-1847. 1 vol, in-8, Paris. Librairie protestante.

comme M. l'abbé Flottes[1], un théologien, comme M. Faugère et M. Sainte-Beuve qui incline assez de ce côté, croient que Pascal n'a jamais prétendu soutenir l'impuissance de la philosophie, mais seulement son insuffisance; qu'il combat, non la philosophie, mais le rationalisme. D'autres, comme M. Cousin, M. Franck[2], M. Havet, soutiennent qu'aux yeux de Pascal la philosophie, la raison naturelle ne peuvent aboutir à rien qu'à reconnaître leur impuissance et la nécessité absolue de la foi. Qui a raison? Qui a tort? Je pourrais dire que tout le monde a tort, mais j'aime mieux dire que tout le monde a raison. La thèse de l'impuissance absolue de la philosophie domine dans les *Pensées;* mais la thèse de l'insuffisance y est aussi. Je vais le démontrer.

Certes, s'il y a une pensée qui semble contenir l'expression la plus nette, la plus tranchante, la plus absolue de la thèse de l'impuissance de la philosophie, c'est celle-ci, effacée par Port-Royal, et retrouvée par M. Cousin[3] : « *Le pyrrhonisme est le vrai*[4]. » Eh bien! vous trouvez ailleurs ces pensées : « Il faut savoir douter où il faut, assurer où il faut, et se soumettre où il faut[5]. » Et un peu plus loin : « Deux excès exclure la raison, n'admettre que la raison[6]. » Dans la

---

[1] Voyez ses *Études sur Pascal*, 1843-1845. 1 vol. in-8, Montpellier, librairie Seguin.

[2] Voyez l'article sur Pascal dans le *Dictionn. des Sciences philos.*, t. IV, p. 553.

[3] *Des Pensées de Pascal*, p. 171.

[4] Édit. Havet, art. XXIV, 1.

[5] Ibid. XIII, 1.

[6] Ibid. XIII, 3.

première de ces pensées, Pascal a bien l'air de faire la part à la raison naturelle. Descartes n'eût pas dit autrement. Dans la seconde, il blâme, non la philosophie, mais le rationalisme, qui ne reconnaît que la raison.

Dans un très-grand nombre de passages frappants et célèbres, il dit que la religion chrétienne est contraire à la raison naturelle. Il prend à la lettre l'éloquente hyperbole de saint Paul [1], que le christianisme est une folie, *stultitia*. Et, comme le remarque finement M. Vinet [2], il traduit crûment *stultitia* par *sottise*, ce qui aggrave encore l'hyperbole, car la langue française associe à la rigueur ces deux mots *folie sublime*, tandis que *sottise* exclut toute idée grande et appelle le ridicule. Voici le passage : « Qui blâmera donc les chrétiens de ne pouvoir rendre raison de leur créance, eux qui professent une religion dont ils ne peuvent rendre raison? Ils déclarent, en l'exposant au monde, que c'est une sottise, *stultitiam*, et puis vous vous plaignez de ce qu'ils ne la prouvent pas! S'ils la prouvaient, ils ne tiendraient pas parole. C'est en manquant de preuves qu'ils ne manquent pas de sens [3]. » Cela est très-ingénieusement dit et paraît très-rigoureusement déduit ; mais si Pascal a raison, pourquoi fait-il une apologie du christianisme? S'il manque de preuves, il ne prouvera rien. S'il ne manque pas de preu-

---

[1] Saint Paul *aux Cor.*, I, 19 : « Je détruirai la sagesse des sages... *per stultitiam prædicationis*, » que Montaigne traduit « par l'ignorance et simplesse de la prédication. » *Apol. de Raim. Seb.*, p. 123.

[2] *Études*, p. 110.

[3] *Pensées*, art. X, 1.

ves, alors de son propre aveu, il manquera de sens. Mais n'anticipons pas sur la discussion. Cette idée que la religion chrétienne est contraire à la raison naturelle n'est pas dans Pascal une idée jetée en passant ; elle se rattache à tout un système, non exécuté, mais ébauché dans les *Pensées*. Pascal suspend tout le christianisme, comme une chaîne immense, à un premier anneau, le péché originel. « Le nœud de notre condition, dit-il, prend ses replis et ses tours dans cet abîme ; de sorte que l'homme est plus inconcevable sans ce mystère que ce mystère n'est inconcevable à l'homme [1]. » Ce mystère est-il seulement au-dessus de la raison? Non, dit expressément Pascal, il choque la raison : « Car il est clair, sans doute, qu'il n'y a rien qui choque plus notre raison que de dire que le péché du premier homme ait rendu coupables ceux qui, étant si éloignés de cette source, semblent incapables d'y participer. Cet écoulement ne nous paraît pas seulement impossible, il nous semble même très-injuste, car qu'y a-t-il de plus contraire aux règles de notre misérable justice que de damner éternellement un enfant incapable de volonté, pour un péché où il paraît avoir si peu de part, qu'il est commis six mille ans avant qu'il fût en être? Certainement, rien ne nous heurte plus rudement que cette doctrine [2]. » Dire cela, c'est déclarer expressément que le dogme générateur de la foi chrétienne est contraire à la raison, impossible, injuste, choquant au suprême degré. Il est vrai que Pascal essaie de distinguer deux justices, notre

---

[1] *Pensées* VIII, 1, à la fin.
[2] Ibid. VIII, 1.

misérable justice et la justice divine; mais c'est toujours admettre que le péché originel est, pour la raison naturelle, en dehors de la foi, *injuste.*

Eh bien! dans d'autres passages des *Pensées,* Pascal dit tout le contraire. Lisons : « …Il faut commencer par montrer que la religion n'est point contraire à la raison; ensuite qu'elle est vénérable; en donner le respect; la rendre ensuite aimable, faire souhaiter aux bons qu'elle fût vraie; et puis montrer qu'elle est vraie[1]. » A merveille; ce plan est excellent : Louis Racine s'en est inspiré, il nous le dit dans la préface de son poëme. Mais si ce plan est bon, le plan des *Pensées* ne vaut rien. Lisons encore : « Si on soumet tout à la raison, notre religion n'aura rien de mystérieux ni de surnaturel. Si on choque les principes de la raison, notre religion sera absurde et ridicule. » — « La foi dit bien ce que les sens ne disent pas, mais non pas le contraire de ce qu'ils voient. Elle est au-dessus, et non pas contre[2]. » C'est la thèse de Leibnitz; c'est dans le *Discours sur la conformité de la raison et de la foi,* écrit en tête de la théodicée, la fameuse distinction des trois ordres de choses conformes à la raison, supérieures à la raison, contraires à la raison. La première région est le pays des philosophes; la seconde, le pays des croyants; la troisième, le dirai-je? le pays des fanatiques et des sots. Relevons encore cette pensée parmi celles mises au jour nouvellement : « Ce sera une des confusion des damnés, de voir qu'ils seront condamnés par

[1] *Pensées* XXIV, 26.
[2] Ibid. XIII, 2 et 4.

leur propre raison, par laquelle ils ont prétendu condamner la religion chrétienne[1]. » Ainsi tantôt Pascal fait une part à la raison naturelle et tantôt la lui ôte; tantôt il est pour l'accord de la raison et de la foi et tantôt pour l'opposition. Poursuivons, pour la préciser, l'étude de cette contradiction dans le détail des problèmes, par exemple en ce qui touche l'existence de Dieu.

La thèse générale de Pascal sur ce point est que la raison est incapable de prouver l'existence de Dieu. Cela se voyait déjà dans l'ancien Pascal d'avant 1842, cela se voit mieux encore, bien qu'on le conteste, dans le Pascal nouveau, qui est le vrai. Voici comme il s'exprime en parlant de l'homme perdu dans l'immensité de l'univers : « ... Que fera-t-il donc, sinon d'apercevoir quelque apparence du milieu des choses, dans un désespoir éternel de connaître ni leur principe ni leur fin ? » Cela est déjà dans Bossut, mais voici ce qui n'est ni dans Bossut, ni dans Port-Royal : « ... Mais nous ne connaissons ni l'existence ni la nature de Dieu, parce qu'il n'a ni étendue ni bornes. S'il y a un Dieu, il est infiniment incompréhensible, puisque, n'ayant ni parties ni bornes, il n'a nul rapport à nous. Nous sommes donc incapables de connaître ni ce qu'il est, *ni s'il est*. Cela étant, qui osera entreprendre de résoudre cette question? Ce n'est pas nous, qui n'avons aucun rapport à lui [2]. » Voilà qui est catégorique. Qui croirait que le même Pascal nous donne dans ses mêmes *Pensées* une fort belle démonstration de

[1] *Pensées* XXIV, 12.
[2] Art. X, 1.

l'existence de Dieu? Je ne parle pas de la démonstration fondée sur le calcul des probabilités, où Pascal joue Dieu à croix ou à pile, je parle de ces lignes toutes cartésiennes que j'ai déjà relevées : « Je sens que je peux n'avoir point été : car le moi consiste dans ma pensée ; donc moi qui pense n'aurais point été, si ma mère eût été tuée avant que j'eusse été animé. Donc je ne suis pas un être nécessaire. Je ne suis pas aussi éternel, ni infini ; mais je vois bien qu'il y a dans la nature un être nécessaire, éternel et infini [1]. » C'est la preuve connue dans l'École sous le nom d'*Argumentum a contingentia mundi*. Pascal qui n'avait pas suivi l'École, n'a pas pu non plus la trouver dans Descartes où elle n'est pas expressément ; mais cette preuve est si simple qu'une fois entré dans le pays cartésien, il a dû naturellement y être conduit.

Je n'ai pas besoin d'insister, il y a dans Pascal une contradiction flagrante et perpétuelle. Comment l'expliquer chez un tel logicien? M. Vinet [1] donne une explication qu'il retourne ingénieusement. Selon lui, le livre des *Pensées* n'est pas un livre ; ce n'est pas même un recueil de fragments suivis. Les idées n'y sont qu'à l'état d'ébauche. On a le tort de traiter aujourd'hui Pascal comme on traiterait un écrivain dont on déroberait les premières ébauches, destinées à être souvent corrigées, à être transformées par le travail définitif. Voyez telles esquisses de Raphaël ou d'André del Sarte au Louvre : la même figure a trois bras. Lequel des mouvements est le vrai? M. Vinet va

Études I, 11.

plus loin : il accuse la critique moderne de violence, de trahison, de profanation. Publier des lignes que l'auteur écrit pour lui seul, c'est pour ainsi dire violer le secret d'une lettre. Et d'ailleurs, qui sait si ce qu'on attribue à Pascal ne devait pas être mis par lui dans la bouche d'un adversaire ou au moins d'un interlocuteur ? Faut-il attribuer à Platon les raisonnements de Thrasymaque, à Cicéron les pensées de Balbus et de Velléius ! Tout ce plaidoyer ingénieux n'est pas sans vérité. Il est certain que Pascal voulait donner à son livre la forme dramatique [1] : Ici un dialogue, là une lettre, ailleurs peut-être un récit. Platon composait ainsi ses dialogues; saint Augustin et Malebranche ont choisi ce genre de composition, et de nos jours Jean-Jacques Rousseau dans l'*Émile*, M. de Châteaubriand dans *Atala* et dans *René*, M. de Maistre dans les *Soirées de Saint-Pétersbourg* ont fait de même. Il est vrai aussi que Pascal emploie quelquefois des expressions d'une crudité extrême que peut-être il aurait adoucies. Ceci s'applique en particulier au fameux passage où il propose à l'incrédule de *s'abêtir*. Comme messieurs de Port-Royal, Pascal pense et écrit : « Le moi est haïssable. » Il aurait effacé cela, nous aurions eu un auteur, nous avons un homme. Faut-il s'en plaindre ? faut-il en vouloir à la critique qui nous a fait connaître un Pascal vrai, intime, individuel ? Pour moi je ne m'en plains pas. Quant à expliquer la contradiction du livre des *Pensées*, voici, je crois, la vérité.

---

[1] M. Cousin a mis ce point en lumière. Page 248 et suivantes.

Je dirai d'abord que la thèse dominante de Pascal, à mon sens, c'est la thèse de l'impuissance de la philosophie. Or, cette thèse impose une situation nécessairement fausse. Vous soutenez, dirai-je à Pascal, que la raison est nulle. Alors pourquoi raisonnez-vous contre l'incrédule? Vous ne voulez pas seulement lui prouver que la raison est nulle, mais aussi que la religion est vraie. Vous apportez des preuves qui font qu'on préférera l'Évangile à l'Alcoran. Mais si ces preuves sont mauvaises, elles sont inutiles. Si ces preuves sont bonnes, la raison a donc qualité pour les juger. D'où je conclus que tout partisan de la thèse de l'impuissance est condamné à se contredire, à faire une certaine part à la raison. Mais il y avait un motif particulier pour que Pascal fît à la raison sa part. Ce motif, c'est qu'en même temps qu'il méditait les *Pensées*, à l'époque de sa seconde conversion et pendant sa retraite à Port-Royal, il fut conduit à écrire les *Provinciales*. Le voilà donc combattant les Jésuites, défenseurs à outrance de l'autorité infaillible et indiscutable; le voilà luttant contre la Probabilité, la Casuistique complaisante, et soutenant, on sait avec quelle verve, qu'on peut avoir raison contre l'autorité, contre le Pape, contre l'Index, contre la congrégation du Saint-Office. Ici, la raison, le raisonnement sont nécessaires. Car si la certitude n'existe pas, il est assez naturel de chercher, comme les Jésuites, la probabilité. Si la morale change, on ne peut pas reprocher aux Jésuites de substituer à la morale des Pères la morale des *casuistes assortis*. On ne peut pas écrire en se moquant : « C'est que je ne sais comment vous pouvez faire, quand les Pères de l'Église sont contraires au sentiment de quelqu'un de vos casuistes. — Vous l'entendez bien peu, me dit-il. Les Pères étaient bons pour la morale de leur temps; mais ils sont trop éloignés pour celle du nôtre. Ce ne sont plus eux qui la règlent, ce sont nos nouveaux casuistes. — C'est-à-dire, mon père, qu'à votre arrivée on a vu disparaître saint Augustin, saint Chrysostome, saint Jérôme, saint Ambroise et les autres, pour ce qui est de la morale. Mais au moins que je sache les noms de ceux qui leur ont succédé. Qui sont-ils, ces nouveaux auteurs? — Ce sont des gens bien habiles et bien célèbres, me dit-il : c'est Villalobos, Coninck, Llamas, Achokier, Dealkoser, Dellacrux, Veracruz, Ugolin, Tambourin, Fernandez, Martinez, Suarez, Henriquez, Vasquez, Lopez, Gomez, Sanchez...— O mon père! lui dis-je tout effrayé, tous ces gens-là étaient-ils chrétiens [1]?... » Si l'autorité a toujours raison, il faut signer le Formulaire et croire que les cinq propositions sont dans Jansénius.» Point du tout; Pascal prétend que l'autorité peut se tromper sur les points de fait. Lisez, par exemple, ce passage des *Provinciales :* « Ce fut aussi en vain que vous obtîntes contre Galilée un décret de Rome qui condamnait son opinion touchant le mouvement de la terre. Ce ne sera pas cela qui prouvera qu'elle demeure en repos; et si l'on avait des observations constantes qui prouvassent que c'est elle qui tourne, tous les hommes ensemble ne l'empêche-

---

[1] *Provinciales*, cinquième lettre.

raient pas de tourner et ne s'empêcheraient pas de tourner aussi avec elle. Ne vous imaginez pas de même que les lettres du pape Zacharie, pour l'excommunication de saint Virgile sur ce qu'il tenait qu'il y avait des antipodes, aient anéanti ce nouveau monde; et qu'encore qu'il eût déclaré que cette opinion était une erreur bien dangereuse, le *roi d'Espagne ne se soit bien trouvé d'en avoir plutôt cru Christophe Colomb qui en venait, que le jugement de ce pape qui n'y avait pas été*[1]... » Pascal ne s'est jamais dédit. En vain se récrie-t-on, en vain les Jésuites font-ils condamner les *Provinciales* en cour de Rome : « Si j'étais à recommencer, écrit-il obstinément, je les ferais plus fortes. — Si mes *Lettres* sont condamnées à Rome, ce que j'y condamne est condamné dans le ciel : *Ad tuum, Domine Jesu, tribunal appello*[2]. » Qu'est-ce à dire ? Rome, le ciel : c'est ici l'autorité d'une part, et de l'autre la vérité saisie, sentie par la raison. C'est la protestation de la science, de la philosophie, de la religion librement interprétée contre la tyrannie de l'autorité. Pascal est donc philosophe, Pascal est des nôtres dans les *Provinciales* et aussi quelquefois dans les *Pensées*. Nous savons maintenant pourquoi, et nous avons la clef de ses contradictions. Elles n'ont pas seulement leur cause dans la manière dont furent composées les *Pensées*. Elles s'expliquent par le cercle où tourne Pascal, quand il invoque le témoignage de la raison après l'avoir déclarée nulle,

---

[1] *Provinciales*, dix-huitième lettre.
[2] *Pensées*, art. XXIV, 66.

quand il fait foi sur sa puissance après l'avoir déclarée impuissante. Elles s'expliquent encore par sa singulière situation, obligé qu'il était, au moment de la lutte entre les Jésuites et les Jansénistes, d'accumuler contre les Molinistes des raisonnements que lui-même, en bon logicien, aurait été contraint de déclarer sans valeur. C'est la fausseté de cette situation qui a faussé sa logique.

CHAPITRE TROISIÈME

THÈSE DE L'INSUFFISANCE DE LA PHILOSOPHIE DANS PASCAL.

J'ai montré, textes en main, dans les Pensées les deux thèses qui séparent les théologiens à l'égard de la philosophie : d'une part, celle que j'ai appelée la *thèse de l'impuissance*, qui consiste à nier la philosophie et à considérer la raison naturelle comme contraire à la foi ; d'autre part, la *thèse de l'insuffisance*, celle des théologiens qui font à la philosophie sa part, plus ou moins large, et qui croient à l'accord de la raison et de la foi. Pascal les ayant réunies dans le même ouvrage au prix d'une contradiction formelle, cela explique pourquoi on s'est divisé sur sa pensée, et comment M. Cousin, par exemple, n'a vu en lui qu'un ennemi de la philosophie, un pyrrhonien du christianisme : en quoi il n'a regardé qu'un côté de Pascal. Cela fait comprendre comment M. Vinet le protestant, et M. l'abbé Flottes le catholique sont tombés d'accord pour reprocher à M. Cousin de n'avoir pas compris Pascal. N'avoir pas compris Pascal ! Le reproche est dur. Aussi M. Vinet essaie ingénieusement de l'atténuer. « Il y a, dit-il, quelque chose de si outrément paradoxal à dire qu'un homme tel que M. Cousin n'a pas compris Pascal, que très-volontiers nous nous dispenserions de le dire, si nous pouvions nous en dispenser [1]. » Soyons aussi net, aussi poli, mais plus complétement exact en affirmant qu'il y a un côté de Pascal, le moins apparent, il est vrai, mais un côté très-réel, que M. Cousin a laissé dans l'ombre. Cela me rappelle une très-spirituelle réponse que M. Cousin fit un jour à la Chambre des pairs à un orateur qui lui reprochait de n'avoir pas envisagé la question, je crois que c'était la question de l'Université, sous un point de vue qui se trouvait favorable au clergé. M. Cousin s'écria en riant : « Je n'en ai pas parlé, je le crois bien ; ce n'était pas de mon sujet. » En effet, M. Cousin s'est porté le défenseur de la philosophie, alors très-attaquée par le clergé ; il n'a cherché dans Pascal que les côtés faibles ; il a négligé les côtés forts. Ce n'était pas de son sujet. Pour nous qui ne faisons pas ici de la polémique, mais de l'histoire impartiale et calme, notre sujet, c'est Pascal tout entier, le fort comme le faible. Eh bien ! il y a dans les *Pensées* un côté très-fort. Je voudrais à présent le mettre en lumière.

Pascal reproche à la philosophie de ne satisfaire que très-faiblement les besoins moraux de l'âme humaine.

---

[1] *Études*, III, p. 122.

La philosophie ne s'adresse qu'à la raison. Or, la raison n'est pas tout l'homme. Il y a dans l'âme ce que Pascal appelle le cœur, c'est-à-dire l'imagination et la sensibilité. Il faut à l'imagination un autre Dieu que le Dieu de la métaphysique, un Dieu qu'elle puisse se représenter. Il faut au cœur un Dieu que le cœur puisse aimer; et le Dieu de la métaphysique n'a rien d'aimable. Or, l'imagination et le cœur étant les mobiles les plus puissants de la volonté, il s'ensuit que la philosophie, n'ayant pas de prise sur l'imagination et le cœur, n'en a que très-peu sur la volonté. Elle est donc stérile, sinon spéculativement, du moins pour la pratique. Voilà l'accusation en gros ; mais il faut la voir animée et fortifiée par le génie ardent et la géométrie puissante de Pascal.

Dans les Pensées inédites jusqu'en 1853, remarquez celle-ci : « Qu'il y a loin de la connaissance de Dieu à l'aimer[1] ! » C'est là une des pensées favorites de Pascal. Elle revient partout, notamment dans ces deux passages : « Le cœur a ses raisons que la raison ne connaît point... C'est le cœur qui sent Dieu, et non la raison. Voilà ce que c'est que la foi : Dieu sensible au cœur, non à la raison[2]. » — « ... Je n'entreprendrai pas ici de prouver par des raisons naturelles ou l'existence de Dieu, ou la Trinité, ou l'immortalité de l'âme, ni aucune des choses de cette nature; non-seulement parce que je ne me sentirais pas assez fort pour trouver dans la nature de quoi convaincre des athées

---

[1] *Pensées*, art. XXV, 21.
[2] Ibid., XXIV, 5.

endurcis, mais encore parce que cette connaissance, sans Jésus-Christ, est inutile et stérile. Quand un homme serait persuadé que les proportions des nombres sont des vérités immatérielles, éternelles, et dépendantes d'une première vérité en qui elles subsistent, et qu'on appelle Dieu, je ne le trouverais pas beaucoup avancé pour son salut[1]. » Vous voyez par ce dernier trait qu'ici Pascal ne conteste pas la part de la raison pure, ni la valeur des preuves métaphysiques de l'existence de Dieu ; ce qu'il nie, c'est la *suffisance* de la raison pure, c'est la valeur pratique des démonstrations. Mais lisez surtout l'article XXII presque tout entier. La pensée de Pascal s'y déploie avec une netteté et une vigueur singulières : « Tous ceux qui cherchent Dieu hors de Jésus-Christ, et qui s'arrêtent dans la nature, ou ils ne trouvent aucune lumière qui les satisfasse, ou ils arrivent à se former un moyen de connaître Dieu et de le servir sans médiateur ; et par là ils tombent, ou dans l'athéisme, ou dans le déisme, qui sont deux choses que la religion chrétienne abhorre presque également. — Nous ne connaissons Dieu que par Jésus-Christ. Sans ce médiateur, est ôtée toute communication avec Dieu; par Jésus-Christ, nous connaissons Dieu[2]. »

Ici se découvre le fond de la philosophie de Pascal, sa théorie du médiateur. La voici formulée en termes précis : « La connaissance de Dieu sans celle de ses misères fait l'orgueil. La connaissance de ses misères sans celle de Dieu fait le désespoir. La connaissance de Jé-

[1] *Pensées*, X, 2.
[2] *Pensées*, XXII, 1.

sus-Christ fait le milieu, parce que nous y trouvons et Dieu et notre misère[1]. » Voulez-vous un admirable développement de cette formule ? lisez tout le célèbre entretien de Pascal avec M. de Sacy sur Épictète et Montaigne. Après cela, vous entendrez pourquoi la philosophie la plus élevée, celle des stoïciens, celle de Descartes ne suffit pas à l'homme. Écoutez encore Pascal : « Le Dieu des chrétiens ne consiste pas en un Dieu simplement auteur des vérités géométriques et de l'ordre des éléments ; c'est la part des païens et des épicuriens. Il ne consiste pas seulement en un Dieu qui exerce sa providence sur la vie et les biens des hommes, pour donner une heureuse suite d'années à ceux qui l'adorent ; c'est la portion des Juifs. Mais le Dieu d'Abraham, le Dieu d'Isaac, le Dieu des chrétiens, est un Dieu d'amour et de consolation : c'est un Dieu qui remplit l'âme et le cœur qu'il possède ; c'est un Dieu qui leur fait sentir intérieurement leur misère, et sa miséricorde infinie ; qui s'unit au fond de leur âme ; qui la remplit d'humilité, de joie, de confiance, d'amour ; qui les rend incapables d'autre fin que de lui-même. — Le Dieu des chrétiens est un Dieu qui fait sentir à l'âme qu'il est son unique bien ; que tout son repos est en lui, et qu'elle n'aura de joie qu'à l'aimer[2]. »

Cette page éloquente et profonde va nous donner la clef d'une des singularités de la vie de Pascal. Tout le monde a entendu parler de ce qu'on a appelé dans un langage que je n'approuve pas : l'amulette de Pascal.

[1] *Pensées*, XXII, 1.
[2] *Pensées*, art. XXII, 1.

C'est Condorcet qui l'a découverte. Voltaire s'en est amusé. De nos jours, les médecins se sont emparés de la question et l'ont résolue à leur manière. M. Lélut[1] en a discouru, et plus récemment encore M. Moreau de Tours[2], auteur de la *Psychologie morbide*. On a accusé Pascal d'être un visionnaire, un halluciné, un fou. Au surplus, il n'y a rien là de surprenant, selon M. Moreau de Tours. Le génie et la folie se touchent. Ce sont deux états analogues du système nerveux : *Le génie est une névrose*. Rassurons-nous pourtant sur l'état de Pascal : tout fou qu'il était, et malgré sa névrose, il a résolu le problème de la cycloïde et écrit *les Provinciales*. Voici le fait. On se rappelle les deux conversions de Pascal : à vingt-trois ans, en 1646, il se dégoûte des sciences et se jette dans la dévotion ; c'est sa première conversion. Puis, après la mort de son père, il retourne dans le monde, pour sa santé, se dérange sans dérèglement, veut se marier, écrit le discours sur *les Passions de l'amour*, et ne réussit pas dans ses desseins. En 1654, à trente et un ans, il est repris d'une ferveur nouvelle et définitive, et il se rejette tout entier dans la dévotion, où il persista jusqu'à sa mort. Nous savons le jour et l'heure où cette seconde conversion s'est accomplie. Nous le savons par un petit papier trouvé après sa mort cousu dans son habit, où il

---

[1] *De l'amulette de Pascal*, pour servir à l'histoire des hallucinations, 1 vol. in-8, Paris, 1846.

[2] *La psychologie morbide dans ses rapports avec la philosophie de l'histoire, ou de l'influence des névroses sur le dogmatisme intellectuel.*

le conservait en double sur parchemin. En voici la description exacte :

En tête une *croix* figurée. Puis ces mots :

L'an de grâce 1654,
lundi 23 novembre, jour de Saint-Clément,
pape et martyr, et autres au martyrologe,
veille de Saint-Chrysogone, martyr et autres,
depuis environ dix heures et demie du soir
jusques environ minuit et demi,
feu.

Est-ce un feu visible, un globe de flammes? Y a-t-il eu miracle? vision, hallucination? ou bien est-ce un feu spirituel, une lumière dans l'intelligence de Pascal, une ardeur pieuse de son cœur? J'aimerais à admettre cette interprétation. Je poursuis :

Dieu d'Abraham, Dieu d'Isaac, Dieu de Jacob
(Exode, III, 6, etc.; Math., XXII, 32, etc.),
non des philosophes et des savants.

L'analogie de ces paroles avec celles de l'article XXII: « Le Dieu des chrétiens ne consiste pas... » est frappante, et la suite confirme ce rapprochement :

Certitude. Certitude. Sentiment. Joie. Paix.

Voilà ce que la philosophie pure ne peut donner, la certitude *sentie,* la joie, la paix ; la foi seule les fait goûter. Je continue :

Dieu de Jésus-Christ.

Deum meum et Deum vestrum (Jean, XXII, 17).

« *Ton Dieu sera mon Dieu.* » (*Ruth,* I, 16.)

Oubli du monde et de tout, hormis Dieu.

Il ne se trouve que par les voies enseignées dans l'Évangile.

Grandeur de l'âme humaine.

« *Père juste, le monde ne t'a point connu, mais je t'ai connu.* » (*Jean,* XVII, 25.)

Joie, joie, joie, pleurs de joie.

Comprenez la force de ce mot trois fois répété : Joie, joie, joie ! Et puis, entendez ce dialogue de Pascal avec Jésus-Christ :

Je m'en suis séparé.

Dereliquerunt me fontem aquæ vivæ. (*Jérém.,* II, 13.)

Mon Dieu me quitterez-vous ? (*Matth.,* XXVII, 46.)

Que je n'en sois pas séparé éternellement.

« *Cette vie est la vie éternelle ; qu'ils te connaissent seul vrai Dieu, et celui que tu as envoyé, Jésus-Christ.* » (*Jean,* XVII, 3.)

Jésus-Christ.

Jésus-Christ.

Je m'en suis séparé ; je l'ai fui, renoncé, sacrifié.

Que je n'en sois jamais séparé.

Il ne se conserve que par les voies enseignées dans l'Évangile.

Renonciation totale et douce.

Soumission totale à Jésus-Christ et à mon directeur.

Éternellement en joie pour un jour d'exercice sur la terre.

Non obliviscar sermones tuos. (*Ps.* CXVIII, 16.) Amen [1].

Qu'est-ce là, je vous le demande? C'est la crainte, c'est l'espérance mêlée de crainte, le repentir, la résignation, la joie, et à la fin l'engagement absolu. Qu'en dites-vous? Êtes-vous disposé à rire de l'amulette? Pour moi, je suis profondément touché. Je trouve ce fragment d'une profondeur admirable. Il me fait aller au fond de l'âme de Pascal. Je ne puis le comparer qu'au récit de la conversion de saint Augustin. Il a lu Platon, et il s'est séparé des Manichéens; mais son âme n'est pas satisfaite. Il entend saint Ambroise, et dans le Dieu nouveau dont on lui parle, il trouve une idée plus touchante, plus consolante que dans le Dieu de Platon. Mais bien plus engagé dans le monde que n'a été Pascal, car il a une maîtresse, il a un enfant qu'il adore, combattu entre le monde et Dieu, il a peine à briser ses liens et à se séparer de ce qu'il aime. Un jour, pendant qu'il se promène dans un jardin, il a, lui aussi, une espèce de vision et entend ces mots : *Tolle, lege; tolle, lege!* Il s'arrête, cherche, ne voit rien qui lui explique les paroles mystérieuses, et croit que c'est une voix du ciel qui lui parle. Alors il ouvre le Nouveau Testament et y lit : « Ne demeurez pas dans les festins et dans

---

[1] M. Vinet, p. 112, et M. l'abbé Flottes, qui en donne la reproduction p. 27, ont interprété dans le même sens cet admirable morceau.

l'ivresse, dans les lits et les impudicités, dans les rivalités et les vaines jalousies; mais revêtez le Seigneur Jésus-Christ et n'ayez pas soin de votre chair jusqu'à la concupiscence. » Émerveillé de l'application si parfaite de ces paroles à son état présent, il verse des torrents de larmes, et son âme se donne à l'instant : « Je ne voulus pas lire davantage, c'était inutile; mais avec cette pensée, une sorte de lumière de sécurité se répandit dans mon âme, et les ténèbres de mes doutes se dispersèrent [1]. » Larmes, vision, lumière, joie, sécurité, voilà bien les sentiments communs de Pascal et de saint Augustin. Au fond, leur manière d'entendre le christianisme est la même. Saint Augustin a été philosophe avant d'être chrétien; il a connu et goûté la philosophie de Platon, comme Pascal la philosophie de Descartes : elle ne leur a pas suffi. Pourquoi? Ce n'est pas qu'elle manque de vérité; c'est qu'elle manque d'efficacité pratique. Elle montre le vrai Dieu; elle n'en montre pas la voie. Elle ne peut fonder un culte; elle ne peut faire notre salut. Telle est la grave accusation que saint Augustin et Pascal élèvent contre la philosophie. Je l'ai loyalement exposée; je la discuterai loyalement.

[1] *Confessions*, liv. VIII, ch. 11 et 12. — Trad. de M. P. Janet.

CHAPITRE QUATRIÈME

DISCUSSION DE LA THÈSE DE L'INSUFFISANCE DE LA
PHILOSOPHIE.

On sait comment Pascal a été conduit à croire et à soutenir que la philosophie ne suffit pas à l'homme. On me rendra, j'espère, cette justice, que je n'ai pas affaibli les arguments sur lesquels s'appuie cette thèse. Et cependant on aurait pu me dire : *De te, amice, fabula narratur*, c'est à vous, rationaliste, que ce discours s'adresse ; car vous repoussez la thèse de l'insuffisance de la raison. Oui, je la combats prise absolument ; mais en même temps je reconnais qu'elle renferme une grande part de vérité. En un mot, le vrai et le faux se mêlent ici d'une façon si compliquée qu'il n'y a pas de tâche si difficile que de les démêler ; j'ajoute que cette tâche est de la dernière délicatesse. Car je suis obligé de toucher à ce qu'il y a de plus délicat dans chacun de nous, je veux dire nos intimes convictions religieuses. S'il n'y a rien de plus délicat, il n'y a rien aussi de plus divers. Je m'adresse à des catholiques, à des protestants, à des voltairiens, à des rationalistes, à des amis et à des ennemis du christianisme. Comment leur parler sans leur déplaire, sans les blesser? Je ne connais qu'un moyen, c'est de respecter toutes les opinions sincères et d'être moi-même d'une parfaite sincérité. Je ne vais pas chercher la difficulté qui m'arrête; c'est elle qui vient me chercher, c'est Pascal qui m'invite, qui me somme de déclarer jusqu'où porte la raison, jusqu'à quel point la philosophie peut prétendre au gouvernement spirituel de l'âme humaine. La philosophie ne peut pas se laisser accuser d'être pratiquement impuissante, sinon spéculativement, sans s'expliquer sur cette accusation.

Je commencerai par une série de concessions, toutes très-graves, mais que m'impose une conviction profonde et éprouvée. J'accorde d'abord que si en disant : *La philosophie ne suffit pas à l'homme*, vous entendez par l'homme *le genre humain*, vous avez raison. Qu'est-ce que la philosophie? Une science. C'est même la science la plus haute et la plus difficile, celle qui porte sur les objets les plus éloignés des sens, celle qui demande la plus grande force d'abstraction et de raisonnement. Elle exige donc des lumières et du loisir. Or, dans cette masse énorme des nations qui couvre actuellement la terre, où trouvez-vous ces deux conditions? Dans une fraction infiniment petite. On dira : Mais les lumières s'étendent et la richesse avec elles, par suite le loisir. Cela est vrai; mais à quelle époque fixez-vous l'année où tous les hommes, où même le plus grand nombre des humains aura les lumières et le loisir nécessaires pour philosopher? Pour moi, je n'entrevois pas cette année merveilleuse, et dès lors, pour rester sur le terrain du possible, de ce qui est pratique, je dis que pour le passé, pour le présent et pour un avenir indéfini, il est vrai d'affirmer que la philosophie ne suffit pas au genre humain.

Cela est déjà considérable; mais nous n'en sommes pas encore au point délicat de la question. Envisageons maintenant cette petite portion du genre humain qui a des lumières et du loisir. La philosophie suffit-elle à cette élite? Je dis que non. Il y a des âmes, en grand nombre, tellement faites que la philosophie n'a pas de prise sur elles ou très-peu. Je parle des âmes tendres et des imaginations ardentes et rêveuses, en d'autres termes, des âmes mystiques et des âmes poétiques. Aux personnes d'imagination, il faut des symboles. Entendons-nous sur ce point délicat. Ne croyez pas qu'il s'agisse ici de symboles pris comme tels. En poésie, peut-être, on peut se plaire à de tels symboles; et encore est-ce au moment où la poésie se sépare de la religion; car d'abord tout cela est uni. Ainsi, moi qui lis Eschyle, je goûte les Furies qui poursuivent Oreste : ces Furies sont les symboles des remords. Ou encore, en lisant le *Paradis perdu*, j'admire Satan, comme symbole de l'orgueil humain, de l'esprit de révolte. Mais en religion, il ne s'agit pas d'amuser son imagination; tout est sérieux. Le vrai païen croyait aux Furies;

le vrai chrétien croit à Satan. Otez la réalité de Satan, ne gardez que le Satan idéal, symbolique, la religion s'en va.

Avançons toujours dans les profondeurs de la question. Outre les âmes poétiques, il y a les âmes mystiques, *les dévots qui ont le cœur tendre*, dit Montesquieu. A ces âmes, il faut avec Dieu un commerce affectueux, un commerce particulier, j'oserai dire un commerce humain. Ne vous récriez pas, autrement je craindrais que vous n'ayez pas compris dans toute sa portée le dogme du Dieu fait homme, le Christianisme. Dieu le Père est trop loin de l'âme; il faut que quelque chose de lui s'incarne dans l'homme pour servir de médiateur entre l'homme et lui. Ce n'est pas tout. Il faut à l'âme chrétienne un commerce de chaque jour avec Jésus-Christ. Lisez, pour vous en convaincre, le morceau admirable découvert par M. Faugère, et qui fait partie désormais des *Pensées* de Pascal [1], sous ce titre : *Le mystère de Jésus*. C'est d'abord une méditation sur chacune des circonstances de la Passion :

« Jésus est dans un jardin, non de délices, comme le premier Adam, où il se perdit, et tout le genre humain; mais dans un de supplices, où il s'est sauvé, et tout le genre humain.

« Il souffre cette peine et cet abandon dans l'horreur de la nuit.

« Je crois que Jésus ne s'est jamais plaint que cette

---

[1] Édition Havet, p. 397 et suiv.

seule fois; mais alors il se plaint comme s'il n'eût pu contenir sa douleur excessive : Mon âme est triste jusqu'à la mort.

« Jésus étant dans l'agonie et dans les plus grandes peines, prions plus longtemps. »

Ici une pause. Pascal prie avec Jésus. Tout à coup Jésus lui parle :

« Console-toi : tu ne me chercherais pas, si tu ne m'avais trouvé.

« Je pensais à toi dans mon agonie; j'ai versé telles gouttes de sang pour toi.

« Veux-tu qu'il me coûte toujours du sang de mon humanité, sans que tu donnes des larmes?.

« Les médecins ne te guériront pas; car tu mourras à la fin. Mais, c'est moi qui guéris et rends le corps immortel.

« Je te suis plus ami que tel ou tel; car j'ai fait pour toi plus qu'eux, et ils ne souffriraient pas ce que j'ai souffert de toi, et ne mourraient pas pour toi dans le temps de tes infidélités et cruautés, comme j'ai fait, et comme je suis prêt à faire et fais dans mes élus. »

Pascal répond à Jésus-Christ :

« Seigneur, je vous donne tout. »

Et le dialogue se continue entre Jésus et l'âme de Pascal. Je ne parle ici que de Pascal et du christianisme, à ce qu'il semble. Généralisez : il faut à l'âme mystique un commerce intime avec Dieu. Quel genre de commerce peut donner la philosophie? Un commerce qui n'a rien de particulier, de singulier. Selon la philosophie, Dieu gouverne le monde physique et moral par des lois. Il y a la cause première d'une part, et de l'autre les causes secondes, les unes libres, les autres non libres, toutes gouvernées pas des lois qui, dans leur ensemble, sont la Providence. Or, la Providence n'a pas de rapports particuliers, temporaires, locaux, personnels, avec les individus. Mais il y a des âmes à qui des rapports généraux ne suffisent pas. Il leur faut des rapports personnels, en d'autres termes, surnaturels. Prophéties, révélations, incarnations, miracles, voilà le surnaturel, le fond des religions positives. Pensez-y bien, car on est souvent dupe des mots et des idées mal démêlées, quel est l'acte essentiel du culte? C'est la prière. Prier, c'est demander. Or demander, pour l'âme mystique, ce n'est pas demander en général, c'est demander ceci ou cela, à telle heure, pour telle personne ; c'est donc demander un miracle. On se fait illusion ; on ne s'avoue pas cela; c'est pourtant là le fond de la prière pour les âmes mystiques. On demande une intervention locale, temporaire, accidentelle de la divinité. Qu'est-ce que cela? Un miracle. En résumé, sans symboles et sans miracles, pas de culte. Eh bien! voilà l'insuffisance de la philosophie démontrée. La philosophie ne peut pas organiser un culte ; et elle ne le peut pas, parce qu'il lui manque des symboles, des miracles, des prophéties, des révélations, et outre cela des prêtres. Et encore, outre cela, il lui manque une autorité infaillible, un principe d'unité et de stabilité, je ne dis pas une Eglise, un pape, des conciles œcuméniques, le protestantisme s'en passe, mais un livre réputé divin, et partant infaillible, absolument vrai, dût-il être permis de l'interpréter avec une liberté indéfinie.

Voulez-vous des preuves de fait de cette impuissance de la philosophie à organiser un culte ? Elle l'a essayé plusieurs fois, cinq fois à ma connaissance, et toujours elle a échoué. La tentative la plus remarquable est celle des philosophes Alexandrins. Elle fut sérieuse, et parut réussir un instant, parce que les Alexandrins avaient pour base un culte déjà établi et fortement enraciné. Ils voulaient le régénérer, lui rendre la vie. Plotin, Porphyre, Chrysanthe se chargèrent de l'exégèse; Julien essaya la pratique. Il fit des hécatombes ; il restaura les temples ; il se fit prêtre. Tout cela échoua, et la preuve, c'est qu'il devint à la fin persécuteur. On l'a dit spirituellement, Julien acheva de tuer le paganisme en le ressuscitant[1].

A la fin du dix-huitième siècle, la témérité alla plus loin. On essaya jusqu'à trois fois d'organiser un culte de toutes pièces, le culte de la Raison, le culte de l'Être Suprême, le culte des Théophilanthropes. Rien ne prouve mieux la stérilité de la philosophie en matière de culte. Hébert, Chaumette, Anacharsis Clootz veulent inaugurer le culte de la Raison. Ils imaginent un symbole. Lequel? Une courtisane. Robespierre inaugure le culte de l'Être Suprême. Qu'imagine David, chargé de l'exécution? De placer devant les Tuileries l'image colossale de l'athéisme, soutenue par d'autres symboles. On brûle ces images à un moment donné, à

---

[1] Le mot est de M. Saint-Marc Girardin.

l'aide de pièces d'artifice. Et tout à coup apparaît l'image de la sagesse. Que dites-vous de ces feux d'artifice, de cette mythologie philosophique et révolutionnaire, de cette image qui surgit, enfumée, comme un mauvais décor d'opéra?

Parlerai-je du culte des théophilanthropes ne sachant qu'inventer pour imiter le sacrement du mariage et le sacrement du baptême, et là-dessus conseillant aux nouveaux mariés de faire une promenade sentimentale dans les champs et d'y cueillir des sauvageons... ayant aussi l'idée spirituelle de remplacer le sel qu'on met sur les lèvres de l'enfant chrétien, symbole touchant et ingénieux, par quoi? par de la gelée de groseilles! Nous tombons dans des bouffonneries, je le sais; et cependant songez que La Réveillère-Lepaux, un des puissants de l'époque, Bernardin de Saint-Pierre, Dupont de Nemours ont été des théophilanthropes.

Parlerai-je des tentatives toutes récentes qui ont eu lieu à Paris en 1831 et en 1832, pour organiser un culte Saint-Simonien? Il y eut un moment où on put croire que ce culte grotesque prendrait racine. C'était en 1831. La révolution avait fait fermenter les têtes. La religion nouvelle caressait l'esprit du temps, en réhabilitant la chair, en glorifiant les sciences physiques, en faisant des savants les prêtres et les dictateurs de la société. Elle avait un pape, un sacré collège, des journaux, de l'argent; elle a compté jusqu'à quatorze mille adhérents. Que fallait-il pour réussir? Il fallait, suivant quelques-uns, des miracles. On agitait la question de savoir si les miracles étaient nécessaires pour fonder la religion nouvelle. — Et pourquoi n'en ferions-nous pas? disait un des apôtres nouveaux, les anciens apôtres en faisaient bien! — Il est vrai, répliquait un voltairien, mais les apôtres ne dînaient pas au Rocher de Cancale. Vous riez de cette répartie spirituelle; elle a un fond sérieux. Il faut deux conditions, pour qu'il y ait des miracles. Il faut des hommes qui se croient capables d'en faire, et d'autres hommes qui jugent les premiers capables d'en avoir fait. Or ces deux conditions manquent, dès qu'on a substitué à l'idée des miracles l'idée d'un Dieu qui obéit sans cesse aux lois qu'il a établies à l'origine, *semel jussit, semper paret*. Ceci me ramène au sérieux de mon sujet.

Si la philosophie ne suffit ni aux ignorants, c'est-à-dire à l'immense majorité des hommes, ni, parmi les hommes éclairés, aux âmes poétiques et aux âmes mystiques, est-ce à dire qu'elle soit pratiquement impuissante? Je le nie. J'ai atteint la limite de mes concessions, et le moment est venu pour moi de faire à la philosophie sa part. En effet, outre ces différentes classes d'âmes, il y a une famille dont je n'ai pas parlé : ce sont les âmes proprement philosophiques. Vous m'en demandez la définition? J'y fais entrer trois éléments. Il y entre des esprits qui éprouvent le besoin de connaître, d'expliquer, de se rendre compte : je les appelle les esprits cartésiens. Ils aiment les idées claires et distinctes. Avec un grand désir de connaître, ils sont pourtant disposés à dire comme Jouffroy : Je supporte le doute, je ne supporte pas l'obscurité. D'autres esprits, c'est une variété de la même espèce, sont des esprits défiants, qui ont un vif sentiment du réel, un grand mépris des choses chimériques. Ce qui les caractérise, c'est moins la curiosité et l'ardeur de connaître que le bon sens. Avant tout, ils veulent ne pas être dupes. Vouloir connaître et voir clair, voilà les esprits cartésiens : n'être dupe de rien, ni des mots, ni des apparences, ni d'aucune chimère, ni d'aucune abstraction, voilà les esprits voltairiens, deux familles éminemment françaises, deux sortes d'esprits à tempérament rationaliste. A ces deux éléments, il faut en ajouter un troisième, le plus rare de tous, que j'appellerai l'élément socratique ou l'élément stoïcien. C'est une volonté fortement trempée et capable de se déterminer par les seuls conseils de la raison. Ajoutez-y l'habitude de rechercher avant tout comme prix d'avoir bien fait le sentiment d'une bonne conscience. Socrate est le type de cette sorte d'âmes. Socrate est d'abord un esprit très-curieux : il interroge toujours; puis c'est un homme qui n'a pas peur du doute : *Ce que je sais*, dit-il, *c'est que je ne sais rien*. C'est un homme de bon sens, un esprit positif, armé d'ironie. Enfin c'est une volonté mâle. *Je crois*, dit-il encore, *qu'on ne peut mieux vivre qu'en cherchant à devenir meilleur, ni plus agréablement qu'en se disant à soi-même qu'on le devient en effet*[1]. » Voilà Socrate, c'est déjà un stoïcien, un héros, un martyr. Les stoïciens nous donnent des héros et des saints, un Caton, un Épictète, le héros de l'humilité,

---

[1] Xénophon, *Memor.* VIII, § 1, liv. IV.

dont la morale est toute dans ces mots : Résigne-toi! Platon et Aristote, voilà d'honnêtes gens. Que nous manque-t-il? des martyrs? Non, Socrate en est un. Il y en a eu d'autres au seizième siècle, un Ramus, un Giordano Bruno. Voulez-vous des types modernes de purs philosophes honnêtes gens? Vous avez Leibnitz, Spinosa; vous avez Daunou, Destutt de Tracy, Laromiguière, Cabanis, ces énergiques idéologues de l'Empire. Mais j'aime surtout à citer Kant le rationaliste, Kant le stoïcien de l'Allemagne, qui s'écriait : « Devoir! mot sublime, qui n'offre l'idée de rien d'agréable ni de flatteur, et qui ne réveille que celle de la soumission! Malgré cela tu n'es point terrible et menaçant; tu n'as rien qui effraye et qui rebute l'âme. Pour mouvoir la volonté, tu n'as besoin que de lui montrer une loi, une loi simple, qui d'elle-même s'établit et s'interprète. Tu forces au respect jusqu'à la volonté rebelle dont tu ne parviens pas à te faire obéir. Les passions qui travaillent sourdement contre toi sont muettes et honteuses en ta présence. Quelle origine t'assigner assez digne de toi? Où trouver la racine de ta noble tige? Ce n'est pas dans les penchants sensuels que tu repousses avec fierté. Ce ne peut être que dans ce sanctuaire de la conscience où l'homme se trouve élevé au-dessus du monde sensible, affranchi du mécanisme de la nature et où réside sa personnalité, sa liberté, son indépendance [1]. »

Et pourquoi la philosophie ne suffirait-elle pas à de

---

[1] Kant, *Critique de la raison pratique*.

telles âmes? La philosophie leur donne une religion, puisqu'elle leur inspire la foi en Dieu. Elle leur donne une morale puisqu'elle leur enseigne le devoir. Elle leur donne même une certaine piété, puisqu'elle leur inspire la foi en la Providence, par suite, la résignation, non pas une résignation passive et forcée, mais une résignation volontaire et douce, celle qui dit dans la douleur même : *fiat voluntas tua*. Enfin elle leur donne l'espérance. Socrate n'est pas sûr de l'autre vie ; mais il ne regrette pas d'avoir agi comme s'il y en avait une, et il l'espère de la bonté des dieux. Ainsi, le philosophe ne manque ni de religion, ni de piété. Il croit en Dieu. Il l'adore et le contemple avec ravissement dans la beauté de ses œuvres. Il prie, il espère [1].

[1] Voyez, à la suite de cette Étude, l'*Appendice* au présent chapitre. — Voyez aussi, dans le volume de *Fragments et Discours* (chez Germer-Baillière), les pages consacrées à M. Damiron : vous y trouverez, dans la vie d'un homme de notre temps que M. Saisset aimait à appeler *le philosophe pieux*, une confirmation de ses vues sur l'efficacité pratique de la philosophie.

CHAPITRE CINQUIÈME

THÈSE DE L'IMPUISSANCE ABSOLUE DE LA PHILOSOPHIE DANS PASCAL.

Pascal nie la philosophie de deux façons. Il la nie comme pratiquement insuffisante, c'est le côté fort du livre des *Pensées*. Tout lecteur impartial me rendra cette justice, que je me suis complu à le mettre en lumière, au point même d'abonder dans le sens du protestant Alexandre Vinet, du catholique abbé Flottes, et de me séparer de mes amis M. Cousin, M. Franck, M. Havet. Reste maintenant cette seconde négation de Pascal, qui consiste à ne reconnaître à la philosophie aucune valeur, ni spéculative ni pratique, aboutissant à ce catholicisme outré qui s'appelle le jansénisme et se traduit en ces termes : « Se moquer de la philosophie, c'est vraiment philosopher [1]... Nous n'estimons pas que toute la philosophie vaille une heure

---

[1] *Pensées*, art. VII, 34.

de peine [1].... Le pyrrhonisme est le vrai [2]. » Je suivrai Pascal sur ce nouveau terrain, en cherchant ce que son pyrrhonisme a de plus original et de moins suranné. Je montrerai d'abord Pascal attaquant la philosophie dans ses sources psychologiques, et niant la légitimité de nos moyens naturels de connaître. Puis, je le ferai voir ébranlant les bases de la morale et de la religion naturelles, niant la justice, n'admettant que la force, justifiant l'athéisme comme *une marque de force d'esprit*, et substituant aux démonstrations philosophiques de l'existence de Dieu sa fameuse preuve tirée du calcul des probabilités qu'il venait d'inventer, c'est-à-dire *jouant Dieu à croix ou à pile*. Le moment sera venu alors de montrer Pascal cherchant à reconstruire après avoir détruit. Je m'expliquerai sur la valeur du livre des *Pensees* comme œuvre d'apologiste, et je dirai mon sentiment sur le christianisme de Pascal. Sur ce point délicat, je serai clair, pas plus clair que je ne l'ai été sur les miracles, mais tout autant, et c'est assez.

Cherchons d'abord ce que Pascal a dit de plus original et de plus fort contre la légitimité de nos moyens naturels de connaître. Il y a deux grands arguments sceptiques qui comprennent tous les autres. Voici le premier : *L'entendement humain est en contradiction avec lui-même* : les sens se contredisent ; les sens contredisent la raison ; la raison et le raisonnement se contredisent ; le cœur et l'esprit se contredi-

---

[1] *Pensées* XXIV, 100.
[2] Ibid. XXIV, 1.

sent; les générations se contredisent; les temps, les lieux, les coutumes, tout est spectacle de contradictions. C'est là ce que j'appelle la thèse des antinomies. Là-dessus Pascal n'a rien ajouté aux anciens : il ne fait que répéter Montaigne, qui lui-même répète Sextus Empiricus, Ænésidème, Arcésilas, Carnéade et Pyrrhon. Si j'étudiais Pascal à ce point de vue, je ferais une étude plus littéraire que philosophique. Ce que Montaigne dit, le sourire sur les lèvres, avec sa grâce et sa verve gasconnes, Pascal le redit d'un front sérieux et d'un cœur contristé, avec une véhémence et une ironie incomparables. Il n'y a entre eux qu'une différence d'humeur et de style. Mais il y a un autre grand argument sceptique, c'est celui-ci : *La raison humaine ne peut pas établir qu'elle est conforme à la raison absolue.* Admettez qu'elle soit toujours d'accord avec elle-même, admettez qu'elle se développe avec aisance et puissance, elle reste frappée d'un caractère de subjectivité. C'est là que Pascal a déployé quelque originalité.

Vous trouverez d'abord dans les *Pensées* une série de passages où Pascal emprunte à Descartes l'objection du sommeil et l'objection du dieu trompeur : « ... Les principales forces des Pyrrhoniens, je laisse les moindres, sont que nous n'avons aucune certitude de la vérité de ces principes naturels, hors la foi et la révélation, sinon en ce que nous les sentons naturellement en nous : or, ce sentiment naturel n'est pas une preuve convaincante de leur vérité, puisque, n'y ayant point de certitude, hors la foi, si l'homme est créé par un Dieu bon, par un démon méchant, ou à l'aventure, il est en doute si ces principes nous sont donnés ou véritables, ou faux ou incertains, selon notre origine. De plus, que personne n'a d'assurance, hors de la foi, s'il veille ou s'il dort, vu que durant le sommeil on croit veiller aussi fermement que nous faisons; on croit voir les espaces, les figures, les mouvements; on sent couler le temps, on le mesure, et enfin on agit de même qu'éveillé; de sorte que, la moitié de la vie se passant en sommeil, par notre propre aveu, où, quoi qu'il nous en paraisse, nous n'avons aucune idée du vrai, tous nos sentiments étant alors des illusions, qui sait si cette autre moitié de la vie où nous pensons veiller n'est pas un autre sommeil un peu différent du premier, dont nous nous éveillons quand nous pensons dormir [1] ? » Ces deux objections reviennent à dire que la raison humaine est obligée de supposer sa légitimité naturelle. Jusqu'ici Pascal suit Descartes; mais dans un morceau distinct des *Pensées* et bien connu sous le titre de *Réflexions sur la géométrie en général*, dans l'édition de Bossut, et de *l'Esprit géométrique* dans celle de M. Havet [2], il s'enfonce dans le problème de la légitimité de la raison humaine et y laisse sa trace.

Pascal commence par célébrer la géométrie comme la reine, comme le modèle des sciences. Sa beauté, sa force, c'est qu'elle définit tout, excepté un petit nombre de termes très-simples, et prouve tout, excepté un petit nombre d'axiomes très-clairs. Mais voici

[1] *Pensées*, art. VIII, 1.
[2] P. 440 et suiv.

que, creusant son idée, il conçoit une *méthode encore plus éminente et plus accomplie*. Par malheur, *les hommes ne sauraient jamais y arriver ; car ce qui passe la géométrie nous surpasse*. Quelle est donc cette méthode ? Elle consiste *à définir tous les termes et à prouver toutes les propositions*. Pourquoi cette méthode est-elle *absolument impossible ?* C'est que, dit Pascal : « Il est évident que les premiers termes qu'on voudrait définir en supposeraient de précédents pour servir à leur explication, et que de même les premières propositions qu'on voudrait prouver en supposeraient d'autres qui les précédassent; et ainsi il est clair qu'on n'arriverait jamais aux premières. Aussi, en poussant les recherches de plus en plus, on arrive nécessairement à des mots primitifs qu'on ne peut plus définir, et à des principes si clairs qu'on n'en trouve plus qui le soient davantage pour servir à leur preuve. *D'où il paraît que les hommes sont dans une impuissance naturelle et immuable de traiter quelque science que ce soit dans un ordre absolument accompli*[1]. » Qu'y a-t-il sous cette argumentation ? Au fond peu de chose. Il y a une chimère et une contradiction. Ne confondez pas deux choses : l'idéal et la chimère. Rien de plus sacré que l'idéal, on ne fait rien sans lui. Rien de plus dangereux que la chimère. L'idéal, c'est ce qui ne peut être atteint, mais ce dont le réel peut s'approcher de plus en plus. La chimère, c'est ce qui est impossible, ce qui est contraire à la nature des choses.

[1] *Pensées*, p. 444.

Hé bien ! ce que Pascal appelle l'*ordre absolument accompli*, ce n'est pas un idéal, c'est une chimère. Ce prétendu ordre implique contradiction. Dieu même remonte à des termes simples et à des axiomes évidents. Tout définir, c'est nier la définition. Tout vouloir démontrer, c'est rendre la démonstration impossible. Maintenant, est-ce une faiblesse, un vice de la science humaine de partir de données simples, comme la notion de l'étendue, ou de principes comme ceux-ci : le tout est égal à la somme de ses parties. — 2 et 2 font 4. — $A = A$? Certainement on ne peut prouver que $A = A$. Mais qui en doute, qui peut en douter, qui peut en demander la preuve? Il est clair que celui qui en vient à douter que $A = A$, si cela est possible, a été conduit à se défier de la raison par d'autres motifs que l'impossibilité de prouver que $A = A$. La question est donc reportée sur un autre terrain, le terrain des antinomies. Là est le débat sérieux. Pascal, au surplus, se contredit lui-même, en voici la preuve : « On trouvera peut-être étrange, dit-il plus loin, que la géométrie ne puisse définir aucune des choses qu'elle a pour principaux objets : car elle ne peut définir ni le mouvement, ni les nombres, ni l'espace... Mais on n'en sera pas surpris, si l'on remarque que cette admirable science ne s'attachant qu'aux choses les plus simples, cette même qualité qui les rend dignes d'être ses objets les rend incapables d'être définies ; de sorte que le manque de définition est plutôt une perfection qu'un défaut parce qu'il ne vient pas de leur obscurité, mais de leur extrême évidence, qui est telle qu'encore qu'elle n'ait pas la conviction des démonstrations, elle en a la certitude...

« D'où l'on voit que la géométrie ne peut définir les objets, ni prouver les principes, mais par cette seule et avantageuse raison que les uns et les autres sont dans une extrême clarté naturelle, qui convainc la raison plus puissamment que le discours. Car qu'y a-t-il de plus évident que cette vérité qu'un nombre, tel qu'il soit, peut être augmenté : ne peut-on pas le doubler [1]?... » La contradiction est palpable. D'où vient donc que ce grand dialecticien est pris ici en flagrant délit de contradiction ? Voici, je crois, la vérité : Pascal est un raisonneur incomparable, mais il est passionné. Il a, dit sa sœur Gilberte, *l'humeur bouillante*. C'est une âme de feu, c'est une imagination toujours allumée. Or, ces dispositions qui font les grands et éloquents écrivains empêchent quelquefois qu'on ne soit un grand philosophe. Pascal a deux passions : l'amour de la géométrie, la haine de la philosophie. Quand il veut opprimer la philosophie, il se sert d'arguments qui renversent tout, même la géométrie. Alors la passion de la géométrie lui revient, et il veut la sauver du naufrage. Mais pour la sauver, il se noie. N'en triomphons pas trop fort. Prenons plutôt garde de faire comme lui. Ne soyons pas sans passion ; mais donnons à la raison le gouvernement de nous-mêmes : obéir à la raison, aimer la raison, c'est la devise du vrai philosophe.

Pascal n'a pas seulement entrepris d'ébranler les

---

[1] *Pensées*, p. 449 et 451.

bases psychologiques de la connaissance, il a aussi des arguments contre les principes de la morale et de la religion naturelles. Qu'il ait nié l'idée de la justice, c'est un point aujourd'hui incontestable. Les textes sont formels. On n'est embarrassé que du choix. La justice est affaire de mode : « Comme la mode fait l'agrément, aussi fait-elle la justice. — La justice est ce qui est établi ; et ainsi toutes nos lois établies seront nécessairement tenues pour justes sans être examinées, puisqu'elles sont établies[1]. » La justice varie avec les climats : « On ne voit presque rien de juste ou d'injuste qui ne change de qualité en changeant de climat[2]. » La justice s'identifie avec la force : « La justice est sujette à disputes : la force est très-reconnaissable et sans dispute... Ne pouvant faire que ce qui est juste fût fort, on a fait que ce qui est fort fût juste... On appelle juste ce qu'il est force d'observer[3]... » De là la théorie du despotisme : « Ne pouvant fortifier la justice, on a justifié la force, afin que le juste et le fort fussent ensemble, et que la paix fût, qui est le souverain bien. — De là vient le droit de l'épée ; car l'épée donne un véritable droit[4]... » De là la négation du droit de propriété et une sorte de communisme : « Ce chien est à moi, disaient ces pauvres enfants ; c'est là ma place au soleil ; voilà le commencement et l'image de l'usurpation de toute la terre.

[1] *Pensées*, art. VI, 5, 6.
[2] Ibid, III, 8.
[3] Ibid. VI, 7-8.
[4] Ibid. VI, 7, 50 et la note.

— Sans doute l'égalité des biens est juste[1]. » Ces textes sont bien connus. Voici sur quoi j'appelle l'attention : c'est l'explication que donne Pascal de l'origine des idées de justice, de droit, de propriété. Ici, il a laissé sa trace, et nous la retrouverons tout à l'heure en discutant ses vues sur l'existence de Dieu.

Selon Pascal, l'habitude est un des plus puissants ressorts de la vie humaine. Il a trouvé cette idée un peu partout, notamment dans Montaigne, mais il se l'est appropriée. Voici un passage où il y a certainement beaucoup de vérité, beaucoup d'observation : « ... Car il ne faut pas se méconnaître, nous sommes automate autant qu'esprit; et de là vient que l'instrument par lequel la persuasion se fait n'est pas la seule démonstration. Combien y a-t-il peu de choses démontrées! Les preuves ne convainquent que l'esprit. La coutume fait nos preuves les plus fortes et les plus crues; elle incline l'automate, qui entraîne l'esprit sans qu'il y pense. Qui a démontré qu'il sera demain jour, et que nous mourrons? et qu'y a-t-il de plus cru? C'est donc la coutume qui nous en persuade; c'est elle qui fait tant de chrétiens, c'est elle qui fait les Turcs, les païens, les métiers, les soldats, etc. Enfin, il faut avoir recours à elle quand une fois l'esprit a vu où est la vérité, afin de nous abreuver et nous teindre de cette créance, qui nous échappe à toute heure; car d'en avoir toujours les preuves présentes, c'est trop d'affaire. Il faut acquérir une créance plus facile, qui est celle de l'habitude, qui, sans violence, sans art, sans argument nous fait croire

[1] *Pensées* VI, 7, 50.

les choses, et incline toutes nos puissances à cette croyance, en sorte que notre âme y tombe naturellement. Quand on ne croit que par la force de la conviction, et que l'automate est incliné à croire le contraire, ce n'est pas assez. Il faut donc faire croire nos deux pièces : l'esprit, par les raisons, qu'il suffit d'avoir vues une fois dans sa vie; et l'automate, par la coutume, et en ne lui permettant pas de s'incliner au contraire. *Inclina cor meum, Deus*[1]. » Ce que Pascal appelle ici l'*automate*, c'est ce qu'il appelle ailleurs la *machine*, expression qui lui est familière, idée qui sans cesse revient dans les *Pensées*. Nous la retrouverons tout à l'heure; mais en ce moment remarquez que Pascal, dans ce passage, admet deux principes : *Nous sommes automate autant qu'esprit*. Bientôt il exagèrera sa théorie et supprimera l'un des deux principes : « La coutume fait toute l'équité, par cela seul qu'elle est reçue; c'est le fondement mystique de son autorité[2]. — Montaigne a tort : la coutume ne doit être suivie que parce qu'elle est coutume, et non parce qu'elle soit raisonnable ou juste[3]. » Non-seulement la coutume est un principe considérable, un principe qui vaut par lui-même, mais ce principe embrasse et explique tout ce qu'on appelle principes naturels, instincts, idées innées. « Qu'est-ce que nos principes naturels, sinon nos principes accoutumés? Et dans les enfants, ceux qu'ils ont reçus de la coutume de leurs pères, comme

[1] *Pensées*, art. X, 4.
[2] Ibid. III, 8.
[3] Ibid. V, 40.

la chasse dans les animaux? Une différente coutume en donnera d'autres principes naturels... Les pères craignent que l'amour naturel des enfants ne s'efface. Quelle est donc cette nature sujette à être effacée? La coutume est une seconde nature qui détruit la première. Pourquoi la nature n'est-elle pas naturelle? J'ai bien peur que cette nature ne soit elle-même qu'une première coutume, comme la coutume est une seconde nature [1]. » Ainsi, il n'y a pas de nature. Pourquoi? C'est que la nature primitive de l'homme a été corrompue par le péché originel. De cette nature, il ne reste rien. C'est à la grâce seule à tout réparer.

Vous comprendrez maintenant le scepticisme de Pascal en matière de religion naturelle. Il rejette les preuves physiques de l'existence de Dieu. Il se moque de ceux qui s'en servent : « Eh quoi! ne dites-vous pas vous-même que le ciel et les oiseaux prouvent Dieu? — Non. — Et votre religion ne le dit-elle pas? — Non. Car, encore que cela est vrai pour quelques âmes à qui Dieu donne cette lumière, néanmoins cela est faux à l'égard de la plupart [2]. » Il rejette aussi les preuves métaphysiques : « Les preuves de Dieu métaphysiques sont si éloignées du raisonnement des hommes et si impliquées, qu'elles frappent peu ; et quand cela servirait à quelques-uns, ce ne serait que pendant l'instant qu'ils voient cette démonstration, mais une heure après, ils craignent de s'être trompés [3]. » On pourrait

[1] *Pensées* III, 13.
[2] Édit. Havet, *Appendice*, p. 533.
[3] *Pensées* X, 2.

hésiter s'il n'y avait que ce passage. Mais en voici un autre où Pascal dit nettement sa pensée : « Nous ne connaissons ni l'existence, ni la nature de Dieu, parce qu'il n'a ni étendue ni bornes. Parlons maintenant selon les lumières naturelles. S'il y a un Dieu, il est infiniment incompréhensible, puisque, n'ayant ni parties ni bornes, il n'a nul rapport à nous : nous sommes donc incapables de connaître ni ce qu'il est, ni s'il est[1]. » Que faire dans cette ignorance? Pascal s'avise ici d'un argument nouveau, lequel non-seulement prouvera Dieu, mais ramènera du doute absolu à la religion la plus exacte. Cet argument, qui va faire sortir du sein d'un sceptique un chrétien accompli, Pascal l'emprunte au calcul des probabilités qu'il venait de découvrir. C'est un principe de ce calcul que pour qu'un jeu soit raisonnable, il faut que la grandeur du gain soit proportionnée aux chances de perte. Si le gain est très-considérable, on peut risquer des chances de perte en proportion. Or, la vie humaine est un jeu. Celui qui vit en chrétien parie pour Dieu et le paradis. Celui qui vit en athée parie pour le néant. Quel est le pari le plus raisonnable? Le chrétien donne sa vie ; mais avec la chance d'avoir une éternité de bonheur. Quelle chance ? Chance égale de perte et de gain. Car la raison ne sait rien de l'avenir, et il y a autant de chance pour la vie éternelle que pour le néant. Donc le pari est excellent. L'athée parie pour le néant. Mais il a contre lui la chance de la vie éternelle,

---

[1] *Pensées* X, 1.

c'est-à-dire d'une éternité de malheur. Chance égale de perte et de gain. Donc pour conserver un bien fini, il risque un mal infini. Son pari est détestable. Pascal est enchanté de cet argument. Il fait voir que s'il n'y avait que deux, trois, quatre vies humaines à gagner, il faudrait parier. Or, il y en a une infinité. Donc le pari est infiniment avantageux. On lui objecte que le mieux est encore de ne point parier; car enfin celui qui parie court un risque. Il répond : *Il faut parier, vous êtes embarqué.* C'est sur ce point que j'attaquerai le raisonnement de Pascal, car c'est le point fondamental. Je dis que la position du problème est fausse. Pascal ne connaît que deux positions : être chrétien, parier pour Dieu; — être athée, parier pour le néant. Mais on peut n'être ni chrétien catholique et janséniste, ni athée. On peut être protestant. On peut avoir des doutes sur le christianisme, et en attendant vivre selon la morale et la religion naturelles. De plus, l'argument de Pascal, s'il était bon, pourrait servir à un bouddhiste et à un mahométan. Si vous vous adressez dans l'homme à l'intérêt, au pur intérêt, à l'amour de la félicité, le paradis mahométan aura plus de partisans que le paradis catholique ; le mystique bouddhiste aimera mieux le Nirvanâ que votre paradis.

Voltaire fait une autre objection très-sensée et très-forte : c'est qu'on ne croit pas à volonté, c'est qu'il ne suffit pas d'avoir intérêt à croire pour croire en effet : « Vous me promettez l'empire du monde si je crois que vous avez raison : je souhaite alors de tout mon cœur que vous ayez raison; mais jusqu'à ce que vous me l'ayez prouvé, je ne puis vous croire. Commencez, pourrait-on dire à M. Pascal, par convaincre ma raison [1]. » Pascal avait prévu l'objection. Voici comment il y répond : « Je le confesse, je l'avoue. Mais encore n'y a-t-il point moyen de voir le dessous du jeu? — Oui, l'Écriture et le reste, etc. — Oui, mais j'ai les mains liées et la bouche muette; on me force à parier et je ne suis pas en liberté ; on ne me relâche pas, et je suis fait d'une telle sorte que je ne puis croire. Que voulez-vous donc que je fasse ?—Il est vrai... Apprenez de ceux qui ont été liés comme vous, et qui parient maintenant tout leur bien; ce sont gens qui savent ce chemin que vous voudriez suivre, et guérissent d'un mal dont vous voulez guérir. Suivez la manière par où ils ont commencé; c'est en faisant tout comme s'ils croyaient, en prenant de l'eau bénite, en faisant dire des messes, etc. Naturellement même cela vous fera croire et vous abêtira [2]. » Voilà donc la conclusion de Pascal : Faites comme si vous croyiez! *abêtissez-vous*. On a dit que ce n'était là qu'un mot, une boutade échappée à Pascal. On a voulu en amoindrir la portée. Erreur! le dernier mot de Pascal, en matière de religion, c'est, je ne dirai pas l'abêtissement, mais le *mécanisme*. Rappelez-vous sa théorie sur l'habitude, sur l'automate. Méditez certains passages du manuscrit des *Pensées* [3], vous vous convaincrez que les vraies conclusions de Pascal sont celles-ci : l'incerti-

---

[1] *Remarques sur les Pensées de M. Pascal.* 1728.
[2] *Pensées* X, 1.
[3] A la page 25.

tude de la religion, et à la place de preuves le calcul des probabilités ; la substitution de la religion-machine à la religion en esprit et en vérité. Vous remarquerez aussi que Pascal, l'adversaire mortel des jésuites, aboutit à la même conclusion qu'eux. Remplacer la certitude par la probabilité, s'adresser à l'intérêt, au lieu de s'adresser à la religion et au cœur, se faire machine, s'abêtir, ce sont là les détestables procédés qui ont compromis le nom de la Compagnie de Jésus. Or, qu'avait combattu Pascal dans les *Provinciales ?* cela même, c'est-à-dire la morale des cas probables et la dévotion aisée. Ces deux écueils de la religion, il y vient donner tout droit. J'en tirerai deux conclusions : c'est qu'il faut distinguer deux hommes dans Pascal, le philosophe chrétien des *Provinciales* et le sceptique des *Pensées ;* c'est qu'il faut combattre le sceptique avec le philosophe chrétien.

CHAPITRE SIXIÈME

LA RELIGION DE PASCAL.

Je termine l'étude du scepticisme de Pascal, en me demandant comment il a essayé de reconstruire après avoir détruit. S'il n'y avait dans les *Pensées*, en faveur de la religion, que l'argument tiré de la *règle des partis*, je n'aurais rien à ajouter à mes dernières réflexions. Mais il y a autre chose dans les *Pensées*, il y a un essai de démonstration de la religion chrétienne. On peut le formuler ainsi : Étant donné la nature et la condition de l'homme avec ses misères et ses grandeurs, on ne peut le comprendre et le sauver que par un moyen : le christianisme. Ce plan est très-simple, très-grand, très-beau, très-philosophique. Par malheur, c'est tout ce qu'il m'est permis de louer dans le dessein des *Pensées*; car autant le plan est admirable, autant l'exécution est défectueuse. Pascal a visé très-haut, mais il a manqué son but; et je crois pouvoir démontrer pourquoi il a complétement échoué. C'est premièrement, qu'il s'est formé une idée fausse de la nature et de la condition de l'homme; et en second lieu, qu'il s'est trompé sur l'esprit du christianisme.

Et d'abord, vous savez déjà que Pascal s'est mépris sur l'une des maîtresses parties de la nature humaine, la raison. Il la croit incapable de vérité. C'est un point qui a été suffisamment éclairci, et je n'y reviendrai pas. Il ne s'est pas moins mépris à l'endroit du cœur humain. Il pense et il dit qu'il n'y a point chez les hommes d'affections désintéressés : « Tout ce qui est au monde est concupiscence de la chair, ou concupiscence des yeux, ou orgueil de la vie : *Libido sentiendi, libido sciendi, libido dominandi*. Malheureuse la terre de malédiction que ces trois fleuves de feu embrasent plutôt qu'ils n'arrosent [1] ! » C'est un parti pris d'abaisser la nature humaine, de n'y rien laisser subsister de sain et de pur : tout y est gâté, corrompu, perverti. Pascal n'aurait pas désavoué la pensée de La Rochefoucauld, que nos vertus se perdent dans l'intérêt comme les fleuves se perdent dans la mer, tant il abonde avec complaisance dans ce sens. A l'en croire, il n'y a pas de bravoure désintéressée : « Nous perdons encore la vie avec joie, pourvu qu'on en parle [2] ; » pas de pitié désintéressée : « Plaindre les malheureux n'est pas contre la concupiscence; au contraire, on est bien aise d'avoir à rendre ce témoignage d'amitié, et à s'attirer la répu-

---

[1] *Pensées*, art. XXIV, 33.
[2] Ibid. II, 2.

tation de tendresse sans rien donner [1]; » pas de sympathie, pas d'amitié : « Tous les hommes se haïssent naturellement l'un l'autre. On s'est servi comme on a pu de la concupiscence pour la faire servir au bien public. Mais ce n'est que feinte, et une fausse image de la charité; car au fond ce n'est que haine [2]. » Sans doute notre âme n'est pas exempte de haine; mais c'est un sentiment qui l'altère dans son fond naturel, et la nature résiste toujours. Se douterait-on, devant une affirmation aussi absolue, que celui qui la formule est l'interprète d'une religion d'amour et de charité qui fait aux hommes une loi de s'aimer les uns les autres? Croirait-on que c'est le même homme qui a écrit : « Deux lois suffisent pour régler toute la république chrétienne mieux que toutes les lois politiques[3], l'amour de Dieu et celui du prochain ! » On ne peut se contredire davantage, car s'il est vrai que les hommes se haïssent naturellement, il est vrai aussi que la république chrétienne est impossible. Pascal nous mène tout droit vers cet état de nature dépeint par le rude pinceau de Hobbes, aussi éloigné que possible du vrai christianisme, où *l'homme est un loup pour l'homme*. Il ne s'abuse pas moins sur la condition que sur la nature de l'homme. Ce monde lui paraît livré à la force et au hasard. Lisez ces passages d'une ironie terrible : « Pourquoi me tuez-vous ? — Eh quoi ! ne demeurez-vous pas de l'autre côté de l'eau? Mon ami, si vous demeuriez de ce côté, je serais un assas-

[1] *Pensées* VI, 34.
[2] Ibid. XXIV, 80.
[3] Ibid. XXIV, 15.

sin, cela serait injuste de vous tuer de la sorte; mais, puisque vous demeurez de l'autre côté, je suis un brave et cela est juste [1]. — Qui passera de nous deux? qui cédera la place à l'autre? Le moins habile? Mais je suis aussi habile que lui. Il faudra se battre sur cela. Il a quatre laquais et je n'en ai qu'un; cela est visible; il n'y a qu'à compter; c'est à moi à céder, et je suis un sot si je conteste. Nous voilà en paix par ce moyen, ce qui est le plus grand des biens [2]. » Voilà pour la force. Voici pour le hasard : « Cromwell allait ravager toute la chrétienté; la famille royale était perdue, et la sienne à jamais puissante, sans un petit grain de sable qui se mit dans son uretère, Rome même allait trembler sous lui; mais ce petit gravier s'étant mis là, il est mort, sa famille abaissée, tout est en paix, et le roi rétabli [3]. » Ailleurs encore ce sont les petites causes qui amènent les grands effets : « Le nez de Cléopâtre, s'il eût été plus court, toute la face de la terre aurait changé [4]. » C'est charmant; mais ne vous y trompez pas, même quand il badine, Pascal est sérieux au fond, et c'est une âme triste qui laisse échapper de tels traits. De la tristesse, cette âme tombe dans l'épouvante lorsque, frappée de ce qu'il y a de stérile dans les agitations de la vie, elle s'arrête à cette sombre réflexion : « Le dernier acte est sanglant, quelque belle que soit la comédie en tout le reste. On jette enfin de la terre sur la tête, et en voilà pour jamais [5]. »

[1] *Pensées* VI, 3.
[2] Ibid. V, 6.
[3] Ibid. III, 7.
  Ibid. VI, 43.
[5] Ibid. XXIV, 58.

Oppressé de la fausse image qu'il s'est forgée de la vie, Pascal la peint en ces termes : « Qu'on s'imagine un nombre d'hommes dans les chaînes, et tous condamnés à la mort, dont les uns étant chaque jour égorgés à la vue des autres, ceux qui restent voient leur propre condition dans celle de leurs semblables, et, se regardant les uns les autres avec douleur et sans espérance, attendent leur tour : c'est l'image de la condition des hommes [1]. » On dirait que Pascal a vécu au temps des Tibère et des Caligula, ou aux jours néfastes de la Terreur. Jamais accents plus douloureux sont-ils sortis du cœur d'un homme pour peindre la condition de ses semblables avec des couleurs plus sombres, et disons-le, plus fausses! Nicole, qui vivait à côté de Pascal, et relisait sans cesse Saint-Cyran, se représente la vie et la condition de l'homme sous les mêmes images. Mais tandis que Pascal parlait en philosophe, Nicole parle en janséniste : « Ainsi le monde entier est un lieu de supplices, où l'on ne découvre *par les yeux de la foi* que des effets effroyables de la justice de Dieu ; et si nous voulons nous le représenter par quelque image qui en approche, figurons-nous un lieu vaste, plein de tous les instruments de la cruauté des hommes, et rempli d'une part de bourreaux, et de l'autre d'un nombre infini de criminels abandonnés à leur rage. Représentons-nous que ces bourreaux se jettent sur ces misérables, qu'ils les tourmentent tous, et qu'ils en font tous les jours périr un grand nombre par les plus cruels supplices ; qu'il y en a

---

[1] *Pensées,* art. IV, 4.

seulement quelques-uns dont ils ont ordre d'épargner la vie; mais que ceux-ci même, n'en étant pas assurés, ont sujet de craindre pour eux-mêmes la mort qu'ils voient souffrir à tout moment à ceux qui les environnent, ne voyant rien en eux qui les en distingue. Quelle serait la frayeur de ces misérables !... Et néanmoins la *la foi nous expose bien* un autre spectacle devant les yeux; car elle nous fait voir les démons répandus par tout le monde, qui tourmentent et affligent tous les hommes en mille manières, et qui les précipitent presque tous d'abord dans les crimes, et ensuite dans l'enfer et dans la mort éternelle[1]. »

Ceci me conduit à examiner quelle idée Pascal, Nicole et les jansénistes se sont formée du christianisme. Je démontrerai qu'ils en ont méconnu le véritable esprit. Il y a dans la religion chrétienne des dogmes redoutables, le péché originel, le petit nombre des élus, le mépris du monde et de la chair : ils ont paru trop doux à messieurs de Port-Royal. Pascal les pousse à l'extrême : péché originel, petit nombre des élus, mépris de la chair et du monde, il exagère tout, il rend tout impossible, détestable. Le péché originel, tel que l'Église le propose, est déjà bien dur pour la raison. Le présente-t-elle comme une explication, ou comme un mystère? Comme une explication, cela est difficile. Il s'agit d'expliquer que l'homme est enclin au mal.

[1] Nicole, *De la crainte de Dieu*, chap. 5. — Voyez la note 6 de la page 60 de l'édition Havet, où j'ai pris ce rapprochement et les réflexions qui suivent.

Mais cela est contestable, et là-dessus il y a deux opinions. Les uns croient que l'homme vient au monde avec de bons instincts, qu'il ne naît pas injuste et dépravé, mais le devient parce qu'il abuse de sa liberté. Selon les autres, l'homme naît pervers, et je comprends que ceci demande explication. Certains philosophes chrétiens pensent donner la clef de l'énigme en faisant remonter au péché originel le principe du mal moral. Ils reconnaissent qu'un Dieu de bonté n'a pas pu créer une nature perverse; mais depuis qu'Adam est tombé, la nature humaine s'est corrompue, et les hommes naissent pervers par une suite du péché. Posez-leur la question : pourquoi l'homme est-il méchant? Ils répondront : Par la faute d'Adam. Mais cette réponse ne me suffit pas, et je leur demande : Pourquoi Adam est-il tombé? — Parce qu'il a été tenté par le diable. — Mais s'il a tenté Adam, le diable était donc né méchant? — Non : il est tombé. — Alors qui l'a fait tomber? Il faudra remonter ainsi indéfiniment, ou finir par admettre un premier principe du mal, ce qui est absurde et contradictoire. Le mieux est donc de dire que la perversité humaine est inexplicable, qu'il y a là un mystère. Car il est évident que le péché originel n'en rend pas compte, et que s'il est donné comme une explication, convenez-en, elle est malheureuse. Au contraire, le mal moral s'explique très-bien si l'on veut reconnaître qu'il vient de l'abus que font les hommes de leur libre arbitre, et mieux encore de l'anarchie naturelle de nos facultés. Là est véritablement son *principium et fons*. Car si toutes nos facultés étaient en harmonie, elles iraient toujours au bien, et les hommes ne seraient plus des hommes, mais des anges; la vie alors serait le repos et le bonheur, et non pas ce qu'elle est réellement, l'épreuve. Mais Pascal ne dit rien de tout cela. Il avoue que le péché originel est choquant, impossible ; et cependant c'est le nœud de notre condition : « Chose étonnante cependant, que le mystère le plus éloigné de notre connaissance, qui est celui de la transmission du péché, soit une chose sans laquelle nous ne pouvons avoir aucune connaissance de nous-mêmes! Car il est sans doute qu'il n'y a rien qui choque plus notre raison que de dire que le péché du premier homme ait rendu coupables ceux qui, étant si éloignés de cette source, semblent incapables d'y participer. Cet écoulement ne nous paraît pas seulement impossible, il nous semble même très-injuste; car qu'y a-t-il de plus contraire aux règles de notre misérable justice que de damner éternellement un enfant incapable de volonté, pour un péché où il paraît avoir si peu de part, qu'il est commis six mille ans avant qu'il fût en être! Certainement, rien ne nous heurte plus rudement que cette doctrine ; et cependant, sans ce mystère, le plus incompréhensible de tous, nous sommes incompréhensibles à nous-mêmes. Le nœud de notre condition prend ses replis et ses tours dans cet abîme; de sorte que l'homme est plus inconcevable sans ce mystère que ce mystère n'est inconcevable à l'homme [1]. » Il le prend au sens le plus dur,

---

[1] *Pensées*, art. VIII, 1.

il déclare que ce péché a détruit la nature humaine, à ce point que tous les hommes sans exception sont devenus dignes de la colère de Dieu et du supplice éternel. De là cette parole scandaleuse : « Il faut que la justice de Dieu soit énorme comme sa miséricorde ; or la justice envers les réprouvés est moins énorme et doit moins choquer que la miséricorde envers les élus [1]. » Ainsi, *ce qui le choque* dans ce dogme terrible du petit nombre des élus, c'est qu'il y ait des élus ! De là une sorte de terrorisme religieux. Il faut vivre non-seulement dans le mépris du monde et de la chair, mais aussi dans un effroi et dans un tremblement intérieurs : « La maladie est l'état naturel des chrétiens, parce qu'on est par là comme on devrait toujours être, dans la souffrance des maux, dans la privation de tous les biens et de tous les plaisirs des sens, exempt de toutes les passions qui travaillent pendant tout le cours de la vie, sans ambition, sans avarice, *dans l'attente continuelle de la mort*. N'est-ce pas ainsi que les chrétiens devraient passer la vie [2] ? »

De là un détachement et une désaffection contraires à la nature. Il ne faut aimer personne, il ne faut être aimé de personne : « Il est injuste qu'on s'attache à moi, quoiqu'on le fasse avec plaisir et volontairement. Je tromperais ceux à qui j'en ferais naître le désir, car je ne suis la fin de personne, et n'ai pas de quoi les satisfaire. Ne suis-je pas prêt à mourir ?

---

[1] *Pensées*, X, 1.
[2] Voyez la *Vie de Pascal* par madame Périer, ch. xiv.

Et ainsi l'objet de leur attachement mourra donc. Comme je serais coupable de faire croire une fausseté, quoique je la persuadasse doucement, et qu'on la crût avec plaisir, et qu'en cela on me fît plaisir : de même, je suis coupable de me faire aimer, et si j'attire les gens à s'attacher à moi. Je dois avertir ceux qui seraient prêts à consentir au mensonge, qu'ils ne le doivent pas croire, quelque avantage qui m'en revînt; et de même, qu'ils ne doivent pas s'attacher à moi; car il faut qu'ils passent leur vie et leurs soins à plaire à Dieu ou à le chercher[1]. » De là le refus de Pascal de recevoir les caresses innocentes de sa sœur, son déplaisir de voir qu'elle-même reçût celles de ses enfants, et son application obstinée à se rendre et à se montrer insensible[2]. C'est madame Périer qui nous en fait naïvement l'aveu, dans le récit sincère jusqu'au bout qu'elle nous a laissé de la vie et de la mort de son frère. Rien n'étonne après cela, ni le langage dans lequel il s'exprime sur le mariage, *la plus périlleuse et la plus basse des conditions du christianisme,* ce n'est pas assez dire, une espèce d'homicide et *comme un déicide*[3]; ni les rigueurs et les mortifications que Pascal a exercées sur lui-même, ni l'idée cruelle, à l'insu des siens, de se mettre autour du corps une ceinture de fer armée de clous[4]. Voilà sa religion pendant les cinq dernières années de sa vie au

---

[1] *Pensées*, art. XXIV, 39.
[2] *Vie de Pascal*, p. xi.
[3] Voyez la lettre de Pascal à sa sœur Gilberte dans les *Mémoires de Marguerite Périer*, citée par M. Cousin, p. 61.
[4] *Vie de Pascal*, p. vii.

moins, c'est-à-dire dans le temps qu'il écrivait ses *Pensées*.

Sont-ce là, je le demande, les sentiments commandés par le christianisme? Sont-ce les pratiques de la vraie religion? Pour moi, je ne reconnais pas à ces traits la morale chrétienne, la charité chrétienne, l'esprit chrétien. Je le déclare, non pas en théologien, mais en philosophe qui a lu avec une admiration sincère et profonde l'Évangile, le sermon sur la montagne, le récit de la passion de Jésus : je n'en sens pas ici l'inspiration. Pascal et les jansénistes ont perdu le sens du christianisme : le Christ mourant au Golgotha n'est pas un symbole d'ascétisme, mais un symbole de bonté, de charité et d'amour.

Je conclus finalement que dans *les Pensées*, quelle que soit la grandeur, quel que soit le pathétique du style, Pascal tourne le dos au progrès. C'est dans *les Provinciales* que j'aime à aller chercher le vrai moraliste chrétien ; c'est surtout dans la préface du *Traité du vide* que j'admire en Pascal le philosophe, l'homme de la science et des grandes découvertes, l'homme du progrès et de l'avenir.

APPENDICE AU CHAPITRE QUATRIÈME.

Après l'apologie sincère et forte de la philosophie qui fait le sujet des dernières pages de ce chapitre, des lettres en grand nombre furent adressées à M. Ém. Saisset par ses auditeurs de la Sorbonne, les unes pour le féliciter, les autres pour lui proposer des objections ou des doutes. Il ne pouvait que se réjouir des premières; parmi les secondes, il en distingua trois, auxquelles il jugea qu'il se trouvait moralement engagé à répondre. Il le fit dans la leçon que je reproduis ici, pensant qu'elle sera lue avec plaisir par ceux qui goûtent ses idées, avec intérêt par ceux qui les combattent.

On ne peut toucher à certaines questions sans agiter les âmes. J'en ai fait l'épreuve. Heureusement si je n'ai pas satisfait tout le monde, je n'ai blessé personne. Cela m'encourage à ne pas abandonner la question que j'ai traitée sans l'avoir discutée à fond. D'ailleurs je ne puis faire autrement : j'ai promis de répondre aux objections.

J'en ai reçu de nombreuses. Je les rattache à trois origines : origine rationaliste, origine protestante, origine catholique. Naturellement les rationalistes se déclarent satisfaits, sauf quelques querelles de famille. Les protestants ne sont qu'à demi-satisfaits; les catholiques ne le sont pas du tout.

L'objection rationaliste porte sur la manière dont j'envisage l'entreprise religieuse de l'empereur Julien. L'objection protestante porte sur ma division du genre humain en catégories, ceux à qui la philosophie ne peut suffire, ceux auxquels elle suffit : tout homme a besoin d'un idéal moral et religieux, et cet idéal est dans l'Évangile. L'objection catholique porte sur ma manière d'envisager le miracle, et en général le surnaturel. Ce sont les bases mêmes de ma thèse qui sont attaquées; je viens les défendre. Mon but n'est pas de diviser et d'irriter; mon but est d'éclairer. Il faut que chacun sache nettement où il en est, ce qu'il admet, ce qu'il rejette. De la sorte, personne n'aura d'illusions, et nous nous trouverons unis en ce point que nous observerons le précepte socratique : *Connais-toi toi-même.*

Je serai court sur l'entreprise religieuse de l'empereur Julien. S'il y a un point où je sois heureux d'avoir rencontré une adhésion unanime, c'est sur celui-ci, que la philosophie ne peut ni ne doit prétendre à fonder un culte. Les philosophes d'Alexandrie ont pourtant essayé la chose. Ils ont voulu, sinon créer de toutes pièces un culte nouveau, au moins restaurer l'ancien culte et le ranimer par un nouvel esprit. On me dit : Les néoplatoniciens d'Alexandrie et d'Athènes n'étaient pas des rationalistes : ils croyaient au surnaturel, aux miracles, aux démons. Cela est vrai et cela leur sert d'excuse. Mais il n'en est pas moins vrai qu'ils feignaient de prendre au sérieux des croyances qui n'étaient pour eux que des symboles : par exemple, Apollon. De là une espèce d'hypocrisie. Or je hais

toutes les hypocrisies, et de toutes la plus choquante
est l'hypocrisie philosophique. Car toute hypocrisie
est mensonge, et quoi de plus répugnant au mensonge
que la philosophie qui est la recherche et l'amour de
la vérité? L'hypocrisie des philosophes pouvait s'ex-
cuser quand on ne pouvait dire sa pensée qu'au péril
de sa liberté et de sa vie : par exemple, au temps de
Voltaire. Au surplus, l'ironie de Voltaire est si trans-
parente! C'est à peine de l'hypocrisie [1]. Mais aujour-
d'hui que la philosophie a conquis le droit de parler
net, à condition de ne blesser aucune croyance sincère,
l'hypocrisie est plus qu'un vice odieux, elle est un
travers ridicule.

Mon correspondant philosophe n'admet pas que
dans l'antiquité il y ait eu des rationalistes. Je lui en
citerai deux : Platon et Aristote. Il n'admet pas non
plus que la philosophie ait eu ses martyrs volontaires.
J'avoue que la philosophie ne produit pas naturellement des Polyeucte. Elle n'est pas fondée sur l'enthousiasme qui fait les martyrs, mais sur la raison qui ne
fait que des savants et des sages. J'avoue que les savants
et les sages n'ont pas un goût prononcé pour le mar-
tyre. Cependant je maintiens que la philosophie a eu

[1] Voici un exemple de l'ironie voltairienne dans les *Remarques
sur les Pensées de M. Pascal*, 1728. « Je pense qu'il est très-
vrai que ce n'est pas à la métaphysique de prouver la religion
chrétienne et que la raison est autant au-dessous de la foi que
le fini est au-dessous de l'infini. Il ne s'agit ici que de raison,
et c'est si peu de chose chez les hommes, que cela ne vaut pas
la peine de se fâcher. » — Voltaire dit aussi quelque part: « Je
suis métaphysicien avec Locke et chrétien avec saint Paul. »

ses martyrs, et volontaires, témoins Socrate et Giordano Bruno.

Ceci m'amène à la question capitale qui divise quelques-uns de mes auditeurs et moi. Y a-t-il des âmes à qui suffit la philosophie? Un de mes correspondants le nie. Il ne cache ni son nom ni son drapeau. « Ma méthode, dit-il, est le libre examen, mon école en philosophie la grande école de Descartes, mon Église le protestantisme. » Il me reproche une erreur et une contradiction : l'erreur, c'est de concevoir l'humanité divisée en deux catégories, celle des âmes qui ont besoin de surnaturel et celle des âmes qui s'en passent; la contradiction est d'aboutir à cette division, après avoir protesté contre ceux qui disent que la religion est bonne pour le peuple et inutile aux esprits cultivés. Il n'y a pas là la moindre erreur, la moindre contradiction. Je dis qu'il y a des âmes à qui la philosophie suffit et d'autres à qui elle ne suffit pas, parce que ce sont des faits. On objectera que je pose une aristocratie de l'espèce humaine. Soit; mais ce n'est pas une aristocratie fermée. Elle accepte tous ceux qui veulent et qui peuvent en faire partie. Je blâme ceux qui disent que la religion n'est nécessaire qu'au peuple, parce que cette théorie est contraire aux faits. Il y a des âmes très-cultivées, très-éminentes qui ont besoin d'une religion positive. J'ai cité saint Augustin et Pascal : est-ce là le peuple? Je dis, moi : La religion est bonne pour tous ceux qui ont le besoin et le pouvoir d'y croire, à condition que cette religion ne soit ni aveugle, ni intolérante. On insiste, et on me dit : — Vous admettez que certaines âmes, qui n'ont ni le besoin, ni le pouvoir de croire au surnaturel, peuvent s'en passer? — Oui, je dis cela, et je le prouve. Socrate, Platon, Aristote, Caton, Marc-Aurèle, Épictète ont vécu honnêtes et heureux sans avoir de religion positive. — Mais c'est là l'idéal païen! Depuis Jésus-Christ il y a un idéal plus sublime.

Ici je serrerai la discussion avec mon contradicteur, et les rôles vont changer. De la défensive, je passerai à l'offensive. Je lui demanderai ce qu'il entend par l'idéal chrétien. Est-ce un idéal naturel ou un idéal surnaturel? Il faut aller au fond des choses. Je crains que mon contradicteur soit indécis sur ce point capital. Il appelle le Christ l'idéal moral et religieux. Expression vague! S'il entend un idéal naturel, le Christ n'est qu'un sage, plus sage que Socrate, comme Socrate a été plus sage qu'Anaxagore, un Confucius. Il reconnaît donc qu'on peut se passer de surnaturel. S'il croit que cet idéal est surnaturel, alors il admet la révélation, l'incarnation, les miracles, les prophéties, par suite l'autorité infaillible, les dogmes, le culte. Soit; mais alors pourquoi proteste-t-il contre la religion-autorité? pourquoi me dit-il que sa méthode est le libre examen; que son protestantisme est libre; « qu'il n'a pas besoin de sacerdoce, ni de livre inspiré, ni de miracle? » Point de sacerdoce, peut-être; mais point de livre inspiré, point de miracle : alors il n'y a plus de christianisme positif. Il n'y a plus que ce christianisme philosophique que personne ne répudie. Il faut donc que mon contradicteur protestant avoue que la philosophie peut suffire à certaines âmes. Ou bien il est forcé de reconnaître qu'il faut à toute âme du surnaturel. En ce cas, sa théorie rentre dans l'objection de mon contradicteur catholique.

Celui-ci prétend que je n'ai pas prouvé la suffisance de la philosophie, parce que je n'ai pas prouvé l'impossibilité ou la fausseté de la révélation. Il me convie à venir ici attaquer la révélation, les miracles. Cette invitation pourrait ressembler à un piége; j'aime mieux l'attribuer à une indiscrétion involontaire. Je ne suis pas ici pour attaquer les croyances. J'y suis pour enseigner la philosophie et pour la défendre quand elle est attaquée. Pascal nie que la philosophie ait aucune valeur pratique : je défends la philosophie contre Pascal. Les philosophes sont modestes. Ils ne demandent qu'une chose : être. Ils ne poussent pas le prosélytisme jusqu'à l'attaque des opinions rivales. Ils tolèrent toutes les croyances sincères et ne demandent qu'à être tolérés. Mais oublions ce qu'il peut y avoir d'indiscret dans l'appel que me fait mon contradicteur. Faisons de la logique et de la philosophie.

Logiquement, de ce que les miracles seraient possibles, il ne s'ensuivrait pas que les philosophes eussent besoin et devoir d'y croire. Je ne suis donc pas obligé de combattre la possibilité du miracle pour soutenir ma thèse. Mais qu'à cela ne tienne. Vous voulez savoir comment la philosophie rationaliste envisage les miracles? Je vais vous donner satisfaction. Qu'est-ce qu'un miracle? Je n'entends pas par là un événement extraordinaire, non conforme aux lois de la nature. Je le définis : une intervention immédiate de la cause première dans l'espace et dans le temps. Or, agir dans l'espace et dans le temps, c'est le propre des causes secondes. La cause première n'est pas dans l'espace, n'est pas dans le temps; elle est immense, éternelle, et elle agit selon ce qu'elle est. Tout événement a une cause, une cause immédiate, une cause finie. Au-dessus des causes finies, il y a la cause première. En un sens, la cause première ne fait rien. Mais en un autre sens, elle fait tout; car elle fait les causes, elle les conserve, et elles les conserve avec leurs lois. Rapporter un événement donné à la cause première, c'est le fait de l'imagination et du cœur. L'âme religieuse supprime les causes secondes et entre en rapport direct avec Dieu. La philosophie rétablit l'intermédiaire. Elle explique les événements par les causes secondes, et n'attribue à Dieu que la création et la conservation des causes secondes et de leurs lois. On dira : Vous n'admettez donc ni surnaturel, ni miracle, ni révélation. Je réponds : En fait de surnaturel, j'admets Dieu et la Providence; en fait de miracle, j'admets le miracle éternel et perpétuel de la création; en fait de révélation, j'admets que Dieu se révèle par les lois de la nature et fait éclater sans cesse sa puissance, son intelligence, sa sagesse, sa justice, sa bonté. J'admets cela, rien de moins, rien de plus. Je ne sais si cette déclaration plaira à tous mes auditeurs; mais on m'accordera que j'ai été fidèle à ma maxime : netteté dans les idées, sincérité dans les déclarations.

… TROISIEME ÉTUDE

LE
SCEPTICISME DE KANT

KANT

CHAPITRE PREMIER

CARACTÈRE GÉNÉRAL DE LA PHILOSOPHIE DE KANT.

Le glorieux fondateur de la philosophie allemande, Emmanuel Kant, est peut-être la plus exacte image et à coup sûr une des plus nobles et des plus pures de l'esprit du dix-huitième siècle : siècle à la fois sceptique et croyant, naïf et raffiné, ironique et enthousiaste, qui a entassé ruines sur ruines avec une impitoyable rigueur et une sérénité merveilleuse, parce qu'il sentait en soi ce qui devait tout réparer, la force intérieure, la chaleur, la vie. En philosophie, le dix-huitième siècle paraît vouloir de tout point contredire le grand siècle qui l'avait précédé. Or, ce qui avait caractérisé l'époque cartésienne, c'était un nombre infini de systèmes, de spéculations métaphysiques, où l'esprit nouveau déployait sa naissante fécondité. Au dix-huitième siècle, on affecte une aversion décidée pour la métaphysique, on veut en finir avec les systèmes. Tandis que les sages de l'Écosse les réprouvent au nom du sens commun, et Hume au nom de l'empirisme, tandis que Voltaire les perce des traits de son ironie, Kant, plus grave que le redoutable moqueur, mais non plus indulgent, les cite au tribunal de sa critique, et prononce contre eux un arrêt qu'il croit sans appel.

Faisons toutefois ici une réserve nécessaire. Ce serait se former de Kant une idée fausse que de le confondre avec les interprètes consacrés du scepticisme, les Pyrrhon, les Montaigne, les Bayle. Si sa philosophie, prise à la rigueur, recèle le scepticisme, sa grande âme en fut toujours exempte. Comme le dix-huitième siècle, Kant a une foi : il croit fermement à la puissance et à la dignité de la raison; comme Montesquieu, comme Turgot, comme l'immortelle Constituante, il croit aux droits de l'homme; comme Reid et comme Rousseau, au devoir. Non, il n'était point sceptique, celui qui disait avec enthousiasme et avec grandeur : « Deux objets remplissent l'âme d'une admiration et d'un respect toujours renaissants, et qui s'accroissent à mesure que la pensée y revient plus souvent et s'y applique davantage : au-dessus de nous, le ciel étoilé; au dedans, la loi morale. »

Ce ne sont pas là les élans fugitifs d'un superficiel enthousiasme; mais Kant vivait au milieu du dix-huitième siècle, et l'œuvre de cet âge devait être une œuvre de renversement. Voilà pourquoi la foi reste comme ensevelie au dedans des âmes, tandis que le scepticisme éclate partout. Sa forme la plus générale et la plus sensible, c'est le mépris du passé. Les vastes conceptions d'un Aristote, d'un Descartes, d'un Leibnitz, ont perdu tout prestige; on n'y voit guère que de brillants caprices de l'imagination, d'ingénieux romans dont s'est amusée la jeunesse de l'esprit humain en attendant l'âge des sérieux travaux. D'où vient cependant que la philosophie, depuis deux mille années, erre ainsi à l'aventure à la merci de ces rêveries stériles et changeantes qu'on appelle des systèmes de métaphysiques, alors que d'autres sciences déploient une activité si régulière en ses mouvements, si féconde en ses produits? Les mathématiques ont éminemment ce caractère. Elles changent et se renouvellent, il est vrai, mais pour s'accroître et s'enrichir sans cesse. Descartes a surpassé Euclide, et tous deux ont été surpassés par Newton; mais le calcul de l'infini n'a pas détruit l'analyse cartésienne, pas plus que celle-ci n'a renversé l'ancienne géométrie. En métaphysique, au contraire, les systèmes renversent les systèmes. Un philosophe ne peut croire qu'il a raison qu'à condition de condamner tous les autres à l'extravagance, et l'œuvre toujours reprise dans son entier est toujours à reprendre encore.

D'où vient cela? On dit que les philosophes manquent de méthode; mais, si la philosophie a ses poëtes inspirés, elle a aussi ses géomètres. Quel plus sévère génie que l'auteur de la *Métaphysique?* Quel plus méthodique ouvrage que l'*Éthique* de Spinoza? La cause, suivant Kant, est tout autrement radicale. Pour la pénétrer, il soumet à une analyse profonde la nature intime des sciences. Il remarque, et c'est pour lui un trait de lumière, que les mathématiques n'ont pas pour objet de connaître les choses en elles-mêmes, mais seulement de développer certaines notions inhérentes à l'esprit humain, les notions d'unité, de nombre, d'espace et autres semblables. Par exemple, la géométrie s'inquiète peu de l'essence des corps de la nature; elle s'attache à la notion d'étendue, notion indépendante des sens, et sur ce fondement tout idéal, tout abstrait, elle développe la série de ses constructions et de ses théorèmes. L'objet du géomètre, ce n'est pas une essence, un être en soi, c'est une idée. De même l'algébriste ne s'intéresse en rien à ces objets changeants dont l'égalité n'est qu'apparente, dont l'unité est toute relative; c'est la quantité idéale, le nombre abstrait, c'est-à-dire encore une idée, une notion, qui fait la matière de ses hautes combinaisons. Telle est, suivant Kant, l'origine de la solidité, de la certitude des mathématiques.

Elles n'ont pas seules ce privilége : les sciences physiques vantent avec raison leur exactitude, leur régulier développement; mais depuis quand ont-elles pris le rang élevé qu'elles occupent dans l'estime des hommes? Depuis que, se séparant de la métaphysique, elles ont abandonné la chimère d'une explication absolue des choses pour se réduire à l'expérience et au calcul, l'expérience qui recueille les faits, le calcul qui leur applique les lois de la pensée. La physique n'a rien à démêler avec l'essence impénétrable des choses. Les corps sont-ils ou non divisibles à l'infini? Le monde a-t-il eu ou non un commencement? Qu'importe à Galilée et à Torricelli? Ils laissent les docteurs de l'école argumenter pour ou contre ces fantômes opposés; il leur suffit d'explorer la nature et de contempler les cieux.

Interrogeons l'histoire des sciences philosophiques elles-mêmes. Depuis Aristote, tout a changé en philosophie, une seule chose exceptée, la logique. Ainsi la métaphysique varie avec les systèmes; la logique leur survit. Pourquoi cela? C'est que la logique ne s'occupe en aucune façon des objets de la pensée, mais seulement de la pensée elle-même. Le premier qui s'est dit: A quelles conditions la pensée peut-elle, en se développant, rester toujours d'accord avec ses propres lois? celui-là a créé la logique. Que sont devenues les entéléchies d'Aristote, et ses formes substantielles, et son premier ciel? L'*Organon* est resté; il est resté avec l'*Histoire des animaux*, parce que deux choses seules restent dans les sciences : les faits de la nature visible et les lois de la pensée.

Cette idée fondamentale une fois conçue, on aperçoit à sa lumière les grandes lignes de l'entreprise philosophique de Kant. Il s'attache d'abord à ces hautes notions d'espace, de temps, d'unité, de cause, de substance, qui semblent emporter la pensée humaine dans une région supérieure au monde visible, et développer devant elle des perspectives infinies. Il souffle sur ces illusions, et, appliquant à nos plus sublimes conceptions l'impitoyable scalpel de son analyse, il prétend démontrer qu'elles sont absolument vides quand on les sépare de l'expérience, et n'ont d'autre usage que de la régler.

Voilà l'*Analytique*, œuvre incomparable de pénétration, de sévérité, de finesse, et qui survivra au système ruineux qu'elle illustre et consacre, sans être capable de le soutenir.

La célèbre *Dialectique* sert de contre-épreuve à cette analyse. Nous trouvons ici les plus redoutables machines que le scepticisme ait jamais remuées pour ébranler sur ses bases l'esprit humain. Bien des années ont passé sur la *Critique de la raison pure*, bien des sources nouvelles ont rajeuni l'éternelle fécondité de la philosophie, mais je ne sais si les blessures qu'elle a reçues de la main de Kant sont encore bien guéries. Peut-être cette excessive timidité tant reprochée aux héritiers de l'école écossaise, aussi bien que cette ivresse spéculative qui emporte d'autres esprits dans la direction contraire, ont-elles une même origine, et c'est dans la dialectique Kantienne qu'il la faut aller chercher.

Kant se propose tour à tour les trois grands objets de la pensée : l'homme, la nature, Dieu. Étrange et désolant spectacle ! ce noble génie engage une lutte acharnée contre les croyances les plus saintes et les plus solides qu'il ait été donné à l'homme d'atteindre. La simplicité de l'âme, sa personnalité, son immatérialité, gage de ses destinées immortelles, toutes ces vérités, trésor commun des pauvres d'esprit et des hautes intelligences, Kant les immole sans pitié. Il faut voir cet esprit si sain et si droit emprunter aux sophistes leurs armes les plus dangereuses, pour prouver tour à tour que le monde est fini dans l'espace et dans le temps, et qu'il est infini, qu'il a et qu'il n'a pas de parties indivisibles, qu'il suppose et qu'il exclut toute cause libre, qu'il nécessite et qu'il repousse un être nécessaire. O Pascal! que n'avez-vous entendu la voix du dialecticien de Kœnigsberg! Quelle n'eût pas été votre joie en contemplant cette *superbe raison invinciblement froissée par ses propres armes, et l'homme en révolte sanglante contre l'homme!* Mais cette joie farouche est loin de l'âme de Kant. Après avoir tout détruit, il aspire à tout relever. La conscience morale, la notion du devoir, tel est le point fixe et inébranlable qui sert de base au nouveau Descartes.

Ici la *Critique de la raison pure* fait place à la *Critique de la raison pratique*. Kant s'attache à l'idée du devoir et en présente une analyse d'une sévérité et d'une rigueur que ni l'antiquité ni le dix-septième siècle n'avaient connues, et qui depuis n'ont pas été surpassées. L'essence du devoir, c'est d'obliger, et cette obligation est évidente par soi, immédiate, absolue. Absolue, elle est universelle. De là cette belle formule de Kant: Agis de telle sorte que le motif de ton action puisse être élevé au rang d'un principe universel de législation morale. Nous voici transportés dans un monde nouveau, non-seulement au-dessus de la région sensible, mais au-dessus même des idées de la raison pure, incapables de rien nous apprendre sur la réalité des choses. La raison pure nous présentait la liberté, l'âme immortelle et Dieu comme de simples possibilités ; l'idée du devoir les transforme en autant de dogmes désormais à l'abri de toute atteinte. Le devoir, en effet, suppose l'autonomie de la volonté. Tu dois, dit la raison, donc tu es libre. L'accord parfait de la raison et de la volonté, c'est la sainteté, le bonheur, d'un seul mot le souverain bien. Mais ni le bonheur ni la sainteté ne se peuvent réaliser en ce monde; il faut à l'être moral une destinée supérieure, il faut à cette destinée un arbitre suprême, parfait dans son entendement et parfait dans sa volonté, architecte du monde moral, type de la sainteté, source du bien et du bonheur, en un mot Dieu.

Telle est dans son ensemble l'entreprise philosophique de Kant. Son premier défaut, le plus frappant de tous, celui qu'on a tant de fois et si justement signalé, c'est le défaut d'unité. La *Critique de la raison pure* et la *Critique de la raison pratique* ne forment pas une philosophie homogène, mais en quelque sorte deux philosophies distinctes et contraires, qu'aucun artifice de logique ou d'analyse ne saurait concilier. Ce n'est pas tout : Kant a composé une troisième critique, la *Critique du jugement*, qui, en s'ajoutant aux deux autres par d'ingénieuses combinaisons, enrichit sans doute, mais aussi complique sa philosophie. Dans cet ouvrage qu'une exacte et habile traduction [1] vient de donner à notre littérature philosophique, Kant développe, sur l'idée du beau, des vues originales et profondes qui sont devenues le fondement de toute l'esthétique allemande, et rattache à cette idée essentielle de l'esprit humain une autre notion fondamentale, celle de finalité ou de cause finale qui tient une si grande place dans la science de la nature. A la rigueur, l'esthétique de Kant qui n'attribue à l'idée du beau aucune valeur objective est en parfaite harmonie avec l'esprit général du système; mais dans la théorie de la finalité on voit poindre des idées qui, bien faibles encore, dépassent déjà infiniment l'horizon de la philosophie critique : c'est, par exemple, l'idée de la nature conçue comme un vaste organisme où chaque série de phénomènes est une sorte de membre vivant qui concourt à l'harmonie et à la destination de l'ensemble; c'est encore l'idée de l'union intime du mécanisme et du dynamisme au sein de l'univers : hautes et solides conceptions auxquelles Schelling a rendu un juste hommage et où il a loyalement reconnu les germes de sa propre philosophie.

Il n'en reste pas moins vrai que le premier comme le dernier mot de la doctrine de Kant, c'est la *Critique de la raison pure*. C'est l'œuvre capitale qui lui donne dans l'histoire du scepticisme une grande place après Carnéade, Pyrrhon, Ænésidème, après Pascal et Huet, Bayle et David Hume.

[1] Voyez *Critique du jugement*, suivie des *Observations sur le beau et le sublime*, par Emmanuel Kant, traduit de l'allemand par M. Jules Barni.

Quel a été le principal effort de ces maîtres du scepticisme, et de quoi sont remplis les ouvrages qu'ils nous ont laissés? Lisez les *Académiques* de Cicéron, les *Hypotyposes pyrrhoniennes* de Sextus Empiricus : méditez les *Essais* de Montaigne, les *Pensées* de Pascal, le livre de Huet de la *Faiblesse de l'esprit humain*, le *Dictionnaire historique et critique* de Bayle. Parcourez, en un mot, tout l'arsenal de l'école sceptique : dans ces ouvrages si divers de forme, d'invention et de génie, que trouverez-vous d'uniforme et de constant? C'est le parti pris de mettre l'esprit humain en contradiction avec lui-même : tantôt on prétend prouver que nos diverses facultés intellectuelles se heurtent les unes contres les autres, l'expérience contre la raison, la raison contre l'expérience, et le raisonnement contre toutes deux; tantôt on nous montre nos facultés en lutte avec elles-mêmes, tel sens donnant un démenti à tel autre sens, et les mêmes principes aboutissant aux conséquences les plus opposées; puis on passe de l'individu à l'espèce, et on retrouve encore ici la lutte des idées; on nous montre les générations présentes toujours prêtes à condamner à l'erreur celles qui ont précédé, sauf à subir à leur tour le même arrêt rendu par les générations futures. Bien plus, au sein d'une même époque, d'un même état social, éclate l'irréconciliable guerre des préjugés et des systèmes. En un mot, l'immense et désolant tableau des contradictions de la raison, voilà ce qui remplit les livres des sceptiques.

Mais, de l'aveu de tout le monde, l'homme qui a

donné à cette antique stratégie du scepticisme une face toute nouvelle; l'esprit grave et sévère qui, sans jamais déclamer, n'employant d'autres armes que l'analyse et la dialectique, a dressé contre la raison spéculative l'acte d'accusation le plus redoutable; celui, enfin, qui a imprimé au doute moderne la précision, la rigueur et la régularité d'une science, c'est l'auteur de la *Critique de la raison pure*. Avoir affaire à lui, c'est avoir affaire au scepticisme en personne. Analyser et réfuter dans ses parties essentielles son erreur capitale, c'est ôter à la thèse sceptique l'appui le plus solide qu'elle ait jamais rencontré.

CHAPITRE DEUXIÈME

EXAMEN DE LA CRITIQUE DE LA RAISON PURE[1].

L'idée mère de la *Critique de la raison pure* est aussi simple que hardie. Des deux éléments dont le rapport et l'harmonie composent la science, savoir : l'esprit humain d'une part, le *sujet;* et de l'autre, les choses, les êtres, l'*objet,* Kant se propose de supprimer le second, et de réduire la science au premier. Écarter à jamais l'*objectif* comme absolument inaccessible et indéterminable, tout résoudre dans le *subjectif,* voilà le but de Kant. De là les grandes lignes de son entreprise.

Kant arrive à son but par deux voies diverses et convergentes. Il s'enferme d'abord dans le sujet, c'est-à-dire dans l'analyse de l'esprit humain ; ramenant toutes les lois qui gouvernent la pensée à un

---

[1] Extrait du *Dictionnaire des sciences philosophiques.* Librairie Hachette.

certain nombre de concepts élémentaires rigoureusement définis et régulièrement classés, il s'efforce de prouver que ces concepts n'ont qu'une valeur subjective et relative, incapables qu'ils sont de nous rien apprendre sur l'essence des choses, et utiles seulement à coordonner les phénomènes de l'expérience, ou, en d'autres termes, à imprimer à nos connaissances le caractère de l'unité. Cette œuvre achevée, Kant appelle la dialectique au secours de l'analyse ; il parcourt successivement les trois grands objets des spéculations métaphysiques, l'âme, l'univers et Dieu, et entreprend d'établir qu'il n'y a pas une seule assertion dogmatique sur l'essence de l'âme, sur l'origine et les éléments de l'univers, enfin sur l'existence de Dieu, qui ne puisse être convaincue de s'appuyer sur un paralogisme, de couvrir une antinomie ou de réaliser arbitrairement une abstraction.

Suivons tour à tour la *Critique de la raison pure* sur le terrain de l'analyse et sur celui de la dialectique ; peut-être parviendrons-nous, sinon à prouver sur tous les points, au moins à faire comprendre sur quelques-uns des plus essentiels, que l'analyse de Kant, quelque force d'esprit qu'il y ait dépensée, est radicalement fausse et artificielle, comme sa dialectique, si ingénieuse d'ailleurs, est au fond une œuvre stérile.

Suivant Kant, tout le mécanisme de la connaissance humaine se décompose en trois fonctions intellectuelles, savoir : la sensibilité, l'entendement et la raison. Apercevoir les choses, ou, en d'autres termes, former des intuitions particulières, voilà l'acte propre de la sensibilité; saisir les rapports des choses ou former des jugements, voilà l'acte propre de l'entendement; enfin, former des raisonnements, c'est-à-dire lier entre eux les jugements et rattacher les conséquences à leurs principes, voilà l'acte propre de la raison. Or, dans l'exercice de chacune de ces trois fonctions intellectuelles, l'analyse découvre deux éléments, l'un qui est *a priori*, l'autre qui est *a posteriori;* le premier sert de matière à la connaissance, le second en constitue la forme; celui-là est donné pour ainsi dire du dehors, celui-ci sort du propre fond de l'esprit, de son activité, de sa spontanéité natives. C'est ainsi que nul acte de la sensibilité, nulle intuition n'est possible qu'à l'aide des notions d'espace et de temps; Kant soutient que ces notions sont *a priori*, et il les appelle formes pures de la sensibilité. De même, nul acte de l'entendement, nul jugement n'est possible qu'à l'aide de certaines notions d'unité, de réalité, de possibilité, etc., lesquelles sont également *a priori*, et que Kant appelle les concepts purs de l'entendement. Enfin, nul acte de la raison, nul raisonnement n'est possible qu'à l'aide de certaines notions de l'absolu et de l'inconditionnel; Kant leur donne le nom d'idées pures de la raison. Il s'agit maintenant de recueillir ces formes, ces concepts, ces idées, lois suprêmes, ressorts constitutifs de la raison humaine, pour en approfondir la nature et en mesurer la portée.

L'analyse de la sensibilité est, dans le système de Kant, une affaire capitale. La sensibilité, en effet, est la source des intuitions, lesquelles deviennent la matière des jugements, et par suite celle des raisonnements ; ce qui nous conduit jusqu'à l'idée de l'absolu, forme suprême de toutes nos connaissances. Il nous importe donc d'arrêter Kant dès le premier pas, et de prouver que son analyse de la sensibilité, ou esthétique transcendantale, est profondément entachée d'erreur. Dans toute perception d'un phénomène extérieur, Kant distingue deux choses : d'une part, le phénomène lui-même, par exemple, tel mouvement corporel ; de l'autre, la condition de ce phénomène, savoir : l'espace, sans lequel aucun mouvement ne saurait être perçu. Les phénomènes extérieurs varient à l'infini ; la condition de ces phénomènes, l'espace, est toujours la même. L'espace est donc, suivant Kant, la forme pure des sens extérieurs. De même, le temps est la forme pure du sens intime, nulle sensation, et en général nulle modification de nous-mêmes ne pouvant être perçue que sous la condition du temps : l'espace et le temps, voilà donc les deux formes pures de la sensibilité. Étant conçus comme antérieurs aux phénomènes, comme uns et infinis, l'espace et le temps ne sont pas des objets de l'expérience, laquelle ne donne que les phénomènes toujours divers et toujours limités. Qu'est-ce donc que l'espace et le temps ? Voulez-vous en faire des choses absolues, objectives ? Soit que vous les éleviez au rang d'êtres absolus ou d'attributs de Dieu, soit que vous les réduisiez à des propriétés ou à des rapports des êtres de la nature, vous tombez également dans l'absurde : dans le premier cas, en effet, vous aboutissez à deux êtres absolus, qui sont des nonêtres; dans le second, ne donnant à l'espace et au temps qu'une valeur contingente, vous êtes dans l'impossibilité d'expliquer le caractère absolu de deux sciences fondées sur les notions d'espace et de temps, savoir la géométrie et la mécanique rationnelle. Il suit de là que l'espace et le temps ne sont autre chose que des formes de la connaissance, formes nécessaires, universelles, données *a priori,* mais n'ayant aucune portée objective, n'exprimant que la nature de la pensée, ne servant à aucun autre usage qu'à rendre l'expérience possible.

Cette analyse de la sensibilité est fausse, et les conclusions qu'en déduit Kant doivent succomber avec leur principe. Kant, en effet, tombe ici dans une erreur qui se retrouve dans toute la suite de son œuvre analytique et en corrompt tous les résultats : au lieu d'observer la réalité, il tourmente des abstractions; au lieu de chercher dans la conscience l'origine des notions fondamentales, il les prend toutes formées à l'état où une longue suite d'abstractions les a portées, et il s'imagine que ces notions abstraites sont antérieures à l'expérience, sans laquelle pourtant elles seraient inexplicables, parfaitement vides et inintelligibles. Ainsi, Kant considère l'espace et le temps sous leur forme la plus générale et la plus abstraite, antérieurement à toute notion sensible d'étendue et de durée particulière et déterminée. Or, il est parfaitement faux que l'esprit humain débute par de telles conceptions. Avant l'abstrait, le concret; avant la notion d'espace, il y a dans l'esprit humain la notion de l'étendue; avant la notion du temps, il y a la notion d'identité personnelle et la notion de succession. Je vois un corps ou je le touche; je le perçois comme étendu; en le maniant, je passe d'une impression à une autre; je me sens identique dans la succession de ces deux états; je me sens durer; il n'y a point encore dans mon esprit l'idée abstraite d'espace, l'idée abstraite du temps. Ce n'est qu'après avoir perçu bien des étendues et bien des durées que je formerai par l'abstraction l'idée générale d'espace et l'idée générale de temps, pour arriver, enfin, à concevoir, par la raison, au delà de tous les corps et de toutes les durées, un être infini, absolu, pur des limitations de l'étendue, étranger aux vicissitudes du temps, en un mot, immense et éternel.

Ainsi donc, d'abord, par un acte d'intuition, les notions concrètes de telle étendue sensible, de telle durée déterminée; puis, par un acte d'abstraction, les notions générales d'espace et de temps; puis, par un acte de raison, les conceptions absolues d'éternité et d'immensité : voilà la vraie histoire de l'esprit humain à la place de l'histoire fantastique tracée par Kant. Ayant une fois séparé, isolé l'espace et le temps de toute intuition concrète d'étendue et de durée, il n'est pas merveilleux qu'il trouve ces notions vides, creuses, insignifiantes; pour leur rendre leur réalité et leur sens, il suffit de les rapporter à leur véritable origine, de les replacer au sein de la conscience. Kant nous demandera-t-il maintenant ce que nous pensons de la nature objective de l'espace et du temps? Nous lui répondrons qu'il faut distinguer entre l'étendue, l'espace et l'immensité, comme il faut distinguer entre la durée, le temps et l'éternité. L'étendue est une propriété réelle des corps; la durée, une propriété réelle de tous les êtres qui changent; l'immensité et l'éternité sont deux attributs de l'être divin, lesquels expriment la permanence et l'omniprésence de son être, profondément distinctes et indépendantes de toute succession et de toute forme finie; l'espace et le temps, enfin, sont de pures abstractions. Faire de l'espace et du temps des êtres en soi, cela est absurde, nous en convenons; concevoir Dieu comme durant et étendu, même à l'infini, cela n'est pas moins insoutenable, nous l'accordons encore à Kant; mais nous n'en sommes pas pour cela condamnés à refuser à la science de l'étendue et à la science du mouvement leur caractère absolu. En effet, nous reconnaissons que toutes les propositions de la géométrie sont absolument nécessaires; mais nous expliquons autrement que Kant leur nécessité. La géométrie repose sur l'idée de l'espace, idée abstraite, selon nous; mais cette idée abstraite étant donnée, toutes les conséquences qui s'en déduisent sont nécessaires, par la nécessité inhérente au principe même du raisonnement, le principe d'identité. Le triangle, le cercle, ne sont pas des choses réelles; ce sont de pures constructions de l'esprit, traçant, pour ainsi dire, au sein de l'idée abstraite de l'étendue, diverses limitations précises; mais le cercle étant une fois posé comme cercle, il est nécessaire que ses rayons soient égaux. Voilà la nécessité inhérente aux propositions géométriques; elle n'a nul besoin d'une prétendue intuition *a priori* de l'espace un et infini; elle n'a besoin que de la nécessité de ce principe : A est A, un cercle est un cercle; en général, une chose ne peut pas être autre chose que ce qu'elle est : principe évidemment nécessaire et absolu, qui communique sa nécessité à toutes les conséquences qui s'en déduisent rigoureusement.[1]

L'analyse de l'entendement a, dans le système de Kant, les mêmes défauts que celle de la sensibilité : elle est artificielle et fausse, prenant des abstractions pour des réalités, étrangère à l'observation vraie de la conscience. De quoi s'agit-il en définitive? De rendre compte d'un certain nombre de notions premières, qui sont, en effet, présentes dans tous nos jugements, comme les notions de cause, de substance, d'unité, lesquelles deviennent la base de ces grands principes de causalité, de substantialité, sur lesquels repose le système entier de nos connaissances. Que fait Kant? Au lieu d'observer la conscience humaine, au lieu d'avoir l'œil fixé sur ce principe réel et vivant qui s'appelle le *moi,* qui se saisit immédiatement lui-même, qui se sent vivre, agir, durer, qui s'aperçoit non comme une condition abstraite de la pensée, mais comme le sujet vivant de la pensée, comme une véritable cause, comme une véritable substance, comme une véritable unité; au lieu, dis-je, de contempler ce monde des réalités intérieures, Kant se perd dans un labyrinthe inextricable de conceptions abstraites et de distinctions arbitraires. Il dresse une table de tous les jugements possibles; il en reconnaît douze espèces, réparties trois à trois dans quatre cadres distincts, suivant leur quantité, leur qualité, leur relation et leur modalité. Ces douze espèces de jugements, généraux, particuliers et singuliers, affirmatifs, négatifs et limitatifs; catégoriques, hypothétiques et disjonctifs; problématiques, assertoriques et apodictiques, représentent à ses yeux douze fonctions logiques de l'entendement, douze procédés distincts pour ramener une variété à l'unité. Il conclut de là qu'il doit y avoir dans l'entendement douze concepts purs, qui, seuls, peuvent rendre possibles ces diverses formes du jugement. C'est ainsi que sont introduites les fameuses catégories : unité, pluralité et totalité; réalité, négation et limitation; inhérence, dépendance et réciprocité; possibilité, existence et nécessité.

Suivant Kant, tous ces concepts sont *a priori*, antérieurs à toute expérience, absolument nécessaires à la formation du moindre jugement. Ce n'est pas tout, une nouvelle condition est nécessaire : au-dessus de ces douze formes pures de l'entendement, Kant place une forme générale qu'il appelle l'unité synthétique de l'aperception, ou encore l'unité transcendantale de la conscience. Et n'allez pas croire qu'il soit ici question de la conscience que chacun de nous a de ses actes, de cette conscience qui se traduit par des affirmations permanentes comme celles-ci : Je sens, je pense, je suis. Non, la conscience de Kant est une conscience abstraite, un *cogito* logique, une forme générale de la pensée; en un mot, ce n'est pas un fait, une réalité; c'est une pure abstraction arbitrairement érigée en condition nécessaire et *a priori* de tout jugement possible.

Voilà une analyse qui paraît déjà bien compliquée ; mais nous ne sommes pas au bout ; nous avons des concepts purs d'unité, d'inhérence, de dépendance, etc.; nous n'avons pas encore atteint la notion de cause, de substance, d'activité, ni les principes correspondants. Kant place ici sa théorie du schématisme. Outre ses douze concepts purs, il lui faut douze schèmes, c'est-à-dire douze représentations *a priori* du temps, schèmes de quantité, schèmes de qualité, schèmes de relation, schèmes de modalité. Il lui faut ces représentations pour vivifier ces concepts abstraits, pour les rendre applicables aux données de l'expérience, pour leur donner une valeur et un sens. Telle est la série compliquée, subtile, laborieuse des conditions sous lesquelles Kant croit parvenir à rendre compte des principes de l'esprit humain, et pour ne prendre qu'un ou deux exemples, des principes de causalité et de substance. Eh bien ! rien de plus faux, rien de plus vain que cette prétendue déduction qui lui a coûté tant d'efforts. Kant altère essentiellement les notions de cause et de substance. La notion de cause se transforme pour lui en celle de succession constante ; la notion de substance en celle de permanence. Ce sont là deux erreurs psychologiques de la dernière gravité. Quand je produis une action volontaire, un effort des muscles, par exemple, il n'y a pas entre ces deux termes, ma volonté et l'effort, une simple relation de succession, comme entre le jour et la nuit, entre le vent qui souffle et le roseau qui ploie ; il y a une relation bien plus intime, bien plus profonde ; ma volonté produit l'effort ; ma volonté est une cause dont l'effort est un effet, cause fixe, une, identique, qui se manifeste par une variété indéfinie de phénomènes. Approfondissez la notion de cette activité, de ce *moi* qui fait le fond de la conscience, vous trouverez qu'il s'aperçoit non-seulement comme cause, mais comme substance; je veux dire comme un être tour à tour ou simultanément actif et passif, mais toujours identique sous la succession de ses modifications diverses. Ce n'est point là une substance abstraite, comme celle de Kant, un je ne sais quoi conçu comme permanent, en opposition avec un écoulement de phénomènes dont ce terme permanent serait la condition abstraite et *a priori*, c'est une substance réelle, une substance déterminée, une substance qui se sait et se sent exister et agir. Voilà une analyse bien simple, bien facile à vérifier; elle suffit pour faire crouler tout l'échafaudage d'abstractions, symétrique, subtil, ingénieux, mais essentiellement artificiel et fantastique, élevé par les mains de Kant. A la place des concepts *a priori*, parfaitement vides et creux, il faut donc substituer des intuitions immédiates de la conscience, pleines de réalité et de vie; à la place des principes arbitraires, sans usage et sans portée, de véritables principes tenant par leurs racines à l'expérience, et dans leurs amples développements, éclairant la science de l'univers et portant jusqu'à la science de Dieu.

Nous croyons en avoir dit assez, sinon pour réfuter d'une manière régulière et complète l'œuvre analytique de Kant, au moins pour en signaler les vices essentiels et pour mettre en garde contre les conséquences qu'il va en tirer dans la partie dialectique de son entreprise.

On a vu, suivant Kant, quel est le rôle de la raison dans l'économie de nos connaissances : la raison, prise en général, est la faculté de raisonner, c'est-à-dire de ramener le particulier au général. Or, cette opération suppose un dernier principe général qui soit la condition de tous les autres, et qui lui-même soit inconditionnel. La conception de cet inconditionnel, tel est l'office de la raison pure. Mais la raison pure ne se borne pas à concevoir l'inconditionnel ; elle entend se servir de cette idée pour spéculer *a priori* sur la nature des êtres. De là, si l'on en croit Kant, des égarements nécessaires. Pour les détruire à jamais, il entreprend d'en mettre à nu les racines, et de construire, en quelque sorte, la science des erreurs naturelles de l'esprit humain.

Le principe général de la raison pure est celui-ci : le conditionnel étant donné, avec lui est donnée la série entière des conditions, et, par conséquent, l'inconditionnel lui-même. Ce principe reçoit trois grandes applications : 1° Au sujet de la pensée, au *moi* ; 2° aux objets sensibles, aux phénomènes de l'univers ; 3° aux choses en général. De là, trois idées : l'idée psychologique, l'idée cosmologique et l'idée théologique. Ces trois idées correspondent aux trois formes du jugement comprises dans la forme générale de la relation, savoir : la forme catégorique, la forme hypothétique et la forme disjonctive. La raison cherche, suivant la forme catégorique, un sujet qui ne soit pas l'attribut d'un autre sujet, un sujet absolu, le moi, substance pensante. Suivant la forme hypothétique, la raison remonte de cause en cause, et conçoit quelque chose de premier et de définitif, qui sert de base et de principe aux phénomènes de l'univers. Enfin, suivant la forme disjonctive, elle embrasse la totalité absolue de toute existence possible, et pose comme condition de cette totalité une unité absolue qui enferme et contient tout, Dieu. Ces trois idées, ces trois principes ne peuvent être, par leur nature même, ni démontrés, ni réalisés; ils ne peuvent être démontrés, puisqu'ils sont ce qu'il y a de plus en général, ce qui fonde toute démonstration; ils ne peuvent être réalisés, puisqu'ils représentent ce qui est au delà de toute expérience possible. Leur valeur est donc purement subjective et circonscriptive, ils achèvent et limitent la connaissance humaine, voilà tout.

Mais la métaphysique, dit Kant, a d'autres prétentions; elle prétend faire la science de l'âme, celle de l'univers et celle même de Dieu. De la conception transcendantale de notre être pensant, laquelle ne contient rien de multiple, elle conclut à l'unité absolue de cet être, ce qui est un paralogisme. De l'impossibilité de s'arrêter dans la série regressive des effets et des causes, elle conclut à une identité absolue embrassant la totalité des conditions des phénomènes, et cette unité se présentant de deux façons contradictoires, il en résulte une antinomie; enfin, de la totalité des conditions ou des objets en général, elle conclut à l'unité absolue de toutes les conditions de la possibilité des choses, et à l'Être des êtres comme fondement de l'existence de tous les êtres, bien que cet être nous soit absolument inconnu. De là, un *idéal* que nous prenons arbitrairement pour une réalité et pour le fondement de toute réalité. La conclusion dernière de toute cette dialectique, c'est que la métaphysique entière, avec les trois sciences qui la constituent, psychologie rationnelle, cosmologie rationnelle, théologie rationnelle est ruinée à jamais.

Nous nous bornerons à de très-courtes observations sur les objections élevées par Kant contre la psychologie et la théologie rationnelles, la cause du dogmatisme ne nous paraissant pas engagée dans ce débat. Il sera nécessaire d'insister davantage sur les prétendues antinomies de la cosmologie rationnelle. C'est ici, en effet, que Kant se flatte d'atteindre le beau idéal du scepticisme, je veux dire de mettre la raison spéculative en contradiction flagrante avec elle-même.

Kant ramène la psychologie rationnelle aux quatre propositions suivantes : l'âme est une substance, l'âme est simple, l'âme est une, l'âme est spirituelle. Or, suivant lui, ces quatre propositions reposent uniquement sur quatre arguments vicieux, où se retrouve toujours le même paralogisme. On pose, en effet, dans les prémisses un *moi* purement empirique et subjectif, lequel n'est qu'une condition logique de la perception des phénomènes; et dans le passage des prémisses à la conclusion, on transforme ce *moi* subjectif et logique en un *moi* objectif, doué d'une réalité absolue.

Il suffit de répondre à Kant que sa dialectique peut

être victorieuse contre une mauvaise psychologie exclusivement fondée sur l'abus des procédés logiques, mais qu'elle ne saurait atteindre la psychologie véritable, laquelle prend son point d'appui, non dans des syllogismes, mais dans une analyse approfondie de la conscience. En effet, quelle est la véritable base de la psychologie? C'est un fait, un fait permanent et universel, le fait de conscience. Chacun de nous sent vivre au dedans de lui un principe toujours présent, qui ne se confond pas avec la série changeante de ses modifications, qui se retrouve identique à lui-même sous les vicissitudes de son existence mobile, qui, soit en subissant l'action des choses extérieures, soit en réagissant au dehors, soit en se concentrant sur soi dans une action tout intérieure, à chaque instant se connaît, à chaque instant s'affirme avec une clarté et une certitude infaillibles. Est-ce là ce *moi* subjectif dont parle Kant, ce sujet logique, cette forme abstraite, pure condition de la possibilité de l'expérience? Non, évidemment non. Ce *moi* de la conscience est une force en action, une énergie, quelque chose, en un mot, d'essentiellement réel, concret, vivant. Maintenant, pour être réel et concret, ce *moi* n'a-t-il qu'une valeur empirique? N'est-il pas un véritable être, une véritable substance? On répondra non, si, avec Kant, on fait de la substance un principe mystérieux, un je ne sais quoi, un $X (x)$ algébrique; si, avec lui, on se plaît à creuser un abîme infranchissable entre la région de la conscience et la région de la raison pure, entre le monde des phénomènes et le monde des êtres; mais, pour l'observateur attentif, ces deux mondes sont toujours unis et jamais séparés; ils s'identifient, en quelque sorte, dans la conscience. Là, en effet, le sujet se saisit lui-même et s'affirme comme objet. Entre le *moi* qui agit et le *moi* qui se sent agir, l'analyse peut distinguer, mais la nature, le mouvement réel de la vie réunissent les deux termes en un seul. En un mot, pour emprunter à Kant son langage en répudiant sa pensée, l'objectif et le subjectif coïncident.

Et maintenant, pour établir l'unité, la simplicité, la substantialité, la spiritualité de l'âme, faudra-t-il faire appel au raisonnement, construire des syllogismes? Il est clair que cela est parfaitement inutile; ajoutons que cela est très-dangereux. En effet, raisonner pour trouver l'âme, c'est admettre que l'âme ne s'aperçoit pas elle-même, c'est établir une distinction artificielle entre deux *moi*, le *moi* de la conscience et le *moi* de la raison; c'est élever entre ces deux *moi* une barrière arbitraire que le raisonnement ne pourra plus franchir. A ce point de vue, Kant a raison. Il n'y a plus de psychologie dès qu'il n'y plus une intuition de conscience qui atteigne l'être, l'unité, la substance dans leur profondeur; je dirai plus, s'il n'y a pas une intuition immédiate de la cause, de l'unité de la substance, toute métaphysique est coupée à sa racine; l'esprit humain est condamné à ignorer l'univers et Dieu, à rester hermétiquement renfermé dans la région des phénomènes. Voilà ce que Kant a supérieurement vu; voilà la valeur et l'intérêt de sa dialectique; mais ce qu'il n'a pas vu, c'est que la vraie psychologie a pour base, non pas un *moi* logique, mais un *moi* réel ; non pas un *moi* purement phénoménal, mais un *moi* cause, un *moi* substance, un *moi* un, identique, vivant, objectif et subjectif tout ensemble. Rétablir ce principe, c'est réfuter Kant, et c'est du même coup rendre à la psychologie rationnelle et à la métaphysique leur inébranlable fondement.

Les objections du philosophe allemand contre la possibilité d'une théologie rationnelle viennent encore d'une fausse analyse de la conscience. Après avoir altéré et méconnu l'intuition immédiate du *moi* par lui-même, Kant altère et méconnaît une intuition plus haute, moins claire peut-être, mais également irréfragable : c'est l'intuition de l'être en soi. Ici encore : il n'y a pas, d'un côté, un concept abstrait, logique, le concept d'une existence absolue, envisagée comme purement possible ; de l'autre, l'esprit humain se consumant en raisonnements stériles, entassant les syllogismes pour trouver, par delà ce concept parfaitement vide de toute réalité, un Dieu réel et vivant, qui sans cesse lui échappe et semble se dérober à ses efforts. C'est là une fausse image de la conscience humaine, sur laquelle on ne peut édifier qu'une fausse et stérile théologie. De même que l'esprit humain ne saisit pas d'abord un *moi* abstrait, un *moi* possible, pour arriver ensuite, à travers des raisonnements arbitraires, à un *moi* réel, concret, effectif, substantiel ; de même quand nous rattachons notre existence fragile à cette source infinie d'être, de pensée et de vie que nous adorons sous le nom de Dieu, ce n'est point là un raisonnement fondé sur des conceptions abstraites, c'est une véritable intuition où l'Être des êtres est saisi et affirmé, non comme possible, mais comme réel et présent.

Vienne maintenant Kant réduire la théologie rationnelle à trois argumentations, l'une qu'il appelle physico-théologique, l'autre qui constitue la preuve cosmologique, la troisième qui est l'argument ontologique, nous lui dirons qu'il peut avoir raison contre une théologie raisonneuse et nourrie de pures abstractions, contre la théologie toute scolastique de Wolf; mais il n'atteint pas une théologie amie des faits et solidement appuyée sur les intuitions réelles et fécondes de la conscience.

Remarquez, en effet, le procédé dont se sert Kant pour battre en brèche la théologie rationnelle. Après avoir fait justice de l'argument psycho-théologique fondé sur les causes finales, lequel devient entre ses mains une preuve purement empirique, étrangère à toute notion de perfection absolue, incapable, par conséquent, d'atteindre jusqu'au principe de l'existence, il ramène subtilement l'argument cosmologique, tiré de la contingence du monde, à l'argument ontologique, sur lequel il se plaît à concentrer tout le débat. Or quel est cet argument suprême? C'est la preuve inspirée à saint Anselme par le génie subtil de la scolastique, et mal à propos ressuscitée par le grand géomètre qui a fondé la philosophie moderne. Elle consiste à poser le concept d'une perfection possible pour en faire sortir par le raisonnement l'existence réelle et actuelle d'un être parfait. Toute la subtilité ingénieuse de saint

Anselme, toute l'industrie géométrique de Descartes, sont impuissantes, il est vrai, à opérer cette déduction. Nous l'accordons à Kant, et voilà le résultat net de cette partie de son entreprise dialectique. Mais a-t-il atteint son but? a-t-il prouvé l'impuissance de l'esprit humain à saisir le principe premier de la pensée de l'être? Il est clair que non, et lui-même s'est heureusement plus tard contredit sur ce point.

Arrivons à ces fameuses antinomies qui passent chez beaucoup d'esprits pour le désespoir éternel et l'éternel écueil de la philosophie spéculative. Elles résultent, dans le système de Kant, de l'application du principe fondamental de la raison, savoir : que le conditionnel étant donné, avec lui est également donnée la série entière des conditions, et partant l'inconditionnel lui-même. Appliquez ce principe à l'idée du monde considéré comme un ensemble de phénomènes extérieurs, vous verrez se former quatre thèses, contre lesquelles s'élèveront aussitôt quatre antithèses, d'où résultera une quadruple antinomie. Comment cela se fait-il? C'est que chaque fois que vous affirmez qu'un phénomène est subordonné à une série de conditions, vous pouvez également concevoir cette série comme finie et comme infinie. Dans les deux cas, l'absolu semble donné, et l'absolu, pour Kant, c'est la chimère que l'esprit humain, par les lois de sa nature, cherche sans cesse, sans pouvoir jamais la saisir. Considérez-vous le monde suivant les catégories de la quantité et de la qualité? vous le concevrez avec un droit égal comme limité en extension et en durée, c'est-à-dire comme fini, ou comme illimité dans l'espace et dans le temps, c'est-à-dire comme infini; vous vous le représenterez alternativement comme composé de parties simples ou comme infiniment divisible. Ce sont là des antinomies que Kant appelle mathématiques. Concevez-vous le monde suivant les catégories de la relation et de la modalité? vous rattachez tous les effets à une cause première et libre, ou bien, tout aussi arbitrairement, vous le concevez comme une chaîne infinie de phénomènes liés par une aveugle fatalité. De même, vous êtes également porté à donner pour base à la série des choses contingentes une existence nécessaire, et à concevoir cette série comme prolongée indéfiniment. Ce sont là les antinomies nommées par Kant dynamiques, et qui terminent ce système de contradictions régulières par lui imposées à l'esprit humain.

Une première réflexion, c'est que Kant ne considère comme absolument insolubles que les antinomies mathématiques; les autres admettent une solution, et Kant l'indique expressément. Certes, voilà une concession qui est de la dernière importance; car il ne peut échapper à personne que les antinomies dynamiques sont les plus graves de toutes, puisque l'existence de la liberté et celle même de Dieu y sont engagées, c'est-à-dire la morale et la religion. Kant accorde donc que, sur ces grands objets, la raison n'est pas réduite au désespérant aveu d'une contradiction inévitable. La morale et la religion sont à couvert. Il ne reste donc plus de sérieusement compromis que l'intérêt de curiosité qui s'attache pour l'homme à ces questions purement métaphysiques qui restent pour la masse du genre humain parfaitement indifférentes, et sur lesquelles l'ignorance est facile à supporter même au petit nombre d'esprits curieux qui les agitent : par exemple, la question de savoir si la matière est ou non divisible à l'infini. Voilà donc où aboutit ce grand et solennel acte d'accusation si laborieusement construit, où le scepticisme a épuisé toute sa force et tous ses artifices.

On conviendra aisément que, concentrée sur ce terrain, la discussion perd à la fois de sa grandeur et de ses périls. Si la psychologie et la théodicée sont sauvées, si la morale et la religion sont hors de tout péril, si ces grandes vérités qui sont le fondement du dogmatisme du genre humain, la spiritualité de l'âme, l'existence de Dieu, la liberté et la responsabilité humaine, si tous ces principes restent à l'abri des atteintes du scepticisme, qu'importe, après tout, que sur quelques points de subtile métaphysique l'esprit humain soit obligé de confesser son impuissance à sortir des alternatives contraires? Eh bien, même dans cet ordre de problèmes abstraits, Kant n'aboutit pas à la conclusion où il aspire, il ne convainc pas la raison humaine de se donner à elle-même un inévitable démenti. En effet, on peut ici s'armer contre Kant de ses propres aveux. Il résout les antinomies dynamiques par une distinction fort juste entre le point de vue de l'expérience et le point de vue de la raison. De ce que pour les sens il n'y a que des phénomènes contingents, il ne s'ensuit pas, dit-il, qu'au delà des phénomènes, dans une région où les sens ne peuvent atteindre, il n'y ait pas un être nécessaire, une cause spontanée et première qui soit le principe de tous les phénomènes de l'univers. C'est à merveille; mais nous dirons à Kant, en lui empruntant son moyen de solution et en le poussant plus loin que lui, que si les sens et l'imagination nous invitent à nous représenter un monde fini, cela ne prouve pas que la raison n'ait pas le droit de concevoir, au moins comme possible, un univers sans bornes, dont l'étendue et la durée illimitées réfléchissent en quelque sorte l'éternité et l'immensité incommunicables de Dieu. De même, si les sens et l'imagination s'arrêtent avec complaisance à la vieille et grossière hypothèse des atomes, rien n'empêche la raison de détruire ces fausses apparences, de faire comprendre l'impossibilité d'un atome étendu, c'est-à-dire d'un indivisible divisible; rien ne l'empêche surtout de saisir au delà de l'étendue et du mouvement les causes invisibles dont l'action permanente anime la face du monde, et de concevoir ces causes comme des principes doués d'unité, inférieurs sans doute, mais plus ou moins analogues à cette cause simple et indivisible que nous sentons vivre et palpiter au dedans de nous.

Ainsi s'évanouit le fantastique assemblage de contradictions imaginé par le scepticisme; et il ne reste de tant d'efforts d'un génie fait pour un meilleur usage, qu'une leçon de modestie donnée à l'esprit humain. Oui, dirons-nous avec Kant, oui, la métaphysique est une science périlleuse; elle est, comme l'esprit humain, enfermée dans d'étroites limites qu'une curiosité inquiète nous sollicite de franchir. Oui, il faut renoncer à une explication complète, adéquate, absolue de toutes choses. Il faut se résigner, étant homme, à savoir peu et à beaucoup ignorer; mais l'acte de foi par lequel la raison humaine s'affirme primitivement capable de certitude et de vérité, cet acte de foi ne rencontre aucun démenti dans les analyses les plus profondes de la science. La raison humaine est souvent forcée de convenir qu'elle ignore et qu'elle ignorera toujours; jamais elle n'est forcée de se contredire. Où la lumière abonde, et elle abonde sur tous les points qui intéressent notre être moral, sachons affirmer; où la lumière s'affaiblit, sachons ignorer et attendre : tel est le conseil du bon sens, tel est le dernier mot de la science.

VUES THÉORIQUES ET DOGMATIQUES

DES SENS ET DES SENSATIONS

PROBLÈME DE LA PORTÉE ET DE LA VALEUR DES
INFORMATIONS DES SENS.

On comprend sous le nom de *sens*, deux sortes de fonctions intellectuelles : le sens intime ou conscience, qui ne répond à aucun organe déterminé, et les sens extérieurs, comme la vue, l'ouïe, le toucher, lesquels s'exercent par tel ou tel organe, comme l'œil, l'oreille ou la main. Nous ne nous occuperons pas ici du sens intime, mais seulement des sens proprement dits, ou, comme parlent les Écossais, de la *perception extérieure* et des sensations qui s'y rattachent.

Quelles sont les données de chacun de nos sens, analysés l'un après l'autre ? Parmi ces données, quelles sont celles qui sont propres à tel ou tel sens, et celles qui sont communes à tous ? Comment s'accomplit, à l'aide de nos différents sens, la connaissance des choses matérielles ? Quelle est la portée, quelle est la valeur des informations des sens ? Sont-elles véridiques ou trompeuses, infaillibles ou sujettes à l'illusion et à l'erreur? Nous font-elles connaître l'existence des corps, leurs propriétés absolues et jusqu'à leur essence? Voilà les questions que nous allons traiter successivement.

Nous commencerons par le sens de l'odorat, comme fait Condillac dans le *Traité des Sensations;* mais nous n'imiterons pas sa méthode. Il prétend observer une statue que son imagination anime par degrés et dont les sens s'ouvrent successivement. On voit, du premier coup d'œil, tout ce qu'il y a de factice dans un tel procédé. La statue interrogée répond tout ce que veut l'interrogateur : elle ne lui renvoie que le fidèle et complaisant écho de ses hypothèses.

Ne faisons point le roman de l'âme, essayons de tracer quelques lignes de son histoire. Le sens de l'odorat est un de ceux qui peuvent le plus aisément être isolés. Quels sont ses objets propres? Évidemment les senteurs. Toutes les exhalaisons si diverses, si nombreuses qui émanent des corps, voilà son domaine. Jusque-là tout est simple. Mais qu'est-ce précisément qu'une odeur? est-ce une simple modification de la sensibilité, un phénomène tout interne, tout spirituel, tout subjectif? ou bien est-ce une impression organique, un état des nerfs? ou bien, est-ce une qualité des choses matérielles, une propriété, une donnée objective? ou enfin, est-ce tout cela à la fois? C'est ici que commencent les difficultés et qu'on voit apparaître les systèmes. Analysons les faits; considérons une odeur, non pas l'odeur en général, mais telle ou telle odeur particulière : l'odeur de rose, par exemple.

L'odeur de rose est-elle, comme Malebranche l'a prétendu, une simple modification de l'âme, une sensation plus ou moins agréable, que nous transportons par une illusion naturelle hors de nous, pour en faire arbitrairement une qualité effective des choses extérieures? Je dis qu'il n'en est point ainsi. Sans doute, si je ferme les yeux, je ne sais pas qu'il existe une rose, ayant telle couleur, telle forme; mais il me suffit de sentir l'odeur de rose, surtout si je la flaire fortement, pour avoir la perception plus ou moins claire d'une partie de mes organes. Ici nous rencontrons un phénomène qui a échappé à beaucoup d'excellents observateurs : c'est le phénomène de la localisation des sensations dans les divers siéges organiques. Voulez-vous vous assurer, par une seconde expérience, de la réalité de ce phénomène? Laissez un instant l'odorat et les senteurs, pour considérer l'ouïe et les objets qui lui sont propres, savoir: les sons. Quand une cloche tinte à mes oreilles, est-ce là une pure modification de mon âme, un phénomène tout spirituel, tout subjectif? Non. En supposant que j'ignore ce que c'est qu'une cloche, il me suffit d'en entendre le son pour savoir, pour sentir que j'ai un tympan, des oreilles, pour localiser, dans un siége organique déterminé, l'impression dont je suis affecté. Souvent même, je discerne si le son part de telle ou telle direction, suivant que mon oreille droite ou mon oreille gauche a été plus vivement frappée. Ce n'est pas tout; remarquez encore qu'un son déterminé, par exemple un son argentin, ou bien une odeur déterminée, par exemple une odeur de rose, ne sont pas des sensations vagues de plaisir ou de douleur. Ce sont des sensations précises, distinctes, originales. Le plaisir ressemble au plaisir; mais l'odeur de rose ne ressemble pas à l'odeur de jasmin, pas plus que le son de la flûte ne ressemble au son du clairon. Cette spécialité des sensations, et pour ainsi dire cette physionomie qui est propre à chacune d'elles, voilà un fait qui a été méconnu par Malebranche et par Berkeley; et pourquoi cela? c'est que le fait de la localisation des sensations leur avait également échappé; c'est, en un mot, qu'ils ont observé imparfaitement la conscience, et que la justesse de leur coup d'œil a été offusquée par l'esprit de système.

Les Écossais ont très-bien vu l'erreur de Malebranche et de Berkeley; ils ont protesté contre cette prétendue illusion, gratuitement imputée au genre humain, et qui lui faisait répandre au dehors ses modifications internes; ils ont distingué, avec raison, l'odeur comme sensation et l'odeur comme qualité des corps, la première qui appartient à l'âme et qui est un effet, la seconde, qui appartient au corps et qui est une cause; mais les Écossais sont à leur tour tombés dans une grave erreur quand ils ont cru que l'odeur, comme sensation, est un phénomène tout interne et tout subjectif, de sorte que, pour acquérir la notion de *l'extériorité*, il faut attendre que le toucher nous ait informés de l'existence des corps, et que notre raison, appuyée sur le principe de causalité et aidée de la mémoire et de l'induction, vienne nous apprendre à placer dans un sujet fixe et précis la cause de ces sensations toutes spirituelles d'odeur, de son, qui nous avaient affectés jusqu'à ce moment, sans nous donner aucune notion d'étendue corporelle. Cette analyse est fausse et démentie par l'expérience. Les senteurs sont naturellement localisées dans les organes de l'odorat; il en est de même des sons que nous localisons spontanément dans les organes de l'ouïe, et c'est une loi générale de tous nos sens. L'ouïe et l'odorat nous donnent donc déjà, par leur énergie propre, indépendamment de la vue et du toucher, et sans aucune opération de la raison, une perception confuse, il est vrai, mais réelle de nos propres organes, par conséquent, quelque vague notion d'étendue et de figure. C'est pour avoir méconnu ces faits que les cartésiens sont tombés dans l'idéalisme et que les Écossais n'ont expliqué que d'une manière fautive et incomplète la connaissance que nous avons du monde extérieur.

Nous n'insisterons pas plus longtemps sur l'odorat, ni sur l'ouïe; et quant au goût et aux saveurs, il nous suffira d'étendre à ce sens les observations que nous venons de faire sur les deux autres.

Abordons la vue et le toucher, qui sont les sources les plus riches de nos connaissances sensibles.

Quel est l'objet propre de la vue? On peut le dire en deux mots: c'est la surface colorée. Il y a deux choses que le langage et l'analyse distinguent, mais que la nature ne sépare pas : d'une part, la lumière avec ses mille couleurs, les innombrables nuances qui la diversifient; de l'autre, la surface où la lumière est pour ainsi dire répandue. Aucune surface n'est visible que par une certaine couleur; aucune couleur n'est saisie que comme étendue sur une certaine surface. Ici éclate l'erreur signalée chez les cartésiens et dont on retrouve quelques traces même chez les consciencieux observateurs de l'école écossaise. Si la couleur était sentie comme une pure modification de l'âme, comme un phénomène tout interne, tout subjectif, la couleur serait-elle indivisiblement liée avec les idées de surface et de figure ? Qu'est-ce qu'une sensation de plaisir ou de douleur qui aurait de l'extension et une figure déterminée ? Ces mots ne peuvent aller ensemble. Il est donc bien certain que le sens de la vue nous donne non-seulement la lumière et les couleurs, mais encore, par sa force propre, indépendamment du toucher et des opérations de la mémoire et de la raison, la vue, disons-nous, nous donne quelque notion de l'étendue et de la figure, par conséquent quelque idée du monde extérieur.

Mais prenons garde, en évitant une erreur, de tomber dans une autre. La vue, il est vrai, nous donne quelque notion de l'étendue, mais non pas cette notion précise et complète de l'extension en longueur, largeur et profondeur qui est le privilége du toucher. On peut même affirmer que la vue est réduite, par elle-même, à la notion de la longueur et de la largeur, et qu'elle est étrangère à la notion de la profondeur. Des expériences rigoureuses établissent que primitivement tous les objets extérieurs nous sont donnés par la vue comme étendus sur une surface uniquement perpendiculaire au rayon visuel, et, en quelque sorte, tengente à l'orbite de l'œil. En observant de près les enfants dans leur premier âge, on s'aperçoit qu'avant d'avoir touché les corps qui les entourent, ils n'ont aucune idée de leur vraie relation dans l'espace. Les choses les plus éloignées leur paraissent à leur portée tout aussi bien que les choses les plus proches ; leurs mains indécises flottent au hasard sans s'attacher à aucun objet précis. Pendant une assez longue suite de jours, ils voient tout ce qui les environne sur un seul et même plan. Ce fait curieux a été mis hors de toute contestation par la célèbre expérience de Cheselden. Ce chirurgien ayant pratiqué, pour la première fois, sur des aveugles de naissance, l'opération de la cataracte, reconnut que les nouveaux clairvoyants n'avaient aucune notion de la distance vraie qui les séparait des corps environnants, et que tous les objets n'étaient pour leurs yeux inexpérimentés qu'une juxtaposition de surfaces diversement colorées, toutes étendues sur un seul plan. C'est donc au toucher, et à lui seul, qu'il appartient de nous donner une perception à la fois précise et complète de l'étendue corporelle.

Quel est l'objet propre du toucher ? c'est la solidité avec ses degrés infinis, comme la couleur est l'objet propre de la vue, comme le son est l'objet propre de l'ouïe ; mais de même que la sensation du son, localisée dans les organes de l'ouïe, est accompagnée de quelque vague perception d'étendue et de figure, de même surtout que la couleur est inséparablement jointe à la notion de surface colorée, ainsi le toucher, en nous donnant la solidité, nous donne en même temps l'étendue. Et, en effet, qu'est-ce que la solidité ? C'est un degré précis de résistance que tel ou tel corps oppose à mes organes. Suivant la nature et l'intensité de cette résistance, je sens et je dis que tel corps est dur ou mou, poli ou rude, malléable, ductile, qu'il est proprement solide, ou bien liquide ou gazeux, et ainsi de suite. Maintenant, cette impression de résistance est-elle une pure modification de l'âme, un phénomène tout spirituel, tout subjectif? Malebranche et Berkeley disent oui; mais l'expérience répond clairement non. Cette fois, les faits parlent si haut que les Écossais n'ont pu les méconnaitre. Ils ont expressément admis que la solidité n'est pas une modification de la sensibilité, et qu'elle est étroitement liée avec l'étendue et la figure. Cet aveu ne les empêche pas, toutefois, de placer le chaud et le froid parmi les qualités secondaires de la matière, c'est-à-dire parmi celles que nous n'attribuons au monde extérieur que d'une manière indirecte, et à la suite d'opérations de l'esprit assez compliquées. Comment n'ont-ils pas vu que le chaud et le froid, ou, en un mot, que la température des corps nous est donnée par le tact en même temps que la solidité, l'étendue et la figure, dans une seule et même opération indivisible?

Il résulte de cette analyse qu'Aristote et, sur ses traces, saint Thomas et Bossuet, ont eu pleinement raison de distinguer deux sortes de sensibles, les sensibles propres et les sensibles communs. Les sensibles propres sont, pour l'odorat, les senteurs; pour l'ouïe, les sons; pour le goût, les saveurs; pour la vue, les couleurs; pour le toucher, les degrés de solidité et la température. Les sensibles communs sont l'étendue et la figure. On peut y joindre la divisibilité et le mouvement, mais à condition de ne pas oublier que ce sont là des notions complexes qui demandent, outre les données propres des sens, l'intervention de la mémoire et de la raison.

Maintenant, comment s'accomplit le phénomène si curieux de la réunion des sensations autour d'un centre commun? car enfin, pour percevoir un objet extérieur, pour dire : *Voilà un morceau de cire*, il ne suffit pas d'avoir des yeux et de percevoir telle couleur, il ne suffit pas d'avoir des mains et de palper telle figure, de mesurer telle résistance, de constater tel degré de chaleur; il faut encore former de toutes ces sensations et de toutes ces perceptions réunies une seule notion, il faut ramener cette variété à une unité synthétique. Ici se présente un des problèmes les plus difficiles et les plus délicats de la psychologie. Aristote, qui l'a posé dans son *Traité de l'âme*, le résout de la manière suivante :

Il admet l'existence d'un sens général qui recueille, compare et coordonne les données des sens particuliers. Comment jugeons-nous, dit-il dans ce traité célèbre [1], que le blanc n'est pas le doux, que le noir n'est pas l'amer? C'est assurément par quelque sens, car ce sont là des choses sensibles; mais ce n'est pas la vue qui compare les couleurs avec les saveurs, ni l'odorat les saveurs avec les sons. Il faut donc un sens général qui perçoive ces divers objets. Ce sens général est devenu dans l'école le *sens commun*, expression à laquelle

---

[1] *De Anima*, l. III, ch. 2.

l'usage a donné depuis, par degrés, une acception toute différente. Au surplus, pour Aristote, le sens général n'est autre que la sensibilité elle-même considérée dans son organe central. Il admet, en effet, qu'outre les organes particuliers des sens, il y a un organe ou *sensorium* commun où se concentrent toutes les impressions vitales : c'est le cœur chez tous les animaux sanguins, et, chez quelques-uns, c'est aussi le cerveau.

Nous ne pouvons souscrire à cette théorie péripapéticienne, bien qu'elle renferme une part de vérité. Au point de vue de la science physiologique, il est incontestable que les impressions des organes des sens ont un centre qui est généralement le cerveau. Mais est-ce une raison pour admettre dans l'âme une faculté indépendante, *sui generis*, distincte à la fois des sens particuliers, de la conscience et de la raison? Nous ne le pensons pas. On peut appliquer aux facultés de l'âme la maxime qu'invoquait Ockam contre les entités de certains scolastiques : *Entia non sunt multiplicanda prœter necessitatem*. Sans aucun doute, les sensations qui se produisent par suite des impressions organiques ont un centre, un centre unique et actif où elles sont non-seulement rassemblées, mais comparées, coordonnées, soumises à une sorte d'élaboration naturelle qui leur imprime le caractère de l'unité; mais qu'est-il besoin de supposer gratuitement, sous le nom de sens général ou de sens commun, ce centre d'unité, quand on le trouve dans l'unité même de la conscience, c'est-à-dire dans l'unité du *moi* percevant, comparant et coordonnant les matériaux de la sensation?

Nous avons recueilli les données particulières et les données générales des sens; la question est de savoir maintenant au juste quelle est la valeur et quelle est la portée de la perception extérieure? Nous rencontrons ici le scepticisme et l'idéalisme : celui-ci qui nie ou conteste le droit de la raison humaine à rien affirmer sur l'essence, les qualités, ou même sur l'existence pure et simple de la matière; celui-là qui accuse nos sens d'illusion et de contradiction, et, sur ce fondement, suspecte ou répudie leur témoignage.

C'est une vieille accusation que celle qu'on élève contre la certitude des sens. La tour carrée qui de loin semble ronde, le bâton plongé dans l'eau et paraissant brisé, le cou changeant de la colombe, ces phénomènes et mille autre semblables ont exercé la subtilité ingénieuse des Grecs. Sophistes, mégariques, académiciens, pyrrhoniens, se sont transmis l'héritage toujours grossissant de ces objections que le scepticisme contemporain a vainement essayé de rajeunir. Rien de plus vain que cette dialectique, rien qui résiste moins à une analyse un peu approfondie des faits.

Nous ne serions jamais trompés touchant les choses sensibles, si nous prenions pour règle de ne jamais demander aux sens que ce qu'ils sont naturellement chargés de nous donner. La région où se déploie l'activité des sens est la région des phénomènes, c'est-à-dire des choses changeantes et relatives; à la raison seule, il appartient de nous élever au stable, à l'éternel, à l'absolu. Prenons un exemple familier à nos adversaires. Voici un vase plein d'eau tiède. Deux personnes y trempent la main. L'une d'elles, qui a la fièvre, trouve cette eau froide; l'autre, qui vient du dehors, par une température d'hiver, la trouve chaude. Sur cela, le scepticisme crie à la contradiction. La même eau, dit-il, ne peut pas être à la fois chaude et froide. J'en conviens. Mais il y a ici un sophisme qu'il est facile de percer à jour. Veut-on savoir ce qui serait vraiment contradictoire? Ce serait qu'en plongeant deux fois de suite le thermomètre dans le vase en question, on trouvât dix degrés de chaleur dans le premier cas, et dix degrés de froid dans le second; mais cette contradiction ne s'est jamais rencontrée, et on peut assurer sans témérité qu'elle ne se rencontrera jamais. Maintenant, lorsque deux personnes différemment disposées reçoivent d'un même liquide deux impressions différentes, où est la contradiction? Quoi de plus simple que ce phénomène? Ce qui serait étrange, ce qui serait inexplicable, c'est que deux personnes différemment disposées à l'égard d'un même objet en reçussent des impressions semblables : car, s'il est vrai que la même cause doit produire les mêmes effets dans les mêmes circonstances, il n'est pas moins vrai que dans des circonstances différentes, la même cause, agissant sur des termes différents, doit produire des effets contraires.

Mais, dit-on, accordons pour un instant qu'un même sens, dans une même personne, soit toujours ce qu'il doit être et s'accorde parfaitement avec lui-même; que direz-vous quand deux de nos sens viennent à se contredire? Par exemple, en présence d'une peinture bien faite, si je consulte ma main, elle me dira que j'ai devant moi une toile colorée, c'est-à-dire une surface sans profondeur ; si, au contraire, je consulte ma vue, elle me persuadera qu'il y a devant moi deux, trois, quatre groupes de personnages ou d'objets divers, placés sur des plans différents, et formant un espace auquel l'art du peintre peut donner plusieurs lieues de profondeur. Qui a raison? qui a tort? J'ai affaire à deux témoins qui se contredisent, et il n'y a pas de tiers arbitre capable de les réconcilier. La réponse à cette objection est dans une analyse exacte des données des sens et dans la distinction très-simple de ce que les sens nous fournissent directement et par leur énergie propre, et de ce que la raison, comparant les données de chacun, ajoute de son chef à leurs premières informations. Nous avons constaté que l'objet propre de la vue, c'est la couleur ou, plus exactement, la surface colorée. Interrogez vos yeux sur la surface colorée d'un objet, vous les trouverez infaillibles. Je m'explique. Sans aucun doute, si vous changez de position à l'égard d'un objet, vous verrez changer la surface colorée qui le représente ; mais rien de plus simple et de plus raisonnable que ce changement, qui n'a rien d'arbitraire et s'accomplit suivant des lois immuables et précises. Maintenant, si vous voulez, à l'aide de la seule vue, prononcer sur la grosseur, la consistance, la situation relative des objets qui sont devant vous, il pourra vous arriver de tomber dans l'erreur. Cela s'explique à merveille. En pareil cas, en effet, vous bornez-vous à constater une sensation? Non; vous faites une conjecture. Sur quoi est-elle fondée? sur des analogies plus ou moins exactes, sur des associations d'idées qui peuvent être accidentelles; mais, fussiez-vous appuyé sur les inductions les plus sures, vous ne faites jamais qu'induire. Or, induire, c'est raisonner; ce n'est pas sentir et voir. Rien de plus facile que de remonter à la source de ces erreurs, et rien aussi de plus facile que de les redresser. Nous sommes accoutumés à juger de la distance qui nous sépare des objets environnants à l'aide de la surface colorée qu'ils nous présentent. L'expérience, en effet, nous a appris qu'à mesure qu'un corps s'éloigne de nos yeux, sa surface colorée diminue, comme elle augmente quand il s'en rapproche. Nous avons appris à la même école que la teinte des objets augmente ou diminue en éclat suivant l'éloignement. Que résulte-t-il de là? c'est que si un habile homme figurant deux objets sur un tableau, sait donner à celui-ci la forme visible d'un objet prochain et à celui-là l'aspect coloré d'un objet éloigné, le spectateur qui n'y prendra pas garde et qui se confiera exclusivement à ses yeux risquera d'être dupe d'une illusion adroitement concertée, et qui tourne, en définitive, au profit de ses plaisirs. Où en serions-nous s'il fallait appliquer à chacune des propriétés des corps qui nous intéressent le seul sens qui soit fait pour elle? Notre vie s'épuiserait dans une crainte perpétuelle et dans un perpétuel tâtonnement. La vue, l'ouïe, ces sens si riches, si merveilleusement instructifs quand ils sont aidés du toucher et fécondés par la raison, nous deviendraient presque inutiles; et pour quelques illusions de moins qui n'ont aucune importance, pour quelques erreurs presque toujours faciles à redresser, nous perdrions une masse de connaissances qui sont pour nous d'une nécessité de chaque heure et d'un inestimable prix.

Voilà notre réponse à la vieille thèse du scepticisme sur les erreurs, illusions et contradictions des sens. Après avoir prouvé l'accord de nos perceptions sensibles, il nous reste à en déterminer le contenu, à en mesurer la juste portée. Ici nous nous plaçons à égale distance d'un idéalisme chimérique, démenti par l'analyse psychologique et par le sens commun, qui prétend interdire à l'esprit humain le droit de sortir de lui-même et d'affirmer l'existence de l'univers, et d'un dogmatisme ambitieux qui s'arroge l'exorbitant privilége de pénétrer jusqu'aux propriétés absolues et à l'essence même de la matière. Sur cette question difficile, il faut encore interroger les faits. Est-il vrai que toutes les qualités, propriétés, dispositions, phénomènes que nous pouvons saisir dans les corps, nous soient donnés à travers les sensations? Est-il vrai que la sensibilité humaine soit par essence variable et relative? Tout le problème est dans ces deux points. Le second n'a jamais été contesté, que nous sachions; mais de grands philosophes ont nié ou méconnu le premier. Descartes et ses disciples séparaient les qualités de la matière en deux classes, celles que nous atteignons par l'intermédiaire des sensations, et ils accordaient que ce genre de qualités, chaleur, lumière, saveur, n'a rien d'absolu ; et puis, ces qualités que nous concevons, suivant eux, par la raison, comme la figure, l'étendue, la divisibilité et le mouvement. Les cartésiens tiennent en grand honneur les qualités de cette espèce. Elles ont à leurs yeux ce caractère d'évidence, cette clarté et cette distinction qui sont le signe infaillible du vrai. Elles sont susceptibles d'une mesure précise ; elles sont finies, invariables, absolues. Ils en concluent qu'elles sont l'essence de la matière. Sur ce fondement, Descartes bâtit un système de physique, ingénieux, grandiose, où toutes les lois du mouvement, où tous les grands phénomènes de l'univers sont déduits de la nature de l'étendue avec une vigueur et une témérité admirables. Par malheur, toute cette belle construction repose sur une hypothèse, l'hypothèse d'une matière réduite à la pure extension en longueur, largeur et profondeur, c'est-à-dire d'une matière mathématique, d'une matière abstraite qui peut bien être celle des géomètres, mais qui n'est pas cette matière réelle, sensible, animée, qui se déploie devant nous. Or, d'où vient l'erreur de Descartes adoptée par Malebranche, par Spinoza et par toute cette école de philosophes géomètres ? Elle vient de ce qu'ils n'ont pas remarqué ce fait très-simple, que toutes les qualités de la matière, même l'étendue et la figure, nous sont données, non pas d'une matière abstraite et par un acte de raison, mais à travers des sensations diverses, variables, relatives, individuelles. Ainsi, l'étendue est toujours perçue par la vue comme liée à la sensation de couleur, et par le tact comme liée à des sensations de résistance, de solidité, de chaleur. Otez ces sensations, il peut rester dans l'esprit l'idée abstraite de l'étendue ou la puissance de la concevoir géométriquement ; mais cette étendue n'est pas l'étendue réelle, l'étendue concrète, déterminée, avec un degré précis de résistance. Voilà les faits ; ils suffisent pour renverser le système de Descartes et tout système qui aura la prétention de saisir directement quelque chose d'absolu dans un monde essentiellement variable et relatif.

On nous dira que cette doctrine conduit à l'idéalisme, et qu'il nous sied bien mal de réfuter Descartes et Malebranche avec un système qui conduit jusqu'à Berkeley. Nous répudions complétement cette conséquence, et pour fixer le vrai caractère de la conclusion où nous voulons aboutir, nous ferons une dernière fois appel à l'autorité de l'expérience psychologique. Ce qui a conduit Berkeley et beaucoup d'autres esprits à l'idéalisme, c'est de se figurer que les données des sens se réduisent à une série de modifications de l'âme, modifications toutes spirituelles, toutes subjectives : erreur grave, qui vient elle-même de cette erreur capitale de la philosophie cartésienne, qui consiste à se représenter le *moi* comme un pur esprit, vivant d'une vie toute interne, enfermé en soi dans une solitude profonde, sans lien naturel avec le corps et avec la nature. Descartes a transmis cette erreur à Leibnitz, qui soutenait que *les monades n'ont point de fenêtres;* et de Leibnitz, elle est passée dans la nouvelle philosophie. On a posé un *moi* abstrait, un sujet pur, un être isolé, et puis on s'est consumé en raisonnements subtils pour retrouver le monde réel qu'on avait supprimé, et pour y replacer le *moi* au milieu de tous les êtres de la nature : efforts superflus, jeux de l'abstraction !

La vérité est que l'âme ne s'aperçoit jamais dans cet état fantastique d'isolement absolu : elle ne vit pas une minute sans recevoir une foule de sensations. Or, chaque sensation l'assure de l'existence de son corps et des corps extérieurs. Analysez, en effet, les données de chacun de nos sens, vous reconnaîtrez que non-seulement le tact et la vue, mais même l'odorat, le goût et l'ouïe ne nous font pas éprouver une seule impression qui ne soit localisée spontanément dans un de nos organes, qui ne soit accompagnée de la notion de l'étendue. Or, si nos organes sont nôtres, ils ne sont pas nous. Si nous percevons notre corps et les corps environnants comme étendus, figurés et divisibles, nous avons conscience de notre indivisibilité ; nous nous distinguons donc à chaque instant de ce monde extérieur qu'à chaque instant nous sentons et percevons. Le dehors nous est donc donné avec le dedans, notre corps avec notre esprit, le *non-moi* avec le *moi*, l'existence de l'univers avec notre propre existence. Il est donc parfaitement inutile de chercher des démonstrations pour établir la réalité des corps, de se perdre dans les spéculations métaphysiques et les subtilités du raisonnement. Au lieu de ces sentiers détournés, la nature nous conduit par une voie droite et simple, l'intuition directe, immédiate, permanente de ce monde de phénomènes, de cette scène mobile, agitée, que nous appelons l'univers visible, dont la réalité et la vie sont aussi claires, aussi incontestables, pour l'analyse la plus sévère comme pour le sens commun le plus grossier, que notre propre vie et et notre propre réalité. Concluons, contre un dogmatisme indiscret et à la fois contre le scepticisme et l'idéalisme, que les données de nos sens composent un ensemble d'informations aussi riche qu'harmonieux, fournissant une base solide aux sciences physiques et naturelles, nous dévoilant un univers immense, toujours changeant, toujours mobile, mais un univers dont nous pouvons atteindre par la raison les lois immuables, un univers que nous pouvons enchaîner par l'industrie à nos besoins et à nos plaisirs, bien que Dieu se soit réservé l'impénétrable secret de son essence.

DE LA MATIÈRE [1]

PROBLÈME DE L'EXISTENCE ET DE LA CONNAISSANCE
DES CORPS.

Le premier problème que se sont proposé au sujet de la matière les philosophes modernes, problème parfaitement sérieux, dont l'énoncé n'étonnera que les esprits peu exercés aux méditations élevées, est celui-ci : *Peut-on affirmer l'existence des corps?* Descartes pensait que nous n'avons point de certitude immédiate de cette existence, et qu'elle resterait douteuse, si la véracité divine n'était là pour nous la garantir. Malebranche suivit son maître dans cette voie, et alla plus loin : pour lui, la véracité divine, telle que la raison nous l'atteste, ne suffit pas; il faut une autorité supérieure, il faut le témoignage de la révélation. Sur cette

[1] Ce morceau, le précédent et le suivant, ont été primitivement écrits pour le *Dictionnaire des Sciences philosophiques*, dont ils sont détachés.

pente idéaliste le cartésianisme continuant de glisser, Berkeley vint enfin dire qu'il n'existe point de corps, et qu'entre notre intelligence et Dieu, il est temps de supprimer cet intermédiaire inutile.

Supposons l'existence de la matière solidement établie, une autre question se présente : *Que savons-nous de la matière? Pouvons-nous atteindre ses qualités réelles et absolues?* Sur ce point encore les philosophes se divisent. Suivant les cartésiens, il y a deux sortes de qualités dans ce que nous appelons matière : les unes, absolues, inhérentes aux corps, indépendantes de nos sens, par exemple, l'étendue, la figure, la divisibilité, le mouvement ; ce sont les qualités premières de la matière. Les autres sont plutôt senties que perçues ; elles sont moins des manières d'être des corps eux-mêmes que des modes de notre sensibilité ; elles sont variables, relatives, comme la chaleur, les odeurs, les saveurs, et autres semblables.

Cette distinction des qualités premières et secondes, des qualités absolues et relatives, acceptée par Locke, mise en grand honneur par la philosophie écossaise, a été rejetée par Kant. Suivant l'auteur de la *Critique de la raison pure*, l'étendue n'est point une qualité de la matière, mais une forme de la sensibilité. Nous ne connaissons point la matière en elle-même, mais seulement les phénomènes matériels, lesquels sont purement subjectifs et dépendants de la nature et des formes de notre sensibilité.

Le système de Kant nous conduit à une dernière question, étroitement liée à la précédente : *Connais-*

sons-nous l'essence de la matière ? Pour Descartes, pour Spinoza, cette essence nous est parfaitement connue ; elle est tout entière dans l'étendue, comme l'essence de l'esprit est tout entière dans la pensée. Il n'y a rien dans l'univers physique qui ne soit explicable par les modalités de l'étendue ; rien dans l'univers moral qui ne se résolve en modalités de la pensée. C'est contre cette théorie que Leibnitz s'inscrivit en faux, admettant, comme les cartésiens, que nous connaissons l'essence de la matière, mais ajoutant à l'étendue, la force, l'antitypie, comme un complément nécessaire. La philosophie critique rejette également ces deux théories ; elle établit une distinction profonde entre la matière visible et sensible, ou la matière comme *phénomène*, et la matière en soi, la matière comme *noumène*. Notre esprit saisit le phénomène relatif et divers, et, lui imposant les formes absolues de la sensibilité, complète ainsi la connaissance ; quant au *noumène*, il reste en dehors de nos idées ; il échappe à toutes nos prises ; il n'est qu'un inconnu, un X algébrique, tout ensemble nécessaire et inaccessible.

Que ferons-nous en présence de ces épineux problèmes, et des solutions si diverses qu'en ont données les plus grands esprits des temps modernes ? Nous ferons une chose très-simple et à la fois très-nécessaire à notre faiblesse. Nous n'imaginerons pas un nouveau système ; nous observerons les faits, nous confronterons tous les systèmes avec la réalité que chacun d'eux prétend expliquer, et peut-être parviendrons-nous, à force d'exactitude et de soins, à quelques inductions certaines, à un petit nombre de conclusions bornées, mais inébranlables.

C'est une chose bien remarquable et qui ressortira clairement, nous l'espérons, de la suite de ce travail, que toutes les aberrations des philosophes sur la question de la matière, paralogismes célèbres de Descartes et de Malebranche, idéalisme absolu de Berkeley, scepticisme subjectif de Kant, tous ces systèmes, toutes ces conceptions bizarres qui ont mis la philosophie en contradiction avec le sens commun, viennent d'une même origine : nous voulons dire une analyse mal faite des données de la perception extérieure. L'école écossaise, si justement renommée par sa prudence et par son scrupuleux attachement à la méthode d'observation, a opposé avec bonheur, aux extravagances de l'idéalisme, le témoignage des faits et l'autorité de la conscience ; mais elle même, a-t-elle porté dans l'exploration des sens une exactitude parfaite? C'est ce que nous nous permettons de contester.

Pour entrer tout de suite au fond du sujet, demandons-nous, l'œil fixé sur la conscience, s'il existe entre nos différents sens et leurs différentes données cette distinction radicale admise par Reid, suivant laquelle certains sens, l'ouïe, par exemple, ne nous feraient connaître certaines qualités de la matière que d'une façon indirecte et relative, à titre de causes inconnues de telles ou telles sensations ; tandis que d'autres sens, comme le toucher, auraient la vertu singulière de nous révéler par une perception immédiate et directe les qualités absolues, objectives des corps. On voit paraître ici la célèbre distinction des qualités premières et des qualités secondes, admise, avant Reid, par Descartes et par ses disciples les plus éminents; mais oublions un instant la question métaphysique pour nous enfermer dans le domaine de la conscience.

Les données de nos sens, en gardant chacune leur caractère spécial et leurs innombrables différences, sont au fond essentiellement homogènes. Elles ne sont pas, les unes subjectives, les autres objectives, celles-ci absolues, celles-là relatives et indépendantes; tous nos sens agissent suivant une même loi et nous fournissent sur les corps des informations analogues. Pour le prouver, analysons attentivement les données de l'ouïe et comparons-les à celles de la vue et du toucher.

Un son perçant vient tout à coup frapper mes oreilles. Qu'arrive-t-il, suivant l'école écossaise? J'éprouve une sensation très-vive, très-caractérisée, qui ne ressemble à aucune autre et qui m'affecte d'une manière très-désagréable. Est-ce tout? Non; c'est un fait qu'après avoir éprouvé une sensation, je la rapporte à une cause. Il y a une loi de mon esprit, toujours présente, quoique inaperçue et toujours agissante au plus profond de ma conscience, qui me fait supposer une cause à tout phénomène qui vient à se produire. Or, ici, la cause de la sensation éprouvée ne pouvant être ma propre activité, mon propre être, puisque je sens fort bien que mon rôle est purement passif dans le développement du phénomène, et que ma sensation n'est point mon ouvrage, je conçois nécessairement l'existence d'une cause étrangère qui agit sur moi. Cette cause est l'objet sonore ; et me voilà, grâce à ma raison, guidée par le principe de causalité, me voilà sorti de moi-même et en possession du monde extérieur.

Nous venons de reproduire fidèlement l'analyse des données de l'ouïe, telle que l'ont faite les philosophes écossais, Reid, par exemple, et à suite, en France, Royer-Collard. Si cette analyse est exacte et complète, il s'ensuit que le sens de l'ouïe, et les sens analogues livrés à eux-mêmes et considérés avant l'intervention de la raison et du principe de causalité, ne nous font pas sortir du *moi*. Leurs données sont purement subjectives. Une modification particulière de la sensibilité, laquelle est plus ou moins agréable, je ne vois rien là qui fournisse la moindre idée d'un objet extérieur, d'un corps étendu et figuré. Il n'y a donc point pour l'ouïe de perception proprement dite. Quand la raison me fait rapporter ma sensation à une cause, ce n'est qu'une connaissance indirecte et médiate, une sorte de raisonnement rapide et spontané. Je ne me représente pas cette cause, je ne la perçois pas, je la conçois, je la déduis. A parler rigoureusement, je ne puis pas dire que ce soit une cause extérieure, l'extériorité supposant l'étendue ; c'est une cause autre que *moi*. C'est, comme dit l'Allemagne, le *non-moi*, dans ce qu'il a de plus indéfini, de plus strictement négatif. Si donc mes mains ne me faisaient toucher ultérieurement l'objet sonore, je ne m'en formerais aucune idée ; le tact seul donne une base précise, un sujet fixe et déterminé aux vagues données de l'ouïe et des autres sens. Seul, il perçoit directement l'étendue ; seul, il fournit la notion claire et distincte d'une substance corporelle.

Nous ne pouvons accepter cette analyse des philosophes écossais comme l'expression complète de la réalité. Il n'est pas vrai que les données de l'ouïe, de l'odorat, du goût, soient purement subjectives; il n'est pas vrai que la notion de l'étendue leur soit complétement étrangère, et qu'elle ne nous fournisse, en définitive, qu'un vague *non-moi* auquel il faudrait chercher un point d'appui ultérieur à l'aide du toucher. Reprenons, en effet, l'analyse du phénomène : un son perçant n'est-il autre chose qu'une modification plus ou moins agréable de ma sensibilité? tant s'en faut. On doit soigneusement distinguer deux éléments dans ce phénomène : la sensation proprement dite et le son, et puis la peine ou le plaisir qu'elle me procure. Sans cela, les sensations de l'ouïe ressembleraient à toutes les sensations du monde. Or, elles ont un caractère spécial, *sui generis;* elles ne sont pas des sensations en général, mais bien des sons, tel ou tel son, le son aigu d'un coup de sifflet, par exemple. Maintenant, examinez de près ce son, et vous reconnaîtrez qu'il est toujours localisé dans une partie déterminée du corps, l'oreille droite par exemple, ou l'oreille gauche, ou toutes les deux ensemble. Oui, tout son m'est donné comme répandu, pour ainsi dire, sur toute la partie de mon corps affectée, sur toute la surface du tympan et des nerfs acoustiques. Il en est de même pour les autres sens. Qu'une senteur agréable vienne à se produire, je flaire avec force, et aussitôt je sens un chatouillement particulier dans les narines et sur toute la surface des ramifications extrêmes du nerf olfactif. Cette sensation agréable ou désagréable, ce chatouillement, ne sont pas de pures modifications subjectives de ma sensibilité; ce sont des impressions toutes spéciales, localisées par moi spontanément en un point précis de l'organisme. Or, le fait de la localisation suppose évidemment quelque idée d'étendue. Je ne sens pas seulement mon *moi*, je sens mon corps, je le perçois par l'ouïe, par l'odorat, comme par le tact. Nous accorderons maintenant que cette perception est vague, confuse; qu'elle est infiniment éloignée de la précision et de la clarté qui sont le privilége du toucher; que les sens de l'ouïe, de l'odorat et du goût, m'occupent beaucoup plus de moi-même que des choses extérieures, tandis que le toucher, au contraire, m'intéresse aux choses du dehors beaucoup plus qu'à celles du dedans. Mais ce n'est pas là la question. Il s'agit de savoir si certains de nos sens ne nous fournissent que des données purement subjectives, dans une ignorance absolue de l'étendue et des corps proprement dits. Or l'expérience, sévèrement interrogée, donne sur ce point un démenti formel aux philosophes écossais.

Nous n'avons parlé, jusqu'à présent, que de l'ouïe, de l'odorat et du goût. Que sera-ce si nous considérons le sens de la vue? Ici, les écossais éprouvent un embarras extrême dont ils ne se rendent pas compte et que nous n'avons aucune peine à expliquer. Où rangent-ils le sens de la vue? Parmi les sens aux données purement subjectives, destitués de toute véritable perception? ou bien à côté du toucher, le sens objectif et perceptif par excellence? La difficulté n'est pas médiocre. L'objet propre de la vue, c'est en effet la couleur. Or, la couleur paraît bien n'être, au même titre que le son, qu'une sensation, c'est-à-dire une donnée toute subjective. Mais, d'un autre côté, la couleur n'est pas séparée de l'étendue : car ce que fournit la vue, ce n'est pas la couleur pure et simple, c'est la couleur étendue, c'est la surface colorée ; et, chose remarquable, ces deux éléments du phénomène, la couleur et l'étendue en surface, sont parfaitement indivisibles. Comment expliquer cela dans le système écossais? Si la couleur est une pure modification de l'âme, il y aura donc dans l'âme des modifications étendues, ce qui paraît absurde. Et, cependant, la couleur est certainement une chose sentie, et non pas une chose conçue par l'esprit, comme serait une figure géométrique. Le moyen de résoudre cette difficulté? La théorie écossaise n'en fournit aucun. Il faut donc abandonner cette théorie et reconnaître que la vue, ainsi que le tact, que l'ouïe, l'odorat et le goût, ainsi que la vue, nous fournissent quelque idée de l'étendue et des corps ; que toutes les sensations, odeur, saveur, son, couleur, chaleur, résistance, ont ce point commun d'être localisées dans un point déterminé de l'organisme avec plus ou moins de netteté et de précision.

Considérons maintenant le sens du toucher, et voyons si l'analyse des écossais se soutiendra mieux en cette rencontre devant le spectacle attentivement observé des faits.

Je promène ma main sur une table de marbre, la première sensation que j'éprouve est celle du froid. Jusque-là, suivant Reid et Royer-Collard, il n'y a rien dans les données du toucher qui diffère de celles des autres sens. Le chaud et le froid sont, avant tout, des modifications de l'âme, n'impliquant aucune idée d'étendue ou de figure corporelles ; considérés hors de l'âme, le chaud et le froid ne sont que les causes inconnues de certaines sensations ; nous ne les percevons pas, à ce titre, nous les concevons, nous les concluons. Mais voici de nouveaux phénomènes qui vont se produire : je ne sens pas seulement le froid en touchant la table de marbre, je sens la dureté, et avec elle l'étendue, la figure, étroitement liées à la dureté. C'est ici que le fait de la perception se manifeste dans toute sa richesse et dans tout son éclat. Les écossais distinguent bien, à la vérité, dans l'analyse du sens de l'ouïe, la sensation proprement dite et la perception, le son-sensation, qui n'est qu'une modification de l'âme, du son-qualité, qui appartient à l'objet sonore ; mais ce son, considéré comme extérieur, n'est pas, suivant eux, véritablement perçu ; il n'est que la cause inconnue, la cause vague, indéterminée de la sensation correspondante. Il est donc conçu par la raison d'une manière indirecte, plutôt que perçu par le sens. Les choses se passent tout autrement dans l'exercice du toucher. A la suite d'une sensation déterminée, je perçois directement un objet dur, étendu, figuré. Il n'y a point ici de raisonnement, mais bien une intuition immédiate, une perception véritable. Je n'ai plus affaire à une cause vague, indéterminée, dont je ne sais rien autre chose, sinon qu'elle doit exister et qu'elle est autre que *moi*. Le principe de causalité n'est plus de mise en ce moment. Entre la sensation éprouvée et les objets perçus, il n'y a aucun lien logique. Je suis affecté par la sensation ; aussitôt, par la loi de ma nature, inexplicable peut-être, mais certaine et irrésistible, je perçois sans intermédiaire un objet déterminé qui a telle ou telle solidité, telle ou telle étendue, telle ou telle figure. Cet objet, c'est proprement le corps. Le toucher est donc le sens chargé de me révéler l'existence du corps, de me fournir la donnée fondamentale autour de laquelle viennent ensuite se réunir toutes les autres. Ces qualités obscures, ces causes inconnues qui flottaient au hasard dans une indétermination absolue, se fixent tour à tour à l'aide de l'expérience et de l'induction, sur l'objet précis que le toucher m'a immédiatement livré. La connaissance du monde extérieur est complète.

Pour la seconde fois, nous sommes forcés de nous inscrire en faux contre une analyse essentiellement défectueuse. Et d'abord, il serait parfaitement inexact de prétendre que le chaud et le froid psychologiquement considérés, ne soient que des modifications de l'âme, sans rapport à l'étendue et à la figure. C'est un fait aussi clair que le jour, que toute sensation de chaleur est localisée dans une partie déterminée du corps, et cela d'une façon assez précise. Que je sois placé devant un foyer, je sens parfaitement toute la surface de mon corps affectée par la chaleur; en certains cas, je serais en état de la décrire avec une précision presque géométrique. La sensation de chaleur est ici tout à fait séparée de toute sensation de dureté ou de mollesse. Mais revenons au premier fait, à l'expérience de la table de marbre. Suivant les écossais, la sensation de dureté a un merveilleux privilége. Tandis que la sensation d'odeur me laissait dans une parfaite ignorance de sa cause, dans un oubli profond de l'étendue et des corps, la sensation de dureté me révèle une qualité précise, déterminée du monde extérieur. Voilà une sorte de miracle. Les écossais déguisent ce qu'il y a d'extraordinaire dans leur théorie en invoquant leur ressource habituelle, leur *Deus ex machina,* une loi de notre nature ; mais rien ne saurait pallier l'inexactitude et la faiblesse de leur analyse. Il est visible que la dureté, prise en soi, considérée comme qualité objective des corps, abstraction faite de l'étendue et de la figure, est quelque chose d'aussi obscur, d'aussi vague, d'aussi relatif que l'odeur, le son, la saveur, envisagés sous le même aspect. Ce qui donne à la dureté ou solidité un degré éminent de clarté et de précision, c'est qu'elle est indivisiblement unie à la perception d'une étendue et d'une figure déterminées. Mais la perception de l'étendue n'est pas, nous l'avons prouvé, le privilége mystérieux d'un sens unique, le toucher ; l'étendue nous est donnée, à quelque degré, de quelque manière par tous nos sens. La seule différence qui existe entre le toucher et les autres, c'est que les sensations du toucher se localisent dans différentes parties de notre corps avec une force et une précision particulières. Après avoir perçu de la sorte quelques-uns de nos organes, tels que nos mains et nos pieds, nous y trouvons des unités de mesure à l'aide desquelles nous pouvons apprécier l'étendue des corps environnants, et, de proche en proche, celle de tous les objets de la nature. Le toucher est donc éminemment propre à la perception distincte de l'étendue ; mais cela n'empêche pas que la vue n'entre en partage de cette faculté d'une manière notable, et que tous nos autres sens ne la possèdent dans une certaine mesure.

Si cette esquisse des données de nos sens est, comme nous le croyons, plus exacte et plus complète que l'analyse des philosophes écossais, laquelle était déjà beaucoup plus exacte et beaucoup plus complète que celle des psychologues antérieurs, on peut, en fécondant ces résultats de l'expérience par le raisonnement et l'induction, en déduire un certain nombre de conséquences vainement combattues par une fausse psychologie, et que nous allons établir tour à tour.

En premier lieu, nous disons que l'existence des corps est une donnée commune de tous nos sens, laquelle n'a pas besoin d'être démontrée et ne saurait sérieusement être mise en doute, quoi qu'en aient dit Descartes, Malebranche et Berkeley. Nous prétendons, en second lieu, que toutes les qualités des corps sont relatives et non absolues, et que la distinction célèbre imaginée par Descartes, acceptée par Locke, et hautement proclamée par Reid, entre les qualités premières et les qualités secondes de la matière, ne saurait être admise à aucun des titres sur lesquels ces trois écoles prétendent l'établir. Nous affirmons enfin que l'essence de la matière est inaccessible à la raison humaine, en dépit des prétentions de la plupart des métaphysiciens. Sur ce point, nous sommes d'accord avec Kant, dont nous nous séparons seulement quand il refuse toute objectivité aux phénomènes matériels.

Qu'on examine attentivement chacun de nos sens, on se convaincra qu'il n'en est pas un seul dont les données n'impliquent l'existence de la matière. En effet, la perception de l'étendue n'est pas, comme le croit l'école de Reid, le privilége d'un sens unique, savoir, le toucher, mais une loi générale de tous les sens. L'ouïe localise les sons, et l'odorat les senteurs, tout comme le toucher localise les résistances. Chaque fois que j'exerce un de mes sens, je perçois donc une partie de mon propre corps ; et c'est après avoir ainsi perçu directement tel ou tel organe, tel ou tel membre, que j'arrive à percevoir indirectement les corps environnants. Ce fait de la localisation, mal connu de la plupart des philosophes, est un argument décisif contre l'idéalisme. Il s'ensuit, en effet, que ces phénomènes, si simples et si clairs pour le vulgaire, tels que l'odeur, la saveur, la chaleur, la couleur, ces phénomènes tant de fois obscurcis et dénaturés par une psychologie infidèle, et présentés comme de pures impressions de l'âme, comme des modifications vagues d'une sorte de faculté abstraite de jouir et de souffrir, sont, en réalité, des phénomènes à la fois subjectifs et objectifs, des perceptions tout ensemble et des sensations, affectant le *moi*, et en même temps révélant le *non-moi* ; non pas un *moi* idéal et solitaire, mais un *moi* étroitement lié à l'organisme, non pas un *non-moi* abstrait, mais un corps vivant, déterminé, qui est mien, parce que je sens en lui et par lui.

Si les choses se passent de la sorte, si l'existence de la matière est une donnée commune de tous nos sens et n'a, par conséquent, nul besoin d'être démontrée, comment certains philosophes ont-ils été conduits à cette première aberration, de prouver la réalité des corps par des raisonnements métaphysiques, et à cette aberration plus choquante encore, de révoquer la matière en doute ou de la nier ? Tant d'extravagances illustres, où sont tombés les plus grands génies du monde, s'expliquent toutes par un défaut primitif dans l'observation des faits, et il suffit d'en appeler à une expérience plus attentive pour expliquer le doute bizarre de Descartes et de Malebranche, comme aussi pour triompher de l'idéalisme de Berkeley.

Descartes établit entre les données de nos sens une ligne de démarcation profonde : d'une part, l'étendue, la figure, le mouvement : de l'autre, les couleurs, les saveurs, les odeurs et autres semblables. L'étendue et la figure, voilà des notions claires et distinctes ; rien de plus inconnu, au contraire, que l'odeur, par exemple, ou la saveur ; ce sont des modifications obscures de l'âme que nous attribuons faussement aux objets extérieurs, par une sorte d'illusion naturelle, par un préjugé d'enfance que la raison a plus tard beaucoup de peine à corriger. Partant de là, Descartes réduit les qualités de la matière à celles qui seules, suivant lui, sont clairement et distinctement connues : étendue, figure, divisibilité, mouvement ; et ces qualités elles-mêmes, il les réduit à l'étendue, dont toutes les autres ne sont que des modes. La matière n'est plus désormais que l'étendue diversement modifiée, comme l'esprit n'est plus que la pensée avec les divers modes qui la spécifient.

Il est clair que ce système est parfaitement artificiel. Descartes, par un procédé tout arbitraire, isole l'étendue des autres données des sens. Or, en fait, s'il est vrai que tous nos sens nous fournissent quelque notion de l'étendue, il ne l'est pas moins que cette notion est toujours étroitement unie avec une autre notion, qui même la précède ; c'est le son pour l'ouïe, c'est la couleur pour la vue, c'est la résistance pour le toucher. Si vous séparez ces deux éléments, si vous considérez l'étendue, abstraction faite de la résistance, de la couleur et des autres choses sensibles, vous n'avez plus affaire à une étendue concrète et réelle, mais à une étendue abstraite et géométrique. Votre étendue n'est plus une donnée des sens, mais une conception de la raison.

Voilà une des erreurs fondamentales de Descartes : il considère l'étendue en géomètre et non en psychologue et en physicien ; sa matière n'est pas celle que voient et touchent les sens du vulgaire, mais une matière toute mathématique. Faut-il s'étonner maintenant que Descartes ait accusé nos sens d'illusion et de tromperie ; qu'il ait sérieusement douté de l'existence des corps ; que, ne trouvant pas dans l'analyse des sens, faute de l'avoir faite exacte et fidèle, la preuve de la réalité de la matière, il ait demandé cette preuve au raisonnement ?

De là cette fameuse démonstration de l'existence des corps par la véracité divine ; argument subtil et désespéré dont personne n'a mieux fait sentir la faiblesse qu'un disciple de Descartes, le plus ingénieux de tous, Malebranche. L'auteur de la *Recherche de la vérité,* recueillant et exagérant encore la fausse analyse de son maître, distingue deux points de vue sous lesquels on peut envisager un corps, le soleil, par exemple. Il y a d'abord le soleil sensible, celui qui nous apparaît comme un globe de lumière et de chaleur ; ce soleil n'a rien de réel, absolument parlant : car la chaleur et la lumière ne sont autre chose que des modes de la pensée, et si nous les attribuons aux objets, c'est par une illusion qui tient à l'imperfection de notre nature déchue. Si donc il y a un soleil réel, ce n'est pas celui que nous voyons, c'est un soleil invisible, doué, non plus de qualités illusoires, mais d'attributs véritables : l'étendue, la figure, le mouvement. Mais qui nous assure qu'il existe un pareil soleil ? Évidemment ce ne sont pas les sens, qui nous trompent et nous abusent ; ce n'est pas la conscience qui ne nous révèle que nos états intérieurs ; sera-ce la raison, ou, comme dit Malebranche, l'esprit pur ? L'objet propre de l'esprit pur, c'est Dieu. Or, il peut bien y avoir en Dieu une étendue intelligible ; mais comment savoir s'il a plu à Dieu de réaliser cette étendue, de créer des corps particuliers et distincts ? Le raisonnement n'est point ici de mise, puisque cette création n'a rien de nécessaire, puisqu'elle dépend de la volonté libre de Dieu. Invoquer, en désespoir de cause, la véracité divine, c'est une ressource parfaitement vaine, Dieu ne nous obligeant d'affirmer d'autres réalités que celles qui nous sont clairement prouvées par la raison. Il suit de là que toutes nos facultés sont impuissantes pour nous assurer de l'existence réelle des corps. D'où enfin cette conclusion, qui a paru monstrueuse, qui est assurément fort extravagante, mais à laquelle un chrétien élevé à l'école de Descartes devait aboutir assez naturellement, savoir : que s'il y a un moyen d'être certain que la matière n'est pas une illusion, c'est la *Genèse* qui seule peut nous le fournir.

En partant de la théorie cartésienne des sens, et en déduisant les conséquences qui en dérivent, une voie s'ouvrait cependant pour échapper au scepticisme touchant les objets extérieurs, voie extraordinaire, inouïe, où s'engagea Berkeley. Il ne s'agissait que d'avoir le courage de nier positivement l'existence des corps : c'était sortir du doute par la négation, et d'une extravagance de la spéculation par une sorte de folie. Berkeley s'emporta jusqu'à cet excès, et soutint avec force, et, qui plus est, avec infiniment de sagacité, de dialectique et d'esprit, que les substances corporelles sont une invention des métaphysiciens, et qu'il n'existe, en réalité, pour le sens commun comme pour le vrai philosophe, que des esprits et Dieu.

Berkeley pose en principe, au début des *Entretiens d'Hylas et de Philonoüs*, que la chaleur n'est autre chose qu'une modification de l'âme, laquelle n'implique aucune idée de chose étendue et corporelle ; modification variable et relative qui appartient si bien à l'âme, qu'il suffit de la porter à un degré un peu élevé d'intensité pour qu'elle se transforme en douleur. Ce point une fois accepté, il faut convenir que l'argumentation de Berkeley est très-forte, et je ne sais pas, en vérité, ce que Descartes ou Malebranche aurait pu lui répondre. Si la chaleur n'est rien d'extérieur et d'objectif, comme on dirait aujourd'hui, la saveur, le son, la couleur, ne seront pas des données objectives. Si la couleur, qui implique pourtant l'étendue d'une manière si claire, est chose toute subjective, pourquoi n'en serait-il pas de même de la solidité, de la dureté, qualités évidemment relatives et variables? Berkeley arrive ainsi par degrés à détruire pièce à pièce toutes les données des sens, toutes les prétendues qualités des objets extérieurs, jusqu'à ce qu'allant des qualités à la substance, et triomphant aisément de celle-ci après avoir détruit celles-là, il porte enfin à la matière le dernier coup.

Une observation très-simple ruine par la base tout l'artifice ingénieux de cette subtile dialectique : c'est qu'aucun objet sensible, j'entends parler de la chaleur, de la couleur, etc., ne m'est donné comme une pure modification de l'âme. J'accorde à Berkeley que toute qualité corporelle m'est révélée par une sensation. J'accorde qu'à ce titre, elle est toujours plus ou moins variable et relative; mais suit-il de là qu'elle n'ait aucune réalité objective ? Tant s'en faut. La couleur est chose variable et relative, j'en conviens; mais la couleur, c'est l'étendue colorée, et l'étendue est quelque chose d'objectif. A plus forte raison en est-il de même de la solidité, qui, à tous les degrés, implique l'étendue à trois dimensions. Nul doute que le dur et le mou ne soient, comme le froid et le chaud, choses variables et relatives; mais elles ont une incontestable objectivité. Je me sens un, indivisible, identique, partant quelque chose de fixe et d'inétendu, et je localise ma sensation musculaire dans une chose étendue, figurée, multiple, divisible, changeante, qui est mienne sans être *moi*, et que j'appelle mon corps. De mon corps, je passe aux corps étrangers, et je finis par étendre mes sens à toute la nature. Voilà les faits incontestables, mal connus et défigurés par l'école cartésienne, contre lesquels expire l'idéalisme de Berkeley.

Une fois assurés de l'existence des corps, il s'agit de savoir au juste ce que renferme la notion que la nature nous en donne. Connaissons-nous, pouvons-nous connaître les qualités absolues de la matière et pénétrer même jusqu'à son essence?

Nous savons quelle est la doctrine de Descartes sur les propriétés de la matière, les unes, conçues clairement et distinctement par l'esprit, absolues et indépendantes de nos sensations; les autres, obscures, relatives et variables. Locke accepta cette distinction, en ajoutant que les qualités premières sont inséparables de chaque partie de la matière, quelque changement qu'elle vienne à éprouver, et lors même qu'elle serait trop petite pour que nos sens la pussent apercevoir. Seulement, il réclama le titre de qualité première pour la solidité, que Descartes avait séparée de l'étendue, et il proposa d'ajouter à la liste une qualité assez inattendue en cette rencontre, le nombre.

Nous ne pouvons trop nous étonner que Reid, observateur beaucoup plus exact de la conscience que ses deux illustres devanciers, Reid, qui a consacré tant de soins et de recherches à construire une théorie vraie de la perception extérieure, ait admis et même signalé comme une vérité importante cette artificielle et fausse distinction des qualités premières et des qualités secondes de la matière. Si l'on en croit le père de l'école écossaise, la différence est capitale : nous connaissons les qualités premières, nous ne connaissons pas proprement les qualités secondes : celles-là sont directement saisies et perçues; celles-ci sont indirectement conçues, ou, pour mieux dire, conclues à l'aide d'un raisonnement; les qualités secondes ne sont autre chose pour nous que des causes inconnues de certaines sensations, et partant elles sont relatives et variables comme ces sensations elles-mêmes; les qualités premières, au contraire, sont connues indépendamment des sensations, et elles sont, à cause de cela, fixes et absolues.

Toute cette théorie est chimérique et ne saurait résister à une confrontation un peu précise et un peu sévère avec les données de l'observation. Reid nous dira-t-il que la solidité est connue clairement en soi, tandis que le son, l'odeur, ne le sont pas? Nous répondrons que la solidité est connue et mesurée, comme toutes les autres qualités de la matière, à l'aide d'une sensation. Séparer la sensation de résistance de la perception de telle ou telle solidité, c'est se méprendre complétement. La dureté ou la mollesse d'un corps n'est pour nous que la puissance que nous lui supposons de résister plus ou moins à la pression de nos organes, c'est-à-dire de lutter à tel ou tel degré avec notre énergie musculaire. Ce qui est dur pour la main d'un enfant paraîtra mou pour la main d'un athlète ; ce qui est liquide pour certains animaux est probablement solide pour des animaux plus petits et plus faibles. En un mot, et sans faire de conjectures, sans sortir du cercle de l'observation psychologique, il est incontestable que la dureté, la mollesse, le rude, le poli, et toutes les qualités semblables perçues par le toucher, ne nous sont données qu'à travers une sensation dont le mode et le degré précis mesurent et déterminent la qualité correspondante. Il suit de là que nous ne connaissons pas plus la solidité en soi que la chaleur en soi ou le son. Reid dira peut-être qu'à la notion de solidité vient se joindre naturellement une autre notion, celle d'étendue, qui éclaircit et précise la première ; que si la solidité est obscure et relative, l'étendue et la figure, du moins, sont choses claires et absolues. Nous rappellerons d'abord que cette perception de l'étendue n'est pas propre à un seul sens, et qu'elle accompagne les sensations d'odeur, de saveur, de chaleur et de son, comme celle de solidité, quoique d'une manière moins précise et moins complète. Que dirons-nous de la couleur ? Les Écossais ne conviennent-ils pas qu'elle n'est jamais séparée de l'étendue ? Et cependant ils n'osent pas en faire une qualité première, par une inconséquence manifeste qui trahit le vice de leur théorie.

Nous demanderons ensuite si l'on considère ici l'étendue et la figure à la façon des géomètres, c'est-à-dire d'une manière abstraite, ou si l'on entend parler de ces qualités telles qu'elles nous sont données par les sens. Le premier point de vue est celui de Descartes ; son étendue est l'étendue mathématique, conçue par la raison, indépendamment de toute sensation. L'étendue, ainsi envisagée, se confond avec l'espace pur, et j'admettrai jusqu'à un certain point que la notion de l'espace est quelque chose d'absolu. Mais nous voilà dans le pays de l'abstraction et de la géométrie, et non sur le terrain des faits. Or, Reid lui-même a bien vu, après Hutcheson, que le toucher ne nous donne jamais l'étendue en soi, mais l'étendue avec la solidité, avec tel ou tel corps solide. S'il en est ainsi, l'étendue et la figure d'un corps nous sont données dans un certain rapport avec la solidité, laquelle dépend, comme nous l'avons reconnu, du degré et du mode précis de la résistance qu'il nous oppose, c'est-à-dire, de telle ou telle sensation. En ce sens, l'étendue et la figure des corps dépendent, jusqu'à un certain point, de notre sensibilité ; elles n'ont pas le caractère absolu et précis de l'étendue géométrique, elles participent, jusqu'à un certain point, aux vicissitudes du monde sensible ; elles sont, elles aussi, relatives et variables.

Nous ne pouvons donc admettre la distinction établie par Reid entre les qualités premières et les qualités secondes de la matière. Déjà le défaut de cette théorie avait été aperçu par un des plus habiles successeurs du père de l'école écossaise. Dans son remarquable *Essai sur l'idéalisme de Berkeley*, Dugald Stewart reconnaît que la solidité des corps ne saurait être considérée comme une qualité absolue, indépendante de nos sensations. Il propose donc de classer les qualités de la matière en trois catégories : 1° les qualités mathématiques, comme l'étendue, la figure et la divisibilité, lesquelles sont claires, absolues, indépendantes de nos sensations ; 2° les qualités premières, comme la solidité avec tous ses degrés, dureté, mollesse, fluidité, rudesse, poli, etc., dont le caractère propre est d'être inséparablement liées avec l'étendue ; 3° enfin, les qualités secondes, telles que la saveur, l'odeur, le son, qualités purement subjectives, qui ne sont que les causes inconnues de certaines modifications de l'âme attestées par la conscience.

Cette théorie de Dugald Stewart ne se soutient pas mieux que ses devancières, et l'on peut dire qu'elle en réunit tous les défauts. D'abord, séparer l'étendue des autres qualités de la matière, c'est ramener l'erreur de Descartes, c'est confondre l'étendue abstraite et géométrique, laquelle a quelque chose, en effet, d'absolu et d'indépendant, avec l'étendue réelle et concrète qui nous est toujours donnée dans un certain rapport avec telle ou telle solidité, telle ou telle couleur, c'est-à-dire telle ou telle sensation. De plus, il n'est pas vrai que la dureté, la mollesse et autres qualités perçues par le toucher aient le privilège exclusif d'être liées avec la perception de l'étendue, toute donnée de nos sens étant localisée dans un certain point de l'organisme et impliquant par là même quelque notion vague de figure et d'étendue. En outre, dans quelle catégorie Dugald Stewart placera-t-il la couleur ? Elle n'est pas une qualité mathématique, puisqu'elle n'a rien d'absolu et nous est donnée avant tout comme une sensation ; elle n'est pas une qualité seconde, puisqu'elle implique l'étendue, la couleur nous apparaissant toujours comme répandue sur une surface dont elle est inséparable ; il faudra donc dire que la couleur est une qualité première. Mais, si elle ne porte ce titre qu'à cause de son rapport avec l'étendue, comment le refuser à la chaleur, qui, toujours localisée en un certain point de notre corps, implique la perception de surface échauffée tout aussi bien que la vue implique celle de surface colorée ? Et si la couleur, la chaleur deviennent des qualités premières, le son, les senteurs et les saveurs réclamant à leur tour le même droit, il ne restera plus rien sur la liste des qualités secondes. Concluons donc, contre Descartes, contre Locke, contre Reid, contre Dugald Stewart, que toute distinction absolue entre les qualités de la matière est arbitraire et inconciliable avec les faits bien observés ; que les données de nos sens sont essentiellement homogènes, toutes également objectives, mais toutes également relatives.

Par là se trouve presque entièrement résolue la troisième et dernière question que nous nous sommes proposé de traiter, celle de l'essence de la matière. S'il est vrai que toute qualité corporelle nous soit donnée dans un rapport intime avec une sensation dont l'intensité relative, dont le degré et le mode variable dépendent de notre organisation, il s'ensuit que la matière en soi, telle qu'elle peut être pour un pur esprit dégagé de toute condition sensible, la matière dans son essence absolue, est au-dessus de la connaissance humaine. Cette conséquence, humiliante peut-être pour notre orgueil, et fort opposée, il est vrai, aux prétentions d'une ambitieuse métaphysique, nous l'acceptons sans peine, et il ne sera pas nécessaire d'entrer dans de longs développements pour démontrer qu'elle est pure de tout mauvais levain d'idéalisme, et parfaitement d'accord avec les suggestions naturelles du sens commun.

Descartes est de tous les philosophes celui qui a proclamé le plus hautement et suivi avec le plus de hardiesse et de constance la prétention altière de connaître l'essence des choses. Il était convaincu que chaque espèce d'être possède une qualité essentielle qui est comme le dernier fond de sa nature, où viennent se résoudre toutes ses propriétés et tous ses modes. Or, les objets de l'univers se divisent en deux grandes classes : l'existence matérielle et l'existence spirituelle, les âmes et les corps. L'essence de l'esprit, c'est la pensée ; l'essence du corps, c'est l'étendue.

Cela posé, Descartes conclut que toutes les qualités et actions de la matière devaient nécessairement se résoudre en des modalités de l'étendue, et réciproquement, que l'étendue étant donnée, il devait être possible d'en déduire toutes les qualités de la matière, toutes les formes possibles des corps, toutes les lois nécessaires du mouvement, et, de proche en proche, tous les phénomènes de l'univers, depuis les sphères immenses qui règnent dans les cieux jusqu'aux plus subtiles parties de l'organisation. De là, cette gigantesque entreprise dont les *principes* restent l'immortel monument, et qui se caractérise si bien dans le mot superbe de Descartes : *Donnez-moi de l'étendue et du mouvement, et je ferai le monde.*

Cette doctrine fit au dix-septième siècle la plus étonnante fortune ; mais il était réservé à un cartésien de lui porter un coup mortel. Leibnitz démontra avec une force admirable que l'étendue cartésienne est quelque chose d'abstrait et d'inerte, qui ne peut servir de base à de véritables existences. Pour que l'étendue devienne sensible et réelle, il faut y joindre une autre notion, celle de résistance ou d'antitypie, qui n'est elle-même qu'une forme particulière de la notion fondamentale de la métaphysique, la notion de force. Selon Leibnitz, la force est l'essence de l'être, soit de l'être matériel, soit de l'être spirituel, et la matière, comme l'esprit, se ramène à un ensemble de forces simples ou monades. Sur ce principe, Leibnitz se flatta de fonder une physique dynamique qu'il pourrait opposer avec avantage aux atomes et au vide de la physique newtonienne.

Les choses en étaient là et la querelle durait toujours entre les newtoniens et les cartésiens, cartésiens purs et leibnitiens, dynamistes et mécanistes, partisans du plein et partisans du vide, lorsque parut un philosophe qui résolut de mettre fin pour jamais à ces inutiles combats. Ce fut Emmanuel Kant. L'auteur de la *Critique de la raison pure* remarqua que depuis des milliers d'années les philosophes se consument en disputes interminables sur l'essence de la matière, sur le plein et le vide, tandis que la physique expérimentale voit chaque jour accroître ses progrès et ses découvertes fécondes. Pourquoi cela ? C'est qu'elle reste étrangère à ces mystérieux problèmes de l'essence et de l'origine des choses ; c'est qu'elle se propose pour unique objet de connaître les phénomènes de ce monde visible et d'en découvrir les lois.

Kant fut ainsi conduit à sa grande et radicale distinction entre les questions accessibles à la raison et celles qui lui sont interdites, entre les objets considérés dans leurs qualités sensibles et les objets considérés en soi, d'un seul mot, entre les phénomènes et les noumènes. Et pour appliquer cette distinction au problème qui nous occupe, Kant déclara que nous ne pouvions connaître les corps qu'à titre de phénomènes, mais qu'à titre d'objets en soi, de noumènes, ils nous restent à jamais inaccessibles.

Dans ces limites, nous adhérons pleinement à la doctrine de Kant, et nous croyons l'avoir assez justifiée, en ce qui touche les corps, par les recherches qui précèdent. Mais Kant ne s'arrêta pas à cette sage réserve dogmatique où il nous a paru jusqu'à ce moment se contenir ; il prétendit refuser à la matière toute espèce d'objectivité, c'est-à-dire toute espèce de réalité distincte du sujet, s'engageant ainsi dans une voie pleine de périls, et préparant à son insu le scepticisme le plus absolu qui fut jamais. Ici encore, nous nous déclarons les serviteurs dociles des faits, et nous invoquons leur autorité pour repousser l'étrange et chimérique théorie du père de la philosophie critique.

Suivant Kant, l'étendue n'est pas une qualité de la matière, une donnée des sens; elle est une forme pure de la sensibilité. A ce titre, elle s'impose à toutes les perceptions des sens ; les sens donnent la matière de la connaissance; l'esprit y ajoute la forme nécessaire de l'espace, et, de la sorte, la connaissance est complète.

Sur quoi repose une théorie aussi extraordinaire ? Comment admettre que l'étendue qui nous est donnée comme une forme des choses, soit une forme de notre esprit? Comment comprendre que le *moi*, qui s'aperçoit lui-même comme parfaitement un, comme le type de l'unité, renferme en soi l'espace, l'espace multiple et divisible? Quel renversement de toutes les notions et de tous les faits! Pour faire admettre une conception aussi étrange, il faudrait des arguments décisifs, des preuves irrécusables. Examinons celles de Kant, et nous verrons qu'examinées sans prestige, elles sont de la plus extrême faiblesse.

Kant soutient que si l'on ne reconnaît pas l'étendue comme une forme de la sensibilité, si on lui donne une réalité objective, on est forcé de choisir entre deux alternatives également fausses ; ou bien d'admettre l'espace infini et absolu des newtoniens, lequel est une sorte de Dieu ou une propriété de Dieu, hypothèse fertile en contradictions et en absurdités; ou bien de considérer l'espace comme une propriété et une détermination des choses contingentes, ce qui rend inexplicable le caractère absolu de la géométrie, science fondée sur la notion de l'étendue, et dont toutes les propositions ont le caractère de la nécessité.

Acceptons l'alternative de Kant, et repoussons contre lui la théorie de l'espace absolu et nécessaire. Admettons que l'étendue est une propriété de la matière ; est-ce à dire pour cela que la géométrie soit inexplicable? Pour rendre compte du caractère nécessaire de toutes les propositions géométriques, il suffit d'une distinction bien simple entre l'étendue concrète et réelle, perçue par les sens, et l'étendue abstraite et idéale, qui est l'objet propre des géomètres. Considérez cette étendue abstraite dans la diversité de ses déterminations possibles, et raisonnez sur ces notions à l'aide du principe de contradiction, vous arriverez à une série de théorèmes qui emprunteront à ce principe un caractère absolu de nécessité. Voilà le dénouement très-simple de cette difficulté imaginaire soulevée par Kant contre l'objectivité de l'étendue.

Dans son exposition des antinomies, Kant a présenté une autre objection : Si vous concevez, dit-il, la matière comme objet en soi, si vous la supposez objectivement étendue, il faudra dire de deux choses l'une : qu'elle est divisible à l'infini, ou composée de parties simples. Or, la thèse et l'antithèse se prouvent aussi bien l'une que l'autre. Il faut donc tomber dans une contradiction inévitable, à moins qu'on ne rejette à la fois la thèse et l'antithèse en retranchant l'hypothèse qui leur a donné naissance, l'hypothèse d'une matière existant en soi. — Nous répondons en empruntant à Kant lui-même une distinction qu'il a très-heureusement appliquée à la résolution de plusieurs antinomies. On peut considérer la matière au point de vue des sens, comme phénomène, ou au point de vue de la raison comme cause inconnue de nos sensations. A titre de cause, la matière est pour moi cet ensemble de forces inconnues qui produisent les phénomènes de l'univers; sous ce point de vue, la matière n'est pas étendue, ni partant divisible. Comme chose sensible, au contraire, la matière est étendue et par suite divisible à l'infini. Il n'y a là aucune contradiction, la matière étant considérée sous deux points de vue essentiellement différents.

On demandera peut-être comment il se fait que des forces sans étendue se manifestent à nos sens sous la condition de l'étendue, à ce point qu'en séparant les deux notions d'étendue et de matière, on a l'air de faire violence au sens commun et de se perdre dans des raffinements métaphysiques. Je réponds que cette question ne peut être embarrassante que pour ceux qui se piquent de tout expliquer et de connaître à fond l'essence des choses. Pour nous, il nous en coûte peu de reconnaître un mystère de plus dans la science, et nous dirons avec un vrai philosophe : *Multa nescire meæ magna pars sapientiæ.*

Nous croyons qu'il ne reste absolument rien des objections élevées par Kant contre l'objectivité des phénomènes corporels, et nous avons le droit de poser, en terminant, les conclusions suivantes :

1° L'existence objective et réelle de la matière est une donnée immédiate et commune de tous nos sens.

2° Toutes les qualités des corps sont à la fois objectives et relatives : objectives, parce qu'elles impliquent l'étendue; relatives, parce qu'elles sont indivisiblement liées à une sensation.

3° La ligne de démarcation tracée diversement par Descartes, par Locke, par Reid, par Dugald Stewart, entre les qualités premières et les qualités secondes de la matière, est plus ou moins arbitraire et inconciliable avec les faits.

4° L'essence des corps nous est inconnue : pour les sens, les corps sont des phénomènes relatifs et variables perçus sous la condition générale de l'étendue ; pour la raison, ce sont les causes de nos sensations, causes réelles, mais en soi absolument inaccessibles à notre connaissance. Si nous ne nous faisons pas d'illusion, ces conclusions forment dans leur ensemble systématique une sorte de dogmatisme tempéré, également éloigné d'un idéalisme extravagant et d'une métaphysique ambitieuse, et qui se borne à donner une forme précise aux inspirations naturelles du sens commun.

DE LA LIBERTÉ

PROBLÈME DE L'ACTIVITÉ LIBRE DANS L'HOMME ET EN DIEU.

Les philosophes sont loin de s'accorder sur la nature de la liberté. Sans parler des systèmes de l'antiquité, il est aisé de se convaincre que les plus éminents philosophes des derniers siècles, Descartes, Spinoza, Leibniz et Kant ont donné de la liberté des définitions différentes ou même contradictoires. Les ennemis de la philosophie triomphent de ce désaccord : quoi! toujours des systèmes et jamais de doctrines définitives! La liberté est un fait de conscience : si la psychologie ne peut le saisir d'une prise ferme et sûre, où est sa certitude? où est son autorité? Si, pouvant l'atteindre, les psychologues le défigurent ou le nient, où est leur bonne foi? Dans les deux cas, que devient l'honneur de la philosophie, convaincue de ne pouvoir éclairer l'homme sur une question essentiellement humaine, où sont engagés nos besoins les plus impérieux et nos plus chers intérêts?

Ceux qui nous tiennent ce langage oublient un fait qui nous paraît très-propre à montrer le vide de tant de hautaines déclamations : c'est que sur cette question de la liberté, les théologiens n'ont pas beaucoup mieux réussi à s'accorder que les philosophes. Dès les premiers siècles de l'Église, on voit éclater la querelle de la grâce et du libre arbitre. Pélage et Célestius proclament l'homme maître de sa destinée; mais, dans leur culte ardent pour la liberté, ils en oublient plus d'une condition fondamentale, et provoquent d'énergiques réactions. Les manichéens, en proclamant de bouche le libre arbitre, le suppriment en effet, comme les pélagiens retranchaient la grâce, sous prétexte de la limiter. Au milieu de ce débat s'élève la voix imposante de saint Augustin, qui cherche à fixer l'équilibre mystérieux du libre arbitre et de la grâce. A-t-il tenu la balance égale? A-t-il résolu la difficulté d'une manière définitive? On peut en douter en voyant renaître entre saint Thomas et Duns-Scot, entre Luther et Érasme, entre Arminius et Gomar, entre Port-Royal et Molina, la vieille querelle, et en entendant invoquer par Luther et Calvin, comme par Jansénius et Saint-Cyran, le nom révéré de l'adversaire de Pélage. Que fait cependant l'Église au milieu de ces orageux débats? Elle fait comme le sens commun : elle défend les droits de l'action divine contre les partisans exclusifs de la liberté ; et contre les zélateurs de la grâce invincible elle maintient l'indépendance et la responsabilité de l'homme. Rien de plus sage assurément que cette double affirmation; mais désarme-t-elle les adversaires, et donne-t-elle un dénoûment à ce drame toujours renaissant, dont les acteurs s'appellent tour à tour pélagiens et prédestinatiens, scotistes et thomistes, calvinistes et arméniens, jansénistes et molinistes? Évidemment non, et cette impuissance manifeste tient à la même cause qui va nous servir à expliquer les contradictions des systèmes philosophiques : c'est que le problème de la liberté morale, loin d'être simple, est un des plus compliqués où le théologien et le philosophe puissent fixer leurs méditations.

S'il ne s'agissait que de constater l'existence de la liberté, elle nous est attestée si énergiquement par la conscience, elle est inscrite en caractères si éclatants dans l'histoire du genre humain et dans toutes les institutions sociales, qu'il ne serait venu à l'esprit d'aucun philosophe de la mettre en doute. Mais si l'homme agit librement, il n'agit pas avec une indépendance absolue. Ses déterminations s'appuient sur des motifs. Quels sont ces motifs? sont-ils de même nature et de même origine, ou d'origine et de nature différentes? Quelle est la limite précise de leur action? Quel est le mode, le *comment* de leur influence? Ce n'est pas tout : supposez ces questions résolues, il reste à mettre le libre arbitre en harmonie avec un autre ordre de vérités également certaines. Comment la part d'indépendance qui revient à l'homme s'accorde-t-elle avec l'économie générale du monde, avec cette espèce de géométrie inflexible qui semble présider à tous les mouvements de l'univers?

Comment croire Dieu prescient et l'homme libre, Dieu tout-puissant et la créature responsable? Dieu lui-même est-il libre? S'il ne possède pas la liberté, comment a-t-il pu en doter l'homme? S'il la possède, comment est-il impeccable? Cette liberté divine est-elle indépendante de toute raison d'agir? Si vous l'affirmez, elle n'a plus rien de commun avec la liberté humaine que le nom. Si vous le niez, vous semblez assujettir à une condition l'être absolu et inconditionnel, vous semblez même le faire descendre aux hésitations misérables de notre activité imparfaite. Quel abîme de difficultés! Quelle source de dissidences et de contradictions! C'est ce qui fait comprendre, et c'est aussi ce qui doit faire absoudre les théologiens et les philosophes. Tant qu'il ne s'agit que de constater la liberté, ils sont d'accord entre eux et avec le genre humain. C'est seulement lorsqu'ils s'efforcent de définir la liberté scientifiquement, d'en approfondir les conditions, de la mettre d'accord soit avec d'autres faits de la nature humaine, soit avec des vérités d'un ordre supérieur, d'en pénétrer enfin l'essence générale et le mode d'action; c'est alors que les difficultés naissent, et qu'éclatent les opinions contraires.

Pour notre part, nous ne pensons pas que ces oppositions soient jamais complétement abolies, et que les difficultés qui les suscitent puissent recevoir une explication complète et définitive; mais ce n'est point à dire pour cela que la philosophie soit condamnée, sur un article si essentiel, à l'immobilité et à l'impuissance. La philosophie a beaucoup fait pour éclaircir les redoutables obscurités de ce problème, et chaque jour elle y porte quelque lumière nouvelle. Elle a entre ses mains un moyen assuré d'accroître ce trésor; ce moyen c'est l'analyse psychologique. A mesure que la méthode d'observation intérieure s'établit de plus en plus en philosophie, à mesure qu'on s'accoutume à chercher, non dans les images des sens ou dans les abstractions de l'entendement, mais dans une psychologie sévère et attentive, le secret de toutes les grandes énigmes métaphysiques, le moment approche où le problème de la liberté, sans être éclairci dans toutes ses profondeurs, pourra recevoir une solution régulière et scientifique.

Selon nous, la méthode psychologique n'a jamais été appliquée dans toute sa rigueur et dans toute sa sincérité à la matière qui nous occupe. Si nous entendons bien cette méthode, elle impose ici au philosophe deux conditions essentielles : premièrement, il doit chercher dans l'homme, et non ailleurs, à la lumière de la conscience, le type primitif de la liberté. La liberté, en effet, peut se trouver dans les êtres les plus différents, sous les formes les plus opposées; elle existe au-dessus de l'homme, elle peut exister au-dessous de lui; mais, au lieu de s'en former une idée abstraite, au lieu d'en chercher le modèle au hasard dans la nature, n'est-il pas évidemment nécessaire de l'observer d'abord tout près de nous, au dedans de nous, là où elle nous apparaît face à face, sans intermédiaire et sans voile ? Voilà la première condition de la théorie vraie de la liberté. La seconde, c'est, après avoir saisi dans la conscience le type de l'activité libre, de s'attacher à son essence, en ayant soin de la dégager de tout ce qu'elle renferme de variable et de particulier, et de ne la transporter en Dieu qu'après en avoir sévèrement retranché tout élément d'imperfection et de négation. Il est, en effet, très-certain que tout ce qui est positif et substantiel dans l'homme, aussi bien que dans les autres êtres, vient de Dieu et doit se retrouver en lui d'une manière éminente ; mais il est également clair qu'entre la liberté de l'homme et celle de Dieu on doit trouver cette même différence qui sépare en tout l'être des êtres de ses créatures. Ainsi, deux conditions d'une théorie solide de la liberté: 1° en chercher le type vrai dans la conscience ; 2° distinguer l'essence pure de la liberté des limitations et des imperfections que lui impose la nature humaine.

Toutes les erreurs où sont tombés les philosophes sur la nature de la liberté viennent de l'oubli de l'une de ces deux conditions. C'est pour avoir manqué à la première que l'on s'est jeté dans les deux systèmes du *déterminisme* et de la liberté *d'indifférence,* systèmes contradictoires, dont le dernier suppose que l'homme peut se déterminer sans motifs; l'autre, que les motifs déterminent invinciblement la volonté : deux excès également déraisonnables, également démentis par une analyse exacte de la conscience. C'est pour avoir manqué à la seconde condition, que d'autres philosophes sont tombés dans deux erreurs non moins dangereuses que les précédentes : les uns, transportant au sein de la nature divine le fait humain de la liberté, ont chargé

Dieu des hésitations et des faiblesses de notre imparfaite humanité ; les autres, pénétrés de la profonde séparation qui existe entre Dieu et l'homme, ont supposé en Dieu une liberté tellement absolue, tellement inconditionnelle, qu'elle n'a plus aucun rapport avec la liberté humaine et se confond avec la nécessité.

Nous allons essayer d'éviter ces écueils et de faire voir, d'une part, que les motifs agissent sur la volonté sans la déterminer ; de l'autre, que la liberté de Dieu, toute supérieure qu'elle soit à la liberté humaine, a au fond la même essence.

Observons-nous attentivement dans quelqu'une de ces circonstances de la vie où tout homme s'est trouvé placé mille fois : un ami a confié un secret à mon honneur ; je puis, en livrant ce secret, faire ma fortune et en même temps perdre l'homme que je hais le plus au monde ; me voilà agité entre deux alternatives contraires, dont l'une me fait voir la satisfaction de mon ambition et de ma vengeance achetée au prix de l'honneur ; et l'autre le respect de la parole donnée et ma conscience pure et satisfaite : quel homme de bonne foi osera dire que cet exemple est chimérique ? qui n'a traversé en mainte occasion des épreuves analogues ? Analysons ce fait d'une manière approfondie et tirons-en toutes les conséquences qu'il renferme.

Et d'abord, s'il y a une chose certaine, évidente, incontestable, c'est qu'entre ces deux alternatives, garder mon secret et le trahir, je suis parfaitement libre : j'entends par là que je sens avec une force invincible que ces deux actes sont également possibles, qu'ils sont également renfermés dans ma force active et que, pour que l'un deux se réalise plutôt que l'autre, il faut et il suffit que je le veuille. Je suis donc libre ; mais à quelles conditions? c'est ce qu'il s'agit maintenant de reconnaître. J'ai trahi le secret de l'honneur, je l'ai trahi sciemment et volontairement, dans la plénitude de ma liberté; cette détermination a-t-elle été prise sans motifs? Évidemment non ; j'ai cédé à l'attrait de l'ambition, j'ai voulu satisfaire ma haine, et c'est pour cela que j'ai succombé. Supposez qu'il n'y eût en moi ni calcul, ni convoitise, ni colère, ni passion d'aucune sorte, mon acte serait inexplicable, je ne l'aurais pas accompli. Mais supposons, au contraire, que je reste fidèle à mon serment, cette fidélité n'est-elle pas également motivée? Elle l'est incontestablement : d'une part, en effet, la raison me dit clairement qu'un secret d'honneur est inviolable; de l'autre, mon cœur, plein du souvenir de l'ami absent, m'encourage en secret à garder ma foi.

En généralisant ce fait, je veux en tirer deux conséquences : la première, c'est que toute détermination libre suppose des motifs ; la seconde, c'est que ces motifs influent sur la volonté sans la déterminer nécessairement.

On a soutenu que l'homme est capable de se déterminer sans motifs. Cette opinion, fort répandue au moyen âge, a été reprise dans les temps modernes et acceptée à des degrés divers par des hommes de beaucoup de sens, Clarke et Reid par exemple, et même par des esprits supérieurs, comme Bossuet et Fénelon. On a donné le nom de *liberté d'indifférence*, à cette liberté sans motifs, absolue, inconditionnelle, et on l'a attribuée tour à tour à l'homme et à Dieu.

On ne s'est pas contenté de soutenir que l'homme et Dieu même peuvent agir sans motifs, on a fait de cette indépendance absolue l'essence de la liberté. Pour nous, fidèles à la méthode que nous nous sommes tracée, nous ne disserterons pas sur la liberté en général, sur une liberté idéale et abstraite ; avant d'oser dire ce que peut être la liberté de Dieu, nous demanderons à la conscience ce que peut être notre propre liberté, et sous quelles conditions elle s'exerce dans la vie réelle. Et d'abord, il est clair qu'à ne considérer que les occasions un peu importantes de la vie, nos déterminations libres sont fondées sur des motifs : l'ambition, la haine, la vengeance, le devoir, l'honneur, l'intérêt, voilà les ressorts de la conduite humaine ; toute action matérielle dont on n'aperçoit pas le rapport à quelqu'un de ces motifs intérieurs est considérée comme obscure et inexpliquée ; ou si l'on n'en cherche pas le motif, c'est qu'elle paraît tout à fait insignifiante. Aussi que font les partisans de la liberté d'indifférence? Ils vont chercher dans la vie humaine ces actions sans nom et sans importance, qui échappent par leur petitesse ou leur promptitude à toute appréciation. Le docteur Reid nous demandera, par exemple, si quand on choisit dans sa bourse une guinée entre plusieurs autres pour faire une aumône ou acquitter une dette, on a quelque motif de faire ce choix. Et cependant, dit-il, nous sommes parfaitement libres de prendre telle guinée de préférence à ses voisines. Reid demande encore avec quelque ironie si l'on se croit bien sûr que l'âne de Buridan mourrait de faim plutôt que de déroger au principe de la raison suffisante. Au lieu d'insister sur ces arguments d'école et sur toutes ces puérilités surannées, cherchons dans la vie réelle ce que c'est qu'une action sans motifs ; il nous sera aisé de reconnaître qu'une action sans motifs est une action sans but, je veux dire une action dépourvue d'intentionnalité, et qu'une action sans motifs et sans but ne saurait être une action libre, puisqu'elle n'est pas même une action intelligente.

Reprenons l'exemple que nous avons choisi. Pour rester fidèle à l'amitié et à l'honneur, je garde le secret qui m'a été confié. Cette action a un but, et ce but, c'est de faire mon devoir. Mais à quelle condition me suis-je déterminé à tendre vers ce but ? A condition que j'y fusse sollicité par de certains motifs, et quels motifs ? Ils sont évidents : d'une part, la conscience de l'obligation où je suis de tenir ma promesse ; de l'autre, le besoin de me sentir en paix avec le souvenir de mon ami absent et avec le sentiment de ma propre dignité. Otez à mon action ces motifs, elle n'a plus de but, elle n'a plus de véritable intentionnalité, elle n'est plus possible ; car, supposez que cette action me parût bonne en soi, sans me paraître obligatoire, je ne serais nullement incliné à l'accomplir ; et supposez que rien dans mon cœur ne me sollicitât à retenir le secret qui m'est demandé, il s'échapperait de mes lèvres, ou du moins le hasard seul déciderait de ma discrétion. Il est donc parfaitement clair que tout but suppose un motif, comme tout motif suppose un but, et qu'une action dépourvue de l'un ou de l'autre de ces deux éléments n'est pas une action intentionnelle. C'est le cas de ces actions insignifiantes dont parle Reid, et qu'on est surpris de voir citées par Bossuet. Choisir une guinée entre plusieurs autres, porter la main à droite ou à gauche, ce sont là assurément des actions sans motifs, mais ce sont aussi des actions sans intention et sans but, des actions qui relèvent de l'instinct ou de l'habitude, et non de la volonté. Quand un soldat marche à l'ennemi, ce qu'il veut, c'est obéir à son chef, défendre sa vie, servir son pays, et il a des motifs pour cela ; mais remuer les muscles de son corps de telle manière plutôt que de telle autre, il ne le veut pas ; c'est l'instinct, c'est la nature qui le veulent pour lui. Nul doute, au surplus, que l'action de la nature n'ait toujours son but, sa raison, son motif, jusque dans le dernier détail des plus petites choses. Le principe de raison suffisante, que Reid a grand tort de mépriser, ne souffre aucune exception. Seulement, il est clair que si vous rapportez l'action totale à l'individu, au lieu de la partager entre lui et la nature, vous pouvez dire que cette action, dans quelqu'une de ses parties, n'a pas de motifs. Elle n'a pas de motifs, mais aussi elle n'a pas de but, elle n'est pas intentionnelle, elle n'est pas intelligente, elle n'a aucun des caractères de la liberté. C'est donc se méprendre étrangement que de voir l'essence de la liberté dans l'indifférence : c'est avilir la liberté humaine en l'enfermant dans le cercle misérable des actions les plus insignifiantes de la vie ; c'est préparer l'abaissement de la liberté divine, en la rendant aveugle ou capricieuse, sous prétexte de la rendre indépendante.

Il s'agit maintenant de se demander quelle sorte d'influence les motifs exercent sur la volonté. C'est encore ici à la conscience qu'il faut s'adresser, et non pas aux sens ou au raisonnement abstrait. Si l'on se représente la volonté humaine comme une balance où les motifs jouent le rôle de poids, si l'on se persuade que l'action voulue est un produit dont les motifs sont les facteurs, ou une résultante dont la direction est déterminée par l'action combinée de plusieurs forces ou distinctes ou contraires ; si, disons-nous, on examine les choses en se plaçant hors de la conscience, on prêtera aisément l'oreille aux raisonnements des fatalistes, et on dira avec eux : ou il n'y a qu'un seul motif qui agisse sur la volonté, et alors il l'entraine inévitablement ; ou il y a plusieurs motifs, et alors c'est le plus fort qui nécessairement l'emporte.

Nous pourrions faire remarquer d'abord que le premier cas est chimérique. Dans toutes les circonstances un peu importantes de la vie, nous sommes sollicités par plusieurs motifs. C'est ce qui est évident, par exemple, pour le cas que nous avons choisi : d'un côté, les calculs de l'intérêt, les inspirations de la haine, le désir de la vengeance ; de l'autre, l'amitié, le devoir, la paix de ma conscience, le soin de ma dignité. Cette diversité de motifs a été reconnue par le bon sens avant de l'être par les moralistes, et tout le monde sait que trois grands ressorts gouvernent les affaires humaines : le plaisir, l'intérêt, le devoir. Or, ces motifs étant de nature et d'origine diverses, il est impossible de leur appliquer une mesure commune et de calculer d'avance quel sera le plus fort. Mais la vraie question n'est pas là : elle n'est pas de savoir si plusieurs motifs ou un seul agissent sur la volonté, mais si l'action qu'ils exercent est une action nécessitante. Ici la conscience rend à la liberté un éclatant témoignage. Ma raison me dit que garder un secret est un impérieux devoir. Cette idée de devoir est-elle un poids qui pèse sur mon esprit, une force qui le tire et l'entraîne? Si j'obéis à la loi du devoir, ne suis-je pas libre de la violer? On dira peut-être que le devoir agit sur moi, non-seulement comme une loi, mais comme un objet désirable; non-seulement en parlant à ma raison, mais en excitant ma sensibilité. Je l'accorde : mais l'attrait que le plaisir ou le devoir ont pour moi peut-il être strictement assimilé à une force qui agit sur un objet matériel? Suis-je donc un être inerte, une girouette animée que les vents contraires font tourner à leur gré? N'ai-je pas en moi le sentiment invincible de la puissance propre qui me caractérise, et en vertu de laquelle je puis céder ou résister, suivre tel motif de préférence à tel autre, faire ceci ou faire cela, ou ne rien faire du tout?

Leibniz soutient que la volonté suit toujours la dernière détermination de l'entendement. Nous faisons toujours, suivant lui, certainement, quoique non nécessairement, ce qui, en définitive, nous paraît le meilleur. C'est que Leibniz n'interroge pas la conscience, c'est qu'il a un système. Il faut, dans le monde fantastique qu'il s'est construit, que l'état présent de chaque monade ait sa raison dans l'état antérieur; il faut que toute action soit le résultat de toutes les dispositions antécédentes, et la liberté qu'il accorde à l'homme, au sein d'un univers où tout est réglé d'avance, n'est pas celle que chacun de nous sent au dedans de soi.

Un autre grand métaphysicien, Spinoza, tout en reconnaissant que la conscience atteste à l'homme sa liberté, a prétendu concilier ce fait irréfragable avec un système où le principe de la fatalité est poussé à ses dernières conséquences. A l'en croire, chacune des modifications de l'âme humaine a sa cause dans une modification antérieure, qui a elle-même sa cause dans une autre modification, et ainsi de suite, à l'infini. Un acte produit un autre acte, un mouvement produit un autre mouvement, comme un flot pousserait un autre flot dans un océan sans rivage. Mais les modifications de l'âme humaine sont d'une extrême complexité, et parmi elles, les unes apparaissent clairement à la conscience, les autres sont plus ou moins enveloppées d'obscurité. Or, qu'arrive-t-il quand je prends tel ou tel parti, quand je me lève, par exemple, pour aller à la promenade? Diverses causes concourent pour amener cet effet : la disposition de mes organes, l'état de mon imagination, le chaud ou le froid, la sérénité du ciel, la douceur de la température, etc. Quelques-unes de ces causes sont connues de moi plus ou moins, et c'est ce que j'appelle les motifs de mon action; d'autres agissent sourdement, et ce ne sont pas celles qui exercent l'action la moins décisive. Ignorant l'influence de ces dernières causes, ne trouvant pas dans celles que je connais l'explication suffisante de ma détermination, disposé d'ailleurs à m'exagérer ma puissance propre, ravi du sentiment de mon indépendance et de ma grandeur, je me figure que c'est moi qui me détermine par ma propre vertu, indépendamment des motifs, et cette vertu imaginaire, cette chimère de ma faiblesse et de mon orgueil, je la salue du nom pompeux de libre arbitre.

Telle est l'idée que Spinoza se forme de la liberté humaine ; telle est l'explication, à coup sûr très-originale et très-ingénieuse, par laquelle il prétend rendre compte du sentiment du libre arbitre, au nom même du fatalisme le plus absolu qui fut jamais. Mais tout cet échafaudage croule devant une observation fort simple empruntée à la conscience. Suivant Spinoza, c'est de l'ignorance où nous sommes des causes diverses qui influent sur nos déterminations que naît l'illusion du libre arbitre. Plus, par conséquent, nous ignorons nos dispositions intérieures, plus nous agissons d'une manière irréfléchie, plus doit s'exalter en nous le sentiment de notre liberté. C'est ainsi que l'enfant et l'homme ivre, comme se plaît à le dire Spinoza, sont convaincus qu'il dépend d'eux uniquement d'accomplir des actes où ils sont poussés invinciblement par des causes ignorées. A ce compte, plus nous descendrons au fond de nous-mêmes, plus nous nous rendrons compte des motifs de notre conduite, plus nous mettrons de sérieux et de maturité dans nos délibérations, et plus nous verrons tomber pièce à pièce le fantôme de notre liberté.

Or, l'expérience donne ici à Spinoza le plus complet démenti, et il suffit d'avoir constaté une seule fois combien est ferme et lumineux, après une délibération sérieuse et calme, le sentiment de notre liberté, pour mettre à nu l'artifice de ce système.

Nous avons constaté la liberté humaine et réduit à sa juste valeur l'influence, incontestable sans doute, mais jamais nécessitante des motifs ; examinons maintenant d'une manière plus précise en quoi consiste cette liberté; décrivons les formes sous lesquelles elle se présente dans la conscience ; dégageons de ces formes changeantes son essence invariable, et, de la liberté humaine purifiée, élevons-nous par degrés jusqu'à la liberté divine. On trouve dans l'observation de la vie humaine trois formes bien distinctes de la liberté. Tantôt indécis entre le bien et le mal, je finis par succomber, et comme dit un poëte :

> . . . . . . Video meliora proboque,
> Deteriora sequor.

Tantôt, au contraire, je triomphe de mes penchants mauvais, et, après une lutte plus ou moins longue, plus ou moins douloureuse, je fais mon devoir. C'est entre ces deux alternatives que flotte l'espèce humaine; et quand une âme est parvenue à cet état moral où les chutes sont l'exception et la vertu la règle, il peut sembler que la nature humaine a acquis toute la perfection dont elle est susceptible. Mais au-dessus de la pratique ordinaire du devoir, au-dessus du triomphe laborieux de la vertu sur le vice, il y a une forme de l'activité plus pure et plus parfaite : c'est l'habitude de pratiquer le bien, portée au point de faire cesser la lutte et de rendre aisé et facile le sacrifice lui-même. En un mot, au-dessus de la vertu proprement dite il y a la sainteté. Ainsi, la vertu, la chute, la sainteté, voilà en trois mots l'histoire de la moralité humaine. Reprenons ces trois états et appliquons-nous à les distinguer sévèrement les uns des autres.

Il est incontestable qu'en de certaines circonstances, qui ne se reproduisent que trop souvent, l'homme voit clairement le bien et le mal, et choisit sciemment et librement le mal à l'exclusion du bien. Plusieurs philosophes n'ont pu croire la nature humaine capable d'un tel déréglement. Ils ont pensé que si l'homme fait le mal, c'est que sa raison est obscurcie; et le crime leur a paru un égarement et une folie. La vertu, selon Platon, est chose trop belle et trop sainte pour qu'on puisse la voir et ne pas sentir pour elle un irrésistible attrait. De là cette maxime célèbre dans toute l'école socratique : *Nul n'est méchant de son plein gré.* Rien de plus noble au fond que cette doctrine ; mais rien, au premier aperçu, de moins conforme à l'observation et à la vraie notion de la liberté. Sans doute, l'homme ne fait point le mal pour le mal lui-même, et les plus grands coupables ne sauraient descendre jusqu'à cet abîme de perversité. J'accorde ce point à Socrate et à Platon ; mais si l'homme ne trouve jamais d'attrait dans le mal, comme mal, il est incontestable que le cours de la vie amène à chaque instant des situations où nous avons à choisir entre notre intérêt et notre devoir, et où nous immolons celui-ci à celui-là. Je suis intéressé à cacher ou à déguiser la vérité; je me résous à mentir. Assurément le mensonge en soi n'a rien d'attrayant ni d'aimable; ce qui me séduit en lui, ce n'est pas lui-même, c'est l'avantage que je m'en promets. Ainsi donc, si je mens, ce n'est pas par amour du mensonge ; mais en surmontant, au contraire, l'impression de dégoût qu'il m'inspire naturellement. D'un autre côté, je ne suis pas dans l'illusion sur la nature de ma conduite. Je ne crois pas que le mensonge soit bon; j'essayerais en vain de me le persuader; je sens qu'il est mieux d'être sincère. En un mot, je rejette le bien, sachant qu'il est le bien, et je fais le mal sachant qu'il est le mal, bien que le mal lui-même ne soit pas le but de mon action. Autrement, je cesserais d'être responsable ; il faudrait déclarer innocents les scélérats les plus pervers; l'homme ne serait libre qu'en étant vertueux, ou plutôt il n'y aurait plus ni vice, ni vertu, ni responsabilité : et la maxime socratique, prise à la rigueur, mène droit à la négation du libre arbitre.

La seconde forme, la forme régulière et normale de la liberté, c'est la vertu. Nous appelons ici proprement vertu le choix ordinaire, le choix réfléchi du bien à l'exclusion du mal. Elle suppose la lutte, l'effort, la souffrance. Toute sainte, toute belle qu'elle puisse être, elle porte encore le caractère d'un être imparfait, sujet à la défaillance et au mal, obligé de lutter contre des penchants déréglés, succombant quelquefois à leur influence, se relevant avec énergie et courage, mais pour retomber encore, ne maintenant enfin la pureté et la dignité de son être qu'au prix des plus douloureux combats : c'est pourquoi la vertu n'est point encore la forme la plus élevée de la liberté. Pour atteindre jusqu'à cet état sublime qui est la sainteté, ou du moins pour en approcher à quelque degré, il faut que l'élément de la réflexion disparaisse et avec lui toute lutte, tout effort, toute délibération. C'est l'habitude qui accomplit cette épuration merveilleuse : la sainteté est son ouvrage. Il est quelques âmes si heureusement douées par la Providence, que la vertu leur est comme naturelle. Leurs inclinations sont si pures, si nobles, si droites, qu'elles n'ont presque aucun effort à faire pour aller au bien. Un élan inné les porte à tout ce qui est beau, pur, harmonieux. Ces âmes vivent dans une perpétuelle innocence, et connaissent à peine le mal. Mais ce n'est point de pareilles natures que se compose le genre humain. Pour l'ordinaire, la vie est une lutte, un déchirement perpétuel; il faut, pour ainsi dire, disputer au mal le terrain pied à pied, être dans une perpétuelle défiance de soi, toujours en éveil, toujours en haleine, toujours dans l'agitation. Mais si l'âme est forte, si elle est patiente, il arrive un temps où la lutte devient moins vive et la victoire moins laborieuse; il semble alors que les ressorts rebelles d'une activité imparfaite soient assouplis par une application obstinée; bientôt une paix délicieuse remplace les agitations de la lutte; le bien se fait sans effort, sans combat. Enfin, il peut arriver qu'il se fasse sans réflexion et sans choix.

L'âme n'est plus agitée entre le bien et le mal ; elle ne choisit plus ; elle ne voit plus le mal ; elle ne voit que le bien ; pour elle, voir le bien et le faire, c'est tout un.

Mais nous nous trompons, cet état n'est pas fait pour l'homme : c'est un idéal. L'homme y tend sans cesse et peut quelquefois s'en rapprocher ; mais il ne saurait l'atteindre. En étudiant les formes successives de la liberté, en nous élevant de degré en degré, de progrès en progrès, nous avons franchi la limite de la perfection humaine ; nous avons élevé nos regards vers une région supérieure ; nous avons entrevu, nous avons esquissé la liberté divine. La forme de la liberté divine, c'est en effet la sainteté, et toute autre est infiniment au-dessous d'elle. Il est clair que l'on ne peut pas sans blasphémer attribuer à Dieu cette première forme de la liberté que nous avons rencontrée dans la nature humaine. Dieu ne peut faire le mal. Si le mal n'est pas chez l'homme une pure ignorance, il tient cependant à l'ignorance et à l'imperfection naturelle de l'humanité. L'homme fait le mal, nous l'avons vu, non pour le mal lui-même, mais pour courir à la poursuite du bonheur. Plus éclairé, il comprendrait que le vrai bonheur est inséparable de la vertu, et n'épuiserait pas dans une lutte insensée la meilleure moitié de sa vie. En Dieu, dans l'être souverainement intelligent, cette lutte, cette ignorance ne peuvent être supposées sans une grossière contradiction.

Peut-on dire de Dieu qu'il préfère le bien au mal ? et est-ce se former une idée assez élevée de sa perfection, que de lui attribuer cette seconde forme de la liberté que nous avons proprement appelée la vertu ? Nous ne le pensons pas. D'abord, supposer que Dieu hésite entre le bien et le mal, qu'il fait effort, qu'il délibère, c'est souiller sa majesté des faiblesses de notre nature misérable. Supposez-vous seulement qu'il choisit sans hésitation et sans lutte ? C'est encore humaniser Dieu. Pour que Dieu pût choisir entre le bien et le mal, il faudrait qu'il fût capable du mal. Or, c'est ce qui répugne évidemment à l'indéfectible pureté de son essence. Il faut donc sortir de ces idées trop humaines, et dire que Dieu fait le bien sans être soumis à la condition de la réflexion du choix. Dira-t-on qu'il n'est point libre de faire le bien, s'il ne l'est aussi de faire le mal, et que la réflexion et le choix sont une condition essentielle de la liberté ? Ce serait oublier que, dans l'homme lui-même, l'analyse psychologique nous a révélé un état moral où l'habitude supprime et éteint par degrés la réflexion, le choix, l'idée du mal. Ce que l'homme devient, ce qu'il aspire du moins à devenir par habitude, Dieu l'est par nature. La sainteté, n'est, en quelque sorte, pour l'homme vertueux qu'un accident fugitif ; pour Dieu, c'est sa propre essence. L'homme s'élève péniblement de degré en degré jusqu'à l'idéal de la sainteté. Cet idéal, c'est Dieu même. De l'homme à Dieu, l'essence de la liberté n'a pas changé ; seulement elle s'est purifiée. L'activité, l'intelligence, l'intentionnalité, tout ce qu'il y a d'effectif et de positif dans la liberté humaine se retrouve dans la liberté divine ; les chutes, les misères, les alternatives, l'effort, la réflexion, le choix même, ont seuls disparu, et bien loin que le type divin de la liberté en ait souffert quelque altération, il semble que nous l'apercevions alors sans voile, dans sa plénitude et dans sa pureté infinies.

FIN.

ERRATA.

Page 17,	note 3, Hist. cont......	lisez : comp.
Page 44,	note, Bf............	lisez : Cf.
Ibid.,	— 988.....	lisez : 388.
Page 61,	note 3, Lapide.........	lisez : Lacyde.
Page 63,	note 1, dans l'ec.......	lisez : dans l'éd.
Page 79,	ligne 19, par..........	lisez : par.
Page 89,	note 4, adv. Math. 226 C.	lisez : 226, D.
Page 137,	note 3, Fabricius τὸ ἕν..	lisez : τὸ ἕν.
Page 139,	note 1, Gab...........	lisez : Fab.
Page 162,	note, Pensées 7.........	lisez : Pensées.
Page 224,	ligne 24, après (3°).....	lisez : à la diversité des diathèses ou dispositions (4°).
Page 231,	note 6, ainsi le chapitre.	lisez : ainsi que le chapitre.
Page 252,	note, la lettre de Gilberte.	lisez : la lettre de Jacqueline à Gilberte Pascal (madame Périer), sa sœur.
Page 290,	ligne 20................	supprimez le signe ».
Page 295,	ligne 16, 1853..........	lisez : 1843.

TABLE DES MATIÈRES

	Pages.
Avertissement au lecteur	I
Avant-propos	1

PREMIÈRE ÉTUDE.

ÆNÉSIDÈME.. 15

Chap. Ier. — De la vie et des écrits d'Ænésidème.... 21

Chap. II. — Du scepticisme en Grèce avant Ænésidème.. 39

Chap. III. — Renouvellement du pyrrhonisme par Ænésidème. — Caractère propre à son entreprise philosophique. — Plan de ses écrits.................... 68

Chap. IV. — Du scepticisme d'Ænésidème sur les questions logiques.. 80

    Section I. — Argumentation contre l'existence du vrai.. 83

    Section II. — Argumentation contre l'existence et la légitimité des signes........................... 121

TABLE DES MATIÈRES.

Chap. V. — Scepticisme d'Ænésidème sur les problèmes métaphysiques.................... 133

Chap. VI. — Scepticisme d'Ænésidème sur les questions morales............................ 195

Chap. VII. — Ænésidème disciple d'Héraclite........ 204

Chap. VIII. — Du scepticisme en Grèce après Ænésidème................................ 216

DEUXIÈME ÉTUDE.

PASCAL.. 241

Chap. Ier. — Pascal et la philosophie de Descartes... 249

Chap. II. — Pascal et la philosophie en général. — Deux thèses contradictoires dans les *Pensées*...... 280

Chap. III. — Thèse de l'insuffisance de la philosophie dans Pascal................................. 293

Chap. IV. — Discussion de la thèse de l'insuffisance de la philosophie.............................. 303

Chap. V. — Thèse de l'impuissance absolue de la philosophie de Pascal............................ 315

Chap. VI. — La religion de Pascal................ 330
Appendice au chap. IV........................ 341

TROISIÈME ÉTUDE.

KANT... 351

Chap. Ier. — Caractère général de la philosophie de Kant....................................... Id.

Chap. II. — Examen de la Critique de la raison pure. 362

VUES THÉORIQUES ET DOGMATIQUES............ 385

    Des sens et des sensations. — Problème de la portée et de la valeur des informations des sens........ 387

    De la matière. — Problème de l'existence et de la connaissance des corps..................... 406

    De la liberté. — Problème de l'activité libre dans l'homme et en Dieu........................ 438

FIN DE LA TABLE DES MATIÈRES.

Paris. — Imprimerie de P.-A. BOURDIER et Cⁱᵉ, rue des Poitevins, 6.